정책 기반 시스코 ACI 데이터센터

The Policy Driven Data Center with ACI
[ACI: Applcation Centric Infrastructure]

아키텍처, 개념, 방법론까지

지음 : Lucien Avramov(CCIE), Maurizio Portolani

번역 : **최우형**(시스코코리아 데이터센터 컨설팅 엔지니어)
　　　조성덕(시스코 코리아 엔터프라이즈 시스템 엔지니어)
　　　문병철(시스코 코리아 엔터프라이즈 시스템 엔지니어)

감역 : **성일용**(시스코코리아 기술총괄 부사장)

BM 성안당
www.cyber.co.kr

정책 기반 시스코 ACI 데이터센터

POLICY DRIVEN DATA CENTER WITH ACI, THE: ARCHITECTURE, CONCEPTS, AND METHODOLOGY, 1st Edition, 9781587144905 by AVRAMOV, LUCIEN; PORTOLANI, MAURIZIO, published by Pearson Education, Inc, publishing as Cisco Press, Copyright © 2015

KOREAN language edition published by SUNG AN DANG, Copyright © 2015

한국어판 판권 소유 : BM 성안당

© 2015 BM 성안당 Printed in Korea

CISCO

만물인터넷(IoE) **시대를 대비**한
애플리케이션 앞단에서 네트워크를 운영할 수 있는 **시스코의 최신 기술!**

정책 기반 시스코 ACI 데이터센터

The Policy Driven Data Center with ACI
[ACI: Applcation Centric Infrastructure]

아키텍처, 개념, 방법론까지

지음 : Lucien Avramov (CCIE), Maurizio Portolani
번역 : **최우형**(시스코코리아 데이터센터 컨설팅 엔지니어)
　　　조성덕(시스코 코리아 엔터프라이즈 시스템 엔지니어)
　　　문병철(시스코 코리아 엔터프라이즈 시스템 엔지니어)
감역 : **성일용**(시스코코리아 기술총괄 부사장)

www.cyber.co.kr

:: 피드백 정보

시스코 프레스의 목표는 최상의 품질과 가치 기반의 심도 깊은 전문 기술 서적을 만드는 것입니다. 각 서적은 프로페셔널 기술 커뮤니티의 전문적 지식을 포함하여 엄격하게 컨텐츠 개발을 진행하고 관리하여 세밀하게 구성 제작됩니다. 독자 여러분들의 피드백들은 시스코 프레스 서적의 지속적인 출판에 많은 도움이 될 것입니다. 시스코 프레스가 서적의 품질을 향상 시킬 수 있는 방법에 대한 독자 여러분의 의견이 있으시면, feedback@ciscopress.com으로 연락 바랍니다. 독자 여러분이 메시지를 보내실 때 책 제목과 ISBN 번호를 알려주시기 바랍니다. 독자 여러분의 성원에 깊은 감사의 말씀 올립니다.

:: 상표 인지

본 책에서 언급되는 기술적 용어는 상표권 또는 서비스 표시를 통해 이미 알려진 용어들입니다. 따라서 시스코 프레스와 시스코 시스템즈는 이 정보의 정확성을 입증할 수 없습니다. 이 책에 나오는 사용되는 용어는 어떠한 상표 서비스 마크의 유효성에 영향을 미치지 않습니다.

Publisher: Paul Boger

Associate Publisher: Dave Dusthimer

Business Operation Manager, Cisco Press: Jan Cornelssen

Executive Editor: Brett Bartow

Managing Editor: Sandra Schroeder

Development Editor: Marianne Bartow

Project Editor: Mandie Frank

Copy Editor: Bill McManus

Technical Editors: Tom Edsall, Mike Cohen, Krishna Doddapaneni

Editorial Assistant: Vanessa Evans

Designer: Mark Shirar

Composition: Bumpy Design

Indexer: Cheryl Lenser

Proofreader: Debbie Williams

 저자 소개

Lucien Avramov(CCIE 19945, 현재 시스코 수석 기술 마케팅 엔지니어)

그는 현재 시스코에서 ACI 및 넥서스 데이터센터 제품군에 관련된 전문가로 활동하고 있습니다. 또한 전 세계적으로 데이터센터 네트워크 설계 및 스위칭 아키텍처 설계, QoS, ULL, HPC 및 오픈스택과 같은 광범위한 경험을 가지고 있습니다. 현재 시스코 라이브에서 Distinguished 스피커로 활동하고 있으며, 과거에는 TAC 기술 리더를 수행했습니다. IETF에서 RFC 저자이며, 그가 주도한 특허 및 업계의 다양한 자격증을 가지고 있습니다. 컴퓨터 과학 석사 학위와 프랑스 Ecole des Mines d'Ales 에서 공학 학사를 취득했습니다. 그의 트위터 계정은 @flying91입니다.

Maurizio Portolani(시스코 Distinguished 기술 마케팅 엔지니어)

데이터센터 네트워크 디자인을 주로 담당하고 있으며 시스코 프레스 『*Data Center Fundamentals*』의 저자이기도 합니다. 또한 데이터센터 기술에 관련된 특허를 보유하고 있습니다.

그는 Politecnico of Torino와 Ecole Centrale Paris에서 전자공학을 전공하였습니다.

Tom Edsall

그는 시스코 인시에이미(Insieme) 비즈니스 사업부의 CTO 이며 시스코 펠로우입니다. 인시에이미 사 공동창업자이며, ACI 제품을 개발하고 현재 ACI 시스템 아키텍처와 제품에 관련된 에반젤리스트로 활동 중입니다.

인시에이미 네트웍스(Insieme Networks)는 네트워크업계에서 다음과 같은 회사로 언급되고 있습니다. "지난 18개월 동안 네트워킹 업계에서 가장 이슈가 된 트렌드로 SDN(Software Defined Networking)이 언급되어 왔으며, 이에 대한 시스코의 전략으로 시스코가 투자했던 인시에이미 회사를 Spin-in하였다." 또한 인시에이미는 시스코의 회사로 편입 완료되었습니다. 그는 가상화 및 물리적 네트워크 인프라 모두를 관리 제어하는 중앙집중형 컨트롤러와 함께 애플리케이션 기반 스위칭 패브릭을 담당하는 넥서스 9000을 포함하는 ACI(Application Centric Infrastructure)를 개발하였습니다. Tom은 1993년 시스코에 입사였으며 MDS, 넥서스 7000, 카탈리스트 5000, 6000 제품군등의 스위치 아키텍트 리더로 활동하였습니다. 그가 참여한 제품인 카탈리스트 6000 제품과 넥서스 7000 제품군 모두 시스코 파이오니어 상을 수상했습니다. 그는 네트워킹 업계에서 약 70여 개 이상의 특허를 가지고 있으며, 최근에는 「CONGA: Distributed Congestion-Aware Load Balancing for Data Centers」 논문으로 권위 있는 SIGCOMM 2014 최우수 논문상을 수상했습니다.

시스코에 입사 전에 그는 시스코 최초의 인수합병회사인 크레센도 커뮤니케이션에서 공동 창업자 및 수석 엔지니어링 팀원으로 일하였습니다. 그는 스탠포드 대학에서 전기공학 학사와 석사 학위를 취득하였으며 강의에도 참여하고 있습니다.

Mike Cohen

그는 현재 ACI 제품 관리 디렉터입니다. Mike는 구글 및 Big Switch에서 인프라 및 제품 개발을 담당했으며, 초창기 VMware의 하이퍼바이저 팀의 엔지니어였습니다. 그는 프린스턴 대학에서 전기공학을 전공했으며, 하버드 비즈니스 스쿨 MBA를 취득했습니다.

Krishna Doddapaneni

그는 ACI의 NXOS와 스위칭 인프라를 담당하고 있습니다. ACI를 담당하기 전에 그는 시스코의 SAVBU에서 디렉터로 근무하였습니다. Nuova 시스템에서 그는 전세계 최초의 FCoE 스위치를 알리는 데 주력했습니다. 또한 그는 시스코에서 넥서스 5000/2000 시리즈 제품군을 담당하기도 했습니다. 그는 텍사스 A&M 대학에서 컴퓨터공학 석사 학위를 취득했으며, 네트워킹 분야에서 다수의 특허를 보유하고 있습니다.

감역자 소개

성일용

시스코 코리아 기술 총괄 부사장.
아시아 기술 총괄 임원.
전 SKC&C 네트워크 사업부.

 역자 소개

최우형

시스코 코리아 데이터센터 컨설팅 엔지니어

시스코에서 15년 이상을 근무하며, 라우팅, 스위칭 기술 및 보안 전문가로 10년 이상을 IT 인프라 전문가로 활동하였습니다. 2009년부터는 데이터센터, 클라우드, 가상화 전문 엔지니어로 활동하고 있으며, 국내 수많은 기업, 공공 기관의 클라우드/가상화 컨설팅 및 구축을 수행하고 있습니다. 현재 는 데이터센터 전문 컨설팅 엔지니어로, 시스코 ACI 솔루션, 가상화/클라우드 제품군에 대해 전담하 고 있습니다.

조성덕

시스코 코리아 엔터프라이즈 시스템 엔지니어

1995년 KCC정보통신에서 네트워크 엔지니어로 기업/공공 프로젝트를 지원하였습니다. 이후 엔터라시스(현 익스트림네트웍스)로 자리를 옮겨 보안/캠퍼스/데이터센터 영역에서 다양한 경험을 쌓 고, 2006년부터는 시스코의 엔터프라이즈 사업부에서 기술 지원과 데이터센터 관련 세미나 발표 등 에 집중하고 있습니다.

문병철

시스코 코리아 엔터프라이즈 시스템 엔지니어

2000년 쌍용정보통신 NI기술팀에 입사하면서 네트워크 업계에 발을 들였습니다. 원래는 프로그 래머를 꿈꿨으나, 첫직장에 입사하면서 네트워크의 매력에 푹 빠지게 되었고, 현재까지 15년 이상을 관련 업계에 종사하고 있습니다. 현재는 네트워크/데이터센터/클라우드의 선두업체인 시스코의 기 업&금융 사업부 SE팀에서 대기업군을 담당하고 있으며, 네트워크 및 데이터센터 전문 SE로서 외부 발표 및 번역 활동도 함께 병행중입니다.

Contents

요약 목차

서문		20
소개		21
Chapter 1	데이터센터 아키텍처 고려사항	31
Chapter 2	클라우드 아키텍처를 위한 데이터센터 블록 구축	75
Chapter 3	정책 기반의 데이터센터	99
Chapter 4	운영 모델(Operational Model)	135
Chapter 5	하이퍼바이저를 사용한 데이터센터 디자인	177
Chapter 6	오픈스택(OpenStack)	221
Chapter 7	ACI 패브릭 디자인 방법론	251
Chapter 8	ACI 서비스 통합	307
Chapter 9	향상된 텔레메트리(원격 측정)	335
Chapter 10	데이터센터스위치 아키텍처	353
Index		383

상세 목차

서문   **20**
소개   **21**

CHAPTER 1

**데이터센터 아키텍처
고려 사항**

애플리케이션과 스토리지   **32**

가상화기반 데이터센터 – 32

    소개 – 32
    가상화 개념과 정의 – 34
    서버 가상화 – 34
    스토리지 가상화 – 34
    네트워크 서비스 가상화 – 36
    네트워크 가상화 – 36
    오케스트레이션: 자동화 – 36
    네트워크와 디자인 요구사항 – 37
    스토리지 요구사항 – 38

빅데이터(Big Data) – **38**

    빅데이터의 정의 – 38
    빅데이터가 기업 현장 속으로 움직이고 있다 – 39
    빅데이터 주요 구성 요소 – 40
    빅데이터를 위한 네트워크 기술 요구 사항 – 41
    하둡 POD를 위한 클러스터 디자인 – 42
    스토리지 요구 사항 – 43
    디자인 고려 사항 – 43
    가용성과 복원력 – 44
    데이터 혼잡 제어와 큐의 크기 – 44
    데이터 트래픽 초과 비율 설계 – 44
    데이터 노드 네트워크 속도 – 45
    네트워크 응답 지연 시간 – 45

HPC 고성능 컴퓨팅 – **47**

    정의 – 47

네트워크 요구 사항 – 47
스토리지 요구 사항 – 48
디자인 고려 사항 – 48
HPC 클러스터 – 48
네트워크 토폴로지 디자인 – 49

초저 지연 응답 시간 – 50
정의 – 50
네트워크 요구 사항 – 51
스토리지 요구사항 – 52

토폴로지 디자인 – 53
피드 복제 – 53
HFT 예 – 54

대규모 확장형 기반의 데이터센터 – 55
정의 – 55
네트워크 요구 사항 – 58
스토리지 요구사항 – 59
디자인 고려 사항 – 59
네트워크 토폴로지 디자인 – 59
네트워크 토폴로지 디자인 예 – 60

POD 기반의 디자인   62
공유 인프라 및 클라우드 컴퓨팅을 위한 POD Model / Data Model – 62
FlexPod 디자인 – 64

데이터센터 디자인   65
End of Row – 66
Middle of Row – 67
Top of Rack 현대적인 데이터센터 접근 방식 – 67
싱글홈드 서버 디자인(Single–Homed Server–Design) – 69

Spine–Leaf ACI 기본 아키텍처의 논리적 데이터센터 디자인   70
요약   73

CHAPTER 2

클라우드 아키텍처를
위한 데이터센터 블록
구축

클라우드 아키텍처 소개   75
클라우드 컴퓨팅의 네트워크 요구사항과 ACI 솔루션   78
아마존 웹서비스 모델   80
서버 프로비저닝 자동화   83
PXE Booting – 83

Chef/Puppef/CFengine 또는 이와 유사한 도구 기반의 OS
설치 / 배포 — 84

    Chef — 85
    Puppet — 86

IaaS(Infra as a Service)를 위한 오케스트레이션   **87**

vCloud Director — 88
OpenStack(오픈스택) — 89

    프로젝트와 릴리즈 — 89
    멀티하이퍼바이저(Multi-Hypervisore) 지원 — 90
    설치 방법 — 90
    아키텍처 모델 — 91
    네트워킹 고려사항 — 92

UCS 디렉터 — 92
시스코 CIAC — 93
서로 다른 추상화 모델 간의 이해 — 96

요약   **98**

CHAPTER 3

정책 기반의 데이터센터   **왜 정책 기반의 모델이 필요한가?**   **100**
    정책 이론   **102**
    시스코 APIC 정책 기반 객체 모델   **103**

엔드포인트 그룹 — 106
시스코 APIC 정책 적용 — 109

    유니캐스트 정책 적용 — 109
    멀티캐스트 정책 적용 — 112

애플리케이션 네트워크 프로파일(ANP) — 113
Contracts(컨트랙트) — 114

시스코 APIC의 이해   **123**

시스코 ACI 운영 시스템(시스코 ACI 패브릭 OS) — 123
아키텍처: 시스코 APIC 의 구성 요소와 기능 — 123
Policy Manager — 124
Topology Manager — 124
Observer — 125
Boot Director — 125
Appliance Director — 126
VMM Manager — 126

Event Manager – 127

Appliance Element – 127

아키텍처 – 샤딩 기반의 데이터 관리 – 127

신뢰성 기반 복제의 영향도 – 128
신뢰성 기반 샤딩의 효과 – 129
샤딩 기술 – 130

사용자 인터페이스: GUI – 131

사용자 인터페이스: CLI – 131

사용자 인터페이스: RESTful API – 131

시스템 접근: Authentication(인증), Authorization(인가), RBAC – 132

요약   **133**

CHAPTER 4

운영 모델
(Operational Model)

현대적인 데이터센터를 위한 핵심 기술과 도구 소개   136

네트워크 관리 옵션 – 136

REST 프로토콜 – 137

XML, JSON과 YAML – 138

파이썬(Python) – 141

파이썬 기초 – 141
main() 함수는 어디에? – 142
함수(function) 정의 – 142
유용한 데이터 구조 – 143
파일 구문 분석 – 145
파이썬 스크립트 확인 – 147
파이썬 실행 – 147
Pip, Easyinstall 및 셋업 툴 – 147
어떤 패키지가 필요한가요? – 148
virtualenv – 148

Git와 GitHub – 149

버전 컨트롤의 기본 개요 – 150
중앙 집중 vs 분산 버전 관리 시스템 – 150
Git 기본 동작 – 151
Git 설치 및 셋업 – 152
Git 주요 명령어 – 152

Cisco APIC 운영   153

객체 트리(Object Tree) – 155

클래스, 객체와 릴레이션 – 156
네이밍 변환(Naming Convention) – 161
오브젝트 스토어 (Object Store) – 161

REST를 사용한 네트워크 프로그래밍 – 161

REST 콜을 전송하기 위한 툴 – 162
Cisco ACI 내의 REST 문법 – 165
XML 테넌트 모델링 – 168
EPG 간의 릴레이션쉽 정의(프로바이더와 컨슈머) – 169
간단한 Any-to-Any 정책 – 170

ACI SDK – 172

ACI 파이썬 Egg – 172
ACI를 위한 파이썬 스크립트 개발하는 방법 – 173
ACI를 위한 파이썬 스크립트는 어디에서? – 174

추가 정보   175
요약   175

CHAPTER 5

**하이퍼바이저를 사용한
데이터센터 디자인**

가상화 서버 네트워킹(Virtualized Server Networking)   178

서버에서 소프트웨어 스위칭 요소가 필요한 이유는? – 180
네트워크 구성 요소 – 182

가상 네트워크 어댑터(Virtual Network Adapter) – 182
가상 스위칭(Virtual Switching) – 183
엔드포인트 그룹(Endpoint Group) – 183
분산 스위칭(Distributed Switching) – 184

가상머신의 핫 마이그레이션(Hot Migration) – 184

세그멘테이션(Segmentation Option)   185

VLAN – 185
VXLAN – 185

VXLAN 패킷 포맷 – 186
VXLAN 패킷 전송 – 186
멀티캐스트 없이 VXLAN을 구현 – 188

Microsoft Hyper-V 네트워킹   188
리눅스 KVM과 네트워킹   192

리눅스 브리징 – 193
오픈 vSwitch – 194

OVS 아키텍처 – 195
토폴로지 예제 – 197
오픈스택과 오픈 vSwtich – 198
오픈플로(OpenFlow) – 199

VMware ESX/ESXi 네트워킹   201

  VMware vSwitch와 DVS – 202

  VMware ESXi 서버 트래픽 요구 사항 – 203

    vShield 와 VXLAN 태깅 – 204

  vCloud 디렉터와 vApps – 204

    vCloud 네트워크 – 206

Cisco Nexus 1000V   208

VN-TAG를 사용한 포트 확장(Port Extension)   211

가상서버 연결을 위한 Cisco ACI 모델링   214

  오버레이 노말라이제이션(Overlay Normalization) – 214

  VMM 도메인 – 215

  엔드포인트 디스커버리 – 216

  정책 적용의 신속성(policy resolution immediacy) – 216

  Hyper-V와 Cisco ACI 통합 – 216

  KVM과 Cisco ACI 통합 – 217

  VMware ESX와 Cisco ACI 통합 – 218

요약   219

CHAPTER 6

오픈스택(OpenStack)

오픈스택이란?   221

  Nova – 223

  Neutron – 223

  Swift – 228

  Cinder – 228

  Horizon – 229

  Heat – 229

  Ironic – 229

기업에서의 오픈스택 구현   231

Cisco ACI와 오픈스택의 이점   233

  Cisco ACI 정책 모델 – 234

  물리 및 가상 네트워크 통합 – 234

  패브릭 터널(Fabric Tunnels) – 235

  서비스 체이닝 – 235

  원격 측정 – 235

오픈스택 APIC 드라이버 아키텍처와 운영   236

Cisco ACI와 오픈스택 통합 – 237

적용 예제   238

Icehouse의 설치 – 240

Cisco APIC 드라이버 설정 – 241

Neutron.conf 파일 – 242

ML2_conf.ini 파일 – 243

ML2_cisco_conf.ini 파일 – 243

설정 매개변수 – 245

호스트 포트 연결 – 245

외부 네트워크 – 245

포트채널(PortChannel) 설정 – 246

트러블슈팅 – 246

오픈스택의 그룹 기반 정책 프로젝트   247

요약   249

CHAPTER 7

**ACI 패브릭
디자인방법론**

ACI 패브릭 핵심 기능 요약   252

ACI 패킷 전송 방식 – 252

규범적(Prescriptive) 네트워크 구성 – 252

오버레이 프레임 포맷 – 254

VxLAN 패킷 전송 – 255

퍼베이시브 게이트웨이(Pervasive Gateway) – 257

ACI 외부 및 내부 네트워크 비교 – 257

패킷 흐름 – 259

엔드포인트 그룹으로 네트워크 분할(Segmentation) – 262

관리 모델 – 263

하드웨어와 소프트웨어   267

물리적 토폴로지   269

시스코 APCI 디자인 고려 사항 – 270

Spine 디자인 고려 사항 – 272

Leaf 디자인 고려 사항 – 273

언노운 유니캐스트 및 브로드캐스트 – 274

서버 유형 분류(EPG) 인자로서 VLAN 사용 – 276

VLAN과 VxLAN 네임스페이스 – 277

도메인의 개념 – 278

AEP(Attach Entity Profile)의 개념 – 280

멀티 테넌시(Multi-Tenancy) 고려 사항　　　　280

초기 설정 단계　　　　282

　Zero-Touch Provisioning　- 283

　네트워크 관리 - 284

　정책 기반의 포트 설정 - 286

　　Leaf 스위치별 스위치 프로파일 설정하기 - 291

　　인터페이스 정책 설정하기 - 291

　인터페이스 정책 그룹과 포트 채널 - 292

　　인터페이스 정책 그룹 - 292

　　포트 채널 - 292

　　vPC(virtual PortChanel) - 294

　가상 서버 관리자(VMM) 도메인 - 295

　　VMM 도메인 - 297

　　가상화된 서버 연결을 위한 AEP - 298

가상 네트워크 구성 설정　　　　299

　브리지 도메인(Bridge Domain) - 300

　　하드웨어 프록시(Hardware Proxy) - 301

　　플러딩 모드 - 301

　　fvCtx - 302

　엔드포인트 연결 - 302

　　물리적 서버 연결 - 302

　　가상 서버 연결 - 303

　외부 네트워크 연결(External Connectivity) - 305

요약　　　　305

CHAPTER 8

ACI 서비스 통합　　**L4-L7 서비스와 ACI 디자인 개요**　　　　308

　장점 - 308

　서비스 그래프와 엔드포인트 연결 - 309

　가상화 서버로의 확장 - 309

　관리 모델 - 309

　서비스 그래프, 함수, 렌더링 - 310

하드웨어 및 소프트웨어 지원　　　　311

서비스 인서션의 시스코 ACI 모델화　　　　313

　서비스 그래프 정의 - 313

　콘크리트 디바이스와 로지컬 디바이스 - 315

로지컬 디바이스 실렉터(또는 컨텍스트) – 315
브리지 도메인 분리 – 316

설정 단계 – 316

서비스 그래프의 정의 – 318
   서비스 그래프의 경계 정의 – 318
   메타디바이스 – 320
   앱스트랙트 노드의 기능 정의 – 320
   앱스트랙트 노드의 커넥터 정의 – 322
   앱스트랙트 노드 요소 요약 – 323
   앱스트랙트 노드를 서비스 그래프에 연결하기 – 324

콘크리트 디바이스와 콘크리트 디바이스 클러스터 정의 – 326
   로지컬 디바이스와 콘크리트 디바이스 설정 – 328
   로지컬 디바이스 컨텍스트(클러스터 디바이스 실렉터) 설정 – 331
   명칭 설정(Naming) 요약 – 332

요약   333

CHAPTER 9

**향상된 텔레메트리
(원격 측정)**

아토믹 카운터   336
원리 – 336
상세 설명과 예제 – 337
아토믹 카운터와 APIC – 338

레이턴시 메트릭   339
ACI 헬스(건전성) 모니터링   340

통계(Statistics) – 341
장애 관리 – 343
이벤트, 로그, 진단 – 348
헬스 스코어(건전성 점수) – 350

중앙 집중형 Show Tech-Support ACI 접근법   351
요약   352

CHAPTER 10

**데이터센터스위치
아키텍처**

데이터, 컨트롤, 매니지먼트 플레인   353
데이터, 컨트롤, 매니지먼트 플레인의 분리 – 354
컨트롤, 데이터, 매니지먼트 플레인 간의 상호 작용 – 355

CPU 보호를 위해 CoPP가 지원되는 컨트롤 플레인 – 356

    컨트롤 플레인 패킷 유형 – 357

    CoPP 분류 – 358

    CoPP 비율 제한 기법 – 359

데이터센터 스위치 구조   360

컷쓰루 스위칭: 데이터센터를 위한 성능 향상 – 361

크로스바 스위치 패브릭 구조 – 364

    크로스바 패브릭을 통한 유니캐스트 스위칭 – 366

    크로스바 패브릭을 통한 멀티캐스트 스위칭 – 366

    크로스바 패브릭에서의 오버스피드 – 366

    크로스바 수퍼프레이밍 – 368

    스케줄러 – 370

    크로스바 Cut-through 아키텍처 요약 – 371

    아웃풋 큐잉(전통적인 크로스바) – 371

    인풋 큐잉(Ingress Crossbar) – 372

    HOLB 이해하기 – 373

    HOLB 문제 해결을 위한 VoQ – 374

    다단계 크로스바 – 375

중앙 공유형 메모리(SoC) – 376

다단계 SoC – 378

    Crossbar fabric with SoC – 378

    SoC 패브릭 – 379

QoS 기초   380

데이터센터 QoS 요구 사항 – 380

    데이터센터 요구 사항 – 382

    다른 데이터센터에서 사용된 QoS의 유형 – 383

    트러스트, 분류, 마킹, 경계(Boundary) – 384

데이터센터 QoS 기능 – 386

    버퍼 사용율의 이해 – 387

    Buffer Bloat – 389

    우선순위 흐름 제어(PFC) – 390

    ETS – 391

    데이터센터 브리징 익스체인지(DCBX) – 391

    ECN과 DCTCP – 392

    우선 순위 큐(Priority Queue) – 393

    플로렛 스위칭: 넥서스 9000 패브릭 로드밸런싱 – 394

넥서스 QoS 기능: MQC 모델 – 396

요약   400

결론   401

Index   403

명령어 참조 규칙

이 책에서 명령 구문을 제시하는 데 사용되는 규칙은 시스코의 명령 참조에 사용되는 것과 동일한 규칙입니다. 다음과 같이 명령 참조 규칙에 대해 설명합니다 .

- 굵게 표기되는 문자는 명령어 또는 키워드를 표기합니다.

  실제 구성의 예 또는 출력(일반적인 명령어 구문이 아님), 메뉴얼로 사용자에 의해 입력되는 명령어 (예: Show 명령어)

- 기울임 꼴로 표기되는 단어들을 실제 값을 제공하는 인수들을 표기합니다.

- 수직으로 나타내는 바는 (!) 분리 표시 또는 상호 배타적인 구분을 위해 표기됩니다.

- 대괄호 [ ] 는 옵션의 요소를 위해 표기합니다.

- 중괄호 { } 는 필수옵션을 표기합니다.

- 괄호 안의 중괄호[{ }] 는 옵션의 요소 중 필수 옵션을 표기합니다.

> **Note**
>
> 이 책은 다중 운영체제를 커버하며, 서로 다른 아이콘과 라우터 이름들은 참조되는 적합한 OS를 가리키는데 사용됩니다. Cisco IOS와 IOS XE는 R1과 R2 같은 라우터 이름을 사용합니다. Cisco IOS와 IOS XE는 R1과 R2같은 라우터 이름을 사용합니다. Cisco IOS XR 라우터는 XR1과 XR2 같은 라우터 이름을 사용하며, IOS XR 라우터 아이콘으로 참조됩니다.

네트워크 제어에 관련된 역사를 살펴보면, 왜 이렇게 많은 복잡성들이 등장하는지 알 수 있습니다. 네트워크 관리 시스템은 전통적으로 시스템 측면에서 네트워크를 생각하지 않고, 기능 제어에 초점을 맞추고 있습니다. 모든 네트워크 제어 방식의 핵심에는 두 가지를 해결하는 것을 목표로 하고 있습니다.

엔드포인트 동작 제어를 위해 엔드포인트가 어떠한 통신들을 하게 할 것인지? 어디에서 이러한 제어 규정을 적용할 것인지?에 대한 목표를 기반으로 하는 접근제어 방식과 경로 최적화 문제에 대한 해결을 위해 네트워크 제어부 프로토콜에 대한 효과적인 관리입니다.

하지만 불행하게도 서비스를 만들어서 제공하는 목표와 인프라를 운영하는 양쪽의 목표가 다르기 때문에 이러한 제어 모델 방식에서는 매우 어려운 문제입니다. 오늘날 IT는 IT 스스로의 이익을 위해서 존재하기 보다는 비즈니스 기반의 애플리케이션을 잘 실행하는데 목표를 두고 있습니다. 애플리케이션 오너, 아키텍트, 그리고 개발자 모두가 해당 애플리케이션에 대해 깊은 이해도를 가지고 있습니다. 그들은 애플리케이션 인프라 요구사항에 대해 완벽하게 그리고 있으며, 애플리케이션 간의 통신을 위해 다른 애플리케이션 컴포넌트가 필요한 사항에 대해서도 완벽하게 이해하고 있습니다. 어쨌든 이 모든 지식의 본래 의도는 애플리케이션을 배포하는데 있습니다.

하지만 실제 필드에서는 이러한 애플리케이션의 요구사항과 인프라에서의 실제 구성 사이에서의 협업이 잘 이뤄지지 않고 있습니다. 이러한 불행한 상황들은 애플리케이션 배포를 위해 인프라 자원 및 구성을 맵핑할 수 있는 쉬운 방법이 없다는 것에서 출발합니다. 지금 만약 애플리케이션을 확장하고, 컴포넌트를 추가하거나 또는 데이터센터에서 일부 제거를 해야 하다면, 현재 구성에서 어떤 변화들이 일어나야 할까요? 우리가 ACI를 처음으로 시작했을 때, 주요 목표 가운데 하나는 애플리케이션 담당자와 운영 담당자 간의 충분한 이해가 없이도 네트워킹을 구성할 수 있어야 한다는 점이었습니다. 일반적으로 애플리케이션 담당자는 자신의 애플리케이션이 데이터센터에 있는 다른 애플리케이션 구성 요소와 상호 작용하는 방법을 식별할 필요가 있고, 운영팀 담당자는 클러스터 확장의 설정에서 기업 내부의 규정을 준수하는지를 확인해야 하는 단계들을 거쳐야 합니다. 우리는 운영 팀이 네트워크 기술에 대응하는 방법에 대해 논리적인 구성 방법론으로 변화해야 할 필요가 있다고 느꼈습니다.

Lucien과 Maurizio는 새로운 정책 기반 데이터센터와 운영 모델에 대해 소개할 것입니다. 이 책은 일반적인 데이터센터의 문제점을 극복하기 위한 아키텍처, 컨셉, 방법 및 구축론을 소개할 것이며 또한 시스코 ACI 솔루션에 대하 상세한 소개도 다뤄질 것입니다.

Mike Dvorkin
시스코 Distinguished Engineer, Chief Scientist

애플리케이션 중심 인프라스트럭처(ACI: Application Centric Infrastructure)와 함께 하는 정책 기반의 데이터센터에 오신 것을 환영합니다. 여러분은 이제 최신의 시스코 데이터센터 패브릭을 이해하기 위한 여정을 함께 하게 될 것이고, 이것은 여러분이 알고 있는 수많은 혁신 중 하나가 될 것입니다.

이 책의 목적은 데이터센터 아키텍처 설계 원리 및 개념을 설명하는 것으로 해당 방법론을 통해 새로운 데이터센터 패브릭을 구축하기 위함입니다. 이 책에서 몇가지 중요한 개념에 해당되는 정책 데이터 모델, 프로그래밍 그리고 자동화를 포함하는 데이터센터 도메인 설계 기술을 기반으로 ACI 기술 자체를 뛰어 넘어 네트워크 엔지니어와 아키텍트는 새로운 형태의 네트워크 핵심기술을 배우게 될 것입니다.

시스코 ACI(Application Centric Infrastructure)는 다양한 프로그래밍 기반의 멀티 하이퍼바이저 환경에서 가상 및 물리적 환경의 워크로드를 통합하는 다양한 IT 서비스 환경 또는 최적의 클라우드 데이터센터를 위해 설계되었습니다.

전체적으로 혁신적인 ACI 기술을 이해하기 위해서는 네트워크 분야에서의 새로운 업계 기술 동향에 대한 이해가 필요합니다.

업계 동향

이 글을 쓰는 현재 시점에서 네트워크 업계는 새로운 네트워크 운영 모델의 출현을 경험하고 있습니다. 이러한 변화의 대부분은 서버 업계 또는 애플리케이션 개발 업계에서 일어난 혁신과 방법론들에 그 영향을 받고 있습니다.

아래 목록들은 현재 새로운 데이터센터 설계에 영향을 미치는 기술 동향들을 소개하고 있습니다.

- 클라우드 서비스의 적용
- 네트워크 연결 구성을 위한 새로운 방법론(셀프 서비스 카탈로그)
- 더욱 빠르게 현업에 애플리케이션을 배포하고 시험할 수 있는 방법(이러한 방법은 애플리케이션이 구동하기 위해 네트워크 인프라가 완벽하게 구성되는 데 필요한 시간을 단축시키는 능력을 표현합니다).
- "Fail Fast" 방법론: 버그가 시험 중에 발생한 경우 즉시 제거하고 제한된 시간 동안 현업에 새로운 버전의 애플리케이션 버전을 적용하는 방법
- 서버 관리 방법론과 동일한 도구를 네트워크 장비 관리를 위해 사용하는 방법(Puppet, Chef, CFengines 등)
- 서버, 애플리케이션 팀, 운영팀(DevOps팀) 간의 보다 효과적인 협업의 필요성

- 대용량 Flow에 대처하는 방법(백업 또는 일반적인 대량의 트래픽 전송이 다른 트래픽에 영향을 주지 않고 전송하는 방법)
- 스크립트 기반의 프로그래밍 방법론을 통해 체계적으로 네트워크 구성을 자동화할 수 있는 방법 및 구성 오류의 최소화
- 민첩하고 지속적인 통합 동의 소프트웨어 개발 방법론의 채택.

이러한 업계의 동향을 "Application Velocity(애플리케이션 가속)"라고 정의하고 있습니다. 이전보다 훨씬 빠른 방법으로 새로운 서버와 네트워크 연결을 구성하여 애플리케이션 개발에서 현업에 적용까지의 시간을 혁신적으로 단축할 수 있기 때문입니다.

애플리케이션이란 무엇인가?

"Application, 애플리케이션"의 의미는 일반적으로 이 용어를 사용하는 사람의 업무 내용에 따라 달라질 수 있습니다. 네트워크 전문가의 경우 애플리케이션을 DNS 서버, 가상화 서버, 웹서버 등과 같은 것으로 이해할 것입니다. 온라인 주문 솔루션 개발자의 경우 온라인 주문 솔루션 그 자체를 애플리케이션이라고 이해할 것입니다. 그것은 매우 다양한 서버들을 포함할 것입니다. 예를 들면 프리젠테이션 서버, 데이터베이스 서버들이 여기에 해당될 것입니다. 또한 미들웨어 전문가의 경우 IBM 웹스피어 환경이나 SAP 등과 같은 것들을 애플리케이션이라고 이해할 것입니다.

Cisco ACI를 소개하는 이 책에서 애플리케이션 정의는 특정 IT 서비스 워크로드를 수행하기 위한 네트워크 요소들 및 연결을 제공하는 모든 것이라고 정의합니다. 이러한 IT 서비스 워크로드를 위한 네트워크 연관관계를 ACI에서는 ANP Application Network Profile라고 설명합니다.

[그림 1]은 ACI에서 정의하는 애플리케이션의 예를 표현하고 있습니다. 즉 회사 인트라넷에 접속해서 외부 네트워크 연결을 통해 여행 예약 시스템, 주문 솔루션, 결제 시스템 등을 제공하는 애플리케이션의 예입니다.

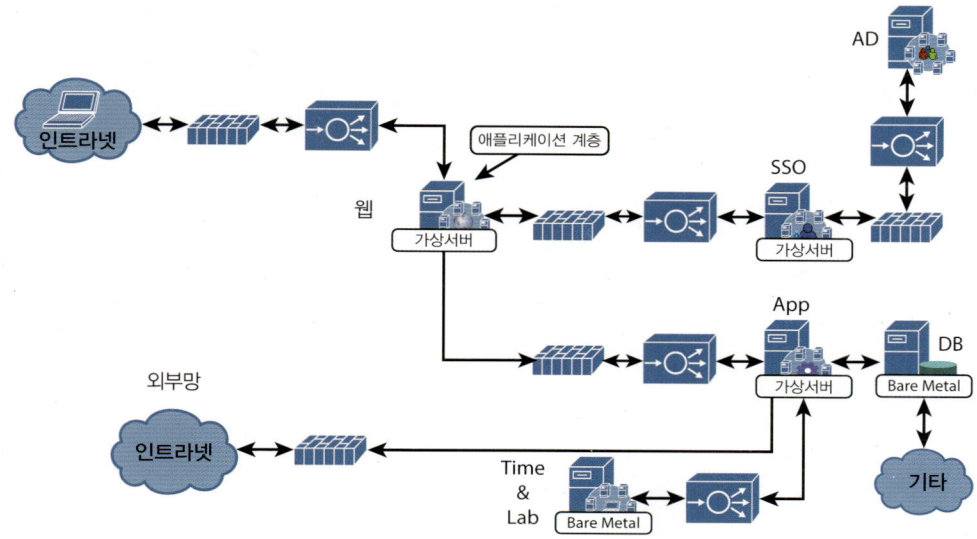

[그림 1] "애플리케이션(Applicarion)"의 예

ACI에서 표현하고 있는 네트워크 연관관계, 즉 ANP^{Application Network Profile}은 네트워크 빌딩 블록 내에 있는 VLAN, IP 서브넷을 추상화 했다고 이해하면 빠를 것입니다.

네트워크 연결 구성은 Policies(폴리시: 정책)라는 용어로 ACI에서 표현됩니다. 네트워크 연결 구성을 정의하는 Polices는 End Point 간의 연결 구성을 정의합니다(End Point는 각각의 서버를 표현하며, End Point Group은 동일한 서비스를 제공하는 서버 그룹을 표현합니다). 예를 들어 3Tier 서비스인 경우 웹, 애플리케이션, DB 서버들을 각각 End Point로 정의하고, End Point 간의 서비스 제공과 소비의 연관관계를 Polices로 정의하는 것입니다.

애플리케이션 구성을 위해 네트워크 구성에서는 일반적으로 VLAN 구성 및 ACL(Access Control List : 접근 제어 목록)과 같은 상세한 이해를 요구합니다. 그러나 ACI에서는 이러한 애플리케이션 연관관계에 대해 깊은 이해를 요구하지는 않습니다.

또한 ACI에서는 ANP^{Application Network Profile}를 이용하여 서버와 서버 간의 통신 패턴에 대한 정확한 이해가 없이도 기존 구성을 간편하게 정책으로 구현할 수 있습니다.

ACI에서의 ANP^{Application Network Profile}은 추상적인 방법으로 네트워크 구성을 표현하여 네트워크 관리를 가능하게 합니다. 따라서 주문 솔루션 및 예약 시스템 등과 같은 비즈니스 애플리케이션들이 간편하게 연관관계를 구성할 수 있도록 합니다. 이러한 애플리케이션 정의를 통해 현업에 적용하기 이전에 구성 시험을 빠르게 적용하고, 현업환경으로도 즉시 전환할 수 있도록 할 수 있습니다.

 **추상화의 필요성**

　오늘날 데이터센터는 이미 ACI 없이도 애플리케이션이 구동되고 있습니다. 실제 네트워크 관리자는 IT 조직에서 요구하는 조건들을 취합하여, VLAN, IP 주소, 라우팅 구성, ACL(Access Control List: 접근 제어 목록)를 기반으로 데이터센터 내부의 서비스간 연결 구성을 하고 있습니다. 예를 들어 ACI가 적용되어 있지 않은 데이터센터의 경우, 관리자가 회사 내부 서버와 DMZ 또는 외부 서버와 통신이 필요한 연결 구성과 보안정책을 구성하기 위해 단순한 포맷기반으로 표현하는 것은 매우 어려운 일입니다.

즉, 관리자는 어렵게 네트워크 보안 정책, 즉 ACL(Access Control List : 접근제어 목록)을 구성해야 하고, 특정 서비스 환경에서는 보안 강화를 위해 추가적으로 방화벽을 구성해야 합니다. 결과적으로 이러한 구성 적용 방식은 매우 어렵고 복잡한 접근 방식이며, 데이터센터 운영환경에서 매우 정적이고 수동적으로 구성되는 결과를 초래하게 됩니다.

만약 동일한 환경 조건으로 다른 데이터센터를 구축해야 한다면, 담당자는 IP 주소체계와 VLAN을 재구성하고, 기존 적용된 ACL(Access Control List : 접근제어목록) 과 방화벽 보안 정책을 해독해야 하는 지루하고도 어려운 일들을 수행해야 할 것입니다.

ACI는 컴퓨팅 세그먼트 사이의 관계를 표현하는 구성 템플릿을 생성 할 수있는 "ANP Application Network Profile" 기능을 도입하여 데이터센터 구성기술에 혁명을 일으키고 있습니다. ACI는 라우터와 스위치가 구현할 수 있는 네트워크 구조와 관계를 변환합니다(VLAN, VXLAN, VRF, IP 주소체계, 보안 등).

 Cisco ACI란 무엇인가?

　시스코 ACI 패브릭은 데이터센터에서 다수의 물리적 논리적 라우터 및 스위치로 동작하지만, 단일 장비처럼 구성 및 모니터링이 가능합니다. 실제 ACI 패브릭의 운영은 마치 분산형 스위치와 라우터로 구성되는 것처럼 동작하게 되며, 물리 및 가상화가 혼재된 환경에서도 최적화된 트래픽 처리와 보안 및 원격 측정 등을 제공합니다. 이 때 컨트롤러 역할을 하게 되는 APIC Application Policy Infrastructure Controller 는 ACI 패브릭의 중앙집중형 정책관리 역할을 담당하게 됩니다. APIC은 ACI 물리적 패브릭인 leaf 스위치에 ANP Application Network Profile 를 배포하는 역할을 합니다.

시스코 ACI 패브릭 OS는 데이터센터 Leaf 스위치 역할을 담당하게 되는 Cisco Nexus 9000 시리즈 노드의 구성 및 구동하는 시점에서 동작하게 됩니다. 또한 시스코 ACI 패브릭 OS는 패브릭의 구성 요소인 Leaf/Spine 스위치 구성을 위해 객체 지향 시스템 방식의 프로그래밍이 가능하도록 구성되어 있습니다. ACI 패브릭 OS는 물리적 인프라스트럭처에서 실행되는 네트워크 운영체제로서, 컨트롤러(APIC)에서 배포된 정책을 (ANP-Application Network Profile 및 ANP 연관관계) 해석 및 수행합니다. 이러한 모델은 소프트웨어 환경에서의 컴파일 모델과 매우 유사합니다. 이러한 동작방식을 통해 스위치 OS를 실행하도록 합니다. 즉 ACI 패브릭 OS는 APIC에서 배포된 정책을 해석하고 수행하여 최적의 데이터센터 환경이 구동될 수 있도록 ACI Spine/Leaf 스위치에서 동작하게 되는 것입니다.

시스코의 ACI는 퍼블릭/프라이빗 클라우드, 빅 데이터 환경 및 가상화와 물리적인 서버 환경 등과 같은 다양한 환경에서 최적으로 디자인되고 구현하기 위해 만들어졌습니다.

ACI는 새로운 네트워크를 매우 빠르게 생성하고 제거하는 기술 제공합니다. 특히 ACI는 네트워크 자동화를 단순화하도록 설계되어 관리자가 매우 쉽게 오케스트레이션 도구의 워크플로에 통합할 수 있도록 합니다.

[그림 2]는 ACI의 Spine-Leaf 스위치, ACI 컨트롤러 아키텍처를 소개하고 있습니다.

물리적 서버 및 가상화 서버는 ACI 패브릭에 연결되는 동시에, 외부 네트워크에 연결을 수행할 수 있습니다.

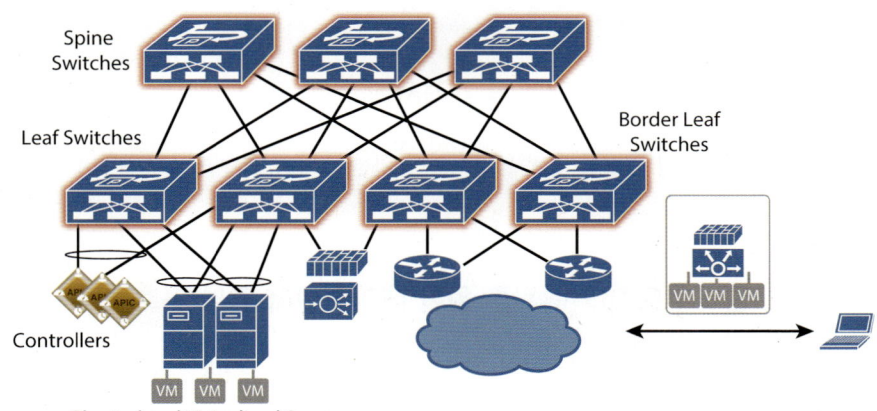

[그림 2] ACI 패브릭(Fabric)

 **시스코 ACI의 혁신**

시스코 ACI는 다음과 같은 혁신적인 기술을 바탕으로 하고 있습니다.

- 중앙 집중형 제어 없이 패브릭 전체를 단일 패브릭으로 관리(ACI는 분산형 제어부 방식 및 단일 관리 패브릭 방식을 취하고 있음.)
- 패브릭은 REST 호출을 위해 메소드 및 클래스 기반의 객체트리를 통해서 관리.
- Imperative(명령적 접근-예: OpenFlow,VMware NSX) 대신에 Declarative(선언적 접근-예: OpFlex, Puppet, Chef, Cisco ACI) 접근에 근거한 새로운 네트워크 운영 모델.
- 애플리케이션의 연관관계를 네트워크 인프라에 명확히 표현 가능.
- 멀티 테넌트를 위한 설계.
- 멀티 하이퍼바이저 연결 구성 가능.
- 손쉬운 추상적 구성(예: 템플릿)에 대한 정의 가능.
- 네트워크 구성 방식의 변화 – VLAN, IP 구성에서 정책 기반의 구성으로 변화
- Flowlet LB Load Balancing, 동적 Flow 우선 기술, 혼잡 제어 관리 기술을 기반으로 한 QoS 및 ECMP Equal Cost MultiPathing 기술의 혁신
- 패브릭, 테넌트를 위한 Health Score 표현 및 Atomic 카운터 개념을 통한 원격 측정의 새로운 개념 소개.

 목차 소개

:: Chapter 1: 데이터센터 아키텍처 고려사항

네트워크 디자인 관점에서 다양한 서버 환경기반을 위한 네트워크 요구 사항을 어떻게 충족할 것인지를 소개합니다.

:: Chapter 2: 클라우드 아키텍처를 위한 데이터센터 블록 구축

오늘날 대규모 데이터센터 확장은 클라우드 컴퓨팅의 원리를 이용하여 설계되고 있습니다. 이것은 인터넷 서비스 프로바이더 또는 대형기업에 의해 구축된 데이터센터에도 동일하게 적용됩니다. 이 장에서는 클라우드를 구축하는 디자인과 기술 요구 사항을 소개합니다.

:: Chapter 3: 정책기반의 데이터센터

이 장의 목표는 기업 비지니스 애플리케이션에 Cisco ACI의 구현방식을 소개하는 것입니다.

ACI 기반의 정책기반의 데이터센터 구현 방법은 "APIC GUI 기반 구성 방식" 또는 프로그래밍 기반의 "시스코 APIC의 API 모델"을 통해 통해 애플리케이션 배포와 함께 하드웨어 및 소프트웨어 기능의 최적화된 구현을 제공하게 됩니다. 마지막으로, 많은 IT 담당자들은 기존 데이터센터 환경에 ACI 패브릭을 배포하는 방법을 검토하고 있습니다. 따라서 이 장의 마지막 부분은 기존의 네트워크와 ACI 패브릭을 통합하는 방법을 설명합니다.

:: Chapter 4: 운영 모델

CLI Commnad-Line Interface 는 네트워크 구성 변경을 위한 매우 유용한 도구입니다.
하지만 CLI는 자동화를 위해 설계되지 않으며, 파싱 또한 그렇게 용이하지 못합니다. 또한, CLI는 구문 분석을 용이하게 하기 위한 방법론이나, 파이썬과 같은 정교한 스크립 기반의 언어가 "제공하고 있는 발전된 처리 방법에" 필적할만한 능력을 보유하고 있지 않습니다. 이 장에서는 데이터센터 관리자 및 운영자가 잘 알고 있어야 할 핵심 기술과 도구를 소개하고 그들이 ACI 기반 데이터센터에서 어떻게 활용할 수 있는지를 소개합니다.

:: Chapter 5: 하이퍼바이저 기반의 데이터센터 디자인

이 장에서는 데이터센터에서 하이퍼바이저를 사용할 때 네트워크 요구 사항과 설계 고려 사항을 소개합니다.

:: Chapter 6: 오픈스택

이 장에서는 OpenStack의 세부적인 내용과 Cisco ACI과의 관계에 대해서 설명하고 있습니다. 이 장의 목적은 OpenStack이 무엇인지를 설명하고 시스코의 ACI APIC OpenStack 드라이버 아키텍처의 세부 사항에 대해 소개합니다.

:: Chapter 7: ACI 패브릭 디자인 방법론

이 장에서는 ACI 패브릭 토폴로지를 소개하고, 어떻게 인프라 관리자와 테넌트 관리자가 ACI 패브릭을 구성하게 되는지 소개합니다. 또한 물리적 인터페이스의 구성, 포트채널, vPC, VLAN 구성에 대해서도 다루게 되며, 세그먼테이션, 멀티 테넌시 multi-tenancy, 물리적 서버와 가상 서버에 대한 연결 및 외부 네트워크 연결 등의 주제를 다룹니다.

:: Chapter 8: ACI 서비스 통합

시스코 ACI에서 제공되는 서비스 그래프 기술을 통해 Layer 4에 적용할 수 있는 기술을 소개합니다. 시스코 ACI 서비스 그래프 기술은 L4~7서비스 삽입의 최적의 기술 방식으로 고려해 볼 수 있습니다. 이 장에서는 서비스 그래프의 개념과 어떻게 서비스 그래프 및 서비스에 삽입할 것인지에 대한 설계 방법에 대해 설명합니다.

:: Chapter 9: ACI 기반의 향상된 원격 측정 기술

이 장에서는 시스코 ACI가 데이터센터 내부의 문제점을 파악하기 위해 제공되는 중앙 집중식 문제 해결 방법을 설명합니다. 이것은 Atomic 카운터 및 Health Score 등의 항목이 포함되어 있습니다.

:: Chapter 10: 데이터센터 스위치 아키텍처

이 장에서는 데이터센터 스위칭 아키텍처의 명확한 개념을 설명합니다. 하드웨어 스위치 아키텍처, 스위칭의 기본 원리 및 데이터센터의 QoS 등 3개의 섹션으로 나누어 설명합니다.

- **Node**(노드): 물리적인 네트워크 디바이스

- **Spine node**(스파인 노드): 데이터센터의 코어 부분을 담당하게 되는 네트워크 장비. 전통적으로 이러한 장비들은 높은 물리적 포트 집적도와 고대역폭을 제공한다.

- **Leaf node**(leaf 노드): 데이터센터의 액세스, ToR^{Top Of Rack} 스위치를 담당하게 되는 네트워크 장비. 데이터센터 네트워크 패브릭 구조에서 첫번째 계층 구조를 담당한다.

- **Fabric**(패브릭): Leaf, Spine 노드들의 집합체로 정의되는 데이터센터 네트워크의 물리적인 구성.

- **Workload**(워크로드): 단일 가상 엔티티를 정의하는 가상머신 단위. 예를 들어 워크로드가 증가한다는 의미는 가상머신이 하나 더 증가된다는 의미한다.

- **Two-tier topology**(2계층 토폴로지): 일반적으로 Spine-Leaf 패브릭 구성이다.

- **Three-tier topology**(3계층 토폴로지): 액세스, 어그리게이션, 코어 계층으로 구성된다.

- **Services**(서비스): 특정 서비스 제공을 위해 사용되는 어플라이언스로 정의된 장비군(로드 밸런서, 보안 장비, 컨텐츠 가속기, 네트워크 모니터링 장비, 네트워크 관리 솔루션, 트래픽 분석기, 자동화 및 스크립팅 서버 등).

- **ULL**^{Ultra Low Latency}: 마이크로세컨드 이하의 응답시간을 제공하는 기술. 현재 나노세컨드 수준을 제공하고 있다.

- **HPC**^{High Performance Compute}: 성능이 예측 가능하고 매우 낮은 응답지연 시간이 필요하며, 확장성이 중요한 정형/비정형 데이터베이스(NoSQL)를 사용하는 응용프로그램들. 대부분 트래픽 패턴이 데이터센터 네트워크 환경에서 트래픽 패턴은 east-west(데이터센터 내부에서 횡으로 흐르는 트래픽)이다.

- **HFT**^{High-Freguency-Frading}: 일반적으로 증권 거래 환경에서 발생한다. 데이터센터 패브릭에서 매우 낮은 응답지연 시간을 요구하며 End User가 실시간에 가까운 처리를 요구한다. 대부분의 트래픽 패턴이 north-south(데이터센터 종으로 흐르는 트래픽)이다.

- **Clos**: 다계층 네트워크. "Chales Leiserson"에 의해 "팻 트리(fat tree)"라고도 불린다. Clos의 아이디어는 고성능의 논 블로킹 스위칭 패브릭을 구축하는 것을 의미한다.

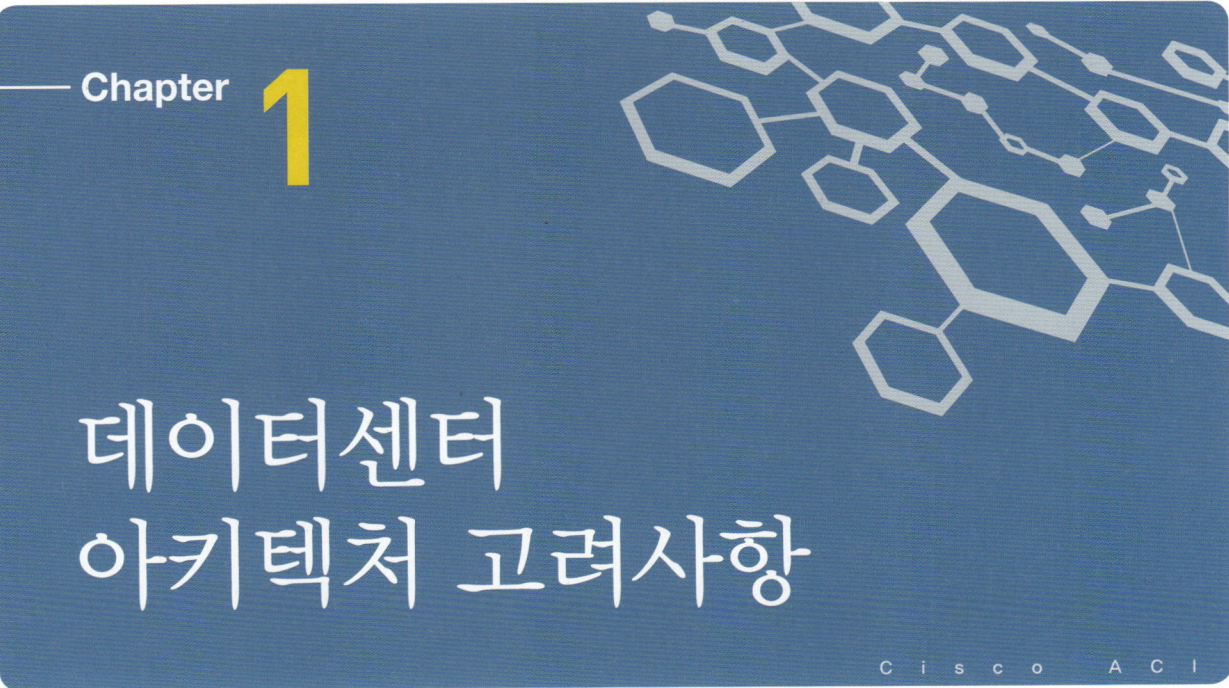

데이터센터
아키텍처 고려사항

Cisco ACI

이번 장에서는 데이터센터 아키텍처의 기술적 고려사항에 대해서 알아보겠습니다.

데이터센터 아키텍트가 가장 효율적인 end-to-end 기반의 데이터센터 패브릭 설계를 구현하고 제공하기 위해
필요한 기술적 고려사항과 방법론에 대해 설명합니다.

데이터센터 네트워크 설계 과정에서, 아키텍처를 선택하고 결정하는 주요 고려 사항은 다음과 같습니다.

- 스토리지 연결 유형 – 애플리케이션은 해당 애플리케이션이 사용하는 스토리지 유형과 함께 데이터센터
  내부에서 호스팅됨(스토리지 유형 – Network 기반: NAS, iSCSI, NFS, CIFS / FC 기반: SAN)
- 데이터센터가 필요한 물리적 환경 및 POD 디자인 모델 결정에 따른 제약 사항
- 데이터센터 설계의 다양한 유형들

가상화 기반의 데이터센터는 데이터센터 패브릭의 주요 기능을 모두 담고 있는 가장 흥미로운 구현 사례입니다.
또한 다른 사례로 빅데이터, ULL(Ultra-Low Latency), HPC(High Performance Compute), 그리고 Massive Scale 데이
터센터 또한 데이터센터 패브릭의 주요 기술을 설명할 수 있는 좋은 사례입니다. 이러한 사례에서 보듯이 최근
데이터센터의 기술 동향을 살펴 보면 네트워크 구조가 Spine-Leaf 스위칭 아키텍처로 변화하고 있으며, 앞으로
설명드릴 시스코 ACI는 이러한 기술적 트렌드와 스위칭 아키텍처의 변화를 모두 포함하고 있습니다.

애플리케이션과 스토리지

　대부분 데이터센터의 디자인은 3계층 구조(*tree-tier-approach*)가 주를 이루고 있으며, 이러한 3계층 구조는 일반적으로 액세스, 어그리게이션, 코어 계층으로 이뤄져 있습니다. 오늘날 데이터센터의 디자인 동향은 3계층 구조에서 Spine-Leaf 스위치 아키텍처인 2계층 구조로 변화하고 있습니다. 데이터센터의 다양한 기술동향을 이해하는 일들은 우리가 데이터센터 디자인을 하는데 있어서 중요한 의미가 될 것입니다. 이러한 기술적인 흐름에 대한 이해는 데이터센터 프로젝트에서 요구되는 다양한 솔루션을 최적으로 선택하는데 있어서 매우 의미 있는 일들이기 때문입니다.
이번 장에서는 현재 데이터센터 기술에 있어서 가장 많이 거론되고 있는 방법과 기술들을 살펴 볼 것입니다.

　이 장에서는 다음과 같은 유형의 기술적 요구 사항을 해결하기 위해 다음과 같은 유형의 최신 디자인 방법론을 어떻게 사용할 것인가에 대해 알아보겠습니다.

- 가상화기반 데이터센터
- 빅데이터
- 고성능 컴퓨팅(HPC: High-performance compute) (HPC)
- 초저지연 응답시간 기반 데이터센터(Ultra Low Latency)
- 대규모 확장성 기반(Massively Scalable) 데이터센터

　대부분의 데이터센터는 과거의 형태에 비해, 훨씬 더 다양한 워크로드를 가지고 있는 애플리케이션들을 포함하고 있습니다. 따라서 이러한 데이터센터의 요구사항을 수용하기 위해 다목적 데이터센터 패브릭을 구축할 필요가 있습니다. 예를 들어 시스코의 Nexus 9000 시리즈 제품과 같은 경우 이러한 다목적 데이터센터 패브릭을 구축하기 위해 제공되는 대표적인 솔루션입니다.

가상화 기반 데이터센터

　오늘날 데이터센터는 상당히 많은 가상화 기반의 서버들을 보유하고 있습니다. 이번 장에서는 가상화 기반의 서버 워크로드를 위한 데이터센터 설계 고려 사항에 대해 알아보겠습니다.

소개

　현재 대부분의 데이터센터 패브릭 구축은 가상화기반의 데이터센터를 표방하고 있습니다. 이러한 환경들은 소규모 또는 중규모 기업 비즈니스 뿐만 아니라 대규모 기업 비즈니스 환경을 모두 포함하고 있습니다. 시스코는 현재 이러한 다양한 비즈니스 환경을 위해 폭넓은 데이터센터 제품군을

제공하고 있습니다. 대표적으로 하이퍼바이저 기반에서 사용할 수 있는 Nexus 1000V, 차세대 데이터센터 패브릭 스위치 Nexus 9000, 차세대 x86 컴퓨팅 솔루션 UCS 블레이드 & 랙마운트 서버 등이 있습니다. 아울러 오늘날 데이터센터에는 이더넷 기반 위에서 파이버 채널 스토리지를 통합 할 수 있는 있을 뿐만 아니라, IP 기반의 NFS와 같은 스토리지들도 모두 사용할 수 있는 FCoE와 같은 기술들도 제공하고 있습니다. 물론 FCoE와 같은 기술은 데이터센터 패브릭에서 필수 조건은 아닙니다. 하지만 최근 데이터센터 동향을 살펴 보면 IP 스토리지 기반의 가상화 데이터센터를 구축하는 경우가 많아지고 있습니다.

오늘날의 가상화기반 데이터센터는 하나 이상의 하이퍼바이저 종류를 포함하고, 서로 간에 유기적으로 연동해야만 합니다. 데이터센터 네트워크는 이러한 다양한 가상화 환경의 트래픽을 제어해야 합니다. 뿐만 아니라 높은 가용성을 수반하는 조건을 제시하기도 합니다. 즉 워크로드가 발생하여 VM 가상머신이 현재의 호스트에서 다른 호스트로 이동해야 하는 경우에 VM 가상머신의 인터럽션 interruption이 최소화되면서도 안정적으로 데이터센터 네트워크에서 이동해야 하는 경우가 그 대표적인 예가 될 것입니다.

특히 가상화 기반의 데이터센터에서는 기존의 데이터센터와는 차별화된 특징이 있습니다. 바로 가상화 스위치가 존재한다는 것입니다. 과거의 데이터센터는 다수의 서버들이 물리적인 네트워크 연결을 위해 가장 먼저 ToR Top Of Rack 스위치를 만나게 되었지만, 이제는 가상화 스위치를 가장 먼저 만나게 됩니다. 이러한 일반적인 상황들은 대부분의 네트워크 컴포넌트에 "v(Virtual)"을 맨앞에 붙이게 되면서 vSwitch, vEthernet, vNIC 등과 같은 표현들로 사용되고 있습니다.

또한 데이터센터 네트워크 패브릭을 구축 할 때 각 호스트 위에 존재하는 VM 가상머신 가상화 비율이나 애플리케이션 비율이 이제는 매우 중요하게 되었습니다. 뿐만 아니라 가상화는 다양한 기술을 포함하는 멀티 플레이어 역할을 수행하고 있으며, 클라우드 사업자 환경에서 동작되는 가상화 환경들이 그 대표적인 예라고 할 수 있습니다. 뿐만 아니라, 데이터센터 환경 내부에서도 다양한 캡슐화 기술들이 등장하고 있습니다. 과거 물리적인 스위치가 담당했던 기술들을 하이퍼바이저 레벨에서 적용하게 된 것입니다(QoS, 대역폭 할당 및 제어, 보안, 포트 미러링 등…).

전통적인 환경에서는 QoS와 같은 품질 보장 기술들이 ToR 스위치에서 적용되었지만, 이제는 가상화 레이어 내부에서도 IP 또는 이더넷 기반의 비디오, 음성, 스토리지와 같은 트래픽들을 구분해서 차별화된 서비스를 제공할 수 있게 되었습니다. 일반적으로 가상화 기반의 데이터센터 내부에 구동되는 애플리케이션들은 3계층 모델에서 동작하였습니다(여기서 말하는 3계층은 애플리케이션에서 언급되는 3계층으로 웹서버, 애플리케이션 서버, 데이터베이스 서버의 구성과 조합을 말합니다).

이러한 3계층 구조의 애플리케이션 서비스들은 독립된 가상머신에서 동작하였습니다. 또한 많은 기업들에서 데이터베이스 서버들은 가상화 기반의 서버에서 보다는 베어메탈 서버에서 독립적으로 운영되기도 합니다.

가상화 개념과 정의

데이터센터 가상화 기술은 서버 영역에서만 적용되는 기술이 아니라, 데이터센터 내부의 여러 영역에서 적용되고 있습니다.

- 서버 가상화
- 스토리지 가상화
- 서비스 가상화
- 네트워크 가상화
- 자동화(관리의 가상화)

서버 가상화

서버 가상화 기술은 하드웨어 가상화의 일반적인 유형입니다. 애플리케이션이 동작하게 되는 단일 OS 환경에서의 x86 컴퓨팅은 현재 가장 널리 사용되고 있는 컴퓨팅 기술입니다.

[그림 1-1]에서 처럼 가상화를 지원하는 하드웨어 자원은 높은 VM^{가상머신} 집적도 기반을 통해 단일 물리적 컴퓨팅 자원에서 보다 효율적인 애플리케이션 구동을 가능하게 했습니다.

X86의 가상화 기술은 물리적 서버와 VM^{가상머신} 사이에 위치하게 되는 하이퍼바이저 소프트웨어 를 중심으로 물리적 호스트 서버에서 분리된 가상화서버를 에뮬레이트 해주는 역할을 핵심적 기능으로 하고 있습니다. 이러한 가상화 기술은 하나의 서버에서 다수의 운영체제가 구동할 수 있도록 하고, 독립적으로 애플리케이션과 기능들을 수행할 수 있습니다. 또한 VM^{가상머신}들은 동일하거나, 서로 다른 물리적 서버에서도 공유 스토리지를 통해 파일을 저장하고 복구할 수 있습니다. 이렇게 서버 가상화는 물리적 서버를 보다 효율적으로 사용하도록 서버 가상화 또는 통합 프로젝트라는 이름으로 데이터센터를 최적화 하고 있습니다.

스토리지 가상화

스토리지 가상화는 데이터센터 내부의 물리적인 스토리지 장비들을 논리적이고 추상적인 관점으로 구성 및 관리하는 기술입니다. 이러한 기술을 기반으로 사용자와 애플리케이션은 스토리지의 접근 방법과 구성을 알지 못하더라도, 스토리지 가상화 기술을 기반으로 애플리케이션이 위치한 스토리지에 접근할 수 있습니다.

현재 스토리지 가상화 기술은 대규모 SAN, IP 스토리지 또는 서버 내부에 구성되는 하드디스크의 논리적인 파티셔닝 및 구성 등에 폭넓게 적용될 수 있습니다.

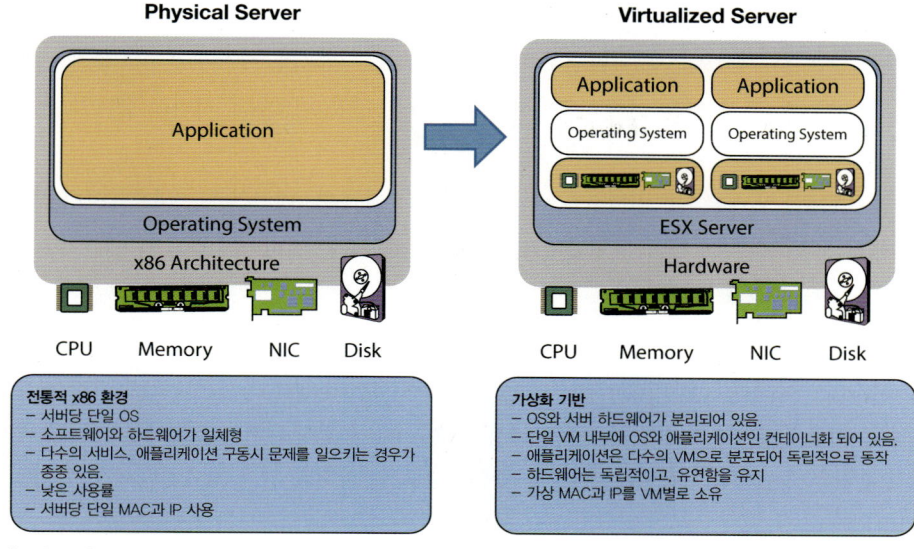

Physical Server

Application

Operating System

x86 Architecture

CPU　Memory　NIC　Disk

전통적 x86 환경
- 서버당 단일 OS
- 소프트웨어와 하드웨어가 일체형
- 다수의 서비스, 애플리케이션 구동시 문제를 일으키는 경우가 종종 있음.
- 낮은 사용률
- 서버당 단일 MAC과 IP 사용

Virtualized Server

Application　Application

Operating System　Operating System

ESX Server

Hardware

CPU　Memory　NIC　Disk

가상화 기반
- OS와 서버 하드웨어가 분리되어 있음.
- 단일 VM 내부에 OS와 애플리케이션인 컨테이너화 되어 있음.
- 애플리케이션은 다수의 VM으로 분포되어 독립적으로 동작
- 하드웨어는 독립적이고, 유연함을 유지
- 가상 MAC과 IP를 VM별로 소유

[그림 1-1] 서버 가상화(Server Virtualization)

💻 스토리지 가상화를 통해 얻을 수 있는 4가지 장점

■ **자원의 최적화**

데이터센터 내부에서 스토리지 자원을 더 이상 특정 서버 및 애플리케이션이 점유하는 비효율적인 구조를 가져가지 않습니다. 스토리지 공유 풀을 통해 스토리지 자원은 최적화 될 수 있습니다(예: ESX VMFS).

■ **운영 비용의 최적화**

스토리지의 구성을 중앙집중화하여, 더 이상 개별 스토리지 컨트롤러를 별도록 관리하지 않아도 됩니다. 일반적으로 스토리지의 관리는 개별 스토리지 컨트롤로를 통해 개별 관리를 하였으나, 공유 풀 구성을 통해 쉽게 스토리지를 추가 관리 및 운영할 수 있도록 하게 됩니다. 따라서 스토리지 구성의 총 소유 비용(TCO: Total Cost Ownership)가 최적화 될 것입니다.

■ **스토리지 가용성의 증가**

데이터센터 환경에서 계획되거나 계획되지 않은 상황에서의 스토리지 유지보수를 위한 소프트웨어 업그레이드, 정전, 비정상적인 IO 증가 등으로 발생하는 다운 타임 등은 일반 사용자들에게 있어서는 다운타임의 증가 및 매우 심각한 상황에 마주하게 됩니다.
스토리지 가상화는 새로운 자원을 빠르게 투입할 수 있다는 측면에서 다운타임을 최소화할 수 있기 때문에 스토리지의 가용성을 증가시킬 수 있습니다.

■ **스토리지 성능의 증가**

애플리케이션이 제공해 주는 서비스에 의해 발생되는 스토리지 워크로드는 분산형 스토리지 컨트롤러, 분산 디스크 기술 등을 통해 성능을 증가시킬 수 있습니다. 이러한 기술들은 단일형 스토리지 장치와 비교하였을 때 훨씬 더 빠른 스토리지 IO 기술을 제공함으로써, 애플리케이션의 서비스 품질을 향상시키고 작업시간을 단축할 수 있습니다.

네트워크 서비스 가상화

네트워크 서비스 가상화는 데이터센터 내에서 사용되는 방화벽, 로드밸런서(ADC: Application Delivery Controller), 캐시 엔진, 애플리케이션 가속기 등과 같은 네트워크 서비스 장비의 가상화 입니다.

일반적으로 VIP는 Virtual IP Address(가상 IP 주소)라고 불리며, 데이터센터 외부에서 웹서비스와 같은 퍼블릭 서비스의 대표 IP로 표현됩니다. 가상 인터페이스는 웹서버의 필요에 따라 외부로 혹은 내부로의 연결을 관리해 줍니다.

로드밸런서는 보다 안정적인 토폴로지와 안전한 서버 접속을 제공하며, 각각의 서버에 따로따로 접속하는 대신에 여러 대의 웹서버와 애플리케이션을 마치 하나의 개체인 것처럼 사용할 수 있게 해줍니다. 외부 사용자에게는 하나의 서버로 보이지만 Reverse 프록시 디바이스 뒤에는 여러 대의 서버가 감춰져 있는 것입니다. 최근에는 다양한 종류의 가상 방화벽과 가상 로드밸런서가 시장에 나와 있습니다.

네트워크 가상화

가상화 기반의 데이터센터에서 가상화 서버들은 가상머신 간의 네트워크 분리를 위해 네트워크 인프라에 대한 변화를 필요로 하고 있습니다. 따라서 이러한 요구사항으로 인해 과거에 네트워크 분리를 위한 작업들이 베어메탈 서버의 접점이 되는 ToR Top of Rack 스위치에서 수행되었다면, 이제는 하이퍼바이저 수준의 네트워크 기술에서 적용을 필요로 하게 되었습니다. 네트워크 가상화는 다음과 같은 기술들을 제공하게 됩니다.

- VLAN 기술 적용
- VXLAN(Virtual EXtensible LAN) 기술 적용
- VRF(Virtual Routing and Forwarding) 기술 적용

오케스트레이션: 자동화

오케스트레이션Orchestration은 가상화된 자원 풀 및 가상 인스턴스들을 효율적으로 배정하는 것을 말합니다. 이것은 IT 자원 구성에 대한 용량산정 계획, 분석, 과금 및 SLA Service Level Agreements 계약 등의 관리 기능 이외에 물리적 자원에 대한 가상화 구성의 정적 및 동적 할당을 포함하는 기술입니다. 데이터센터에서 제공되는 서비스는 일반적으로 다음과 같이 다양한 도메인 및 미들웨어 관리 시스템을 기반으로 최종 사용자가 서비스를 선택한 후 서비스가 자동으로 제공되는 고객 포털 서비스 계층으로 통합 배치됩니다([그림 1-2] 도식화).

- 구성 관리 데이터베이스(CMDB: Configuration management database)
- 서비스 카탈로그(Service Catalog)
- 회계(Accounting)
- SLA Service Level Agreement 관리
- 서비스 관리
- 서비스 포털

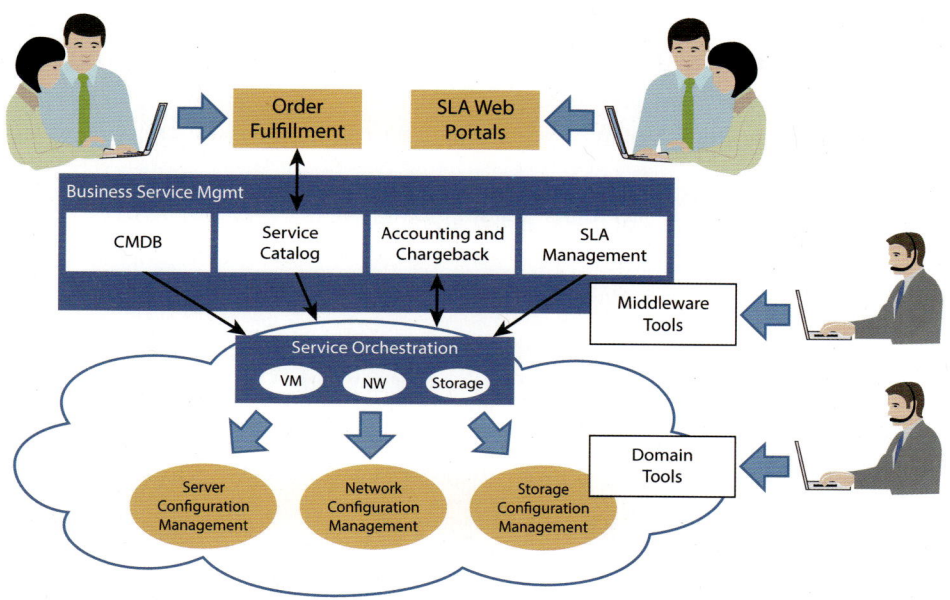

[그림 1-2] 오케스트레이션(*Orchestration*) 개념

네트워크와 디자인 요구사항

네트워크 인프라 측면에서 가상화 기반의 데이터센터를 사용하는 경우 미칠 수 있는 영향들은 다음과 같습니다.

- 적은 규모의 물리적 포트 관리 및 많은 가상화 포트 관리
- 위험도의 증가: 단일 서버 또는 서버들을 다수 포함하는 서버랙에 수백 개 이상의 가상머신을 포함하고 있게 되므로, 정전 작업이나 소프트웨어 업그레이드 과정에서 훨씬 더 높은 고가용성이 필요하게 되었습니다.
- 고확장성 필요: 더욱 많은 가상머신 집적도, 더욱 많은 MAC 주소, 더욱 많은 VLAN 숫자를 요구합니다.
- 가상화 기반의 데이터센터에서는 이동성을 고려한 디자인이 매우 어렵습니다. 특히 네트워크 환경에서의 가상머신의 이동성은 대역폭에 매우 민감하게 반응하게 됩니다.

- 서버의 10기가비트 이더넷 시대로의 진화
- 스위치 업링크의 10G/40G 업링크로의 진화
- 일반 랙서버 랜카드 Teaming 기술과 다른 하이퍼바이저 기반의 Teaming 기술
- 데이터센터 내부의 트래픽 방향의 70~80%는 east to west 트래픽.
- 데이터센터 서비스의 대부분이 더 이상 물리적 서버 환경이 아닌 가상화와 물리적 서버 환경의 혼재.
- 새로운 멀티테넌시 모델을 위해 VLAN 구조의 설계 변경이 필요.
- 물리적 서버 내에 동작하고 있는 가상머신에 대한 최소한의 기술적 지식을 요구.
- 클라우드/가상화 환경의 다양한 계층 구조의 이해
- 전통적인 서버/네트워크 환경과 가상화 환경의 공존 필요(예를 들어 중요한 DB서버는 물리적인 서버 환경을 요구하지만, 웹서버와 애플리케이션 서버는 가상화 환경을 요구)
- 새로운 형태의 과금 모델 등장에 따라, 정적인 데이터센터 모델이 아닌 가상화 단위의 데이터센터 모델 필요.
- 가상화 환경에서의 효과적인 가상 스위치 관리의 필요성.

스토리지 요구사항

가상화 환경에서는 VM^{가상머신}들을 위해 NFS와 같은 스토리지 연결방식들이 많이 사용되고 있으며, FC나 FCoE와 같은 기술들이 하이퍼바이저의 공유 볼륨을 위해 널리 사용되고 있습니다. 특히나 최근에는 주로 IP 기반의 스토리지 기술들이 하이퍼바이저를 위한 공유 스토리지로 주목받고 있습니다. 이것은 컴퓨팅 노드와 스토리지 어레이 사이에서 대용량 전송 또는 중요한 데이터를 전송할 때 QoS와 같은 차별화된 기술을 적용할 수 있기 때문입니다.

:: 빅데이터(Big Data)

이번 장에서는 데이터센터에서의 빅데이터 기술 동향에 대해 설명합니다.

빅데이터의 정의

빅데이터*Big Data*는 데이터의 볼륨, 속도, 다양성, 복잡성을 포함하는 기준으로 정의를 내리고 있습니다(IT리서치 기관인 가트너 및 데이터 전문 기관에 의한 정의). 빅데이터에서는 데이터의 구조측면에서 정형, 비정형 데이터 구조를 지원하고 있습니다. 방대한 수의 구조화된 데이터 계정으로 구성되지만, 종종 페타바이트(petabytes)급 이상의 데이터, 비구조화된 데이터, 전체 크기의 훨씬 더 큰 비율을 차지하는, 사람들이 만들어내는(human-generated) 데이터를 나타냅니다. 이러한 대량의 정보들은 다음과 같은 오늘날의 환경에서 생성되고 있습니다.

- **모빌리티 트렌드:** 많은 모바일 기기 및 다양한 센서가 모바일 기술로 통합되어 데이터 발생.

- **데이터의 접근과 소비:** 인터넷과 시스템기기 간의 연결, 소셜네트워킹 그리고 컨버전트 인터페이스와 액세스 모델(인터넷 검색과 소셜 네트워킹과 메시징)에서 발생되는 데이터들.
- **에코시스템 기능:** 오픈소스 기반의 정보 가공 및 분석 등에 대한 기술 모델링의 변화.
- 소셜네트워킹 및 웹 환경에서 발생하는 다양한 데이터를 처리하기 위한 빅데이터 플랫폼은 일반적으로 범용 x86 컴퓨팅과 데이터센터 패브릭 네트워크 기반에서 운영됩니다.

소셜네트워킹 및 웹 환경에서 발생하는 다양한 데이터를 처리하기 위한 빅데이터 플랫폼은 일반적으로 범용 x86 컴퓨팅과 데이터센터 패브릭 네트워크 기반에서 운영이 됩니다. 하지만 빅데이터의 경우 웹이나 소셜네트워크에서 발생되는 데이터의 영향으로 잘못된 내용이나 부족한 정보가 발생되는 경향이 있습니다. 또한 빅 데이터는 일반적으로 고유한 데이터 식별자가 별도로 포함되어 있지 않습니다. 이러한 문제는 데이터에 대한 분석과 연관관계를 유추하는데 많은 어려움을 내포하고 있습니다. 빅데이터 기반의 데이터 생성, 소비 및 분석은 웹 또는 모바일과 같은 서비스에서 생산되는 데이터들의 상관 관계를 통해 기업들이 고객에게 차별화된 서비스를 제공하여 인터넷 기반의 경쟁력있는 비즈니스 활동을 할 수 있습니다. 기업들은 다음과 같은 이유들로 빅데이터를 사용하고 있습니다.

- 특정 고객군 중심의 마케팅 또는 광고 서비스
- 특정 고객군 대상 세일즈 프로모션
- 다양한 소셜네트워킹 데이터의 분석 및 활용
- 많은 사용자가 생산하는 데이터의 저장, 처리, 분석 등을 위한 메타 데이터 기반의 최적화

빅데이터가 기업 현장 속으로 움직이고 있다

지난 수년간 기업 내부에서의 데이터 증가에 따른 애플리케이션, 데이터베이스 및 스토리지 자원에 대한 기술적 요구사항들은 꾸준히 증가해 왔습니다. 따라서 IT 비용 및 복잡성이 증가하게 되었고, 빅데이터와 같은 기술들은 기업에서 더욱 더 주목받게 되었습니다. 이러한 IT의 변화는 대규모 데이터를 저장, 분석, 및 접근하는 방법에 있어서 기본적인 방법론의 변화를 가져오게 되었습니다. 새로운 기술적 방법론이란 기업의 새로운 전략을 수립하고 결정하는데 있어서 수많은 데이터들을 새로운 데이터처리 기반 기술을 통해 어떻게 효과적으로 사용하고 처리할 것인가에 대한 것입니다. 데이터센터 패브릭에서는 이러한 기업의 대용량 데이터의 요구를 만족시키기 위해 기존의 전통적인 3계층 네트워크 모델에서 새로운 형태로 진화하고 있습니다. 하지만, 이러한 새로운 네트워크 모델링도 마찬가지로 미래지향적인 데이터 네트워크 모델 요구조건 뿐만 아니라 현재의 데이터센터 요구조건 모두를 수용해야 합니다.

빅데이터 주요 구성 요소

빅데이터를 수용하기 위해 2개의 핵심블록이 기업용 데이터 모델링에 추가되고 있습니다([그림 1-3] 참조).

- **하둡**(Hadoop): 분산파일 시스템을 통해 데이터 저장 기능을 수행하며, MapReduce를 통해 분석 기능을 제공합니다.
- **NoSQL:** 실시간으로 데이터 캡처, 데이터 읽기 및 업데이트를 제공합니다. 또한 대규모 데이터들에 대한 비정형 데이터 또는 정형 데이터 구조를 처리할 수 있습니다. 대표적으로 아래와 같은 데이터들입니다.
  - 실시간 스트림(Click streams)
  - 소셜 미디어
  - 각종 로그 파일
  - 이벤트성 데이터
  - 모바일 기반의 데이터
  - 사물인터넷(IoT)/만물인터넷(IoE)과 같은 센서/장비 기반에서 생성되는 데이터

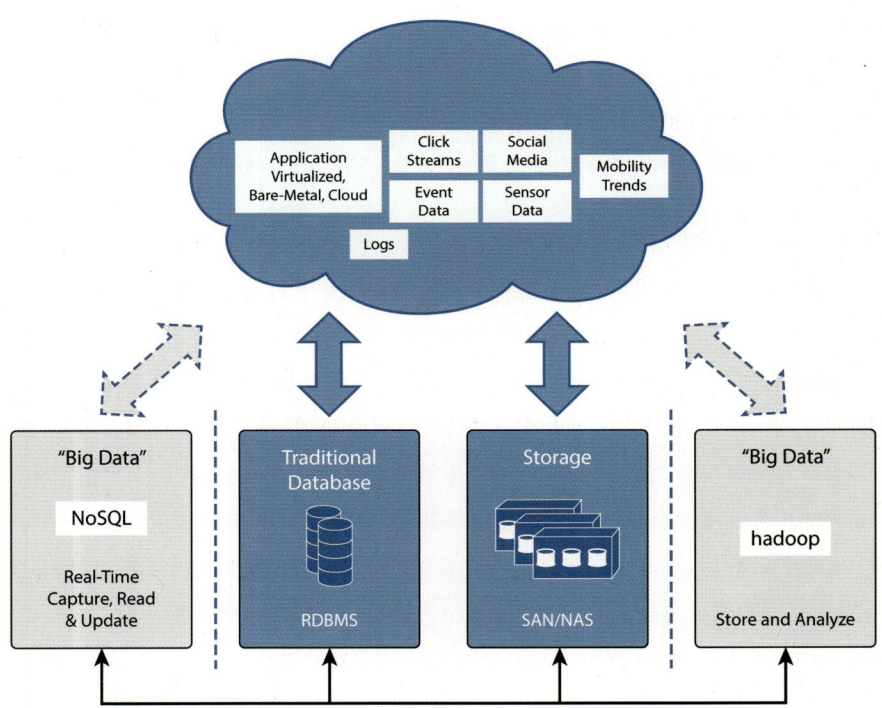

[그림 1-3] 빅데이터 엔터프라이즈 모델(*Big Data Enterprise Model*)

최근 데이터 처리의 동향 중 하나는 데이터를 물리적 저장 방식에 대해 좀 더 빠른 접근과 처리를 위해 메모리 또는 플래시 디스크 기반의 데이터 저장소를 선호하고 있습니다. 또한 다양한 데이터 처리를 위해 SQL 구조와 같은 정형적 데이터구조 보다 NoSQL과 같은 비정형 데이터 구조를 선호하는 추세입니다.

빅데이터를 위한 네트워크 기술 요구 사항

현재 기업 환경에서 빅데이터를 구성하기 위한 다양한 구성 요소들은 개별 동작이 아닌 통합형 관점으로 설계하고 구축될 필요가 있습니다.

대표적으로 빅데이터를 위한 네트워크의 경우 [그림 1-4]에서 처럼 최적화된 디자인과 모델링으로 시스코 넥서스 스위치 인프라에 최적화하여 구성될 수 있습니다.

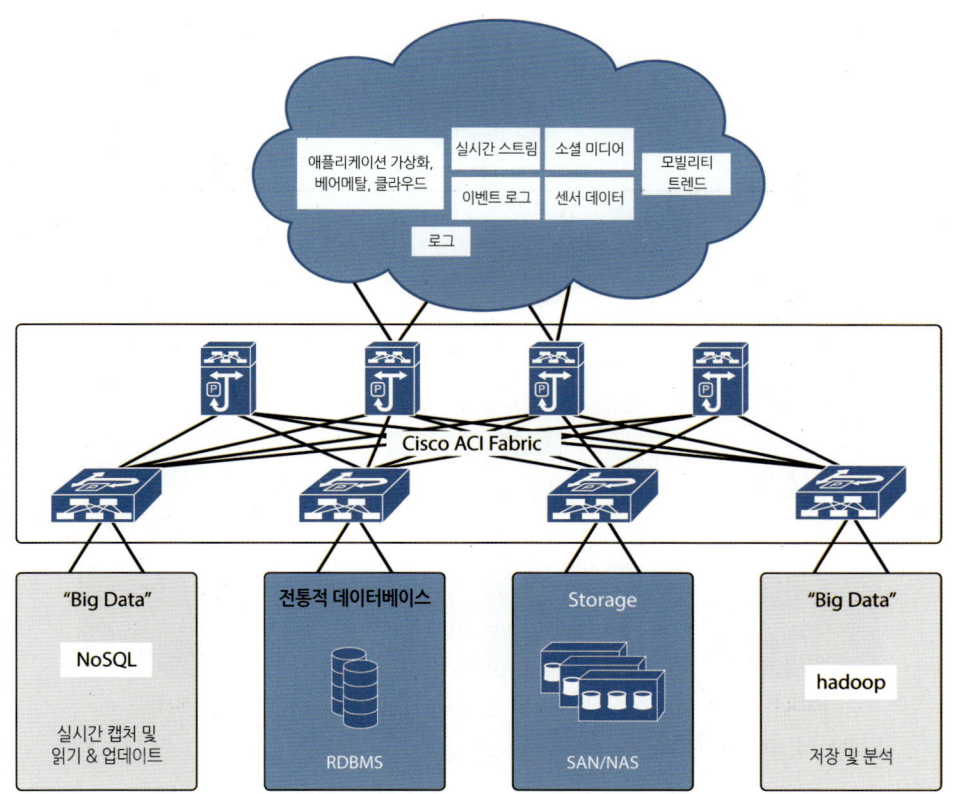

[그림 1-4] 엔터프라이즈 네트워크 아키텍처로 빅데이터 모델 통합(Integration of Big Data Model into Enterprise Network Architecture)

하둡 POD를 위한 클러스터 디자인

하둡이 적용하고 있는 분할정복(Divide-and-conquer) 기술 전략은 대규모 데이터를 기반으로 한 워크로드를 처리하기에 효과적입니다. 이러한 분할정복과 같은 기술들은 하나의 대규모 워크로드와 같은 작업들을 서브 워크로드로 분할하고 맵핑하는 기술을 통해 최종적으로는 원하는 결과를 얻기 위한 시간을 단축시킬 수 있습니다. 하둡기술에 포함된 핵심 기술은 범용적인 x86의 저렴한 하드웨어에 대규모 노드의 클러스터를 구축하여 수많은 서브 워크로드를 배치하도록 합니다. 이것은 분산 노드 기술을 통해 고가용성 하드웨어를 구축할 수 있고, 비용절감 효과를 누릴 수도 있습니다. 이렇게 하둡 기술은 방대한 양의 데이터를 분산처리하는 클러스터 파일 시스템을 제공하고 있습니다. 하둡의 클러스터 기술은 완벽하게 안정성과 복원력을 겸비하고 있습니다. 클러스터를 구성하고 있는 개별의 노드들이 장애를 일으키더라도 매우 탄력적이고 복원력이 높도록 [그림 1-5]에서처럼 설계되어 있습니다.

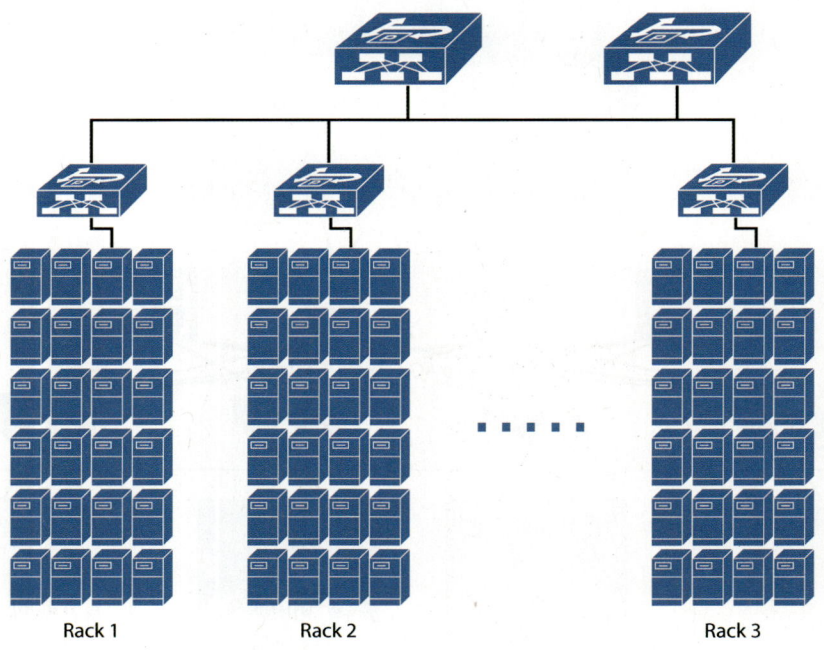

[그림 1-5] 클러스터 디자인

스토리지 요구 사항

빅데이터 애플리케이션들은 기본적으로 분산형 IP 스토리지 기술을 사용하고 있습니다. 이러한 IP 스토리지 기술들은 NFS 또는 DAS와 같은 방식에서 이미 사용되고 있는 기술입니다. 빅데이터에서 각각의 서버들은 모두 스토리지를 포함하고 있습니다. 또한 스토리지의 유형은 최근 일부 ULL(Ultra-Low Latency: 초 저지연형 - 매우 낮은 응답 지연 시간)을 요구하는 애플리케이션을 지원하기 위해 플래시 하드드라이브 기술을 채용하는 방식도 시장에서 등장하고 있습니다.

디자인 고려 사항

네트워크의 복원력 및 가용성에 관련된 기술들은 빅데이터 클러스터 구축에 매우 중요한 부분을 담당하게 됩니다. 하지만 실제로는 빅데이터 성능에 가장 많은 영향을 미치는 것은 네트워크의 기술 이외에 다른 요소들이 중요한 요인으로 꼽히고 있는 사실도 간과해서는 안될 것입니다. 실제로 [그림 1-6]에서처럼 빅데이터 처리성능에 미치는 영향의 상대적 평가를 보면 빅데이터 처리 성능에 영향을 미치는 주요 기술을 파악할 수 있습니다.

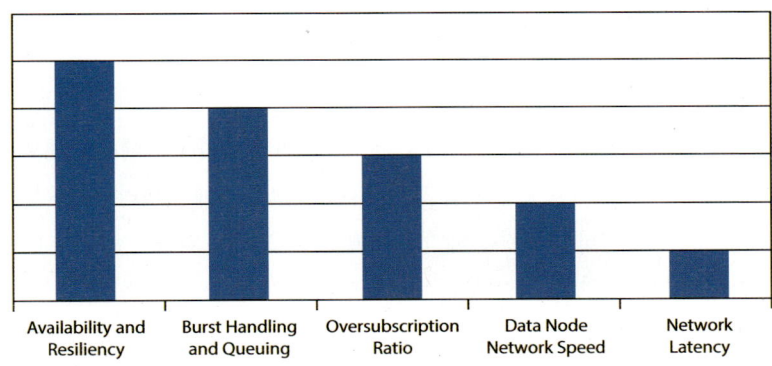

[그림 1-6] 빅데이터 처리 성능을 위한 주요 지표의 상대적 평가

가용성과 복원력

빅데이터에서 예기치 못한 네트워크 장비의 장애는 하둡 클러스터 내부의 다수 데이터 노드에 영향을 미칠 수 있습니다. 이러한 네트워크 장비 장애로 인해 영향을 받는 데이터 노드의 작업들은, 다른 데이터 노드들로 워크로드들이 재분배되어야 합니다. 이를 위해 빅데이터 기반의 하둡 인프라는 장애 또는 데이터 노드들의 부하 증가에 대한 원활한 처리를 위해 데이터의 재분배, 복제 등의 기술을 사용합니다.

실제 데이터 분석을 완성하고 다양한 데이터 스케줄링을 처리하는데 있어서, 이러한 가용성과 복원력은 매우 중요합니다. 따라서 가용성과 복원력을 위해 어떠한 네트워크 기술을 적용할 것인가는 매우 중요한 부분입니다.

빅데이터의 성공을 위해 갖추어야할 가용성과 복원력에 있어서, 네트워크 아키텍처가 매우 중요한 역할을 해야 합니다. 빅데이터에서 요구하는 복원력을 위한 네트워크 가용성 뿐만 아니라 데이터 노드 클러스터 확장을 위한 네트워크 확장성을 겸비한 네트워크의 역할이 여기에 해당됩니다. 데이터 노드 간의 여러 개의 다중 경로를 포함하는 네트워크 설계를 구현하는 기술은 단순하게 하나 또는 두 개의 장애 예상 포인트를 가지고 설계하는 일반적인 네트워크 설계 방법론 보다는 훨씬 안정적이고 뛰어납니다.

전반적으로 확장성과 안정성을 겸비한 빅데이터 네트워크 아키텍처 설계가 그려진 이후에는 개별 장비들의 가용성 측면도 반드시 고려되어야 합니다. 여러 산업군와 영역에서 검증된 스위치와 라우터 및 네트워크 운영체제를 사용하는 것은 서버가 좀 더 가용성 높은 환경에서 빅데이터 서비스를 제공할 수 있게 해줍니다. 이렇게 검증된 네트워크 운영체제를 사용하는 네트워크 장비들은 데이터 노드에 대한 무중단 소프트웨어 패치와 같은 높은 가용성을 제공하게 될 것입니다. 빅데이터 환경에서 검증된 네트워크 솔루션을 적용한다는 의미는 관리를 손쉽게 하고, 장애 분석을 용이하게 할 수 있으며, 소프트웨어의 업그레이드 환경에서 다운타임을 최소화 하게 되며, 데이터 클러스터 환경에서 가용성을 향상시킬 수 있다는 기술적 환경을 제공하게 될 것입니다.

데이터 혼잡 제어와 큐의 크기

하둡과 같은 빅데이터 처리 과정을 살펴 보면, 일부의 처리 과정과 단계에서는 매우 혼잡한 데이터 트래픽을 처리하는 과정을 거치게 됩니다. 그런데 네트워크 환경에서 이러한 대규모의 혼잡 트래픽을 효과적으로 처리하지 못하고 패킷을 폐기해 버릴 수 있습니다. 따라서 이러한 대규모 혼잡 트래픽을 효과적으로 처리할 수 있는 최적화된 네트워크 버퍼링 기술이 필요합니다. 예를 들어 대규모 트래픽을 처리해야 하는 빅데이터 수행 단계에 있고, 갑작스럽게 발생한 대규모 트래픽을 처리할 수 있는 네트워크 버퍼가 충분하지 못하게 되고 재전송을 할 수 없는 환경이라면 데이터 패킷은 손실 될 수 밖에 없습니다. 따라서 빅데이터 네트워크 환경에서는 이러한 환경을 고려하여 예상치 못한 대규모 트래픽을 효과적으로 처리할 수 있도록 네트워크 버퍼와 큐잉 전략을 효과적으로 설계 해야 합니다(10장: 데이터센터 스위치 아키텍처에서 소개됩니다).

데이터 트래픽 초과 비율 설계

뛰어난 네트워크 설계 요소 중 하나는 네트워크의 주요 구간에서의 과도한 트래픽으로 인한 정체 가능성을 고려한 설계입니다. 예를 들어 ToR(Top Of Rack Switch: 물리적으로 서버 랙 맨 위에 위치하여 서버랙 내부에 있는 모든 서버들의 네트워크에 대한 물리적 연결을 담당) 스위치 장비가 상위계층으로 연결되는 물리적 링크를 1Gbps 또는 이중화를 고려해서 1Gbps 연결을 2개로 구성하고, 서버들과의 연결을

1Gbps 20개의 서버와 연결했다고 가정한다면 데이터 트래픽 초과 비율은 20:2가 될 것입니다. 이러한 환경에서 모든 서버들이 서버 간의 통신 없이 외부로만 트래픽을 과도하게 전송한다면, 최악의 환경에서는 데이터 클러스터의 성능은 저하되고 데이터 패킷은 폐기될 것입니다. 그렇다고 해서 서버와 스위치간 연결 구성 트래픽과 외부로 연결되는 업링크 구성을 1:1로 설계한다는 것은 구성 비용이 매우 많이 요구하게 될 것입니다. 따라서 일반적으로는 이러한 데이터 트래픽 초과 비율을 서버와 스위치가 연결되는 구간은 4:1, ToR 스위치와 집선 스위치 또는 코어 스위치가 연결되는 구간은 2:1로 설계하는 것이 일반적입니다. 만약 이 보다 더 낮은 비율로 구성하게 되는 경우라면, 이것은 더욱 높은 성능을 제공하게 될 것입니다.

　과연 어떻게 하면 네트워크 장비가 장애시에도 좀 더 효과적인 데이터 트래픽 초과 비율을 유지하고 설계할 수 있을까요? 이러한 설계 부분은 특히나 중요한 네트워크 구간(예를 들면 코어 스위치 연결 구간)과 같은 곳에서 반드시 고려해서 설계되어야 합니다. 이러한 설계를 위해 Layer 3 기반 멀티패스 기술 등을 적용하여 네트워크 장비의 장애시 복원력과 데이터 트래픽 초과 비율에 대한 효과적인 설계 방식 등을 구현하여 우수한 네트워크 아키텍처 환경을 마련할 수 있습니다.

향후에도 클러스터의 관리를 좀 더 용이하게 하기를 원하는 경우라면, 데이터의 증가에 따라 좀 더 확장이 쉽고, 관리가 편리하며, 장애시 복원력이 뛰어난 네트워크 아키텍처를 선택하는 것이 좋습니다.

데이터 노드 네트워크 속도

　빅데이터의 효율적인 작업 처리를 위해서는 충분한 네트워크 대역폭을 제공하는 데이터 노드 환경이 제공되어야 합니다. 또한 더 많은 네트워크 대역폭을 확보하기 위해서는 추가로 동반되는 가격 대비 성능이 필요하다는 것을 반드시 고려해야 합니다. 일반적으로 대부분의 데이터 클러스터에서는 데이터 노드 당 2개의 1Gbps 상위 업링크 구성을 하게 됩니다. 하지만 오늘날 10Gbps 기반의 서버 환경에서는 비용 대비 성능에 대한 설계가 매우 중요한 요소로 떠오르고 있습니다. 특히 최근에는 10Gbps 기반의 환경이 서버의 보드에 장착되어 제공되는 일반적인 추세입니다. 따라서 향후에는 더욱 더 10Gbps 환경의 클러스터 환경이 많아질 것이며, 이에 따라 10Gbps 기반의 네트워크 업링크로 구성되어야 할 것입니다. 시스코의 넥서스 2000 FEX(Fabric Extender)는 하둡 환경에서 일반적인 베스트 프랙티스는 아닙니다.

네트워크 응답 지연 시간

　네트워크 스위치와 라우터의 응답지연 시간 또한 데이터 노드의 클러스터 성능에 일부 영향을 미치게 됩니다. 네트워크 기술 관점에서 네트워크 응답 지연(Network Latency) 시간 최적화 전략으로 "아키텍처를 최우선으로 고려하고 개별 장비에 대한 고려는 차선으로 살펴보라"는 조금 더 폭넓은 네트워크 분석 및 구축 전략이 효과적일 것입니다. 네트워크 디자인 크기에 일관성을 유지하며 낮은 네트워크 응답지연시간을 구현할 수 있는 아키텍처는 개별의 서버에서 낮은 응답지연 시간을 제공하는 아키텍처와 비교했을 때 실제 더 우수한 아키텍처를 제공합니다. 왜냐하면, 실제 응답 지연 시간에 영향을 미치는 것은 네트워크에서의 영향성보다는 응용 프로그램들의 동작원리(Java 가상머신 소프트웨어 스택, 네트워크 소켓 버퍼) 등에 의해 단말 애플리케이션에서 영향을 미치는 경우가 훨씬 높기 때문입니다. 실제 어떤 경우에는 다소 편차가 있는 네트워크 환경에서의 응답지연시간이 원하는 응용프로그램 서비스를 완료하는 시간에 거의 영향을 미치지 않기도 합니다. Layer 2에서의 응답지연 시간은 일정 수준만 유지된다면 큰 의미를 가지지는 않습니다. 오히려 Layer 3를 요구하는 환경에서라는 라우팅 프로토콜에서의 네트워크 응답 지연 시간에 대해 조금 더 고려해서 설계하는 것이 필요합니다.

∷ HPC 고성능 컴퓨팅

이번 장에서는 고성능 컴퓨팅(HPC: High-Performance Compute) 데이터센터 동향에 대해 상세하게 설명합니다.

정의

HPC는 대규모 환경의 공학, 산업, 과학, 비지스니등의 문제를 해결하기 위해 일반적인 워크스테이션 급의 서버 보다 더 높은 성능을 제공하기 위해 컴퓨팅 성능을 모아서 구현하는 기술을 의미합니다.

네트워크 요구 사항

HPC 환경에서의 네트워크 트래픽은 단일 데이터센터 내에서 east-to-west(횡으로 흐르는 트래픽) 트래픽의 흐름을 보이는 것이 일반적입니다. HPC 스케일은 "디자인 고려사항" 섹션에서 다뤄질 것입니다. HPC 네트워크 환경에서는 "예측 가능성과 매우 낮은 응답 지연 시간"이 기술의 핵심입니다. 따라서 서버랙의 환경이나 클러스트 구성 환경에 관계없어 낮은 응답 지연 시간을 제공하는 데이터센터 패브릭은 HPC 애플리케이션을 위한 연산처리 시간을 단축시켜 줄 것입니다.

이러한 매우 낮은 네트워크 응답 지연 시간 제공을 위해서는 HPC 컴퓨팅 노드들의 탄력적인 확장과 축소되는 디자인에서 적절한 네트워크 처리 성능과 버퍼 제공기술이 핵심이 됩니다.

HPC 와 빅데이터는 네트워크 요구사항과 디자인 측면에서 매우 유사하지만 하나의 중요한 차이점을 가지고 있습니다. 빅데이터는 모두 IP 기반 기술로 처리하지만, HPC는 IP 기반의 이더넷 기술 또는 IP가 동반되지 않는 인피니밴드 기술을 모두 사용할 수 있다는 점입니다.

이러한 차이점은 빅데이터 환경에 비해 HPC를 위한 데이터센터 패브릭을 구축 할 때 제약 사항이 되기도 합니다. 시스코의 vPC Virtual Port Channel 기술과 VXLAN 기술 등은 HPC를 위한 대규모 확장 클러스터 기술을 위해 사용되고 있습니다.

HPC 환경을 위한 네트워크 요구 사항:

- Layer2 네트워크
- 네트워크 트래픽 패턴의 90% 이상은 east to west 트래픽(데이터센터 내에서 횡적 트래픽)
- 일반적으로 가상화 기술을 사용하지 않음.
- 서버의 1GE NIC 네트워크 인터페이스 카드가 10GE 또는 40GE를 사용
- 10GE/40GE 기반 코어 네트워크 구성

스토리지 요구 사항

스토리지는 각각의 호스트에 배치되어 있으며, 이러한 방식을 분산 스토리지 모델이라고 합니다. 이러한 스토리지 구성환경들은 HPC 애플리케이션에 의해 제어됩니다. HPC 스토리지 환경을 위해 FC(Fiber Channel) 환경을 요구하거나, 네트워크 스위치를 위해 특정된 스토리지 네트워크 요구 사항은 일반적으로 없습니다.

디자인 고려 사항

트래픽은 IP 환경 또는 IP가 존재 하지 않는 환경에서 모두 발생할 수 있습니다. 이더넷 방식을 사용하지 않는 인피니밴드 환경의 HPC는 이 책에서는 다루지 않습니다. 오늘날 이더넷 기술은 이미 이더넷을 사용하지 않는 트래픽들을 캡슐화하여 표준 이더넷 미디어를 통해 전송할 수 있도록 하고 있습니다. 예를 들면 시스코의 Nexus 스위치 제품군들은 이러한 기술을 가능하게 하고, 표준화된 통합 데이터센터 네트워크에 적용되고 있습니다.

HPC 클러스터

일반적으로 HPC 환경에서는 각 32개의 노드의 구성을 기반으로 클러스터를 사용합니다. 각 개별의 노드들은 24개 이상의 코어를 가지는 CPU와 1개 이상의 10GE NIC를 가지고 있는 랙 서버로 구성됩니다. 이러한 노드를 가지고 서버랙 당 768개 이상의 CPU 코어를 제공하게 됩니다. 서버랙당 32개의 노드를 기반으로 HPC 환경을 시작하는 것이 일반적입니다. 실제 구성환경에서는 적어도 4개의 서버랙, 128개 노드로 구성하게 됩니다. 제일 중요한 설계는 POD 사이즈입니다. POD는 서버랙 단위를 의미하는 것이 아니라 특정 HPC 서비스를 제공하는 노드들의 합을 의미합니다. 따라서 POD의 설계는 HPC 프로젝트를 위한 규모 설계의 중요한 기반 기술이 됩니다. 프로젝트가 확장이 되면 POD 컨셉은 HPC Cluster 추가를 위해 반복적으로 설계됩니다. 이번 섹션에서 제공되는 예는 128개의 노드로 구성되어 HPC 연산 처리를 형성하게 되는 POD와 스위치의 구성을 제시하게 됩니다.

시스코는 최적의 HPC 구성을 위해 시스코의 UCS C 시리즈 기반의 랙 마운트 서버와 HPC 기술을 위한 usNIC(userspace NIC) 기술을 제공하고 있습니다. 시스코의 usNIC 기술은 NIC 하드웨어가 리눅스의 userspace로부터 직접 접근이 가능하도록 설계되었습니다. usNIC은 리눅스의 동적 API인 UD와 OpenMPI를 통해 운영체제를 우회할 수 있습니다. 이러한 usNIC 기술을 통해 서버와 서버 간에 1.7us 이하의 응답지연시간을 제공할 수 있으며, 512Core 기반에서 HPC의 효율을 89.69%까지 끌어올릴 수 있습니다. 또한 이 기술은 RDMA 네트워크 기반 표준 기술을 사용하고 있습니다. RDMA 이더넷 표준 프로토콜을 통해 Cisco Nexus 스위치 및 ACI 기술에 최적으로 통합되어 사용될 수도 있습니다. 이와 유사한 iWarp 기술이 TCP 프로토콜 환경에서 적용될 수 있지만 성능 측면에서 usNIC 보다 효과적이지 못합니다.

    HPC 네트워크 환경은 노드들 사이의 최적의 응답 지연 시간을 제공하기 위해 매우 빠른 처리가 필요합니다. 이렇게 매우 낮은 응답 지연 시간을 제공하기 위해 시스코는 Nexus 3548 스위치를 제공하고 있습니다. 이 스위치는 무려 190 nano second를 제공하는 혁신적인 스위치이며, ToR 스위치에 적합한 솔루션입니다. 물론 데이터센터 내의 Spine/Leaf 구조를 위해 다양한 용도로 배치될 수도 있습니다. 데이터센터 네트워크 패브릭은 이더넷 트래픽을 전송하는 역할을 담당하게 됩니다. 따라서 시스코의 vPC, VXLAN과 같은 패브릭 기술들은 다양한 HPC 환경의 호스트들로부터 트래픽을 전송하기에 적합한 솔루션입니다. HPC 네트워크 설계를 위해 일반적으로 네트워크 트래픽 초과 설계 비율은 2:1입니다. 하지만 저비용 설계를 위해 해당 비율을 최대 5:1까지도 설계하기도 합니다.

네트워크 토폴로지 디자인

    HPC 네트워크 토폴로지 구성에서는 일반적으로 1계층 또는 2계층 네트워크 인프라로 구성합니다. 이러한 디자인 방식은 *Spine/Leaf* 스위치 디자인 방식에서 참조하여 적용할 수 있습니다. end-to-end 기반의 낮은 응답 지연 시간을 기반으로 HPC 네트워크를 디자인 할 때, [그림 1-7]에서 처럼 10GE/40GE 패브릭으로 구현 가능한 HPC 클러스터의 디자인을 표현하고 있습니다. HPC 10GE 서버 기반 환경에서 end-to-end 네트워크 초과 비율이 없는 1:1 환경을 구현하려면, 40GE 업링크를 구현하는 것이 매우 효과적일 것입니다.

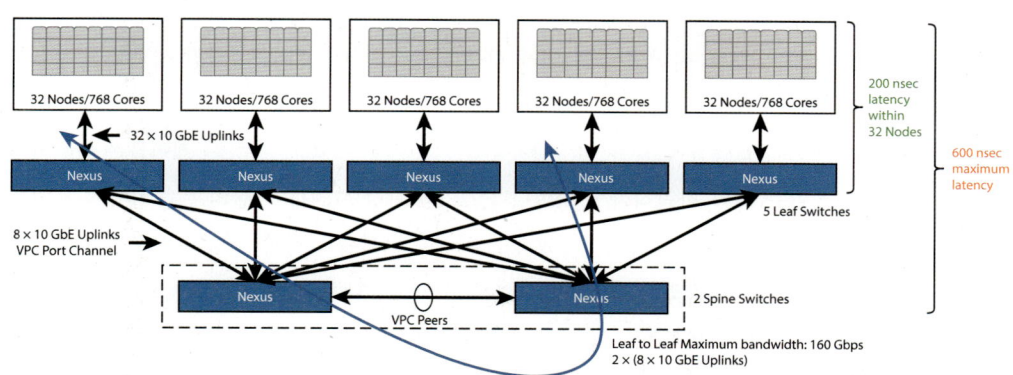

[그림 1-7] 160 노드의 HPC 클러스터 환경에서 2:1 네트워크 초과 비율 기반의 구성

:: 초저 지연 응답 시간

이번 섹션에서는 초저 지연 응답 시간Ultra-Low Latency 기반의 데이터센터 기술 동향에 대해 상세하게 소개합니다.

정의

ULL(Ultra-Low Latency: 초저지연 응답 시간)은 제로타임에 가까운 네트워크 응답 시간을 의미합니다. 데이터센터에서 최적의 디자인을 위한 목표가운데 하나는 end-to-end로 매우 낮은 응답시간을 제공하는 것입니다. 응용프로그램들이 최적으로 디자인되어 각각의 네트워크 환경에서 클러스터링 하게 된다면, 물리적 포트 사용율을 최소화 하고 네트워크 장비를 최소화 할 수 있을 것입니다. HFT(High Frequency Trading: 주식 매매 거래 시스템) 환경에서는 대부분 ULL 데이터센터를 요구하고 있으며, 일반적으로 서버랙당 24~48포트의 물리적 네트워크 포트를 사용합니다. 이러한 데이터센터에서는 HFT 내부의 거래소시스템의 트래픽 처리에 대한 응답 시간 최적화를 위해 병렬 구성을 주로 합니다.

이러한 HFT 데이터센터에서 최소의 응답 지연 시간으로 가능한 빠르게 거래소의 정보를 제공하는 것이 필수적입니다. HFT 고객에게 가장 빠른 네트워크를 서비스할 수 있다는 것은, 보다 강력한 경쟁력을 갖게 해주기 때문에 HFT 고객에게 데이터센터의 응답 시간은 가장 중요한 요소가 됩니다.

HFT 데이터센터 디자인은 일반적인 데이터센터와는 매우 다릅니다. 예를 들어 이러한 데이터센터는 일반적으로 가상화 기반으로 구축하는 경우가 드뭅니다. 지연시간을 피하는데 최우선 목표로 삼고 있기 때문에, 서버기반에서 가상화로 인한 지연시간 발생에 대한 이슈보다는 Linux 커널을 Bypass 하는 기술을 기반으로 서버 기반의 대기 시간을 최소화하며 CPU의 지연 시간을 피하도록 합니다.

HFT의 물리적인 네트워크 측면에서 CX-1(일반적으로 TwinAx 케이블이라고 불리움) 케이블은 5m 이내의 거리에서는 광케이블 보다 바람직한 구성입니다. 또한 10GE/40GE 기반의 논블러킹 디자인을 구성하여 제공하기도 합니다. 이것은 데이터센터 스위치의 트래픽 혼잡과 큐잉에 영향을 최소화하기 위함입니다. 네트워크 버퍼링의 필요성을 줄이기 위해 서버, 네트워크 및 네트워트 구간 연결 속도의 불일치를 최소화 하거나 서버 내부의 프로그램 구성 배치를 최적화하는 방식을 쓰기도 합니다. 이러한 방법론들은 네트워크 환경에서 QoS에 대한 요구를 제거할 수 있습니다. ULL 환경에서는 응답 지연 시간을 최소화 하기 위해 QoS를 되도록 피하는 것이 좋습니다.

10GE 환경에서 64byte 기준으로 데이터센터의 주요 장비 간의 응답지연 해결하기 위한 기술들은 현재 매우 높은 수준에 도달했으며, 실제 응답지연시간은 50ns 수준이 되어 사실상 제로타임에 가깝게 되었습니다. 이제 이러한 기술적인 성숙도를 기반으로 애플리케이션에 대한 최적화 패러다임

은 NIC, 서버, 플래시 스토리지로 이동하고 있습니다.

[그림 1-8]은 네트워크 측면 또는 미들웨어, 애플리케이션 측면에서의 응답 지연 시간에 영향을 주는 요소들에 대해 소개하고 있습니다. 이것이 전체적인 영향도를 나타내고 있지는 않지만, 실제 응답 지연 시간에 대한 기대 수준을 이해하기 위해 참고할 수 있습니다.

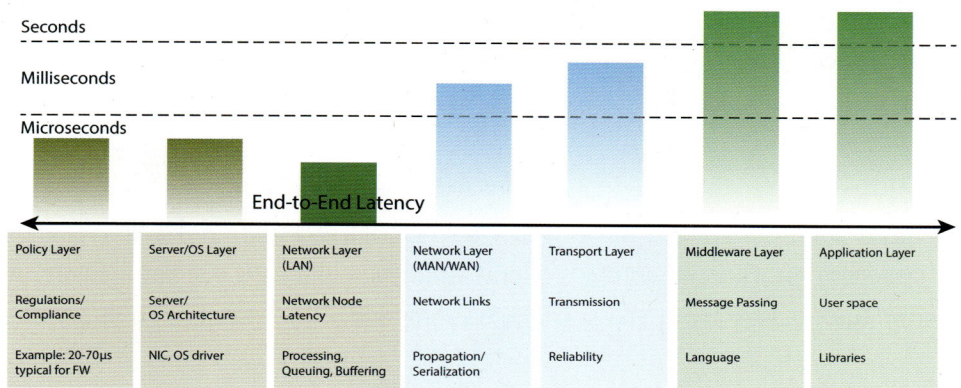

[그림 1-8] 응답지연 시간 영향도(Latency Order of Magnitude)

네트워크 요구 사항

ULL을 위해 네트워크 고려사항은 다음과 같습니다.

- 가장 빠른 네트워크를 위해 최소한의 기능만을 포함하며 최상의 성능 제공
- 논블로킹 기반의 스위칭을 권고
- end-to end 동일한 속도 기반의 네트워크 디자인을 권고(예: 1GE-10GE가 아닌 10GE-10GE 연결과 같은 방식). 이러한 속도의 일관성 유지는 스위치에서 응답 지연 시간을 감소시키는데 많은 도움이 됩니다.
- 큐잉 및 QoS 사용하지 않음.
- Layer 3 기능을 지원하는 데이터센터 스위치 및 패브릭 구성
- Layer 2, 3 환경에서의 멀티캐스트 구현
- NAT(Network Address Translation) 구성의 효율성 고려
- 최적의 트래픽 복제 기술 고려
- 분석과 스크립팅

응답 지연 시간의 감소를 위한 과제는 데이터센터 아키텍처에서 분석(모니터링)이라는 새로운 분야에서의 능력을 요구합니다. 왜냐하면 응답 지연 시간을 예측할 수 없다는 것은 전반적인 성능 향상에 대해 예측할 수 없다는 것을 의미하기 때문입니다. 갑작스런 1.5Mb의 아주 작은 트래픽 혼잡으로 인해 발생할 수 있는 상황에 대해 모니터링을 해야만 합니다. 이러한 이슈들로 인해 HFT 환경에서 동작하는 환경을 모니터링해야 하는 노력들을 해야 합니다. 실제 애플리케이션 환경에서 문제가 발생하고, 데이터센터의 운영팀에서는 네트워크를 분석할 필요가 있다고 판단이 되면 네트워크를 분석해야 합니다(응답 지연 시간 측면에서의 분석 – 스위칭 버퍼링 분석). 이러한 이유들로 인해 네트워크 모니터링과 분석은 애플리케이션 중심의 뷰에서는 매우 중요한 부분이 될 것입니다.

스토리지 요구사항

HFT 환경에서의 스토리지는 호스트의 로컬 스토리지를 사용하게 되면, 이러한 방식을 분산스토리지 모델이라고 합니다. 실제 처리되는 스토리지 크기 자체는 작고, 성능상의 이유로 데이터 처리의 꾸준한 지속성을 위해 메모리 기반 또는 플래시 타입의 형태로 호스트에 위치하게 됩니다.

 디자인 고려 사항

end-to-end 데이터센터 응답 지연 시간 감소를 위해 다음 10가지의 디자인 컨셉이 요구됩니다.

■ **속도**

빠른 네트워크와 낮은 시리얼라이제이션 지연과 응답 시간.

■ **물리적 케이블 유형**

구성과 거리에 맞는 가장 효과적이고 빠른 속도로 제공할 물리적 케이블은 선택합니다.

■ **스위칭 방식**

컷스루 스위칭은 스토어 앤드 포워딩 스위칭 방식에 비해 다양한 패킷사이즈에서 일관된 성능을 제공할 수 있습니다.

■ **네트워크 버퍼**

높은 성능을 제공하기 위해 올바른 버퍼의 용량을 무엇일까요? 버퍼의 증가는 데이터센터의 응답 지연 시간에 영향을 미치게 됩니다.

■ **네트워크 장비에서의 다양한 기능의 활용**

이것은 end-to-end 응답 시간에 직접적으로 영향을 주게 됩니다. 예를 들어 CDP, STP, LLDP와 같은 기능 등을 적용하게 되면 2배 이상의 응답 지연 시간이 발생하게 됩니다.

■ **랙마운트 서버**

블레이드보다 랙마운트 서버가 응답지연 시간이 낮으며, 가상화하지 않은 운영체제가 응답 지연 시간이 우수합니다.

- **CPU와 메모리의 선택**

  서버 측면에서만 해당되는 기술적 선택 부분으로 컴퓨팅의 성능에 직접적으로 영향을 주기 때문입니다.

- **NIC와 사용되는 네트워크 프로토콜**

  어떠한 NIC와 프로토콜을 선택하느냐에 따라서 4배 이상의 응답지연 시간의 차이를 가져옵니다.

- **가시성과 분석력**

  응답지연 시간을 이해하는 데 핵심 사항입니다. PTP^{Precision Time Protocol}, IEEE 1588v2와 같은 기술들은 서버 및 네트워크 장비 간의 정확한 시간 측정을 위해 도움이 되는 기술들입니다.

- **보안**

  보안 솔루션들은 응답지연 시간이 늘어나는데 많은 영향을 미치게 됩니다. 이러한 이슈를 해결하기 위해 네트워크에서 솔루션을 제공할 수도 있습니다.

토폴로지 디자인

이번 섹션에서는 피드 복제와 HFT 토폴로지 디자인(Design Topologies)을 다루게 됩니다.

피드 복제

피드 복제, 즉 피드 핸들러^{feed handlers}라고 불리우는 기술은 빠르게 마켓데이터 정보를 다른 서버로 복제하는 기술을 제공하며, 시스코에서는 Nexus 3548 스위치가 이러한 역할을 수행하게 됩니다.

Nexus 3548 스위치는 데이터센터의 north-to-south^{종적 트래픽} 트래픽에 대한 복제 처리를 50ns에 처리할 수 있습니다. 피드 핸들러는 따라서 불과 50ns의 네트워크 응답지연시간으로 주식 거래 피드로부터 원하는 트래픽을 받을 수 있습니다.

또한 리턴 트래픽 역시 south-to-north^{종적 트래픽} 트래픽에 의한 트랜잭션이 일어나게 되면 약 190ns로 처리할 수 있습니다.. 이러한 설계의 가장 중요한 목표는 주식 거래 피드와 피드 핸들러 서버간 가능한 네트워크 스위치의 수, 케이블 길이 등을 최소화하기 위한 것입니다.

[그림 1-9]에서는 시스코 Nexus 3548 스위치 기반으로 north-to-south 트래픽이 주식거래 피드 서버에서 피드 핸들러로 복제될 때 약 50ns 기반으로 복제할 수 있는 디자인의 예입니다.

뿐만 아니라, 현재 시스코의 Nexus 9000 ToR 스위치는 0.6 마이크로 세컨드의 응답 지연 시간을 제공하며, ACI 스위치 환경에서도 1 마이크로 세컨드의 응답 지연 시간을 제공합니다.

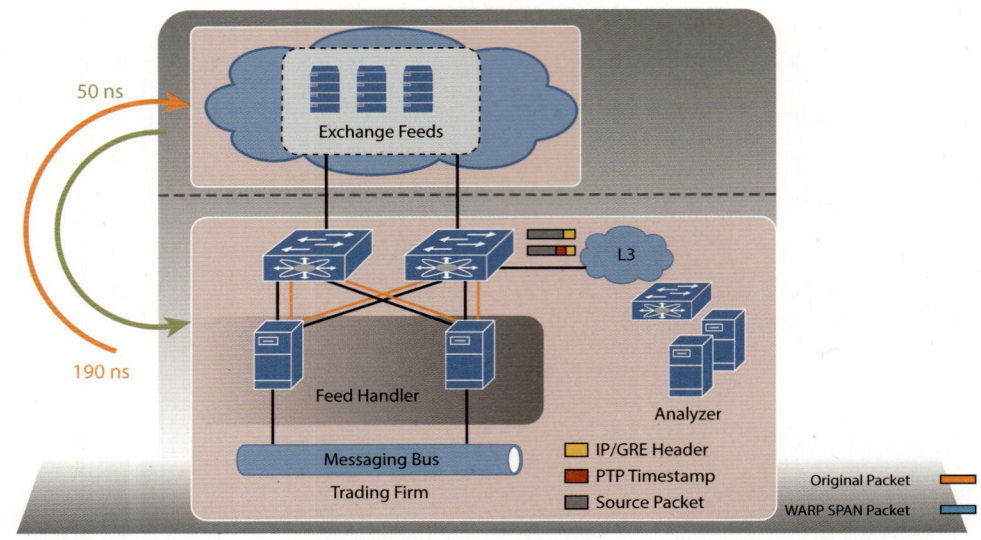

[그림 1-9] 피드 복제 디자인 예

HFT 예

HFT 토폴로지 디자인은 일반적으로 1계층 또는 2계층 네트워크 인프라 구조로 이뤄집니다. 이것은 *Spine/Leaf* 기반 디자인과 매우 유사한 구성입니다. HFT 네트워크 토폴로지 설계의 주요 목적 중 하나는 HFT 서버에 제공되어 있는 NIC 속도에 필요한 포트 카운트를 제공하는 것입니다. 가장 보편적인 디자인은 ToR 스위치는 10GE 기반으로 설계하고, 상단의 스위치 업링크로 40GE를 구성되는 것입니다. HFT 디자인을 구성할 때 반드시 고려해야 하는 부분은 end-to-end 응답 시간입니다. [그림 1-10]은 10G Fabric과 40G Fabric을 나누어서 HFT 클러스터를 위한 네트워크 토폴로지 구성의 한 예를 나타내고 있습니다. 가능하다면 가장 좋은 구성의 예는 40GE 스위치를 Spine 기반으로 설계하고, 10GE 서버를 Leaf 스위치로 디자인하는 것입니다. 하지만 이러한 구성은 네트워크 속도 변화에 따라, 순간적인 네트워크 혼잡 발생시 네트워크 버퍼링 설계에 대해 고려해 볼 필요가 있습니다. 또한 이것은 가장 빠른 end to end 대기 시간을 위해 주로 설계 될 것입니다. 현재 업계에서 가장 빠른 응답 지연 시간 스위치는 시스코 Nexus 3548 스위치로 2계층 구조 디자인의 10GE 기반 설계가 가능합니다.

[그림 1-10]의 디자인 구성은 HFT를 위한 구성의 예입니다. 서버랙 당 12대의 서버로 각각 2개의 10GE NIC를 설계하고, 논블로킹 구조의 10GE 환경에서 모두 48대의 서버를 구성하는 예입니다.

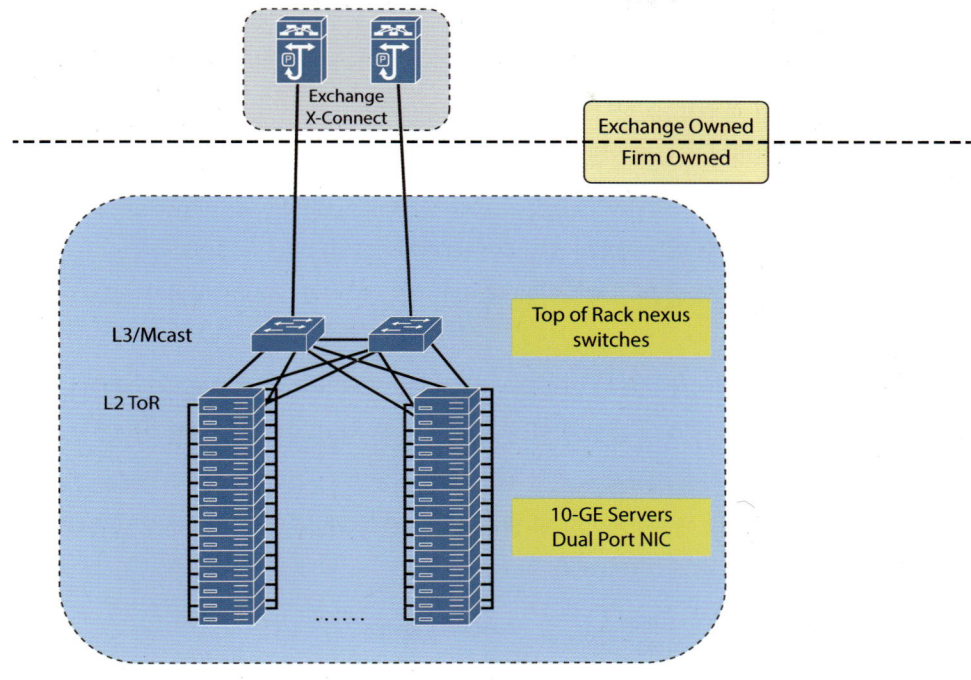

[그림 1-10] HFT 구성 디자인(*HFT Colocation Design*)

대규모 확장형 기반의 데이터센터

이번 섹션에서는 MSDC^{Massively Scalable Data Center} 데이터센터 기술 동향에 대해서 살펴봅니다.

정의

MSDC^{Massively scalable data center}는 현재 업계 표준용어는 아닙니다. 시스코에 의해 정의된 데이터센터의 유형입니다. MSDC는 시스코 플랫폼을 사용하여 데이터센터 패브릭을 구성하는 시스코 레퍼런스 아키텍처 모델입니다. MSDC는 논블로킹 구조로 Layer 3 네트워크와 연결되는 네트워크로 수백 개 또는 수천 개 이상의 10GE 서버들이 연결 구성되는 매우 큰 데이터센터 아키텍처입니다.

여기서는 호스트 서버 자체에서 네트워크 경로를 최적화하는 능력을 제공하기 위해, 호스트 서버 자체에서 네트워크 장비에 라우팅 연결을 구성하는 것까지도 가능하도록 했습니다. 일반적으로 이러한 데이터센터 유형은 대형 웹 검색엔진, 대규모 소셜 네트워크 및 클라우드 호스팅 서비스, 비정형 데이터처리를 위한 대규모 빅데이터 아키텍처 등에서 주로 사용됩니다.

컨텐츠 딜리버리 업체인 아카마이와 라임라이트 네트웍스, 애플의 아이튠즈, 유투브 비디오, 페이스북의 사진 서버팜과 같은 분야에서 적용되어 있습니다. 수만 수천의 장치에서 수백만의 사용자에게 미디어 서비스를 제공하고자 할 때 일반적인 솔루션과 기술로는 확장성 문제를 해결할 수 없기 때문에 사용되는 아키텍처입니다. 또한 오늘날 자체 기술 인프라 기반의 구축과 설계는 서비스 사업자 입장에서는 차별화 포인트 중 하나입니다. 링크드인, 페이스북, 구글과 같은 회사들 중 일부는 그들만의 오픈소스 인프라와 에코시스템을 구축하고 있습니다.

빅데이터 분석은 비정형 데이터(메타데이터가 없는 구조) 및 대규모 데이터 웨어하우스를 분석하기 위해 병렬 저장 및 처리를 할 수 있는 새로운 형태의 애플리케이션입니다.

시장에 빅데이터 분석을 위한 많은 프레임웍이 있지만, 하둡은 이제 의심할 여지가 없는 오픈소스 시장에서 대표주자입니다.

소셜네트워크 애플리케이션에서 이러한 기술들이 방문자를 위해 맞춤형 웹페이지를 제작하는 기반이 되고 있습니다. 이러한 기술이 가능하게 된 것은 하둡 또는 병렬 처리 인프라를 기반으로 다양한 페이지와 요구 사항을 분석하여 제공하고 있기 때문입니다.

[그림 1-11]은 소셜 네트워크 애플리케이션 웹 인프라 솔루션의 워크플로를 소개하고 있습니다.

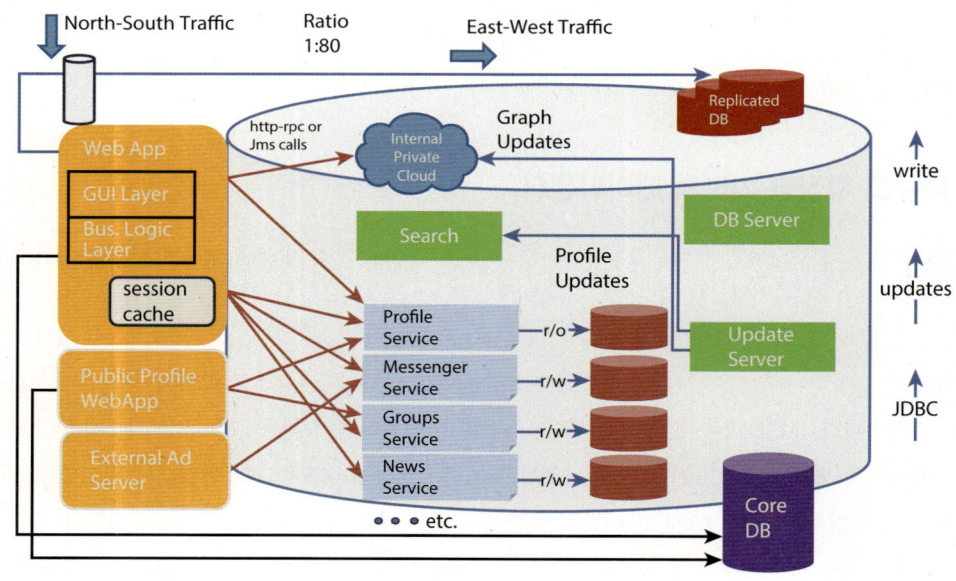

[그림 1-11] 일반적인 소셜 네트워크 애플리케이션 워크플로 구조

MSDC 아키텍처 시스템 구조는 [표 1-1]에 요약되어 있습니다.

[표 1-1] MSDC 고객 기반의 디자인 특징

MSDC 시스템 특징	설명
다중 코어, 다중 연결 네트워크 구조	전통적인 네트워크 아키텍처 구조를 최적화 하는 것만으로는 MSDC 트래픽의 입출입 구조를 효과적으로 개선할 수 없습니다. 특히 MSDC에서 서버들 간의 데이터 이동이 주요한 트래픽 흐름입니다. east-to-west(횡적 트래픽) 트래픽에 대한 최적화를 위해 고객은 과거에 HPC 시장에서 사용되어 왔던 네트워크 토폴로지 방식을 채택하고 있습니다. 예를 들어, 웹 검색 기반의 고객들은 약 2만여 대의 서버가 해당 검색엔진의 응용 프로그램 구조에서 네트워크의 아키텍처를 수평적 구조의 아키텍처를 적용하고 있습니다.
스케일 아웃 기반의 분산 컴퓨팅	MSDC의 고객들은 애플리케이션의 성능과 응답 지연 시간 개선을 위해 병렬처리 방식을 사용합니다. 클러스터 기반 컴퓨팅은 분산형 애플리케이션들의 구성 요소를 위해 표준으로 사용됩니다.
병렬/분산형 데이터베이스 기반 NoSQL, Sharding과 캐싱	MSDC의 애플리케이션들의 지속적인 서비스를 위해 제공되는 데이터베이스들은 병목 현상이 발생하지 않을 정도의 대규모 시스템이 구축되어 있습니다. 데이터는 빅테이블 또는 수많은 노드들 간의 Shard화된 방식으로 저장되고, MapReduce 또는 Memcached와 같은 분산형 캐시에 저장되어 병렬 프레임워크 기반으로 제공됩니다.
인메모리 컴퓨팅	MSDC 데이터센터에서는 동일한 데이터 세트 요청과 처리를 원활하게 처리하고, 고객의 웹페이지 응답 성능을 개선하기 위해 인메모리 데이터베이스, 캐싱 기법들을 사용합니다.
전력 비용 절감	MSDC 데이터센터 운영 예산의 충분한 확보를 위해서는 전력/온도/탄소 배출량 감소를 위한 다양한 혁신 기술들이 적용되어야 합니다.

네트워크 요구 사항

다음 3가지 주요 요구 사항은 MSDC 시스템에 적합하도록 데이터센터의 네트워크에 적용되어야 합니다.

 MSDC 시스템 적용 데이터센터의 네트워크 요구 사항

- **일반적 데이터센터의 용량을 뛰어넘는 규모**

  현재 업계는 고밀도 데이터센터를 통해 애플리케이션 딜리버리의 통합을 위한 전환 중간단계에 있습니다. 오늘날의 일반적인 데이터센터 네트워크 장비와 구성의 제한을 뛰어넘는 스케일로 구성되어 있습니다.

- **네트워크 트래픽 흐름의 변화**

  데이터센터 애플리케이션들의 트래픽 흐름이 north-south(데이터센터 In/Out) 트랙픽이 주도하던 것에서 east-west (서버 클러스터 내부의 서버들간 통신) 트래픽으로 변화하고 있습니다. 이러한 새로운 변화는 컴퓨팅/스토리지 인프라와 유사한 네트워크 아키텍처를 요구하고 있습니다.

- **최소화된 계층 기반의 스케일 아웃 토폴로지**

  MSDC는 업계에서 매우 의미있는 변화를 주도한 스케일 아웃 아키텍처 가운데 하나입니다. 이러한 아키텍처들은 네트워크 제어 플레인으로 Layer 3 프로토콜이 사용하는 다단계 Clos 토폴로지 구조를 적용하여, 제어부에서 분산 코어 아키텍처 기술을 적용하여 사용합니다. 이미 Clos 토폴로지는 논 블로킹 토폴로지 또는 수평적 구조로 알려져 있습니다.

MSDC 시스템은 아래와 같은 네트워크 사항을 요구합니다.

- 광범위한 규모
- 고밀도 포트 집적도
- 높은 네트워크 대역폭
- 1GE, 주로 10GE 이상의 Leaf 스위치와 그 이상의 대역폭으로 Leaf/Spine 스위치간의 연결
- 다양한 네트워크 초과 용량 비율 설계 및 전송 지연에 따른 적응 기술
- IP/TCP/UDP 전송 기술
- 호스트 서버에 Layer3 패브릭 기술을 적용(OSPF, BGP, EIGRP)
- IPv6

이러한 요구사항에 맞춰 향상된 네트워크 혼잡 제어 기술 및 전송 메커니즘과 로드밸런싱 알고리즘 영역(PFC, DCTCP 기술) 등이 현재 매우 활발하게 연구 개발 중입니다. 하지만 여전히 업계에서는 가장 보편적으로 네트워크 업링크를 위한 ECMP Equal Cost MultiPath 기술 및 간략한 Queuing Drop &

Tail 기능을 사용하고 있습니다.

스토리지 요구사항

MSDC 스토리지는 일반적으로 서버에 직접적으로 구현되는 분산형 스토리지를 대다수 사용하고 있으며, 호스트 서버 위에 전용의 스토리지 솔루션을 구축 설계하기도 합니다.

디자인 고려 사항

다음은 MSDC 형태의 데이터센터 구축시 핵심 설계 고려사항입니다.

- Spine/Leaf 네트워크 토폴로지
- Layer 3 기반의 제어부 통신 아키텍처.
- 오픈 아키텍처 – 하드웨어, 소프트웨어
- 테넌트 기반, 애플리케이션 기반의 멀티 테넌시 구조

네트워크 토폴로지 디자인

[그림 1-12]는 3:1 용량 초과 비율(oversubscribed) 기반의 36,864 노드, 1:1 용량 초과 비율(oversubscribed) 기반의 12,288 노드를 연결하는 3단계 구조의 Clos 토폴로지 구조를 표현하고 있습니다.

모든 호스트는 10GE 인터페이스를 갖는 피지컬 노드이며, 1GE 링크로는 최대 122,880(1:1)과 368,640(3:1) 피지컬 노드를 지원합니다.

여기에서 시스템은 스패닝트리 프로토콜을 사용하지 않으며, 대신 ECMP를 통해 다중경로를 관리하는데, ECMP는 leaf 스위치에서 라우팅 프로토콜 기능으로 사용됩니다.

leaf 스위치는 라우팅 프로토콜 적용방법에 따라, ECMP 기반의 여러 개의 경로를 관리합니다.

따라서 leaf 스위치에서 시작되는 모든 다음 경로로 데이터 트래픽을 전송할 수 있습니다. 일반적으로 이러한 MSDC 네트워크는 다른 데이터센터 사이트와의 경계 라우터 또는 경계 계위의 10Gbps leaf 스위치를 가지고 다른 데이터센터와의 연결 및 외부 인터넷에 연결합니다.

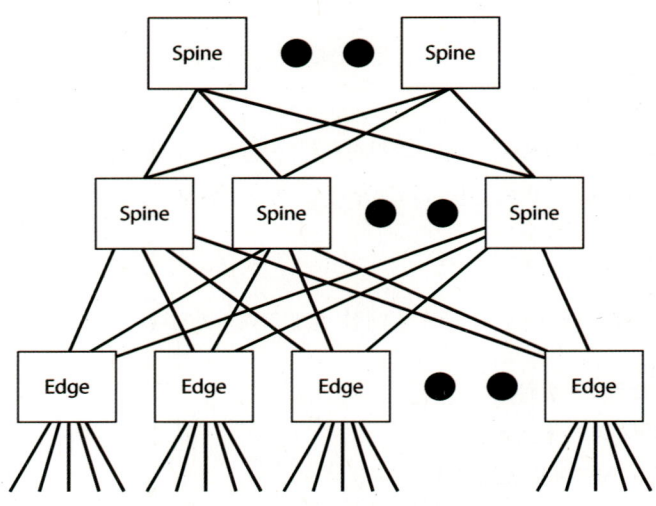

[그림 1-12] MSDC 네트워크 토폴로지 디자인(*MDSC Design Toplogy*)

네트워크 토폴로지 디자인 예

　가상화 기반의 데이터센터, 빅데이터 기반의 데이터센터, HPC 컴퓨팅 네트워크, Spine/Leaf 기반의 MSDC 네트워크 등은 시스코의 Nexus 9000 시리즈 제품군과 시스코 ACI 솔루션 기반으로 최적의 네트워크를 구현할 수 있습니다. [그림 1-13]에서 제시된 3가지 구성 예제는 각각 10GE 기반의 서버들이 CLOS 논블로킹 네트워크 아키텍처를 통해 최고의 전송속도를 보장할 수 있는 방법들입니다.

이와 같은 디자인 범례는 시스코 Nexus 9396/9372 등과 같은 leaf 스위치 제품군들과 시스코 Nexus 9336 및 샤시형 제품인 Nexus 9504, 9508, 9516 제품의 36포트 40GE Spine 라인카드를 기반으로 구성됩니다. 시스코 Nexus 9300/9500 제품군 기반의 Spine 스위치의 다수 구성을 통해 중/소규모의 데이터센터에서 대규모 데이터센터까지의 구축이 가능합니다. [그림 1-13]에 표현된 Spine 스위치 유형들은 논블로킹 기반의 Leaf 스위치 포트 수량에 따라 직접적인 상관관계가 있습니다. Leaf 스위치 포트의 수량 및 접속 방식에 따라 Spine/Leaf 스위치 간의 연결은 40GE 또는 100GE 연결 구성 및 수량이 변경될 수 있습니다. 이러한 방법론에 따라서 포트 집적도가 변경 적용될 것입니다.

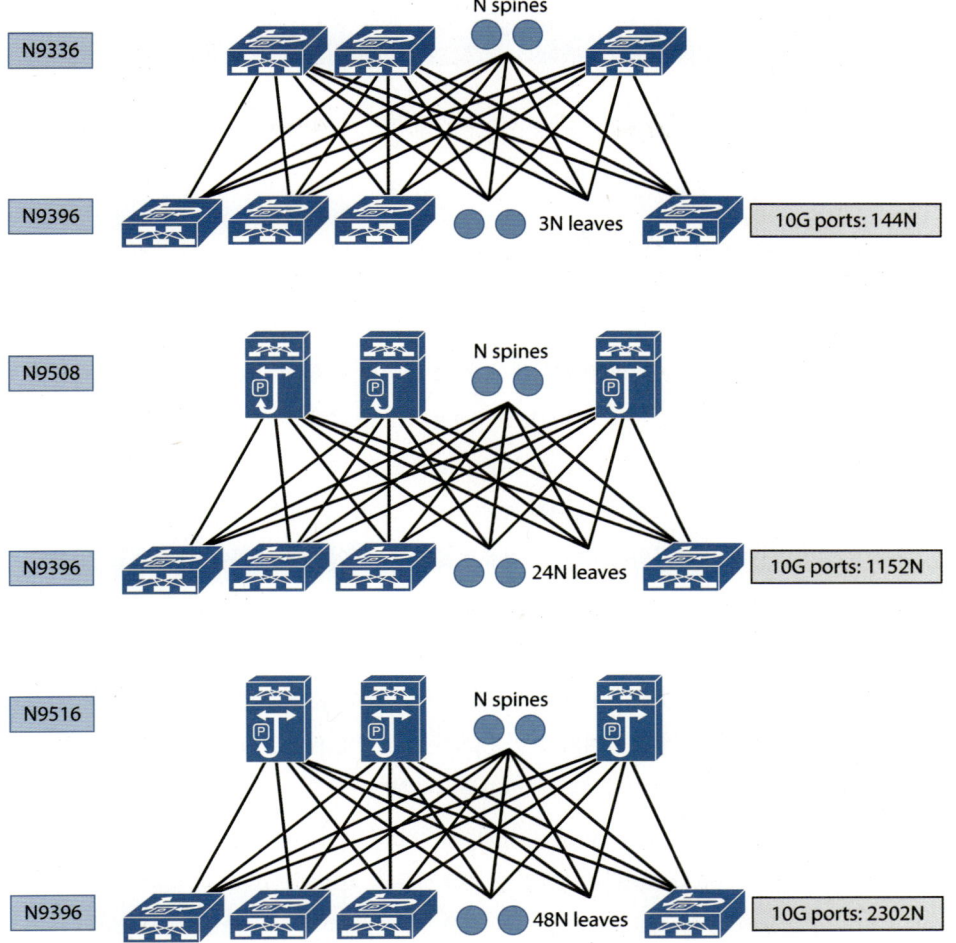

N9336	**N spines**
N9396	**3N leaves** — 10G ports: 144N
N9508	**N spines**
N9396	**24N leaves** — 10G ports: 1152N
N9516	**N spines**
N9396	**48N leaves** — 10G ports: 2302N

[그림 1-13] 40GE 기반의 ACI 패브릭/Nexus 9000 시리즈 기반의 CLOS 패브릭 아키텍처

POD 기반의 디자인

본 섹션에서는 POD의 개념을 소개하고, 시스코와 넷앱의 FlexPod 아키텍처에 대해 구체적으로 살펴보도록 하겠습니다.

⁘ 공유 인프라 및 클라우드 컴퓨팅을 위한 POD Model / Data Model

데이터가 생성되고 사용되는 방식은 계속 진화되고 있으며 매우 역동적으로 변화하고 있습니다. 하지만 오늘날 데이터센터의 프로젝트에서 예산과 그 범위는 매우 한정적입니다. 데이터센터 디자인이 완성되면 네트워크 토폴로지를 살펴 보고, 네트워크 스위치의 필요한 수량을 확인하게 됩니다. 이와 같은 방식은 대부분의 프로젝트 초기에는 요건을 충족할 수 있지만 동일한 사이트 또는 다른 사이트에서 필요에 따라 용량이 확장되는 조건은 충족시킬 수 없습니다. 현재 업계 동향을 살펴보면, 공유형 데이터센터 인프라와 클라우드 컴퓨팅을 목표로 엄청난 변화를 맞이하고 있습니다. 또한 데이터센터 내에서 소비되는 네트워크, 컴퓨팅, 스토리지와 같은 IT 자원이나 정보들은 "Pay as you grow model: 성장형 지불 모델, 사용량에 따른 과금" 기반으로 변화하고 있습니다.

이러한 변화들로 인해 데이터센터의 요구사항과 디자인 구성 등은 시간에 따라 변화할 수 있음을 이해해야 합니다. 예를 들어 이미 설계되어 있는 Nexus 7000, 6000, 5000, 2000 등과 데이터센터 패브릭 스위치가 점진적인 데이터센터의 변화를 수용하고 성장하기 위해 최신의 시스코 Nexus 9000, ACI(Application Centric Infrastructure) 등과 공존하고 마이그레이션 할 수 있다는 점을 인지하고 있어야 합니다. 시스코의 Nexus 네트워크 솔루션들은 이렇게 변화하는 데이터센터의 소비형 모델을 지원하기 위해 사용됩니다. 특히 Nexus 스위치는 컴퓨팅, 스토리지 및 네트워크 기능을 모두 가지고 있는 올인원 솔루션입니다. 올인원 또는 "Pay-as-you-grow" 솔루션으로 FlexPod 및 Vblock과 같은 차별화된 솔루션이 있습니다. 이러한 모델들의 궁극적인 목표는 같은 블록 모델이나 "POD" 형태로 손쉽게 확장 증가 시킴으로써 데이터센터의 확장을 편리하게 하는데 있습니다. 이러한 표준화된 POD 형태의 도입은 고객이 기존의 데이터센터의 확장 또는 새로운 데이터센터 인프라의 설계, 디자인, 구축, 자동화를 하는데 있어서 불확실성에 따른 위험을 최소화 할 수 있습니다. 결과적으로 이러한 솔루션을 토대로 미래에 대비하는 아키텍처를 적용할 수 있습니다.

FlexPod와 Vblock의 주요 차이점은 FlexPod는 넷앱의 스토리지 솔루션을 사용하고, Vblock은 EMC의 스토리지 솔루션을 사용한다는 점입니다. 하지만 이 두 가지의 솔루션 모두 시스코 UCS 컴퓨팅 솔루션과 시스코의 Nexus 시리즈 스위치를 공통으로 사용합니다. 올바른 모델을 선택하고 디자인을 할 때는, 데이터센터에서 사용되는 해당 애플리케이션의 특성과 VM^{가상머신}의 숫자를 파악해야 하고, 뿐만 아니라 이러한 솔루션들이 스토리지 성능에 영향을 받는지 아니면 CPU 성능에 민감한 영향을 받는지 파악할 필요가 있습니다. 예를 들어 오라클 데이터베이스 같은 경우에는 스토리지 아키텍처에 조금 더 영향을 받으며, 빅데이터 솔루션의 경우에는 CPU 아키텍처에 영향을 더 받을 수 있습니다. 스토리지를 선택할 때에는 애플리케이션을 위해 어떤 형태의 스토리지가 적용되는 것이 올바른지를 파악하는 것이 매우 중요합니다. 예를 들면 공유형 스토리지 방식의 중앙집중형 아키텍처인지? 아니면 로컬 스토리지 기반의 분산 스토리지 형태인지에 관한 것입니다. 또한 파이버 채널기반의 SAN 스토리지를 선택할 것인지? 아니면 IP 기반의 iSCSI 또는 NAS를 선택할 것인지에 대한 선택도 해당이 됩니다.

POD 모델은 다음의 설계 원칙 및 아키테처의 목표를 따릅니다.

 POD 모델의 디자인 원칙

■ **애플리케이션 가용성**
서비스를 접근할 수 있고 사용할 준비가 되어있음을 일관적으로 유지.

■ **확장성**
적절한 자원 수요 증가에 대한 준비

■ **유연성**
인프라에 대한 수정없이 새로운 서비스 제공하거나 일부 변경을 통한 서비스 제공

■ **관리성**(Manageability)
관리성: 개방형 표준 기술 또는 API 기반의 효율적인 인프라 운영

■ **성능**
필요한 애플리케이션을 구동 또는 네트워크의 성능을 충족시키는 것을 보장.

■ **포괄적인 보안 기술**
FlexPod, Vblock, 히다찌 등의 POD 솔루션에서는 상세한 문서 정보 및 참조 포트폴리오를 작성하여 고객을 지원하며, 철저하게 검증되고 확인된 구체적인 정책과 다양한 디자인 모델 기반으로 보안 모델 자체를 가지고 고객을 지원하며, 데이터센터의 공유형 인프라 모델로의 변화를 촉진시킵니다.

이러한 포트폴리오는 다음과 같은 항목을 포함하지만, 반드시 이 항목에 한정되지는 않습니다.

- 최상의 사례 기반의 아키텍처 디자인
- 워크로드 기반의 사이징과 확장성에 대한 기준 제시
- 솔루션 구현과 배포에 대한 지침
- 기술에 대한 상세 사항
- FAQ
- 다양한 활용사례를 기반으로 한 Cisco가 검증한 CVD Cisco Validated Designs 및 넷앱이 검증한 NVA NetApp Validated Architectures 디자인 등을 제시

:: FlexPod 디자인

FlexPod는 최상의 데이터센터 아키텍처 구현을 위해 다음 3가지의 구성 요소를 가지게 됩니다.

- 시스코 UCS 컴퓨팅 시스템
- 시스코 Nexus 스위치
- 넷앱 FAS Fabric Attached Storage 시스템

이러한 구성 요소들은 시스코와 넷앱 양 사가 최상의 활용사례를 토대로 연결 구성한 것입니다. FlexPod는 보다 뛰어난 성능과 용량 구현을 위해 스케일 업 기술을 구현할 수 있습니다(구성 요소별 개별적인 확장 – 네트워크, 컴퓨팅, 스토리지 자원을 개별로 스케일 업 시킬 수 있습니다). 또한 다중의 FlexPod 를 추가함으로써 스케일 아웃 구성도 가능합니다. FlexPod는 다양하고 유연한 디자인을 기반으로 최적화된 모델들을 다양한 환경에서 적용할 수 있도록 구성되어 있습니다.

전통적으로 확장성 있고 유연한 솔루션을 유지하는 것은 어렵기 때문에 대부분 동일한 특징과 기능을 제공할 수 있는 단일 통합 아키텍처를 유지하게 마련입니다. 하지만 FlexPod는 이러한 전통적인 통합 아키텍처에 비해 매우 유연합니다. 즉 각 구성 요소들이 최상의 기능을 유지하면서 최적의 솔루션을 구현하면서도, 인프라의 확장 또는 축소를 자유롭게 할 수 있는 옵션을 제공하는 것이 가장 특징적입니다.

이렇게 POD 방식의 데이터센터 프로젝트 접근 전략은 컴퓨팅, 네트워크, 스토리지와 같은 중요한 컴포넌트들의 아키텍처를 잘 유지하면서 프로젝트의 요청에 따라 확장을 편리하게 구현할 수 있습니다.

 **데이터센터 디자인**

데이터센터 네트워크 인프라를 설계하는 것은 네트워크에서 어떻게 데이터통신이 발생하고 어떻게 스위치가 서로 연결되는지에 대해 정의하고 있습니다.

3계층 방식의 설계 접근과 (액세스, 어그리게이션, 코어) 시스코 vPC와 같은 연결 구조 방식은 데이터센터에서 가장 일반적으로 구성하는 기술입니다. 또한 새롭게 진화하고 적용되는 2계층 구조의 기술을 Spine/Leaf 기반의 설계라고 합니다. 이번 장의 마지막 섹션에서 "Spine-Leaf ACI 아키텍처 기반 논리적 데이터센터 디자인"을 다루게 될 것입니다.

물리적 데이터센터 서버랙 스위치 디자인의 경우에는 3가지 기본 모델이 있습니다: EoR(End of Row: 열의 가장 끝에 위치), MoR(Middle of Row: 열의 가운데에 위치), ToR(Top of Rack : 랙의 가장 위에 위치). 이러한 표현은 데이터센터 열에서 네트워크 스위치가 어느 곳에 위치해 있는가에 따라 정의됩니다. 이러한 구현 모델은 데이터센터 프로젝트 기술적 요구에 따라 선택됩니다.

- 장애 도메인 크기
- 랙과 데이터센터의 전력 가용성
- 랙 당 서버의 숫자
- 서버 당 NIC의 숫자
- NIC의 속도
- 케이블링 구조
- 운영의 제약성
- 시장에서 사용 가능한 스위치 형태
- 예산 가용 범위
- 네트워크 초과 사용 비율

위에서 열거된 항목들이 데이터센터 물리적인 배치 형태 모든 것을 의미하는 것은 아니며, MoR과 ToR에 대한 개념을 설명하기 위함입니다. 현재 데이터센터의 동향은 대부분 ToR 형태로 접근하고 있습니다. 물론 ToR이 데이터센터 디자인을 위한 최적의 선택이라는 것은 아니며 요구사항에 따라 달라질 수 있습니다. 하지만 현대 많은 데이터센터에서는 ToR 형태의 디자인을 널리 사용하고 있습니다.

:: End of Row

EoR(End of Row: 데이터센터 랙 열의 맨 마지막에 네트워크 장비를 배치하는 방식)은 네트워크 랙 배치를 위한 전통적인 데이터센터 모델 방식으로, 데이터센터의 서버랙 열의 맨 끝에 네트워크 장비를 배치하는 방식입니다. [그림 1-14]와 같이 각각의 서버랙에서의 케이블링은 모두 EoR^{End of Row}에 배치된 네트워크 장비에 케이블링되어 있습니다. 이러한 EoR 구성 방식은 서버 랙 측면에서 서버의 배치 및 구성에 대한 디자인의 제약사항은 다소 적은 편입니다. 이중화 구성 디자인 측면에서는 각각의 서버 랙 내부의 서버들은 이중화된 UTP 타입의 케이블 구성을 EoR 네트워크 장비에 연결하도록 합니다. 하지만 이러한 EoR 모델 구성의 단점은 각각의 서버랙에서 EoR까지 물리적으로 연결 구성되는 케이블들을 서버 랙 위 또는 바닥으로 포설하고 연결해야 한다는 점입니다(서버 위로 연결하는 케이블 공간을 Tray, 서버 아래로 연결하는 공간을 Floor 하부라고 업계 용어로 사용되고 있습니다). 또한 데이터센터의 서버랙 열 마다 모든 연결 구성을 EoR 네트워크 장비가 담당하게 되므로 네트워크 장애 도메인이 발생할 수 있습니다. 이러한 구성에서 서버 가상화 기반의 환경을 구동하게 된다면, 수십 개 또는 수백 개 이상의 가상화 서버들이 그 영향을 받을 수 있습니다. 오늘날 데이터센터에서는 하나의 서버랙과 다른 서버랙의 연결 구성에서 다양한 속도와 연결 구성을 요구하고 있습니다. 따라서 EoR 모델의 단점은 케이블링 측면에서 오늘날 데이터센터 구성에 적합한 모델은 아닙니다. 그렇지만 EoR 모델은 일반적으로 사용되는 베어메탈 서버(BareMetal: 가상화되지 않은 서버)의 액세스 포트들이 고가용성 구조를 갖춘 모듈러 샤시형 스위치에 연결되는 방식에는 매우 적합합니다.

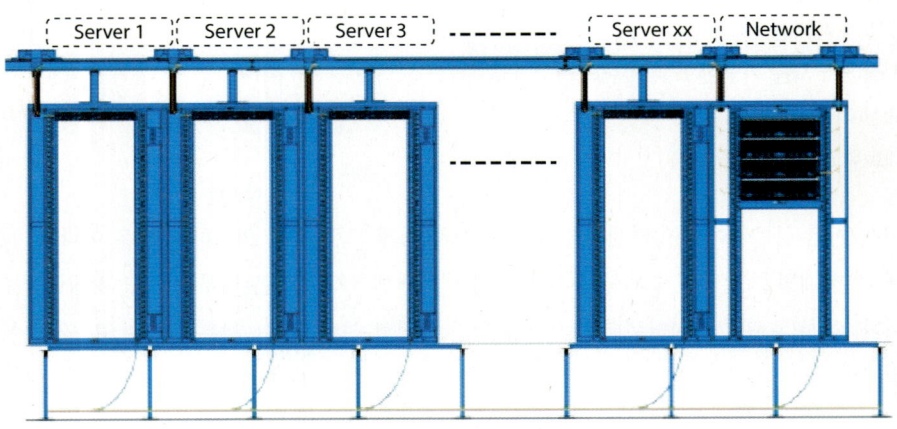

[그림 1-14] EoR 연결 모델(*EOR Connection Model*)

Middle of Row

MoR(Middle of Row: 데이터센터 랙 열의 중앙에 네트워크 장비를 배치하는 방식)은 EoR 연결 모델의 변형된 형태입니다. MoR 연결 모델은 서버랙 열의 가운데에 네트워크 장비가 위치하여 모든 네트워크 연결을 제공하는 방식입니다. MoR 모델은 네트워크 장비가 중앙에 위치하기 때문에 서버랙의 열 가장 끝에서 오는 케이블의 길이를 감소시킬 수 있습니다. MoR 연결 모델은 케이블 길이를 감소시킬 뿐만 아니라, 케이블 유형까지도 변화시킬 수 있습니다. CX-1 TwinAX 케이블은 최대 10m까지 서버와 네트워크 장비 연결을 가능하게 할 수 있으므로, MoR 연결 구성을 통해 더 이상 패치 판넬에 광케이블을 구성할 필요가 없게 되므로, 비용을 감소시킬 수 있습니다.

Top of Rack 현대적인 데이터센터 접근 방식

ToR(Top of Rack: 서버랙 위에 네트워크 장비를 배치시키는 방식으로 오늘날 데이터센터에서 가장 많이 사용되는 네트워크 연결 모델이다)는 앞서 언급되었듯이, ToR 접근 방식은 오늘날 데이터센터에서 가장 많이 사용되는 서버와 네트워크의 물리적 연결 방식입니다. 이것은 POD 디자인에 매우 적합하고, 네트워크 도메인 장애로부터 조금 더 자유롭습니다. ToR 모델은 서버가 동일한 서버 랙 내부에 위치해 있는 스위치에 물리적으로 연결되는 구조를 말합니다. 이러한 ToR 네트워크 스위치들은 전통적으로 집선 스위치(Aggregation 스위치: ToR 스위치들에서 Uplink로 연결되는 스위치)와 광케이블을 통해 연결 구성됩니다. 이러한 모델은 비교적 명확하게 액세스 스위치(서버가 직접 연결되는 스위치)에서 뛰어난 TCO Total Cost Ownership을 기반으로 최적화된 고대역폭, 케이블링 구조를 제공할 수 있습니다.

이것은 Pay-as-you-grow와 같은 구성 모델에서 비즈니스 신속성을 더욱 가속화시킬 수 있습니다. 데이터센터의 아키텍처들은 효과적인 데이터센터 컴퓨터의 물리적 연결을 위한 케이블링 아키텍처를 지원해야 하기 때문에 어려운 과제에 직면하는 경우가 많습니다.

ToR 네트워크 아키텍처는 서버 랙 레이어에서는 서버와 ToR 스위치 간에는 UTP 또는 광케이블 연결 구성을 하며, ToR 스위치와 백본 스위치 구간에서는 광케이블로 연결하는 것을 권고하고 있습니다. 또한 각 서버랙 내외부에서는 표준화된 전송매체의 발전에 따라 40GE 및 100GE 기반의 최적화된 전송 기술을 적용할 수 있습니다. 예를 들어, 40GE 전송 방식을 사용하기 위해서 새로운 광케이블의 구성 없이도, 시스코의 QSFP 기반의 BiDi 광기술을 통해 현재 구성된 10GE 광케이블을 기반으로 적용이 가능합니다.

데이터센터 부분에서 가장 빈번하게 케이블이 변경되는 구간을 ToR 영역에서 분리해 놓음에 따라 구성의 편의성을 겸비할 수 있습니다. 이러한 구성은 장기적인 관점으로 볼 때 향후 집선 스위치 연결 구간을 100GE 인프라 기반으로 전환을 최적으로 구현할 수 있도록, ToR 인프라의 환경을 Giga 인프라에서 10GE/40GE 인프라 환경으로 유연한 케이블 디자인을 할 수 있게 만듭니다.

물론 단점도 있습니다. 특히 주된 단점으로 지적되는 부분은 ToR 스위치 구조에서는 스위치 관리에 대한 대상이 많아진다는 것입니다. 이것은 시스코 Nexus 2000 시리즈 제품과 같은 중앙집중식 관리 기법으로 해결할 수 있습니다. 뿐만 아니라 시스코 ACI 패브릭 구조에서는 모든 패브릭이 애플리케이션 중심으로 정의 되고 제어됨에 따라 이러한 기술적 이슈들을 더욱 더 감소 시킬 수 있습니다. 시스코 ACI 패브릭은 이 책에서 좀 더 광범위하게 다뤄질 것입니다.

　ToR 스위치 방식의 설계는 Leaf/Spine 구조를 따르고 있으며, Spine과 같은 집선 스위치의 역할을 하는 스위치들의 배치 방식은 EoR 구조(그림 1-15) 또는 MoR(그림 1-16) 구조 형태를 적용하게 됩니다. 이러한 구성을 통해 서버 랙 계위에서는 "Pay-as-you-grow" 형태의 서비스 확장에 따른 설계 환경을 구축할 때, 매우 획기적으로 케이블링을 감소시킬 수 있습니다(EoR 또는 MoR 구조와 비교 했을 경우). 일반적으로 ToR 구조에서는 네트워크 용량 초과 비율의 기준, 즉 서버에서 연결되는 링크와 ToR 스위치 업링크 대역폭 비율을 5:1로 구성합니다. 만약 48 포트 기반의 논블러킹 스위치를 ToR 스위치로 사용한다면, 40 Port는 서버 접속용으로 사용하고, 8 Port는 스위치 업링크로 사용하는 방식이 네트워크 용량 초과 비율 5:1이 됩니다. 예를 들면, HFT 가상화 비율이 매우 높거나 가상 데스크톱 환경의 경우에는 네트워크 초과 비율이 높은 반면, HFT 환경의 경우에는 논블러킹 구조를 요구하기도 합니다. 서버의 NIC의 구성은 일반적으로 데이터센터의 가상화 디자인 적용 유무에 따라 싱글 홈드(서버의 물리적인 링크 1 개 구성) 또는 듀얼 홈드(서버의 물리적 링크 2개 구성) 기반의 1GE/10GE/40GE NIC로 구성됩니다. 이러한 동일한 방법론으로 100GE 또는 그 이상의 속도가 적용될 수 있습니다.

　서버랙의 크기는 42RU(Rack Unit : 1U 크기의 서버를 넣을 수 있는 단위), 19인치 폭의 고밀도 표준화 모델에서 다양한 형태로 발전하고 있습니다. 현재 44RU 크기에서 57U 크기의 확장형 서버랙, 또한 23인치 폭의 서버 랙까지 다양한 형태의 서버랙들이 존재합니다.

　또한 대부분 케이블 패치 판넬, 콘솔 및 관리용 네트워크 구성 등을 위한 공간으로 2~4U 공간을 사용합니다. 또한 ToR 스위치의 에어 플로 구조는 전면부에서 후면부로 흐름을 가지게 됩니다. 이러한 구성을 기반으로 고집적 서버랙을 구성하게 됩니다. 데이터센터의 구조에 따라서는 시스코 Nexus 스위치의 경우에 팬 트레이와 전원 공급 장치를 변경하여 에어 플로 구조를 바꿀 수도 있습니다. 이러한 역방향 에어플로 구조는 ToR 환경보다는 EoR과 같은 환경에서 적용할 수 있습니다.

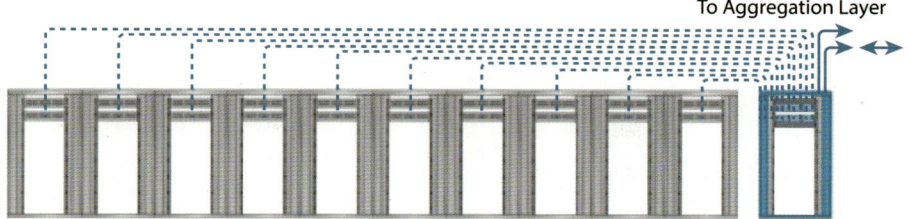

[그림 1-15] TOR 구성 방식(EoR 어그리게이션/스파인/리프)(ToR Deployment with EoR Aggregation/Spine/Leaf)

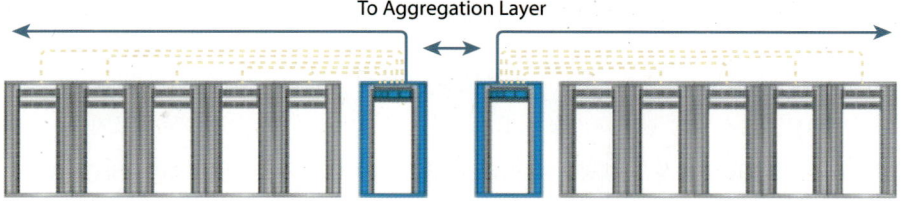

[그림 1-16] ToR 구성 방식(MoR 어그리게이션/스파인/리프)(ToR Deployment with MoR Aggregation/Spine/Leaf)

싱글홈드 서버 디자인(Single-Homed Server-Design)

단일 ToR 스위치로 구성된 환경에서는 일반적으로 싱글 홈드 서버 디자인을 하게 됩니다. ToR 스위치는 업링크 구성을 위해 MoR 또는 EoR 구조로 디자인 된 집선 스위치에 연결됩니다.

또한 ToR 스위치의 모든 포트들은 동일한 기능을 적용합니다. 집선 스위치에 연결 구성되는 업링크 들은 Nexus 5000, 5500, 6000, 7000, 7700 또는 9000 제품과 같은 중대형 스위치에 연결되며, Nexus 2000 시리즈 제품군들을 제외하고는 업링크 포트를 위해 특정 물리적인 포트가 별도로 지정 하지 않고 사용 가능합니다.

또한 vPC^Virtual Port Channel, VXLAN, IP 또는 ACI와 같은 최신의 End to End 애플리케이션 중심의 패브릭 기술을 구현하여 Layer 2 또는 Layer 3 기반 패브릭 기술과 네트워크 연결을 할 수 있으며, 듀얼 홈드 서버 구성을 위해 ToR 스위치는 이중화 구조로 구현됩니다. 듀얼 홈드 서버와 연결되는 이중화 ToR 스위치 구조는 해당 서버의 NIC 포트의 연결들이 서로 다른 ToR 스위치에 연결되는 구 조를 따르게 됩니다.

 서버들이 운영되는 시나리오

- Active/active Layer 2
- Active/active Layer 3
- Active/passive

서버랙 내부의 서버 네트워크 연결 구조는 vPC^{Virtual Port Channel} 토폴로지를 기반으로 ToR 스위치에서 Layer 2 또는 Layer 3 기반의 로드 분산 기술을 구현할 수 있습니다. 이렇게 vPC 구조의 기술을 구현하게 되면 마치 싱글홈드 서버에서 물리적으로 링크를 한 개 연결한 것처럼 논리적으로 구현이 가능하게 됩니다.

 Spine-Leaf ACI 기본 아키텍처의 논리적 데이터센터 디자인

전통적인 네트워크는 STP^{Spanning Tree Protocol} 기반의 이중화 모델 구조를 가지고 있습니다. 이후 등장한 vPC ^{Virtual Port Channel} 기술은 STP 기반의 Active/Standby 토폴로지 구조에 비해 Active/Active 기반의 연결성을 제공함에 따라 2배 이상의 대역폭을 제공하게 되었습니다. 이러한 장점들로 인해 vPC 기반 디자인과 토폴로지 구성은 지난 5년 동안 데이터센터에서 가장 대중적인 설계 방법론으로 구현되어 왔습니다. 최근 데이터센터의 새로운 트렌드로 Spine-Leaf 기반의 2계층 구조 디자인을 사용하고 있으며, ACI 패브릭 또한 이러한 방법론에 대응합니다. 이번 섹션에서는 Spine-Leaf 아키텍처와 디자인, 그리고 ACI 기반 Spine-Leaf 구조의 장점을 소개합니다.

데이터센터 네트워크는 일반적으로 물리적으로 동일한 위치에 배치하며, 단일 관리 도메인으로 관리합니다. 기존의 기업형 네트워크와는 다르게 데이터센터의 트래픽은 north-to-south(데이터센터 외부와의 통신 또는 종적 트래픽) 트래픽 보다 east-to-west(데이터센터 내부의 서버 트래픽 또는 횡적 트래픽) 트래픽이 주를 이루고 있습니다. 또한 데이터센터의 장비들은 균일화되어 가고 있습니다. (서버, 네트워크 장비, NIC 카드, 스토리지 및 장비간 연결성). 서버 포트 측면에서는 일반적으로 데이터센터 네트워크 포트는 3,000 포트에서 100,000 포트 수준을 이루고 있습니다. 기업 네트워크 만큼의 세밀하고 다양한 기능을 요구하지는 않지만 좀 더 투자와 비용에 민감합니다. 마지막으로 데이터센터의 애플리케이션의 대부분은 그 서비스 특성에 따라 규칙적인 특성을 구현하도록 초점이 맞추어져 있습니다.

Spine-Leaf 데이터센터 아키텍처는 이러한 요구 사항을 충족하도록 설계 되어 있으며, 개방형 프로토콜 기능과 각 네트워크 노드들이 요구되는 최소한의 기능들만을 포함하도록 설계됩니다.

물리적인 구성을 살펴 보면 매우 단순한 구조를 표방하게 되는데 2계층 구조의 "FAT-Tree" 토폴로지 기반의 *CLoS* 또는 논블로킹*(nonblocking)* 구조와 같은 방식을 띄게 됩니다. 이러한 구성 방식은 [그림 1-17]에서 처럼 각각의 Leaf 장비들이 모든 Spine에 연결되는 구조로 연결 구현하는 방법입니다.

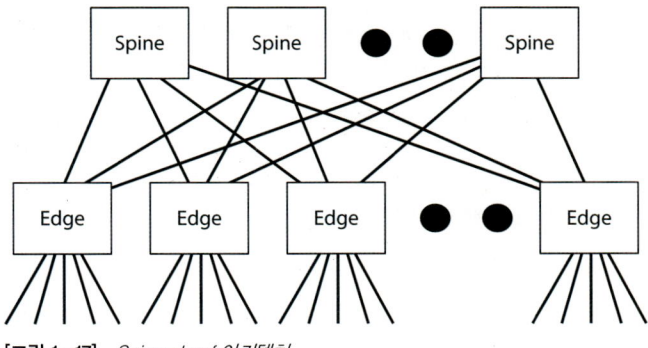

[그림 1-17] *Spine-Leaf 아키텍처*

각각의 노드들은 모든 스위치 기능을 포함하는 데이터센터 스위치입니다. 예를 들면, 각각의 네트워크 노드들은 표준 네트워크 패킷을 송/수신할 수 있는 일반적인 라우터/스위치의 역할을 담당할 수 있습니다. 추가적으로 각각의 네트워크 노드들은 데이터 전송 상태를 결정하게 되는 제어부 (Control Plane)을 가지고 있습니다.

이러한 토폴로지 구성은 노드 네트워크들 간의 요구하는 대역폭을 처리하기 위해 다중경로(Multi-Pathing)을 사용합니다. 또한 Spine-Leaf 아키텍처에 사용되는 전송방법은 Layer 2 기반 전송 또는 Layer 3 기반의 전송 기술을 사용할 수 있습니다. 이러한 방법들을 각각의 장·단점을 가지고 있지만, 이번 섹션에서는 다루지 않도록 하겠습니다. 향후에 다뤄질 ACI 아키텍처에서는 Spine-Leaf 아키텍처를 위해 호스트 라우팅 기법을 사용하게 됩니다.

Spine-Leaf 아키텍처는 "*Fine-Grained Redundancy*"(Full Mesh와 같은 모든 네트워크 노드와 연결 구현하는 방식)의 장점을 제공합니다. 이러한 방식은 많은 노드 및 구성 요소들이 미세하게 병렬로 연결이 되어 어떠한 구성 요소 간의 연결이 단절되더라도 네트워크의 기능에 영향을 미치지 않도록 구현되어 있습니다. 따라서 만약 네트워크 노드인 스위치가 장애를 일으키더라도 네트워크 담당자는 심각한 상황으로 인식하지 못할 것입니다. 이러한 Spine-Leaf 구조의 연결구성 기술들은 매우 뛰어난 컨셉을 제공하고 있습니다. 예를 들어 전통적인 데이터센터 디자인에서는 네트워크 구조 상단의 2개의 스위치 가운데 어떠한 이유로 1개의 스위치가 장애가 생기게 된다면 전체 네트워크의 용량은 50% 줄어들게 됩니다. 이렇게 스위치가 장애를 일으키게 되는 확률은 일반적으로 0.00001%이며, 전통적 이러이러한 확률을 토대로 신뢰성 목표를 "Five 9s - 99.99999%"로 수립하게 됩니다.

Spine-Leaf 아키텍처에서 예를 들어보면, 20개의 Spine 스위치를 구성하고, 용량 50%가 줄어드는 상황이 발생한다면, 이것은 10개의 Spine 스위치가 장애를 일으키는 상황이 발생한다는 의미입니다. 물론 이러한 상황은 극히 드물겠지만, 앞서 전통적인 데이터센터 네트워크 디자인의 가용성 상황과 비교하기 위해서 구체적으로 계산을 해보겠습니다. 20개의 Spine 스위치가 매우 신뢰성이 낮은 스위치로 신뢰성이 99.99%라고 가정하게 되더라도, 10개의 스위치가 동시에 장애를 일으키게 될 확률은 $0.01\%^{10}$이 됩니다. 따라서 전통적이 데이터센터의 환경보다 2배가 높은 신뢰성을 가지게 된다는 결론을 얻게 됩니다. 결과적으로 전통적인 네트워크 환경에서 0.00001%의 매우 높은 신뢰성을 보유한 스위치 구조에 비해서도 나쁘지 않은 결과를 보여 줍니다. 가장 기본이 되는 네트워크 설계는 네트워크 구성 요소를 완벽하게 만드는 것 보다, 네트워크의 장애를 고려한 설계를 하는 것입니다. 대마불사라는 말이 있습니다. 이러한 접근 방식은 컴퓨팅 설계에 있어서도 MSDC 고객들이 접근하고 있는 기술적 방법론입니다. 이것은 네트워크 디자인의 방법론에 있어서, 전통적인 데이터센터 디자인이 가지고 있는 단일 장비 장애에 대한 불안함을, Spine-Leaf 디자인을 통해 장애에 대한 대처가 매우 쉽고 편리하게 처리할 수 있게 된다는 논리만으로도 충분히 매력적인 디자인입니다.

장애 뿐만 아니라 네트워크 운영에 있어서도 마찬가지로 적용될 수 있습니다. 만약 네트워크 장비의 소프트웨어를 업그레이드해야 한다면, 시스코의 ISSU(In-Service Software Upgrade: 시스코의 무중단 소프트웨어 업그레이드 기술)를 지원할 지라도, 네트워크 서비스 측면에서 해당 업그레이드 작업으로 인한 영향에 대해 상당히 우려가 되는 것은 일반적인 상황입니다.

하지만 Spine-Leaf 아키텍처와 같은 "Fine-Grained Redundancy"라면, 관리자는 간단하게 서비스 중에 업그레이드를 하고, 리부팅을 어떠한 네트워크 서비스도 영향이 없이 작업할 수 있을 것입니다. 이처럼 Spine-Leaf 네트워크 구조에서는 ISSU와 같은 무중단 소프트웨어 업그레이드 서비스 없이도, 전체 네트워크 패브릭에 대해 높은 가용성 기반의 운영이 가능합니다.

마지막으로 Spine-Leaf 네트워크 구조에서는 네트워크 응답 지연 시간이 포트에서 포트 간에 매우 낮고 일정하게 유지될 수 있다는 것이 특징입니다. 특히 Spine-Leaf 네트워크 아키텍처 내부의 포트간 응답지연 시간은 네트워크 패킷 사이즈에 관계없이 동일하게 유지됩니다.
네트워크 업계와 시스코는 네트워크 응답지연시간에 더욱 최적화된 스위치를 개발하여 더욱 더 Spine-Leaf 아키텍처의 장점을 향상되도록 할 것입니다. 현재 시스코는 10GE 100,000개 이상 포트로 구성된 데이터센터 패브릭에서 최대 1.5 마이크로세컨드의 네트워크 응답 지연 시간을 보장하는 아키텍처를 제공하고 있습니다. 따라서 이제 이러한 네트워크 기술들은 낮은 응답지연 시간에 대한 요구를 충족할 수 있습니다. 또한 함께 고려해야 할 네트워크 버퍼링 기술과 전송 테이블 크기에 대해서도 요구를 충족할 수 있습니다. 이러한 기술을 제공하고 있는 스위치 플랫폼에서는 버퍼의 크기 조절과 함께 안정적인 전송테이블 크기도 제공하고 있습니다. 이렇게 매우 개방적인 방식의 네트워크 구성기술에 대한 디자인은 적용되는 고객군에 따라 매우 유연한 형태의 Spine-Leaf 네트워크 아키텍처를 구현할 수 있습니다.

본 섹션에서는 시스코의 ACI 아키텍처 기술의 기반이 되는 Spine-Leaf 모델에 대해서 기술하였습니다. ACI 패브릭 아키텍처는 Spine-Leaf 모델을 기반으로 하면서, 각 네트워크 노드들이 분산형 제어 구조를 택하고 있습니다. 또한 ACI 패브릭의 관리를 중앙집중형으로 관리하는 방식을 구현하고 있습니다. 이것은 Spine-Leaf 아키텍처의 모든 장점을 사용하면서, 패브릭의 운영을 단일 스위치 기반의 패브릭 처럼 구현할 수 있다는 것을 의미합니다.

 요약

데이터센터 네트워크 디자인 프로세스에는 아키텍처의 선택과 최종 설계를 위한 중요한 고려사항들이 있습니다.

- 애플리케이션은 해당 애플리케이션이 사용하는 스토리지 유형에 따라 데이터센터에서 다양하게 구성될 수 있습니다.
- 데이터센터는 POD 모델 기반을 포함하는 구성 방식 필요.
- 데이터센터 디자인의 다양한 종류

현재 데이터센터 트렌드를 고려한 네트워크 아키텍처는 Spine-Leaf 네트워크 아키텍처입니다. ACI 패브릭은 본 장에서 기술된 Spine-Leaf 아키텍처 및 ToR 모델 방식에 기반을 두고 있습니다. 이러한 패브릭 접근 방식은 다양한 형태의 애플리케이션 스토리지 디자인에 적용 할 수 있으며, 데이터센터 설계에 있어서 매우 유연한 방식의 디자인을 구현할 수 있습니다.

[표 1-2]에서는 5가지의 애플리케이션 트렌드와 적합한 패브릭을 기술하고 있습니다.

새로운 형태의 Spine-Leaf 아키텍처인 ACI는 모든 사례에 적용할 수 있으며, ACI에 대한 장점들은 다음 장에서 기술될 것입니다.

[표 1-2] 5가지 다양한 애플리케이션 동향과 적합한 네트워크 패브릭

애플리케이션 카테고리	스토리지	패브릭	패브릭 기술	포트 수량	네트워크 용량 초과 비율
ULL (Ultra Low Latency)	IP기반 스토리지	L2, L3	ACI, vPC, Routing	100개 미만	1:1
Big Data	IP기반 스토리지	L2, L3	ACI, vPC, VXLAN Routing	100개 미만 ~2,000개	High
HPC	분산형 non-IP (Infiniband)	L2	ACI, vPC, FabricPath	100개 미만 ~ 1,000개	2:1 ~ 5:1
MSDC	IP기반 스토리지	L3	ACI, Routing, OTV	1,000 ~ 10000개	High
Virtual DC	FC 또는 IP 중심형 더 작은 사이즈를 위한 분산형 IP	L2, L3	ACI, vPC, VXLAN, Routing, OTV	100개 미만 ~ 10,000개	High

Note
[그림 1-1]과 [그림 1-2]는 시스코 프레스 출판물: 〈Cloud Compuring: Automating the Virtualized Data Center〉에서 발췌했다.

2

클라우드 아키텍처를 위한 데이터센터 블록 구축

Cisco ACI

오늘날 대부분의 대규모 데이터센터에 대한 디자인은 클라우드 데이터센터를 우선적으로 고려하여 설계되고 있습니다. 이러한 설계 사상들은 대형 기업군 또는 인터넷 서비스 프로바이더에도 동일하게 적용되고 있습니다. 이번 장에서는 클라우드를 구축하기 위한 디자인과 기술적 요구 사항에 대해 기술하게 됩니다.

클라우드 아키텍처 소개

미국 국립 표준기술 연구소(NIST)는 클라우드 컴퓨팅을 "구성 가능한 주문형 컴퓨팅 자원 풀에 네트워크 접근이 가능한 모델 – 자원 풀: 네트워크, 서버, 스토리지, 애플리케이션, 서비스"라고 정의하고 있습니다. 또한 이러한 클라우드 컴퓨팅은 서비스 제공 사업자의 최소한의 관리운영 구현만으로도 신속한 프로비저닝이 가능한 모델이라고 선언하고 있습니다(참조: http://csrc.nist.gov/groups/SNS/cloud-computing). 뿐만 아니라 클라우드 컴퓨팅의 자원 풀의 개별 요소인 서버 또는 애플리케이션들은 추가적인 성능 요구에 따라 유연하게 추가된다는 의미로 "Elastic Services: 탄력적인 서비스"를 제공해야 하며, 이것은 서버 및 애플리케이션이 추가로 필요하지 않을 때에는 이러한 자원들을 즉시 해제할 수 있어야 합니다.

클라우드 컴퓨팅 서비스는 일반적으로 2가지 범주로 분류합니다.

- 클라우드 전달 방식에 의한 모델: 퍼블릭 클라우드, 프라이빗 클라우드, 하이브리드 클라우드
- 서비스 전달 방식에 의한 모델: IaaS Infra as a Service, PaaS Platform as a Service, SaaS Software as a Service.

클라우드 전달 방식에 의한 모델은 실제 클라우드 컴퓨팅이 어느 곳에서 프로비저닝 될 것인지 기준에 따라 분류가 되며, 아래와 같은 사용방식에 따라 구분합니다.

 클라우드 전달 방식에 의한 모델

■ **프라이빗 클라우드**

기업 내부의 서비스를 위해 제공됩니다. 프라이빗 클라우드로 설계된 데이터센터는 기업 내부의 사용자를 위해 공유자원을 제공합니다. 또한 실제 프라이빗 클라우드는 테넌트 단위에 의해 내부 공유되는데, 테넌트는 사업부 단위로 정의하고 배포됩니다.

■ **퍼블릭 클라우드**

퍼블릭 클라우드 사업자, 즉 아마존, 랙스페이스, 구글, 마이크로소프트와 같은 사업자들에 의해 서비스가 제공됩니다. 퍼블릭 클라우드에서는 일반적으로 여러 개의 테넌트 단위를 사용하게 되며, 하나의 회사에서 여러 개의 테넌트를 구성하여 사용합니다.

■ **하이브리드 클라우드**

프라이빗 클라우드와 퍼블릭클라우드 기반의 다른 자원들을 워크로드에 의해 서로 연동하여 사용하거나, 공유하는 방식을 하이브리드 클라우드라고 합니다. 사내 자원의 부족으로 인해 퍼블릭 클라우드로 이동시켜 사용하는 방식들을 클라우드 버스트라고 부르며, 대표적인 하이브리드 클라우드 구성 방식입니다.

서비스 전달 방식에 의한 모델은 사용자가 어떤 클라우드 서비스를 사용하는지에 따라 분류합니다. IT 자원 사용을 위한 IaaS와 같은 모델들은 사용자가 카탈로그 및 프로비저닝 워크플로가 완전하게 자동화되어 있는 클라우드 셀프 서비스 포털에 기반을 두는 방식입니다. 이러한 방식은 클라우드를 사용하는 소비자가 IT 담당자의 개입 없이도, 사용자 스스로 VLAN 할당 및 로드밸런서 장비, 방화벽 등에 대한 배치와 적용을 원활하게 적용할 수 있습니다. 사용자 입장에서의 중요한 장점은 원하는 IT 자원을 즉각적으로 사용할 수 있다는 점입니다.

■ IaaS

사용자는 사용자가 설치하려는 애플리케이션을 위해 스토리지, 네트워크, 서버 등 인프라를 요청하게 되며, 이에 대한 클라우드 인프라 서비스를 제공하는 방식을 말합니다. 예를 들면 아마존의 ASW, VMware의 vCloud Express 등이 여기에 해당됩니다.

■ PaaS

사용자가 요구하는 데이터베이스, 웹서버 환경 등을 제공해 주는 클라우드 플랫폼을 제공해주는 방식을 말합니다. 예를 들면 구글의 앱엔진, 마이크로소프트의 Azure 서비스가 여기에 해당됩니다.

■ SaaS / AaaS

사용자가 요구하는 애플리케이션 플랫폼을 제공해주는 서비스를 말합니다. 예를 들면, 마이크로소프트의 Office365, 클라우드 기반의 세일즈포스닷컴, 시스코의 웹엑스 등이 여기에 해당됩니다.

최근까지 구성 데이터센터들의 장비들은 CLI^{Command Line Interface} 기반으로 구성되었습니다. 시스코의 ACI 솔루션은 XML^{eXtensible Markup Language} 및 JSON^{JavaScript Object Notation}을 사용하여 매우 최적화된 구성의 대규모 데이터센터 가상 네트워크들을 초기화하고 구성할 수 있게 되었습니다.

시스코의 UCSD^{Cisco UCS Director}와 CIAC^{Cisco Intelligent Automation for Cloud} 등과 같은 도구는 데이터센터 전체 인프라의 빠른 프로비저닝 서비스를 제공하기 위해 컴퓨팅 프로비저닝(시스코 UCS, VMware vCenter, OpenStack 솔루션 기반) 뿐만 아니라, 앞서 언급된 시스코 ACI 솔루션과 함께 데이터센터 전체의 오케스트레이션을 구축 할 수 있습니다(이러한 클라우드 데이터센터 구축 기술들을 업계에서는 VPC-*Virtual Private Cloud*, 가상데이터센터(*Virtual private cloud*), 컨테이너(container) 등으로 정의하고 있습니다).

클라우드 컴퓨팅 인프라 구성 요소들은 [그림 2-1]에서처럼 도식화 표현됩니다. 클라우드 서비스 "(b)"의 사용자 "(a)"는 방화벽로드 밸런싱 및 VM^{가상머신}들이 하나의 서비스 컨테이너 구성되어 있는 환경 "(c)"을 주문합니다. UCSD와 OpenStack은 셀프 서비스 포털 중 하나의 컴포넌트 관리자로 작동하며, CIAC는 서비스 카탈로그 기능을 제공하게 됩니다.

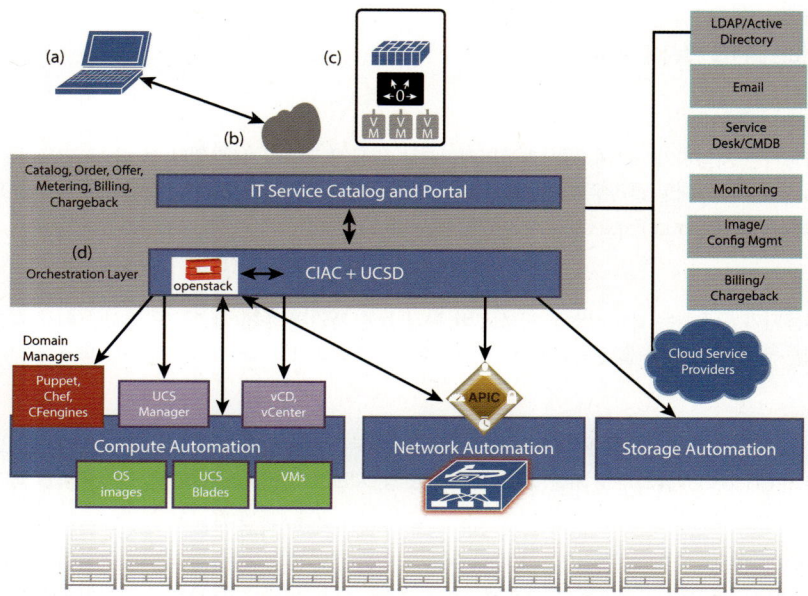

[그림 2-1] 클라우드 컴퓨팅 인프라의 구성 및 구조

    이러한 사용자의 요구에 대한 처리는 "(d)" 오케스트레이션 계층의 서비스 카탈로그 및 포털에 의해서 서비스됩니다. 오케스트레이션 계층은 몇 가지 컴포넌트들로 구성이 됩니다. 시스코 솔루션 기반 중심으로 예를 들면, 컴퓨팅 자원 및 네트워크, 스토리지 자원들과 같은 다양한 요소들의 프로비저닝과 관리 및 상호연관성에 대한 구성들은 CIAC를 통해 제공하게 됩니다(이러한 동작들을 업계에서는 워크플로(Workflow) 라고 정의합니다).

    또한 [그림 2-1]은 클라우드 컴퓨팅 아키텍처에서 시스코 ACI(Application Centric Infrastructure) 및 APIC(Application Policy Infrastructure Controller - 애플리케이션 정책 인프라 제어 서버)를 포함하는 아키텍처를 도식화하고 있습니다.

클라우드 컴퓨팅의 네트워크 요구사항과 ACI 솔루션

    클라우드 구축에 대한 지원을 제공하게 되는 네트워크 인프라는 다음과 같은 몇가지 요구사항들을 충족해야 합니다.

- 대규모 가상 서버들의 확장성
- 워크로드 기반의 Layer 2 연동성 지원

- 멀티 테넌시 지원
- 높은 프로그래밍 수준 지원
- 로드밸런서와 방화벽의 연동 지원
- 가상 로드밸런서와 가상 방화벽의 연동 지원

일반적인 데이터센터는 전통적인 스패닝트리 기술로 구축 되기 때문에, 두 가지의 문제를 초래하게 됩니다. 따라서 앞서 언급된 첫번째와 두번째 요구사항에 만족 하기가 매우 어렵습니다. (요구사항 – 대규모 가상 서버들의 확장성, 워크로드 기반의 Layer 2 연동성) 또한 다음 두가지 문제를 가져옵니다.

- 네트워크 제어부에서의 스패닝 트리 확장의 제약
- MAC 주소 테이블의 한계

이러한 요구 사항을 해결하기 위해 시스코 ACI는 스위칭 인프라에서 스패닝 트리 구조로 연결된 네트워크 제어부의 부하를 제거하고, 스위치들이 Layer 3기반의 네트워킹 프로토콜을 기반으로 Layer 2 연결관계를 인지하도록 하는 VXLAN 네트워크 오버레이 기반으로 구축되었습니다. 또한 Layer 3 기반 인프라에서 이동성에 대한 요구를 충족하기 위해 32비트 호스트 주소 체계 기반의 전송을 사용하며, 이러한 주소 체계에 대한 전송 맵핑 데이터베이스를 관리 제공합니다.

이러한 오버레이기술은 네트워크 패킷 내부에 테넌트 endpoint(endpoint – 데이터센터 내부의 서버) 주소로 맵핑하는 네트워크 스위치 에지에서 데이터경로를 필요로 합니다. 이것을 *identifier*(식별자)라고 부릅니다. 또한 endpoint의 위치를 Locater(로케이터)라고 부릅니다. 여기에서 맵핑은 TEP Tunnel Endpoint 기술을 기반으로 동작합니다. 이러한 맵핑에 있어서 가장 큰 이슈는 매우 큰 대규모 데이터센터의 경우에는 매우 많은 맵핑 테이블들이 많은 네트워크 장비에 존재해야 한다는 것입니다. 두번째 문제는 이러한 대규모의 데이터센터에서 endpoint가 이동을 하는 경우(Locater 변경 발생)에 맵핑 상태 정보들이 모든 TEP을 통해 업데이트 되어야 한다는 부담입니다. 시스코 ACI 솔루션은 이러한 기술적 문제점들을 극복하기 위해 데이터 패스의 TEP에서 논블러킹 속도를 기반으로 캐싱 메커니즘을 중앙집중형 데이터베이스에 적용하여 사용합니다(제 7장: "ACI 패브릭 디자인 방법론" 에서 ACI의 트래픽 포워딩 방법에 대해 상세하게 소개됩니다).

클라우드 컴퓨팅 솔루션 구축의 또 다른 핵심 요구 사항은 프로그래밍 방식으로 네트워크를 구성 가능하게 한다는 점입니다. 만약 네트워크가 박스 또는 링크 기반으로 관리를 해야 하는 경우 자동화 관리 도구 또는 스크립 기반의 솔루션은 해당 장비들에 개별적으로 접근하여 구성해야만 하고, 그만큼의 워크로드가 증가해야만 합니다.또한 이러한 방식은 end-to-end 경로들이 이러한 추상적인 모델에 따라 프로비저닝되도록 해야만 합니다. ACI 솔루션은 이러한 이슈들을 중앙집중형 관리를 통해 해결하고자 합니다. 즉 네트워크 제어부는 네트워크 패브릭이 존재하는 각각의 장비에 존재하도록 하고, APIC이 중앙 집중형 관리 및 제어를 통해 편리한 관리와 안정적 제어가 가능하게 하는 것입니다. 또한 물리적인 특성 대신에 논리적인 특성을 기반으로 워크로드에 네트워크의 특성을 연계하도록 합니다. 그래서 워크로드의 연결 요구사항을 정의하며, 더 이상 워크로드로 인한 물리적 인터페이스의 추가 또는 구성 변경을 구현하지 않도록 합니다.

뿐만 아니라, REST^Representational State Transfer를 기반으로 하나의 대형 라우터/스위치를 관리하도록 하고, 여기에 네트워크 속성을 구현하도록 합니다. APIC REST API는 JSON/XML과 같은 형식으로 HTTP/HTTPS에서와 같은 호출 기반으로 커뮤니케이션 합니다.

멀티 테넌시와 같은 구조를 통해 "fvTenant" 타입의 하위 오브젝트인 브리지 도메인^bridge domain, VRF^Virtual Routing Forwarding 컨텍스트^Context, ANP^Application Network Profile의 모든 구성 정보를 표현하여 MI(Management Infromation – 관리 정보 모델)에 반영됩니다.

네트워크 전송에 대한 세그먼테이션은 서로 다른 VNID^VXLAN ID를 통해 보장될 수 있습니다. 또한 방화벽 및 로드밸런서들은 물리적, 가상화 기반을 포함하여 가상 컨테이너 형태로 만들어져 간편하게 자동 삽입시킬 수 있습니다(제 8장: "ACI 서비스 통합"에서 자세하게 서비스 모델링을 소개하고 패브릭에 어떻게 추가되는지를 설명합니다).

아마존 웹서비스 모델

이번 섹션에서는 아마존 웹서비스와 AWS가 제공하는 서비스 중 일부를 소개합니다. AWS 서비스는 현재 매우 다양하고 광범위한 서비스를 제공하고 있으며, 이 섹션에서는 이 서비스에 대한 모든 것을 설명하는 것은 아닙니다. 이 섹션에서는 2가지 이유로 네트워크 관리자에게 유용할 것입니다.

- 업계에서 가장 대중적인 IaaS 서비스 모델에 대한 참조
- 아마존 VPC(Virtual Private Cloud)에 프라이빗 클라우드 확장에 대한 가능성.

AWS 주요 핵심 기술용어들은 우측 페이지의 박스를 참고합니다.

AWS에서 사용되는 기술 용어

- **Availability Zone**

  DataCenter의 위치를 의미하는 Region의 하위 개념으로 서비스의 고가용성을 위해 단일 Region 안에서 물리적으로 분리되어 있음.

- **Region**

  Availability Zone의 집합을 의미.

- **Access Credentials**

  AWS 사용자에게 할당되어 AWS 자원을 접근하는데 사용되는 퍼블릭 키

- **Amazon Machine Image**(AMI)

  AWS 가상 서버가 가지게 되는 이미지(아마존에서는 인스턴스(*instance*)로 표현, OpenStack의 글랜스와 유사)

- **Instance**

  가상 서버가 구동하게 되는 AMI 이미지

- **Elastic IP address**

  인스턴스에 할당되는 주소.

아마존의 EC2 Amazon Elastic Compute Cloud 서비스에서는 사용자에 의해 선택된 Availability Zone에서 사용자가 선택한 AMI 이미지를 사용하여 가상 서버를 실행할 수 있으며, 생성된 인스터스(가상서버)는 방화벽에 의해 보호됩니다. 또한 인스턴스(가상서버)는 IP 주소와 DNS 등을 할당받게 됩니다. EC2 서비스에서는 Elastic 로드밸런싱 서비스 기반으로 EC2 인스턴스(가상서버)들이 트래픽 부하 분산처리를 받을 수 있습니다. 뿐만 아니라 EC2 인스턴스(가상서버)들은 사용량에 따라 자동으로 Auto Scaling자동 확장 서비스를 통해 추가적인 인스턴스 및 자원들을 프로비저닝 할 수 있습니다. 이렇게 자동 확장이 가능한 것은 아마존은 CloudWatch를 통해 CPU 사용량, Disk IO 사용량, 네트워크 IO 사용량들이 EC2 각 개별의 인스턴스(가상서버)에서 측정이 가능하기 때문입니다.

Note

아래 URL에서 추가적인 정보를 확인할 수 있습니다.
  http://docs.aws.amazon.com/general/latest/gr/glos-chap.html
  http://docs.aws.amazon.com/AmazonCloudWatch/latest/DeveloperGuide/Using_Query_API.html

아마존의 S3(Simple Storage Service)는 SOAP 기반의 Web API, HTTP(GET, PUT, HEAD, DELETE)를 사용하여 직접 API에 접근할 수 있습니다. 오브젝트들은 프로토콜 이름, S3 엔드포인트(s3.amazonaws.com), 오브젝트 키에 의해 식별되며, *Bucket Name*이라고 부릅니다.

모든 자원들은 아마존 ADK를 통해 생성 및 관리할 수 있으며, 다양한 프로그래밍 언어들로 구현이 가능합니다(프로그래밍 언어 예: Python, PHP SDK). 이 언어들을 참조할 만한 아마존 프로그래밍 언어에 관련된 URL은 다음과 같습니다.

http://aws.amazon.com/sdk-for-python/

http://aws.amazon.com/sdk-for-php/

아래와 같은 방식들이 완전 자동화 기반으로 구현이 가능합니다.

- 서버 자원의 위치 설정
- 스토리지 연결 및 접속
- 인터넷 연결 제공
- 라우팅/ 스위칭 구성
- 서버 구동
- 운영체제 설칭
- 애플리케이션 구성
- IP 주소 할당
- 방화벽 구성
- 인프라의 스케일 업 (확장)

> **Note**
>
> 상세한 사항은 저서 〈*Host Your Web Site in the Cloud: Amazon Web Services Made Easy*, Jeff Barr(SitePoint, 2010)〉 참조

여러분은 AWS 기반의 VPC Virtual Private Cloud 서비스를 다양한 방법으로 구성 및 적용할 수 있으며, 관리가 가능합니다. 관리에 관련된 접속 방법으로 AWS에서 제공되는 퍼블릭 키를 통해 JumpHost(점프 호스트)에 SSH 기반으로 로그인이 가능합니다. 또한 VPN 기반으로 Amazon VPC 네트워크에 접속할 수도 있습니다.

서버 프로비저닝 자동화

수천 대 규모의 물리적 서버 또는 가상화 기반 서버를 대규모 클라우드에서 배포하는 시스템 관리자는 항상 일관되면서도 적시에 프로비저닝 할 수 있어야 합니다.

이번 섹션에서는 서버 프로비저닝 자동화 측면에서 네트워크 관리자가 여러 가지 사항들에서 관심 있게 보아야 할 것들을 소개합니다.

- 서버 프로비저닝 자동화에 사용되는 기술 중 일부는 네트워크 장비 디자인을 구현하는데 사용될 수 있습니다.
- 시스코 ACI는 네트워크 구성을 위해 이미 검증된 서버 프로비저닝 자동화 기술의 개념들을 사용합니다.
- ACI에 구성된 컴퓨팅 자원들이 서버 프로비저닝 자동화에 관련된 기술을 사용하기 때문에 ACI 전체 디자인은 이러한 기술에 대한 지원을 포함해야 합니다.

서버 프로비저닝 자동화에 High-Level 접근 방법은 다음과 같은 수행 방식에 의해 이뤄져야 합니다.

- 물리적 또는 가상화 서버는 PXE 부팅에 의해 수행
- Puppet/Chef/CFEngine 에이전트를 통해 서버의 OS는 사용자 요구에 맞게 커스트마이징되어 배포.

이러한 이유들로 인해 클라우드를 위한 일반적인 설정 방법은 다음과 같은 구성 요소가 필요합니다.

- DHCP 서버
- TFPT 서버
- NFS/HTTP 또는 FTP 서버에 의한 kickstart 파일의 배포
- Puppet 또는 Chef 이와 유사한 도구를 위한 마스터 서버

PXE Booting

전통적인 데이터센터에서는 시스템관리자가 DVD와 같은 미디어 방식을 통해 새로운 소프트웨어를 설치 구성했지만 이제는 이러한 설치 방식을 대신해서 PXE^{Preboot eXecution Environment} 이미지 서버에 부팅 방식을 사용합니다.

일반적인 부팅 절차는 아래와 같습니다.

1. 호스트 서버는 부팅시 DHCP 요청을 보내게 됩니다.
2. DHCP 서버는 IP 주소를 할당하고 PXE/TFTP 서버의 위치를 제공합니다.
3. 호스트 서버는 pxelinux.0 에 대한 TFTP 서버에게 요청을 합니다.

4. TFTP 서버는 pxelinux.0를 제공합니다.

5. 호스트 서버는 PXE 코드를 실행하고 kernel(vmlinuz)를 요청합니다.

6. TFTP 서버는 vmlinuz 코드를 호스트 서버에게 제공하고, kickstart 구성 파일에 대한 위치 정보를 함께 제공합니다(NFS/HTTP/FTP 서버의 위치).

7. 호스트 서버는 해당 서버들로부터 kickstart 구성을 요청합니다.

8. HTTP/NFS/FTP 서버는 kickstart 구성파일을 호스트 서버에게 제공합니다.

9. 호스트 서버는 RPM과 같은 설치 패키지를 요청합니다.

10. HTTP/NFS/FTP 서버들은 RPM 패키지를 제공합니다.

11. 호스트 서버들은 후 설치(post-installation) 스크립트 "Anaconda"를 실행합니다.

12. HTTP/NFS/FTP 서버 스크립트와 Puppet/Chef 설치 정보를 제공합니다.

∷ Chef/Puppef/CFengine 또는 이와 유사한 도구 기반의 OS 설치 / 배포

시스템 관리자가 대규모 데이터센터를 관리하는데 있어서 중요한 작업 중 하나는 컴퓨팅 노드를 필요한 수준의 패치레벨로 유지하고 최신의 패키지를 서비스에 적용해야 한다는 점입니다. 사용자가 VM^{가상머신} 템플릿 및 골드 이미지를 생성하여 인스턴스로 만들 수 있지만, 이러한 과정은 새로운 단일 이미지를 생성하고 변경할 때마다 반복적으로 수행해야 하는 매우 어려운 작업입니다. 이러한 템플릿으로 생성된 모든 서버의 구성 및 라이브러리에 대한 업데이트 배포 구성이 불가능한 일은 아니지만 관리자 입장에서는 매우 복잡하고 힘든 일입니다. 이러한 관리적인 부담을 해결하기 위해 Puppet/Chef/CFengine 등과 같은 도구는 좋은 해결책이 될 것입니다. 이러한 도구들을 사용하여 골든이미지 또는 VM^{가상머신} 템플릿을 생성하고 서버들에게 배포하게 된다면 많은 서버들이라고 할지라도 2일 정도면 구성이 가능합니다.

이러한 도구들은 기본 OS에서 좀 더 추상화된 언어와 노드(서버)들의 최신의 상태를 정의할 수 있는 기능을 제공합니다. 예를 들어 "yum" 이나 "apt"로 패키지를 설치할지 여부를 알 필요는 없습니다. 단순하게 이러한 패키지가 필요하다는 정도의 간단한 정의만을 하게 됩니다. 시스템 관리자는 이러한 도구들 위에 사용자 패키지 및 설정하기 위한 다른 시스템들의 여러가지 명령을 모두 파악하고 실행할 필요가 없습니다.

만약 여러분이 웹서버의 구성을 하게 된다면, 수준 높은 언어들을 활용해야 합니다. 그리고 나서 이러한 도구들을 이용해서 필요한 디렉토리를 만들어 필요한 패키지를 설치하고, 최종 사용자에 의해 특정 포트에서 수신하는 프로세스를 시작하게 됩니다.

이러한 도구들의 주요 특징 중 하나는 "Declarative Model – 선언형 모델: 사용자가 필요로 하는 상태를 정의"과 같은 원리에 기초한다는 것입니다. 또한 "Idempotent" 구성 방식을 취하고 있습니다(항상 동일한 응답 결과를 가져 오기 때문에 반복 수행이 가능한 방식). ACI에서 사용되는 정책기반의 모델은 이러한 "Declarative-선언형 모델" 방식을 따르고 있습니다(제 3장, "정책 기반의 데이터센터"에서 "Declarative Model"에 대해 좀 더 상세하게 기술합니다).

이러한 자동화 도구들을 사용하게 되면 실제로 적용되기 전에 지정된 작업에 대해 시뮬레이션을 구현하여 구성에 대한 오류를 방지할 수 있는 장점도 있습니다.

Chef

Chef는 아래와 같은 중요 기술용어들을 정의하고 있습니다.

 chef의 주요 기술 용어

- **노드**(Node): 서버(네트워크 장비들도 범주에 포함 할 수 있음)

- **속성**(Attributes): 노드(서버)의 구성

- **자원**(Resources): 패키지, 서비스, 파일, 사용자, 소프트웨어, 네트워크, 라우트 정보

- **레시피**(Recipe): 자원의 의도된 최종 상태를 정의(Ruby 언어로 정의)

- **Cookbook**: 구성에 필요한 레시피들의 집합. Cookbook은 특정 프로그램 배포를 기반으로 해당 프로그램 배포에 필요한 모든 구성 요소들을 정의.

- **템플릿**(Templates): Ruby 코드(.erb)가 적용된 구성 파일의 단위이며, 실제 런타임에 확인 가능.

- **Run list**: 특정 노드가 실행해야 하는 레시피 목록.

- **Knife**: Chef를 위한 명령어.

- **Chef 클라이언트**: 노드(서버)에서 실행되는 Chef 에이전트

일반적으로 관리자는 구성관련 로컬 Repository저장소를 가진 Chef 워크스테이션으로부터 "Knife – Chef를 위한 명령"을 설정하게 됩니다. [그림 2-2]에서와 같이 Cookbooks은 Chef 서버에 저장되고 Node(서버)에 Push(배포)됩니다.

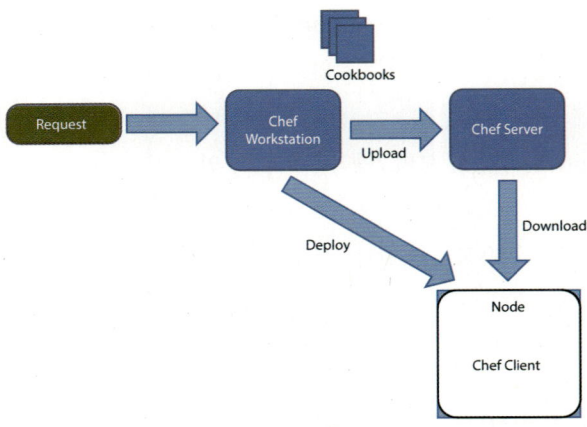

[그림 2-2] Chef 프로세스 및 상호 동작 관계

Node(서버)들은 Chef 워크스테이션에서 설정되어 Chef 서버에 업로드되고, 관련 레시피가 실행됩니다.

Puppet

[그림 2-3]은 Puppet의 동작 과정을 보여주고 있습니다. Puppet 기반의 프로그래밍 기법을 사용하게 되면 관리자는 자원의 상태(사용자, 패키지, 서비스)를 정의할 수 있습니다. 여기에 사용되는 "Manifest" 파일은 관리자에 의해 정의된 대로, 원하는 애플리케이션 최종 환경을 배포 및 시뮬레이션하고 인프라에 적용하게 됩니다.

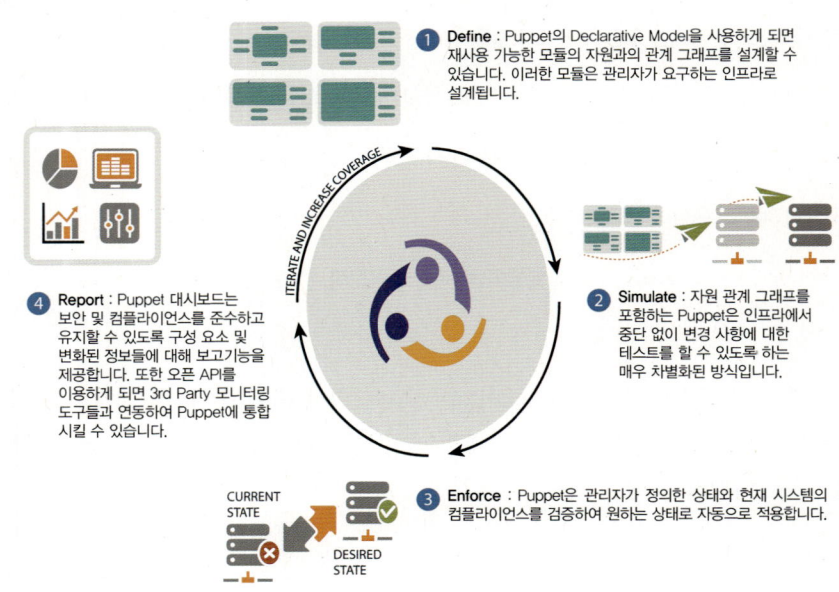

❶ **Define** : Puppet의 Declarative Model을 사용하게 되면 재사용 가능한 모듈의 자원과의 관계 그래프를 설계할 수 있습니다. 이러한 모듈은 관리자가 요구하는 인프라로 설계됩니다.

❷ **Simulate** : 자원 관계 그래프를 포함하는 Puppet은 인프라에서 중단 없이 변경 사항에 대한 테스트를 할 수 있도록 하는 매우 차별화된 방식입니다.

❸ **Enforce** : Puppet은 관리자가 정의한 상태와 현재 시스템의 컴플라이언스를 검증하여 원하는 상태로 자동으로 적용합니다.

❹ **Report** : Puppet 대시보드는 보안 및 컴플라이언스를 준수하고 유지할 수 있도록 구성 요소 및 변화된 정보들에 대해 보고기능을 제공합니다. 또한 오픈 API를 이용하게 되면 3rd Party 모니터링 도구들과 연동하여 Puppet에 통합시킬 수 있습니다.

[그림 2-3] Puppet

다음은 Puppet에서 사용되는 몇 가지 주요 기술적 용어를 설명한 것입니다.

puppet의 주요 기술 용어

- **노드**(Nodes): 서버 또는 네트워크 장비들

- **리소스**(Resource): 구성의 오브젝트 – 패키지, 파일, 사용자, 그룹, 서비스 및 사용자 지정 서버 구성

- **매니페스트**(Manifest): Puppet 언어(.pp)를 기반으로 기술된 소스 파일

- **클래스**(Class): Puppet 코드의 이름 블록.

- **모듈**(Module): 클래스, 자원의 유형, 파일 및 템플릿의 집합으로 특정 목적을 위해 구성됨.

- **카탈로그**(Catalog): 모든 리소스 컴파일 집합은 자원들 간의 관계를 포함하여 특정 노드에 적용.

 IaaS(Infra as a Service)를 위한 오케스트레이션

아마존 EC2, VMware vCloud Director, 오픈스택 및 시스코 UCS 디렉터는 가상 시스템, 물리적인 서버, 스토리지, 네트워킹에 대해 단일 도구 기반의 프로비저닝을 제공하는 솔루션입니다. 이러한 솔루션들은 클라우드 인프라 환경을 구축하는데 좀 더 강력한 기능들을 제공합니다. (클라우드 환경에서의 컨테이너, 가상 데이터센터, 테넌트 등에 대한 구축)

다음과 같은 일반적인 작업들은 이러한 솔루션을 통해 편리하게 프로비저닝 가능합니다.

- 가상 서버 생성
- 가상 서버 부팅
- 가상 서버 셧 다운
- 가상 서버 리부팅
- 서버들에 대한 소유권 변경
- 가상 서버들의 이미지 스냅샷 구현

:: vCloud Director

VMware는 클라우드 인프라를 최적화 구현하기 위해 vCloud 디렉터를 지원하고 있습니다. vCloud 디렉터는 vSphere Host가 구동되는 VM들 간의 서비스를 제어하고 연동하는 vCenter 솔루션과 함께 구현됩니다. [그림 2-4]는 테넌트와 자원들의 추상화 및 클라우드 컴퓨팅 서비스의 사용자를 위한 vApp 카탈로그를 제공하는 vCloud 디렉터의 구조를 보여주고 있습니다.

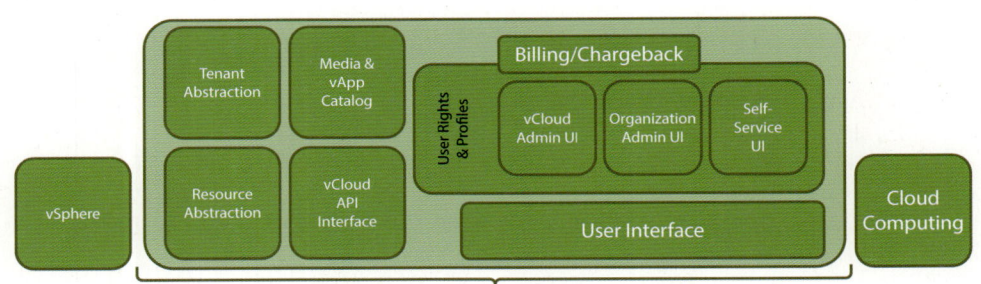

[그림 2-4] vCloud 디렉터 구성 요소

[그림 2-5]에서는 vCloud 디렉터에서 차별화된 방법으로 IT 자원을 정리하고 조직이 상단에 있는 계층 일부로 이러한 자원을 제공하는 방법을 보여주고 있습니다. 하나의 조직은 다수의 vDC에 포함될 수 있는 예입니다.

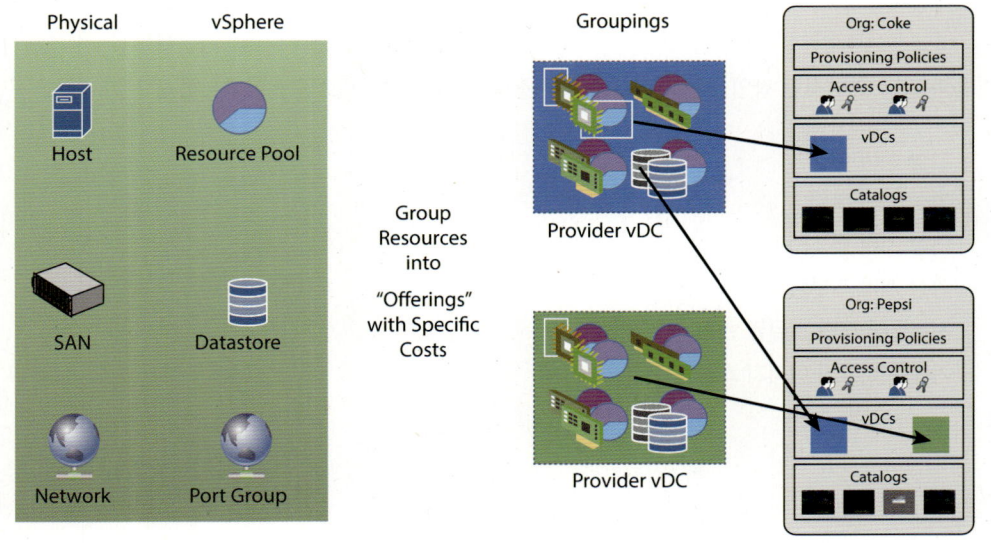

[그림 2-5] vCloud 디렉터 자원 조직 구성 예

⠿ OpenStack(오픈스택)

제 6장 "오픈스택"에서 ACI와 오픈스택의 연동에 대해 상세하게 다루게 될 것입니다. 이번 섹션에서는 클라우드 컴퓨팅 아키텍처에서 어떻게 오픈스택이 최적화되어 있는지를 설명하게 됩니다.

프로젝트와 릴리즈

오픈스택의 각 기능 영역은 별도의 프로젝트로 구성되어 있습니다. 또한 오픈스택은 클라우드 인프라 도입 목적을 위해 오픈스택의 전체 영역을 사용할 필요가 없습니다. 예를 들어 클라우드 또는 데이터센터 구성 목적에 따라 단순하게 특정 프로젝트의 API 만을 활용할 수 있습니다.

오픈스택 프로젝트의 목록들은 다음과 같습니다.

- 노바(Nova): 컴퓨팅을 위한 프로젝트
- 글랜스(Glance), 스위프트(Swift), 씬더(Cinder): 이미지의 관리, 오브젝트 스토리지, 블록스토리지 프로젝트
- 호라이즌(Horizon): 셀프 서비스 포털, GUI 를 위한 대시보드 프로젝트
- 뉴트론(Neutron): 네트워킹과 IP 주소 관리를 위한 프로젝트
- 텔레메트리(Telemetry): 메터링(metering)을 위한 원격측정 프로젝트
- 히트(Heat): 오케스트레이션을 위한 프로젝트

각 릴리즈 이름은 매우 중요합니다. 각각의 버전들 마다 의미 있는 새로운 기능들이 추가 되기 때문입니다. 이 글을 작성하는 시점에도 오픈스택의 새로운 릴리즈 버전이 나올 수 있습니다(보통 6개월 주기로 새로운 버전이 릴리즈되고 있습니다).

- Folsom (2012년 9월 27일)
- Grizzly (2013년 4월 14일)
- Havana (2013년 10월 17일)
- Icehouse (2014년 4월 17일)
- Juno (2014년 10월)
- Kilo (2015년 4월)

> **Note**
> 아래 링크에서 오픈스택 프로젝트 릴리즈를 확인할 수 있습니다.
> http://docs.openstack.org/training-guides/content/associate-getting-started.html#associate-core-projects

"Folsom" 릴리즈 버전은 네트워크 담당자 입장에서는 매우 의미 있는 릴리즈 버전입니다. 왜냐하면 이 때 네트워킹 관리를 위한 "Quantum" 구성 요소가 소개되었기 때문입니다. "Havana" 버전에서는 "Quantum" 의 이름은 "Neutron"으로 대체되었습니다. "Neutron"은 특히 ML2 아키텍처를 기반으로 동시에 다수의 네트워크 구성 요소를 관리하기 위해 더 많은 유연성을 제공하고 있으며, 이에 대한 상세한 내용은 제 6장에서 다뤄집니다.

"Neutron"용 플러그인(plug-in)의 컨셉은 매우 의미있는 일입니다. 네트워크 벤더들이 "Neutron" 플러그인을 통해 오픈스택 아키텍처에 어떻게 연계 될 것인지가 정의되어 있기 때문입니다. 이러한 "Neutron" 플러그인을 통해 표준화된 API를 기반으로 네트워크 벤더들은 네트워크 장비를 구성하는데 오픈스택과 연계가 가능합니다.

멀티하이퍼바이저(Multi-Hypervisor) 지원

오픈스택은 "Nova"를 기반으로 다음과 같은 다양한 컴퓨팅 자원들을 구성 관리할 수 있습니다.

- Linux KVM(커널 기반 가상머신)
- Libvirt 기반의 Linux 컨테이너(LXC)
- QEMU(Quick EMUlator)
- UML(User Mode Linux)
- VMware vSphere 4.1 update 1 또는 그 이상의 버전
- Xen, 시트릭스 XenServer, XCP(Xen Cloud Platform)
- 마이크로소프트 Hyper-V
- 플러그인 가능한 서브드라이버 설치를 통한 베어메탈(Baremetal) 기반의 하드웨어.

설치 방법

오픈스택의 설치는 오픈스택의 역사를 볼 때 매우 복잡한 과정 등을 거쳐 왔기 때문에 설치 방법론 자체가 매우 큰 이슈였습니다. 실제로 시스코는 오픈스택에 대한 일반환경에서의 적용을 촉진하기 위해 오픈스택 스크립트 기반 설치를 제공했습니다. 이러한 방법론은 많이 존재하고 있습니다.

PoCProof-Of-Concept을 목표로 오픈스택을 설치할 때, 다음과 같은 용어들을 자주 접하게 됩니다.

> **□** **오픈스택 설치에 관한 용어**
>
> ■ **All-in-one installation**: 동일한 시스템에 오픈스택의 컨트롤러와 노드(서버)의 구성 요소 모두를 배치하는 방법
>
> ■ **Two-roles installation**: 하나의 물리적 서버에 오픈스택 컨트롤러를 배치하고 다른 시스템에서 컴퓨팅 노드를 구현하는 방식입니다. 일반적으로 "Devstack" 배포판을 통해서 이러한 구성 방식을 널리 사용하고 있습니다. "DevStack"은 개발자들에게는 오픈스택 환경에서 손쉽게 구성 및 개발, 시험 환경을 구축할 수 있는 도구입니다. 따라서 "DevStack"의 설치 규모는 자연히 제한적일 수 밖에 없습니다.

만약 여러분들이 "All-in-one Installation"에 따라 구성을 원할 경우 "Havana" 버전의 시스코 인스톨러를 통해서 구현할 수 있습니다(http://docwiki.cisco.com/wiki/). OpenStack "Havana:All-in-One"은 https://github.com/CiscoSystems/puppet_openstack_builder에서 Git 저장소를 통해 설치 하실 수 있습니다. 6장에서 추가적인 설치 과정에 대해 다뤄지게 됩니다.

그밖에도 여러가지 방법으로 신속하게 오픈스택을 설치 구성할 수 있습니다.

- Red Hat 오픈스택에서 제공하는 PackStack & Foreman
- 캐노니컬/우분투(Canonical/Ubuntu)에서 제공되는 JuJu & MaaS(Metal as a Service)
- SUSE에서 제공되는 SUSE 클라우드
- 미란티스(Mirantis) 사에서 제공하는 Fuel
- 피스톤 클라우드(Piston Cloud)에서 제공하는 one

아키텍처 모델

데이터센터에서 오픈스택을 배포할 때 다음과 같은 구성 요소들을 고려해야 합니다.

- PXE 서버 및 Cobbler 서버(Fedora의 인용: "Cobbler 서버는 네트워크기반으로 신속하게 설치를 가능하게 하는 Linux 설치 서버입니다. 이것은 새로운 시스템을 구축할 때 다양한 명령이나 애플리케이션 간의 많은 Linux 작업들을 자동화 하고, 어떤 경우에는 기존의 것들을 수정할 수 있습니다.")
- Puppet 서버는 컴퓨팅 노드 서버들을 위해 이미지 관리 및 제공을 구현함으로써 오픈스택의 노드 제어에 많은 도움을 줄 수 있습니다.
- 오픈스택을 위해 많은 컨트롤러의 동작이 필요합니다(Keystone, Nova, api, cert, commonscheduler, console, Glance, Cinder, 대시보드, 오픈 vSwitch를 갖춘 퀀텀Quantum).
- 각 컴퓨팅 노드들에는 Nova 및 오픈 vSwitch를 갖춘 퀀텀Quantum, Open vSwitch 기반이 동작
- 스토리지 인프라를 제공하는 프록시 노드

네트워킹 고려사항

시스코의 제품은 네트워크 기반의 스토리지 인프라를 고려할 때 플러그 인을 제공하여 오픈스택 오케스트레이션의 일부로 동작할 수 있습니다.

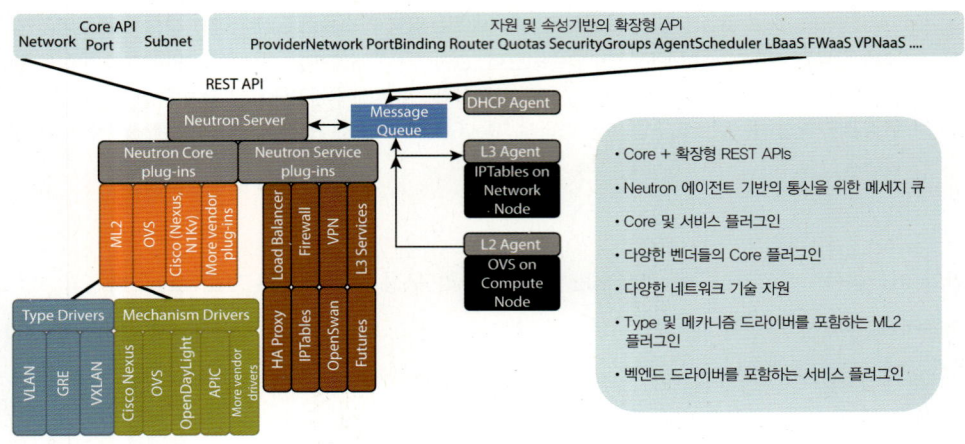

[그림 2-6] 오픈스택 네트워킹 인프라의 구조 도식화

오픈스택의 네트워크는 일반적으로 Layer 2 기반으로 구분되며, 물리적인 네트워크 환경에서 VLAN 으로 구분되는 것과 유사합니다. 이러한 구분은 VLAN 및 VXLAN으로 맵핑될 수 있으며, ACI에서 EPG(End Point Group) 와 ANP Application Network Profile의 일부분으로 표현됩니다.

> **Note**
> 오픈스택 관련 상세한 내용은 아래 URL을 참조하시기 바랍니다.
> www.openstack.org

UCS 디렉터

UCS 디렉터 UCS Director 는 애플리케이션을 제공하기 위해 자동화된 워크플로의 일부로서, 컴퓨팅, 네트워크, 스토리지, ACI 등을 자동화할 수 있는 도구이며, element 관리자를 사용하여 프로비저닝 을 구현할 수 있습니다.

관리자는 서버 정책, 애플리케이션 네트워크 정책, 스토리지 정책, 가상화 정책을 정의하고, [그림 2-7]에서와 같이 UCS 디렉터가 데이터센터 전반에 걸쳐 이러한 정책을 적용합니다.

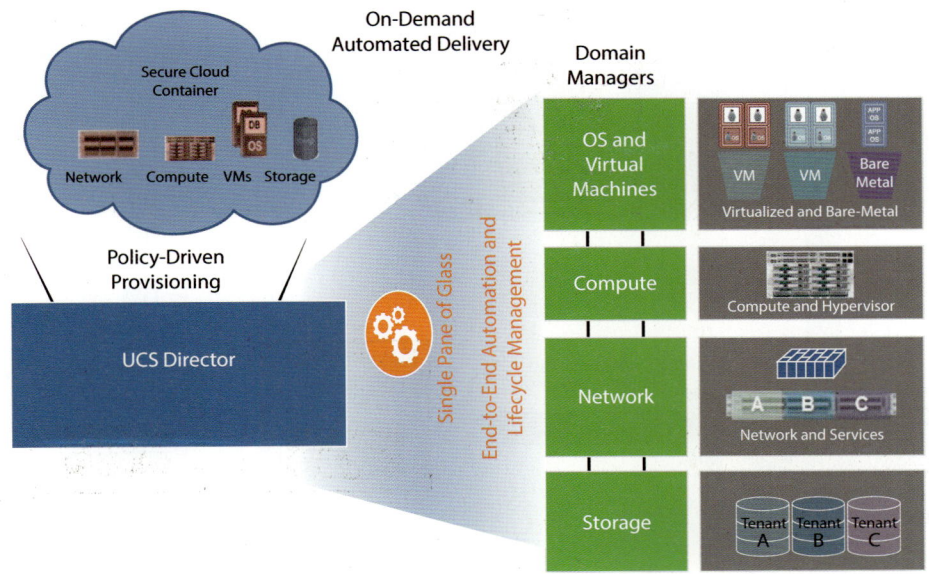

On-Demand
Automated Delivery

Domain
Managers

Secure Cloud
Container

Network Compute VMs Storage

Policy-Driven
Provisioning

UCS Director

Single Pane of Glass
End-to-End Automation and
Lifecycle Management

OS and
Virtual
Machines

VM VM Bare
Metal

Virtualized and Bare-Metal

Compute

Compute and Hypervisor

Network

A B C

Network and Services

Storage

Tenant
A Tenant
B Tenant
C

[그림 2-7] UCS 디렉터

워크플로는 그래픽 워크플로 디자이너 기능을 통해 매우 직관적인 방법으로 정의할 수 있습니다. 또한 UCS 디텍터는 Northbound API와 Southbound API 모두를 제공합니다.

> **Note**
> UCS 디렉터에 대한 추가적인 정보는 아래 사이트를 방문해 보십시오.
> https://developer.cisco.com/site/data-center/converged-infrastructure/ucs-director/overview/

시스코 CIAC

시스코 CIAC(Cisco Intelligent Automation for Cloud)는 셀프 서비스 포털을 사용하여 가상화 서버 및 물리적 서버의 프로비저닝을 자동화하는 오케스트레이션 엔진이 탑재된 솔루션입니다.
UCSD와 CIAC는 서로간의 연관관계가 존재할 수 있습니다. CIAC는 UCSD의 Northbound Interface를 사용하여 셀프서비스 포털 제공 및 클라우드 관련 티켓을 발행하거나, Chargeback을 수행하기도 할 수 있기 때문에 UCSD의 보완재로 구성할 수 있습니다. 뿐만 아니라 CIAC는 오픈스택, 아마존 EC2, Puppet/Chef 등과 연계하여 오케스트레이션을 구현할 수 있습니다. 또한 비용에 대한 과금을 수행하기 위해 자원사용에 대한 측정 방법론을 제공하기도 합니다. 이러한 자원 사용에 대한 측정 방법론에는 가상 NIC 및 하드디스크 사용률 등이 포함됩니다.

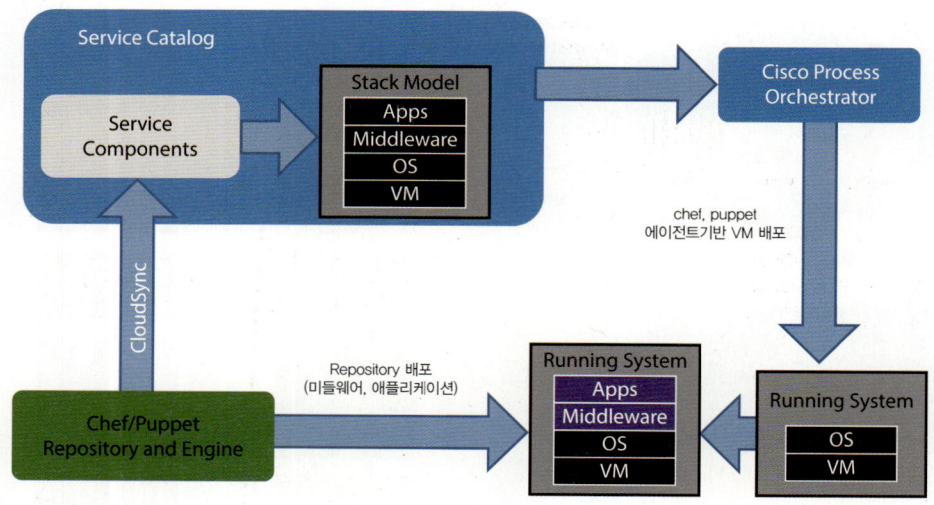

[그림 2-8] CIAC 운영

[그림 2-9]는 프로세스의 프로비저닝 파트를 보다 상세하게 설명합니다.

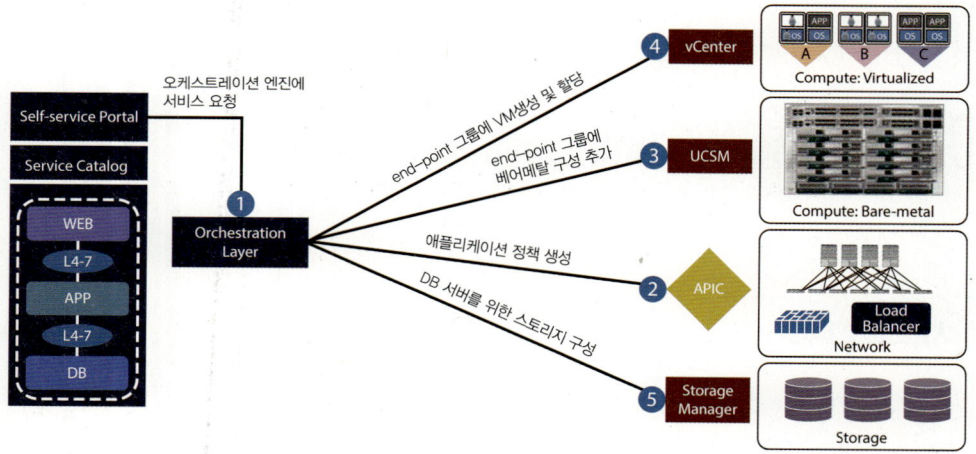

[그림 2-9] CIAC 워크플로

CIAC는 다음 계층 구조를 가진 데이터센터 리소스를 구성합니다.

- 테넌트(Tenants)
- 테넌트(Tenants) 내부의 조직
- 가상 데이터센터(Virtual DataCenter)
- 자원(Resource)

[그림 2-10]은 CIAC에서 사용된 계층구조(hierachy)를 설명합니다.

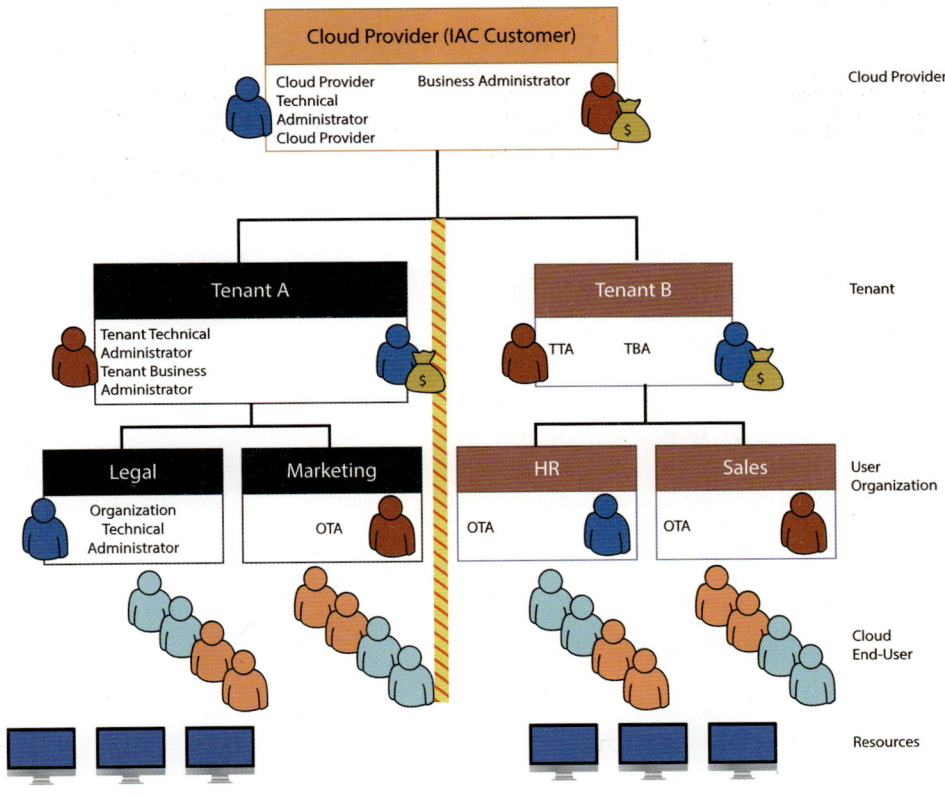

[그림 2-10] CIAC 계층 구조

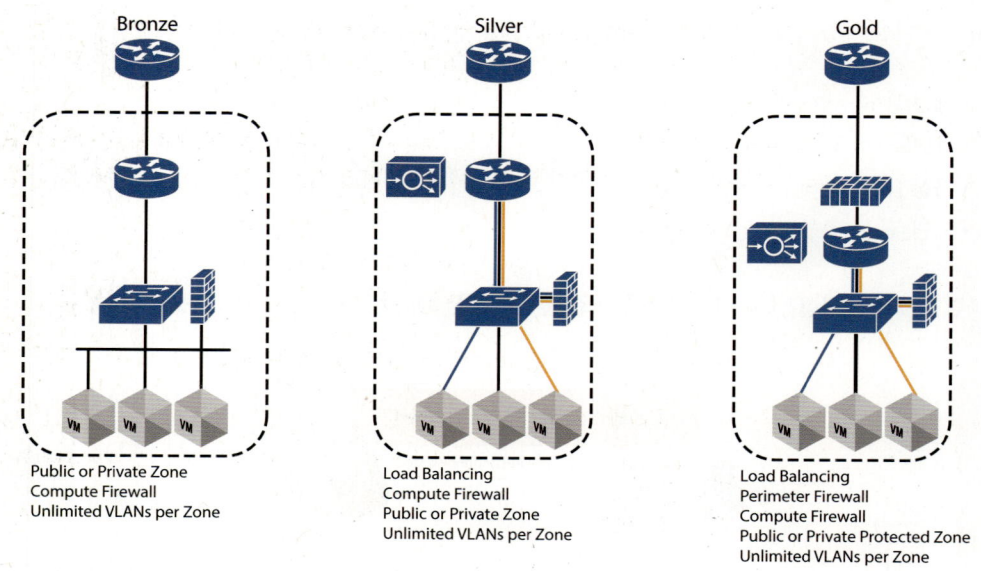

Bronze

Silver

Gold

Public or Private Zone
Compute Firewall
Unlimited VLANs per Zone

Load Balancing
Compute Firewall
Public or Private Zone
Unlimited VLANs per Zone

Load Balancing
Perimeter Firewall
Compute Firewall
Public or Private Protected Zone
Unlimited VLANs per Zone

[그림 2-11] 컨테이너

사용자는 [그림 2-11]에서와 같이 "Bronze", "Silver", "Gold" 컨테이너 또는 데이터센터 등의 다양한 옵션을 포함하는 완벽한 셀프서비스 카탈로그를 제공합니다.

서로 다른 추상화 모델 간의 이해

클라우드를 구성하기 위해 관리자가 해야 할 작업 중 하나는 서비스 모델로 추상화된 맵을 클라우드 구성 요소들로 제공되는 클라우드 인프라에 맵핑하여 제공하는 것입니다. 이러한 맵핑 및 구현 작업의 한 예로 VMware 및 OpenStack 기반의 컴퓨팅과 ACI 기반의 네트워크를 UCS디렉터와 CIAC로 오케스트레이션하는 방법이 있습니다.

플랫폼 타입/특성	VMware vCenter 서버	VMware vCloud 디렉터	OpenStack (Essex)	아마존 AWS (EC2)	UCS 디렉터	CIAC	ACI
Compute POD	Data center	Organization	OpenStack PE ID	Account	Account	Server	N/A
테넌트	Folder	Organization	N/A	Account	N/A	Tenant	Security domain
구성	Folder	Folder	N/A	N/A	그룹	Organization	Tenant
VDC	Resource pool	Organization VDC	Project	Account	VDC	VDC	Tenant
VLAN 인스턴스	vCenter network	Org network/ network pool	network ID	network ID	Network policy	Network	Subnet
VM 템플릿	Full path	VM templat HREF	Image ID	AMI ID	Catalog	Server template	N/A

[표 2-1] VMware vCenter, VMware vCloud 디렉터, 오픈스택, 아마존 EC2, UCS 디렉터, CIAC, ACI 간의 비교

ACI 네트워크에서는 테넌트로 분할되어 있으며, 시큐리티 도메인의 컨셉을 기반으로 테넌트의 구성과 접근을 제어합니다. 관리자 뿐만 아니라 각 테넌트 네트워크들은 하나 또는 그 이상의 시큐리티 도메인을 통해 서로 연동할 수 있으며, 최소 하나 이상의 시큐리티 도메인이 각 테넌트에 할당되게 됩니다. 결과적으로 유연한 계층구조를 생성하고, 다대다 맵핑을 시킬 수 있습니다.

CIAC에서는 테넌트가 서로 다른 조직을 포함 할 수 있습니다(예: 부서). 또한 각 조직은 하나 이상의 가상 데이터 센터(물리적 및 가상 자원의 집합체)를 소유할 수 있습니다. CIAC를 통해 네트워크 또는 기타 다른 자원을 공유하거나 분리하고 APIC 기반의 접근 용이한 API를 통해 이러한 기법들을 손쉽게 적용할 수 있습니다.

> **Note**
> 오픈스택 환경에서의 Cisco에서 제공되는 다양한 정보들을 아래 링크를 방문해 보십시오.
> http://www.cisco.com/web/solutions/openstack
> http://docwiki.cisco.com/wiki/OpenStack

 **요약**

이 장에서는 클라우드 인프라의 컴포넌트에 대해 살펴보고, 어떻게 ACI가 클라우드를 위한 네트워크 자동화를 제공해 줄 수 있는 지에 대해 개념적으로 살펴보았습니다. 그것은 아마존의 AWS 접근 방식과 유사합니다. 또한 오픈스택, 시스코 UCSD 및 CIAC 등 다양한 오케스트레이션 도구들의 역할을 설명하였습니다. 서버 프로비저닝을 자동화 하는 방법들과 오픈스택을 어떻게 시작하는지에 대한 몇 가지 컨셉들도 살펴 보았습니다. 또한 클라우드 인프라에서의 오픈스택 모델링과 CIAC, AIC에 의한 모델링도 살펴 보았습니다. 마지막으로 이러한 기술 모델을 기반으로 IaaS 서비스의 요구사항을 어떻게 클라우드 솔루션들과 맵핑할 것인지에 대해서 살펴보았습니다.

Chapter 3

정책기반의 데이터센터

    이번 장의 목표는 시스코 애플리케이션 중심 인프라스트럭처(ACI: Application Centric Infrastructure) 네트워크 패브릭으로 비즈니스 애플리케이션을 모델링하여, 어떻게 일관성 있는 강력한 정책을 적용하는지에 대한 방법을 소개하는 것입니다. 시스코 ACI의 적용 방법은 시스코 APIC(Application Policy Infrastructure Controller)를 사용하여 그래픽 유저 인터페이스 기반(GUI)으로 구성하는 방법과 APIC에서 제공되는 API 모델, RESTful(Representational State Transfer) 인터페이스를 통해 구현하는 방법이 있습니다. 이러한 방법을 통해 애플리케이션 서비스 적용을 위해 네트워크 하드웨어 및 소프트웨어의 기능이 최적으로 구현되도록 적용할 수 있습니다. 이러한 APIC 모델은 업계에서 유일하게 매우 독창적인 컨트롤러 방식을 제공합니다. 이러한 APIC의 개념과 원리는 이번 장에서 자세하게 설명됩니다. ACI 패브릭은 새로운 형태의 데이터센터 같은 영역에만 적용할 수 있는 기술이 아니며, 전통적인 데이터센터 영역에서도 적용할 수 있는 플랫폼입니다. 많은 사용자는 기존 네트워크 환경에 ACI 패브릭을 적용하는데 관심이 높습니다. 이 장의 마지막 부분은 기존의 네트워크와 ACI 패브릭을 통합하는 방법에 대해 설명하게 됩니다.

현재 기업고객, 클라우드/인터넷 사업자 또는 데이터센터 환경의 대부분의 고객들은 매우 빠르게 변화하는 비즈니스 환경에 대응하기 위해 많은 애플리케이션 서비스들을 제공해야 합니다.

뿐만 아니라 데이터센터의 요구에 따라 포트 집적도, 성능 및 기능성을 향상시키면서 더 많은 더욱 많은 기능과 더욱 더 작은 크기의 칩셋 기반으로 집적화시켜야 하게 됨에 따라 네트워크 장비의 하드웨어 복잡도는 증가할 수 밖에 없습니다. 이러한 추세에 따라 네트워크 장비는 데이터센터 환경을 위한 다양한 형태의 Leaf/Spine 스위치 제품군들이 제공되고 있습니다. 우리는 급변하는 비즈니스가 요구하는 최적의 시간에 새로운 애플리케이션을 제공하기 위해 애플리케이션 관리자의 요구와 네트워크 관리자의 역할에 대해 살펴볼 필요가 있습니다. [그림 3-1]은 데이터센터 인프라에 새로운 솔루션을 구축하기 위해 네트워크 관리자와 애플리케이션 관리 사이에 소통해야 할 서로간의 커뮤니케이션과 소통의 어려움에 대해서 소개하고 있습니다.

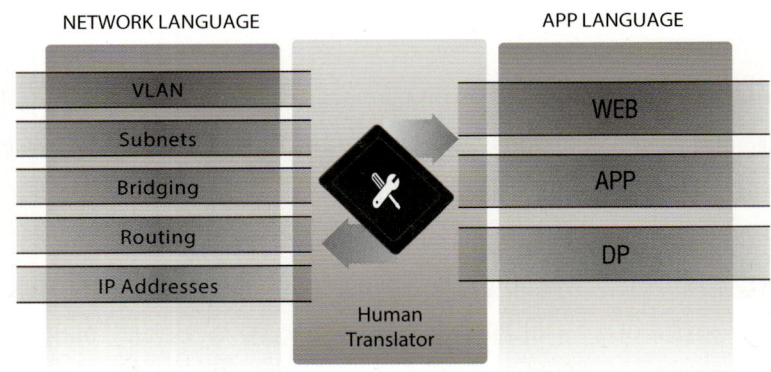

[그림 3-1] 네트워크와 애플리케이션 간의 서로 다른 언어

네트워크 인프라에서 새로운 애플리케이션을 배포하기 위해, 네트워크 팀은 다음과 같은 일들을 수행해야 합니다.

• VLAN 및 IP 서브넷을 할당
• ACL(Access Control List) 기반의 보안 정책 수행.
• 새로운 애플리케이션을 위해 end-to-end QoS 적용
  (하지만 네트워크 하드웨어 및 구성방법에 따라 QoS 적용방식은 매우 난이도가 높음)

결론적으로 새로운 애플리케이션을 배포하기 위해서는 네트워크 팀은 네트워크 변경 및 검증에 관련된 프로세스를 거쳐야 하므로, 네트워크 인프라 구조의 전문가가 되어야 한다는 것입니다. 물론 이러한 작업들 이외에도 애플리케이션의 문제를 해결하기 위해서도 여러가지 해결해야 할 과제들이 있습니다. 네트워크 응답 지연 시간, 대역폭, 패킷 손실과 같은 결과들과 애플리케이션의 이슈의 상관관계를 찾아낸다는 것은 매우 시간이 오래 걸리고, 대규모 환경에서 밝혀내기는 어려운 일입니다.

이러한 데이터센터에서 요구되는 내용들은 우리에게 추상화 레벨의 근본적인 아이디어를 제공합니다. 네트워크와 애플리케이션 사이에서 서로 간의 치밀하게 이해해야 하는 커뮤니케이션이 필요하지 않는 것이 더 좋을 수도 있다는 것입니다. 뿐만 아니라 자원에 대한 최적화에 대한 요구도 있습니다. 인프라가 다른 트래픽을 중단하지 않고도 애플리케이션을 처리할 수 있고, 가능한 하드웨어 네트워크 자원을 최적화해야 하는 요구가 있다는 것입니다. 바로 이러한 요구 사항을 처리하는 것이 정책 기반의 데이터센터가 지향하는 바입니다. 애플리케이션 담당자가 별도로 네트워크 지식이 없이도, 애플리케이션을 신속하게 배치할 수 있고, 네트워크 자원들은 이에 걸맞는 최적화 하드웨어를 제공하는 정책 기반의 데이터센터 말입니다.

정책 기반 데이터센터 방식은 [그림 3-2]에서 처럼 "Imperative^{명령형} 제어 모델"을 대체하기 위해 정책 기반의 "Declarative^{선언적} 접근 모델"을 기반으로 사용합니다. "Declarative^{선언적} 접근 모델"은 매뉴얼 기반의 기본 명령으로 구성된 하드코딩 대신에 애플리케이션이 언제 어디서 배포되어 수행되어야 하는지, 그리고 애플리케이션이 요구하는 내용에 따라 적용하는 방식을 사용합니다. 예를 들어 비행 관제탑의 경우 비행기가 어디에 내릴지에 대해서만 가이드 합니다. 비행 조정사는 관제탑으로부터 매뉴얼 기반의 기본 명령으로 구성된 상세한 비행 조정 기술을 가이드 받지는 않는다는 것입니다.

▲ 수하물 처리기는 내려진 상세한 명령에 따라 순차적으로 처리하는 방식(How에 대한 초점)

▲ 비행관제탑은 어디에 착륙하는 지에 대한 정보를 제공할 뿐, 비행 기술까지 알려주지는 않음(How가 아닌 What에 초점)

[그림 3-2] 정책 기반 데이터센터 – "Declarative(선언적) 제어 모델"

정책 기반 데이터센터 접근 방식은 하드웨어와 소프트웨어, 다양한 하드웨어 플랫폼 기능에 네트워킹 기능을 최적으로 적용시키는 새로운 추상화 개념의 미래지향적 기술의 진화입니다. 이것은 네트워크 및 애플리케이션 팀 간에 자동화를 허용하고, 몇 개월에서 수초 이하로 애플리케이션 배포를 단축시킬 수 있게 할 것입니다.

 정책 이론

시스코 APIC의 정책 모델은 애플리케이션 자체와 그 아래에 네트워크 기능을 추상화하는데 초점을 맞춘 정책 엔진으로 하향식으로 정의되어 있습니다.

시스코 APIC 정책 모델은 *Promise Theory*^{약속 이론}에 기반을 둔 객체 지향 모델입니다. Promise Theory^{약속 이론}은 기존의 "Imperative^{명령형} 제어 모델"과 비교하여 지능형 객체의 "Declarative^{선언적}" 확장 가능한 제어 방식을 기반으로 합니다.

"Imperative^{명령형} 제어 모델"은 [그림 3-3]처럼 마치 커다란 두뇌 시스템 또는 Top-Down 관리 방식의 모델입니다. 이러한 시스템들의 중앙 관리자들은 기본 객체들의 설정에 관련된 명령 및 이러한 객체들의 현재 상태를 모두 인지해야 합니다.

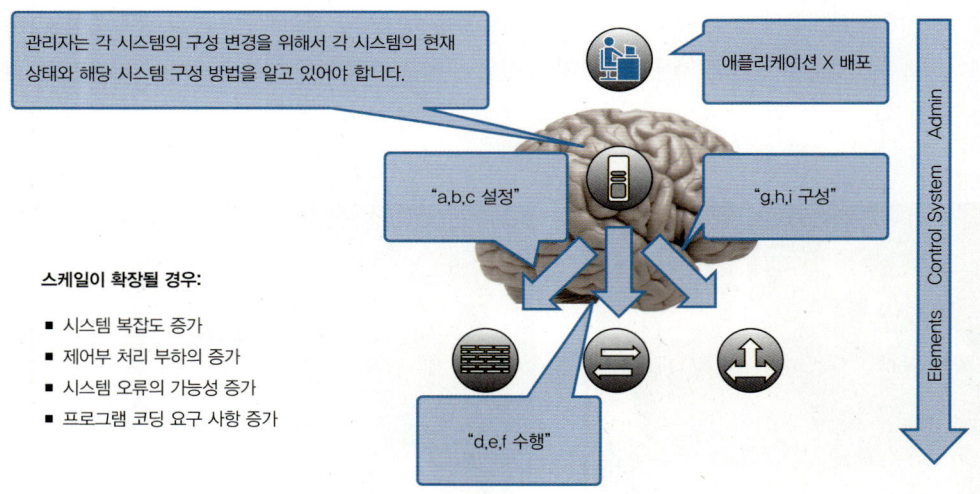

[그림 3-3] 일반적인 구성 방식

대조적으로 "Promise Theory^{약속 이론}"에서는 제어 시스템이 원하는 상태 변화에 따라 수행되어 모든 구성 상태 변경을 처리하기 위해 객체에 의존하고 있습니다. 여기서 객체는 제어시스템에 예외 처리 또는 장애에 대한 정보를 제공하게 됩니다. 이것은 제어 시스템의 부담과 복잡성을 줄이고, 보다 큰 스케일 구현을 가능하게 합니다.

이러한 시스템은 서로 간에 또는 그 하위의 객체들로부터 다양한 요구 조건의 변화에도 기본 객체의 처리를 가능하게 함으로써 확장을 용이하게 할 수 있습니다. [그림 3-4]는 "Promise Theory^{약속 이론}"에 대해 소개하고 있습니다.

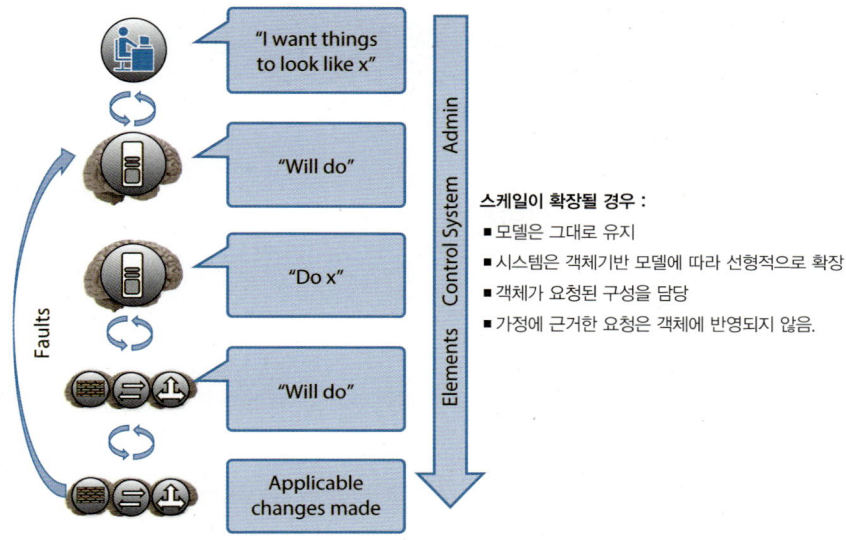

[그림 3-4] 대규모 시스템 제어에 대한 "Promise Theory(약속 이론)" 방식 접근

시스코 APIC 정책 기반 객체 모델

전통적으로 애플리케이션은 네트워크가 처리할 수 있는 능력 또는 구성 방식에 의해 제한받아 왔습니다. 예를 들어 IP 주소 체계, VLAN, 보안 구성들은 애플리케이션들의 규모와 이동성을 제한하는 데 밀접하게 연관되어 왔습니다. 오늘날의 애플리케이션들은 이동성과 웹 스케일 규모에 따라 재설계되고 있기 때문에, 이러한 점들은 신속하고 일관성 있게 데이터센터를 구현하는데 있어서 도움이 되지 못합니다.

시스코 ACI 패브릭은 물리적으로 [그림 3-5]에서와 같이 Spine-Leaf 아키텍처 기반으로 디자인되어 있습니다. 각 Leaf 스위치는 Spine 스위치에 연결하는 스위치이며, 실제 물리적 연결은 Leaf 스위치가 연결이 가능한 모든 Spine 스위치에 연결하는 방식을 취하고 있습니다. Leaf 스위치는 데이터센터 내부의 모든 시스템 및 네트워크 장비의 연결 지점 역할을 수행하고, Spine 스위치는

Leaf 스위치 사이에서 고속의 네트워크 포워딩 엔진 역할을 담당합니다. 또한 시스코 APIC에 의해 ACI 패브릭은 관리되고 모니터링됩니다.

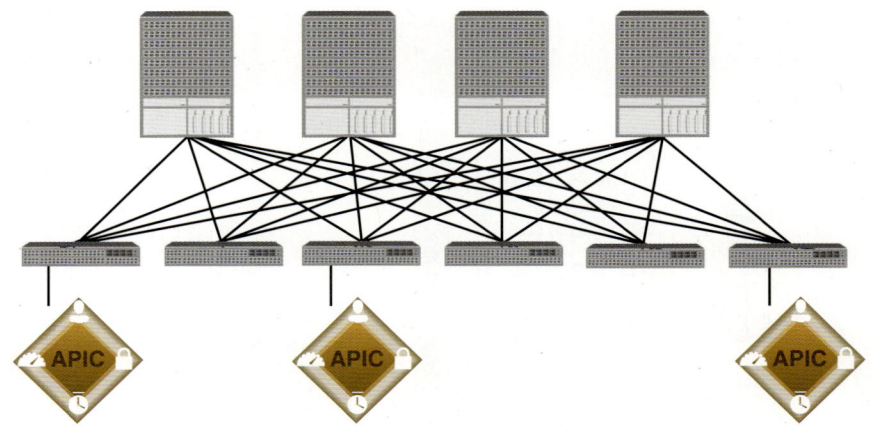

[그림 3-5] 시스코 ACI 패브릭 디자인

최상위 레벨에서, 시스코 APIC 정책 모델을 통해 데이터 흐름 제어와 네트워크 인프라 관리를 위해 한 개 이상의 테넌트로 분할하는 역할을 수행합니다. 이러한 테넌트의 구성 방법은 조직 구성에 따라 그룹사, 사업 부서 단위, 고객 단위 등으로 구성할 수 있습니다. 예를 들어 하나의 테넌트에 기업 전체의 조직을 수용할 수도 있고, 클라우드 사업자의 경우에는 가입자의 구분을 위해 하나 이상의 테넌트를 사용할 수도 있습니다.

테넌트는 VRF^{Virtual Routing Forwarding} 단위 또는 별도의 Layer 3 기반의 IP 네트워크로 분리하여 생성됩니다. 각 테넌트는 비즈니스 요구에 따라서 하나 이상의 별도의 Layer 3 네트워크를 가질 수 있습니다. 네트워크는 지정된 테넌트 하위에 조직을 분리하고 패킷 포워딩을 별도로 구성할 수 있습니다. 왜냐하면 하나의 테넌트는 그 목적에 따라 내부에 IP 주소가 겹치는 경우가 발생할 수도 있기 때문에, 테넌트 하위에 패킷 포워딩 영역을 "Context" 구성을 통해 여러 개 구성할 수 있습니다.

테넌트^{tenant}는 논리적 컨테이너 또는 애플리케이션 정책을 위한 폴더 개념입니다. 테넌트는 그 자체로 세입자의 의미를 표현할 수 있으며, 조직 또는 도메인, 또는 편의상 조직에 대한 정보를 표현하는 데 사용될 수 있습니다. 일반적으로 테넌트는 정책관점에서의 분할 단위를 의미하며, 하나의 사설 네트워크를 표현 하지는 않습니다. 또한 "Common Tenant(커먼 테넌트)"는 모든 테넌트가 사용할 수 있는 공유 가능한 정책을 가지고 있습니다(예: DNS, AD, DHCP 서버 등…). "컨텍스트^{Context}"는 사설 Layer 3 네임스페이스 또는 Layer 3 네트워크를 의미합니다(예: VRF). 따라서 컨텍스트는 ACI 프레임워크 안에서 격리된 네트워크의 단위입니다. 테넌트 또는 공통 테넌트는 이러한 컨텍스트를 여러 개 가지고 있을 수 있습니다. 이러한 방식이 테넌트 내부의 특정 고객 또는 특정 애플리케이션 그룹을 나타내는 것은 아닙니다. "EndPoint(개별 서버) – 엔드포인트" 정책은 ACI 내에서 컨텍스트 하위에서 정의된 모든 엔드포인트에 대한 동작을 선언합니다.

아래 컨텍스트 모델은 애플리케이션 자체를 정의하는 일련의 개체들을 표현하고 있습니다. 이들 객체들을 EPG(End Point Group: 동일 서비스를 제공하는 서버들)라고 정의합니다. EPG는 동일한 서비스를 제공하는 애플리케이션 계층들의 집합체 입니다. EPG들은 정책을 통해 서로 다른 EPG와 연결이 됩니다. 이것은 매우 중요한 정책을 정의하게 되는데, 이러한 정책에는 EPG 간의 Inbound/Outbound 필터, QoS 정책, 트래픽 리다이렉션 정책, Layer 4-7 서비스 디바이스 그래프들이 담겨 있습니다. [그림 3-6]은 이러한 연관 관계를 표현하고 있습니다.

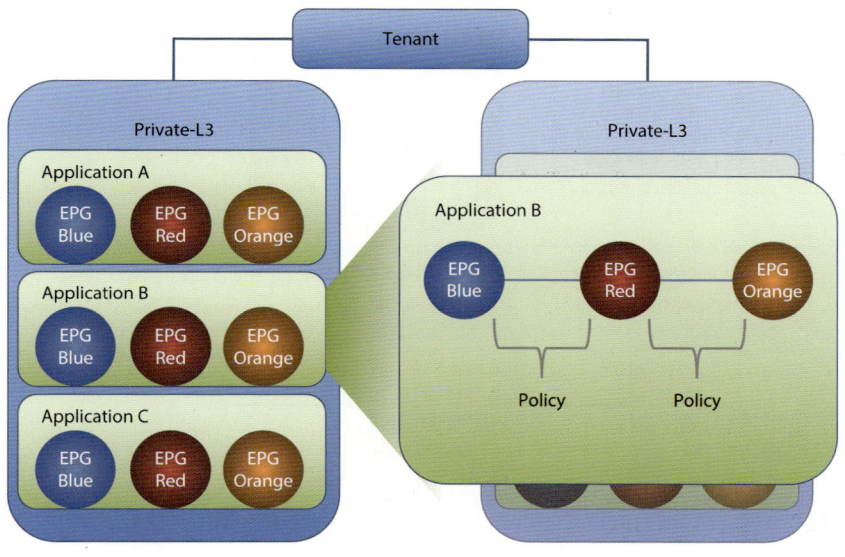

[그림 3-6] 시스코 APIC 논리적 객체 모델

[그림 3-6]은 테넌트 하위에 2개의 컨텍스트를 구성하고 있으며, 각 컨텍스트 하위에 여러 개의 애플리케이션 그룹들이 구성되어 있는 것을 표현하고 있습니다. EPG들은 애플리케이션 계층 또는 논리적으로 애플리케이션 그룹으로 구성하는 엔드포인트 그룹입니다(애플리케이션 계층/논리적 애플리케이션 그룹 – 예: 웹 서버군, 애플리케이션 서버군, DB 서버군, ERP 서버군 등). 예를 들어 애플리케이션 B는 블루 웹서비스 계층, 레드 애플리케이션 계층, 오렌지 데이터베이스 계층으로 EPG가 구성되어 있습니다. 시스코 ACI패브릭에서 EPG들 간의 상호 작용에 대해 정의하는 정책 조합을 ANP(Application Network Profile)이라고 합니다.

엔드포인트 그룹

EPG(Endpoint Groups)는 유사한 정책을 필요로 하는 개체들에 대한 논리적인 그룹핑을 제공합니다. 예를들어 EPG는 애플리케이션 서비스 중에 웹 서비스들을 묶어서 하나의 그룹화를 할 수 있습니다. 엔드포인트들은 엔드포인트가 사용하는 NIC, vNIC , IP Address 또는 DNS 이름의 기반을 통해서 정의할 수 있습니다. 또한 EPG는 외부 네트워크, 네트워크 서비스, 보안 장비, IP 스토리지 등을 표현하는 데도 사용할 수 있습니다. EPG는 비슷한 기능을 제공하는 하나 이상의 엔드포인트 집합입니다. EPG는 사용 중인 애플리케이션의 배포 모델에 따라 규정할 수 있는 논리적인 그룹이라고 볼 수 있습니다. [그림 3-7]은 엔드포인트, EPG, 애플리케이션들과의 연관 관계를 설명하고 있습니다.

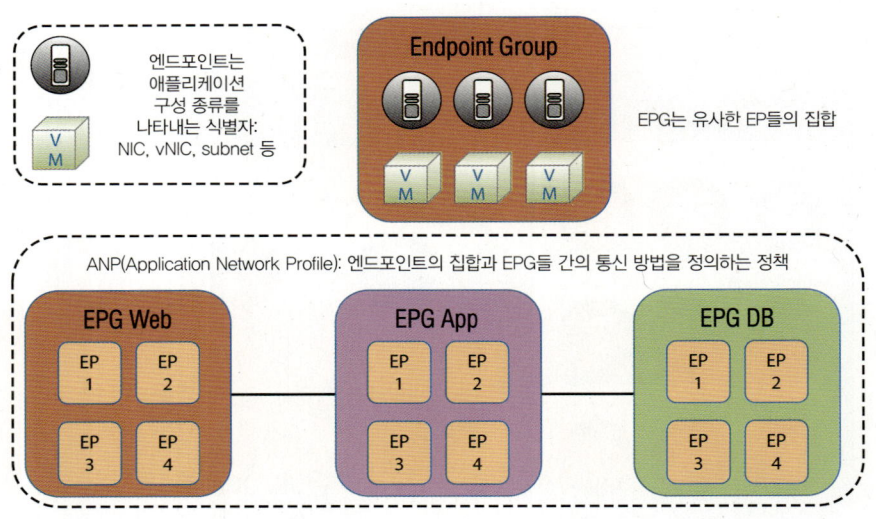

[그림 3-7] EPG 연관 관계

EPG는 하나 이상의 애플리케이션 배포 모델을 사용자 정의할 수 있도록 유연성을 기반으로 설계되었습니다. 또한 EPG는 정책이 적용되는 위치를 정의하기 위해 사용됩니다. 시스코 ACI 패브릭에서 정책은 EPG가 서로 통신하는 방법을 정의하고, EPG 사이에서 이러한 정책이 적용되도록 되어 있습니다. 또한 EPG 자체에 적용된 내부 정책은 향후에 확장 또는 변경할 수 있도록 설계되어 있습니다.

EPG 사용에 대한 몇가지 범례:

- **VLAN 기반의 EPG 정의**

  특정 VLAN에 연결되는 모든 엔드포인트를 EPG로 정의

- **VXLAN 기반의 EPG 정의**

  특정 VXLAN 에 연결되는 모든 엔드포인트를 EPG로 정의

- **VMware 분산스위치 포트 그룹 기반의 EPG 정의**

- **IP 또는 IP 서브넷 기반의 EPG 정의**

  예를 들어 720.168.10.10 또는 172.168.10*

- **DNS 또는 DNS 범주 기반의 EPG 정의**

  예를 들어 example.web.network.com 또는 *.web.uetworks.com

EPG는 유연하고 확장성을 겸비하는 모델입니다. 이러한 모델은 실제 환경 배포 모델에 맵핑되는 애플리케이션의 네트워크 표현을 구성하기 위한 도구 제공이 목적입니다.

또한 엔드포인트의 정의는 향후 제품의 기능 강화와 업계의 요구 사항을 지원하기 위해 확장 가능한 방식을 염두해 두고 있습니다.

[그림 3-8]은 엔드포인트, EPG와 정책의 연관성을 설명하고 있습니다.

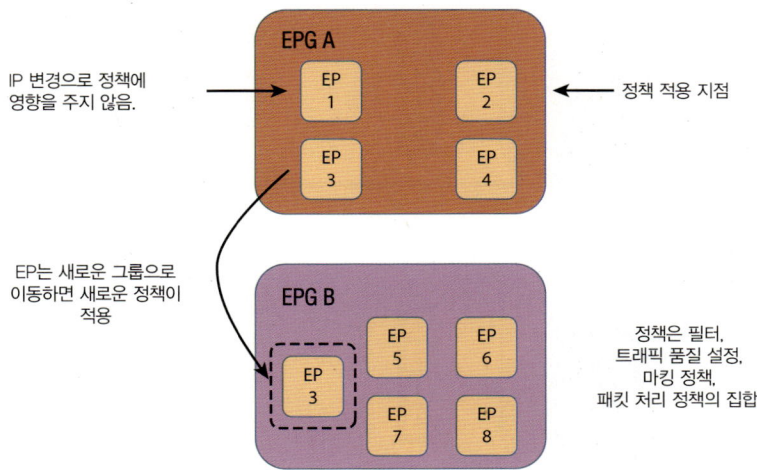

[그림 3-8] EPG와 정책 연관성

패브릭 내에서 EPG의 구현은 여러가지 장점을 제공합니다. EPG는 컨테이너 형태의 오브젝트 그룹을 위해 단일 포인트 정책을 구현할 수 있습니다. 이러한 방식은 정책 구성의 단순화와 일관성을 유지하는데 도움이 됩니다. 또한 정책의 적용 방식인 IP 주소나 VLAN 방식이 아닌 EPG 단위로 적용이 가능합니다. 이것은 엔드포인트의 IP 주소 체계가 바뀐다고 해서, 정책의 변화를 염려할 필요가 없다는 의미입니다(IP 기반의 엔드포인트 정책을 구현할 경우에는 불가능합니다.).

또한, 엔드포인트가 새로운 정책이 구현되어 있는 다른 EPG로 이동하게 된다면, 새로운 EPG에 적용되어 있는 정책을 곧바로 적용받을 수 있습니다.

EPG가 제공하는 마지막 장점은 EPG를 위해 정책이 적용되는 방법입니다. 네트워크 정책 관련 저장이 되는 공간인 TCAM(The physiçal ternary content—addressable memory)은 스위치 하드웨어의 자원과 비용을 많이 소모하게 되는 곳으로, 이로 인해 네트워크 정책 비율을 낮추거나(예. ACL, QoS Table 수를 제한적으로 적용) 하드웨어의 단가를 올리는 경향이 있습니다. 이러한 네트워크 정책의 크기는 QoS, ACL과 같은 정책을 적용할 경우 $n * m * f$ 로 표현됩니다(n – source의 숫자, m – destination 의 숫자, f – 정책 필터의 숫자). 하지만 ACI 패브릭에서는 source 및 destination 과 연관된 전체 정책의 수를 EPG 단위, 하나로 줄여 주게 됩니다. 또한 EPG는 특정 브리지 도메인의 VLAN으로 제한할 수 있으며, EPG 자체가 여러 개의 VLAN을 포함할 수 있습니다. 아무튼 EPG는 VLAN 보다는 조금 더 큰 개념이 될 수 있으며, vNIC, MAC 주소, 서브넷 등의 집합으로 "엔트포인트 그룹" 섹션에서 설명됩니다.

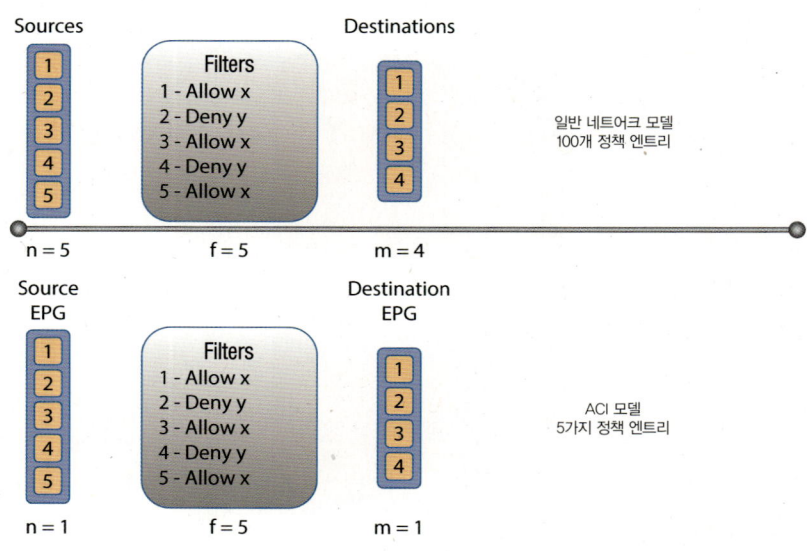

[그림 3-9] 정책 테이블 크기 감소를 위한 EPG 역할

앞서 언급된 바와 같이 시스코 ACI 패브릭 내에서 정책은 2개의 EPG들 사이에서 적용됩니다. 이러한 정책은 EPG들 간에서 단방향 또는 양방향 모드로 사용이 가능합니다. [그림 3-10]에서와 같이 정책은 EPG 사이에 허용되는 통신을 정의합니다.

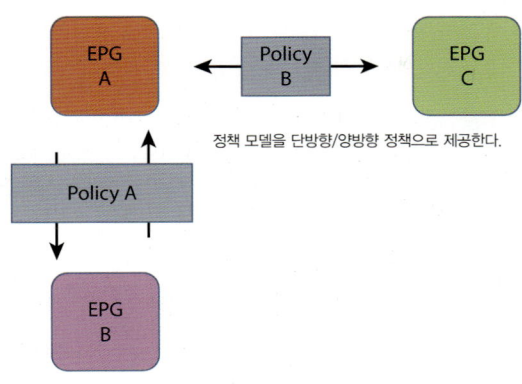

[그림 3-10]   단방향, 양방향 정책 적용

시스코 APIC 정책 적용

이번 섹션에서는 시스코 APIC 유니캐스트 & 멀티캐스트 정책 적용 컨셉에 대해 다룹니다.

유니캐스트 정책 적용

[그림 3-11]에서와 같이, EPG와 정책과의 관계는 하나의 축을 나타내는 sEPG(source EPG)와 다른 대상의 축이 되는 dEPG(destination EPG) 매트릭스로 표현됩니다. 하나 이상의 정책은 sEPG와 dEPG 사이의 교차점에 적용됩니다. 많은 EPG들이 서로 간에 통신할 필요는 없기 때문에 대부분 매트릭스에서 정책적용 포인트는 그렇게 많이 필요하지 않습니다.

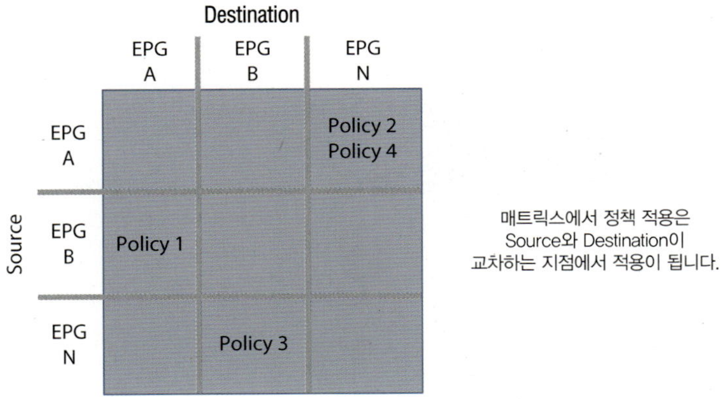

[그림 3-11]   정책 적용 매트릭스

정책은 QoS, 접근 제어 등을 위한 필터들로 분류할 수 있습니다. 필터는 2개의 EPG 사이의 정책을 구성하는 특정 규칙입니다. 또한 필터는 인바운드, 아웃바운드로 구성됩니다: permit, deny, redirect, log, copy(SPAN - 포트 미러링), 마킹 기능. 또한 정책 정의에는 와일드카드 기능을 적용할 수 있습니다. 정책의 적용은 일반적으로 가장 먼저 정책에 일치하는 방식을 채택하고 있으며, 와일드카드 시행 규칙은 [그림 3-12]에 표현되어 있습니다.

sEPG	dEPG	Application ID	Comments
Fully Qualified	Fully Qualified	Fully Qualified	Fully Qualified (S, D, A) rules
Fully Qualified	Fully Qualified	*	(S, D, *) rules
Fully Qualified	*	Fully Qualified	(S, *, A) rules
*	Fully Qualified	Fully Qualified	(*, D, A) rules
Fully Qualified	*	*	(S, *, *) rules
*	Fully Qualified	*	(*, D, *) rules
*	*	Fully Qualified	(*, *, A) rules
*	*	*	Default (for example, implicit deny)

[그림 3-12] 와일드카드 적용 규칙

패브릭 내부에서 정책의 적용은 항상 보장됩니다. 하지만 정책은 2개의 위치 가운데 한 군데에서 적용될 수 있습니다. 정책은 트래픽 입장 리프(ingress leaf)에서 먼저 적용될 수 있으며, 그렇지 않을 경우 트래픽 출구 리프(egress leaf)에서 적용됩니다. 정책은 대상 EPG를 알고 있는 경우에만 입장 Leaf에서 적용할 수 있습니다. source EPG는 항상 인지하고 있어야 하고, 엔드포인트가 연결이 될 때 sEPG와 dEPG 양쪽으로 source 관련 정책은 해당하는 Leaf 스위치에 적용됩니다. 정책은 Leaf 스위치에 적용된 후 저장되어 하드웨어 기반으로 실행됩니다. [그림 3-13]은 Leaf 스위치에 정책 적용되는 방식을 설명합니다.

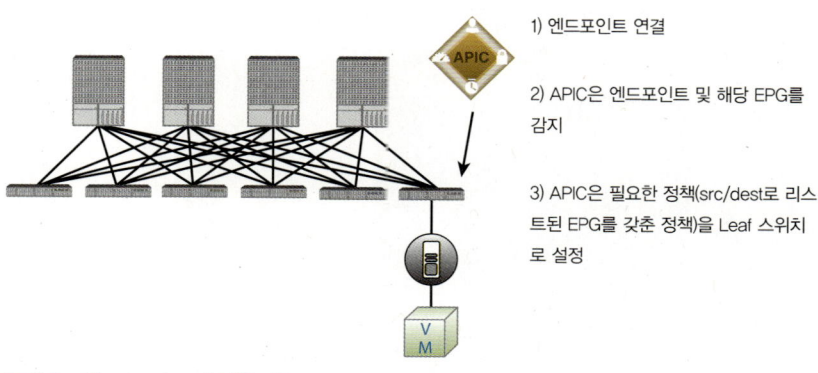

1) 엔드포인트 연결

2) APIC은 엔드포인트 및 해당 EPG를 감지

3) APIC은 필요한 정책(src/dest로 리스트된 EPG를 갖춘 정책)을 Leaf 스위치로 설정

[그림 3-13] Leaf 노드에 정책 적용

앞서 언급한 바와 같이 목적지 EPG를 알지 못하게 될 경우 입장 Leaf 노드에서 정책은 적용할 수 없습니다. 대신에 Source EPG는 태그되고, 정책 적용 비트는 마킹되지 않습니다. 이들 필드 모두 VXLAN 헤더 안에 예비 비트들에 존재하게 됩니다. 패킷은 Spine 스위치 가운데 일반적으로 포워딩 프록시로 전송됩니다. Spine 스위치는 패브릭의 모든 목적지에 대해 알고 있습니다; 목적지가 불분명한 경우에는 패킷은 폐기합니다. 만약 목적지를 인지하는 경우라면, 패킷은 목적지 Leaf 스위치로 전송됩니다. Spine 스위치는 절대 정책이 적용되지 않으며, 출구 Leaf 스위치에서 처리됩니다. 제일 먼저 패킷이 Leaf 스위치로 도착하면, sEPG 및 정책이 적용된 bit가 판독됩니다. 만약 정책 적용 비트가 적용되어 있다면 어떠한 추가 프로세싱 없이 패킷이 포워딩됩니다. 또한 정책적용 비트에 식별이 없다면 sEPG를 마킹하고 목적지 dEPG를 매칭시키며, 해당 정책을 적용시킵니다.

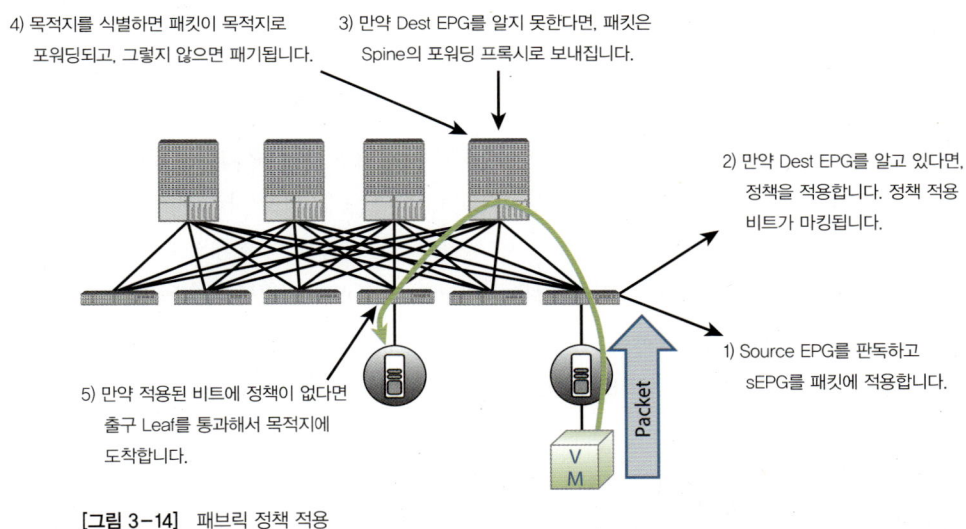

[그림 3-14] 패브릭 정책 적용

편의적인 정책의 적용은 패브릭 내에서 정책을 좀 더 효과적으로 처리가 가능합니다. 이러한 애플리케이션은 [그림 3-15]에 설명되어 있습니다.

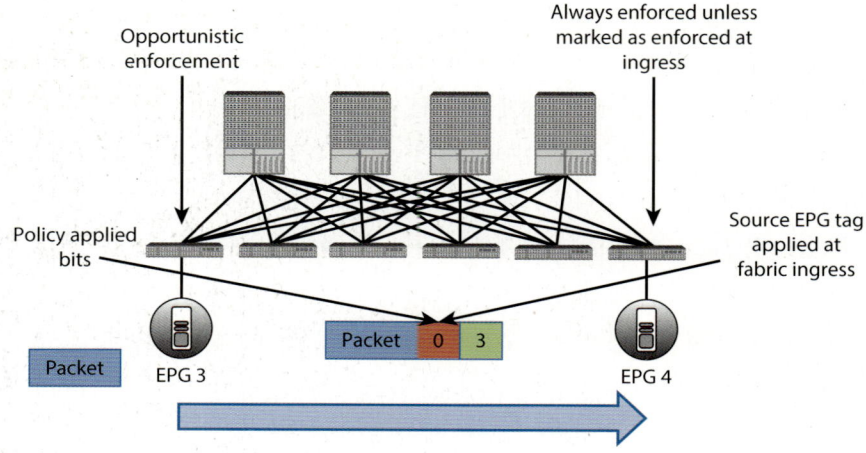

[그림 3-15] 기회 정책 적용 방법론

멀티캐스트 정책 적용

멀티캐스트는 정책 적용에 대한 요구 사항들이 조금 다릅니다. 멀티캐스트는 그 자체가 source 주소가 될 수 없게 되고, 목적지를 위한 추상적 요소이기 때문에, 이에 따라 source EPG를 인입 Leaf 스위치에서 쉽게 결정할 수 있습니다. 또한 멀티캐스트 그룹은 여러 개의 EPG에서 엔드포인트들로 구성될 수 있습니다. 멀티캐스트의 경우 시스코 ACI 패브릭은 정책 적용을 위해 멀티캐스트 그룹을 사용하게 됩니다. 이들 멀티캐스트 그룹은 특정 멀티캐스트 주소 대역들을 사용하게 됩니다. [그림 3-16]과 같이 정책은 sEPG와 멀티캐스트 그룹 사이에서 구성되어 있습니다.

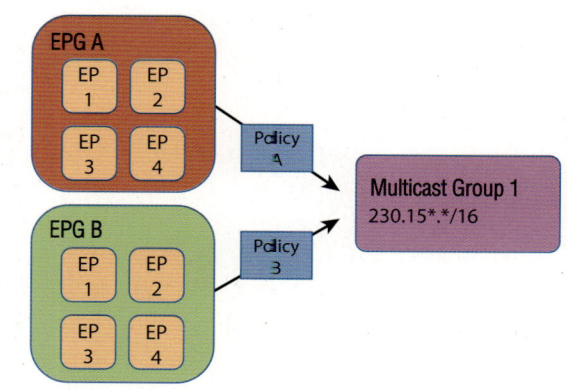

[그림 3-16] 멀티캐스트 그룹

멀티캐스트 그룹(멀티캐스트 스트림에 대응하는 EPG 그룹)은 항상 목적지가 되며 절대 source EPG가
될 수 없습니다. 멀티캐스트 그룹에 전송되는 트래픽은 멀티캐스트 source 또는 IGMP 조인을 통해
리시버에 조인하게 됩니다. 왜냐하면 멀티캐스트 스트림은 계층적 구조를 소유하지 않고 있으며, 스
트림 자체가 포워딩 테이블에 이미 있기 때문에 멀티캐스트 정책은 항상 입장 Leaf 스위치에서 적
용됩니다. [그림 3-17]과 같이 멀티캐스트 정책에 대한 필요 여부가 출구 Leaf에서 기록되지 않도
록 합니다.

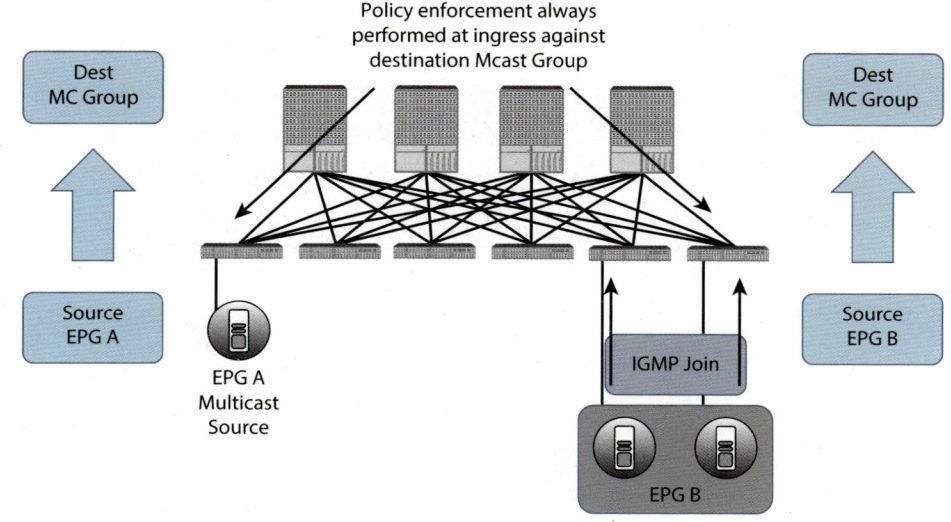

[그림 3-17] 멀티캐스트 정책 적용

:: 애플리케이션 네트워크 프로파일(ANP)

앞서 언급된 바와 같이, 패브릭 내부의 ANP Application Network Profile 은 EPG들 간의 연결 및 연결을
정의하는 정책의 집합입니다. 따라서 ANP는 전체 애플리케이션 및 시스코 ACI 패브릭의 상호관계
를 논리적으로 표현합니다.

ANP는 애플리케이션을 만들고 배포되는 방법과 일치되도록 논리적인 구성방법으로 모델링되도
록 설계되었습니다. 이러한 ANP 기반의 정책 및 연결 구성, 적용은 시스템 관리자에 의한 전통적
방식이 아니라, 시스코 APIC을 사용하여 시스템 자체에 의해 처리됩니다. [그림 3-18]은 ANP의
개념을 설명합니다.

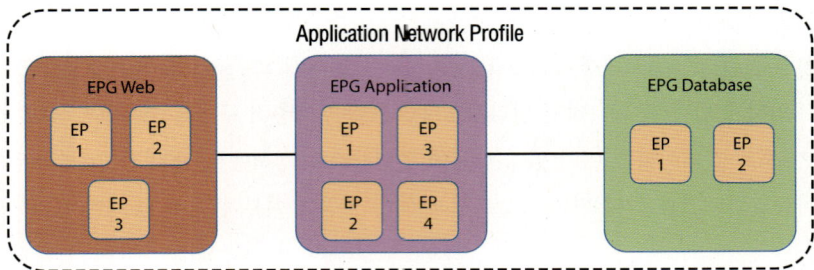

[그림 3-18] ANP(Application Network Profile)

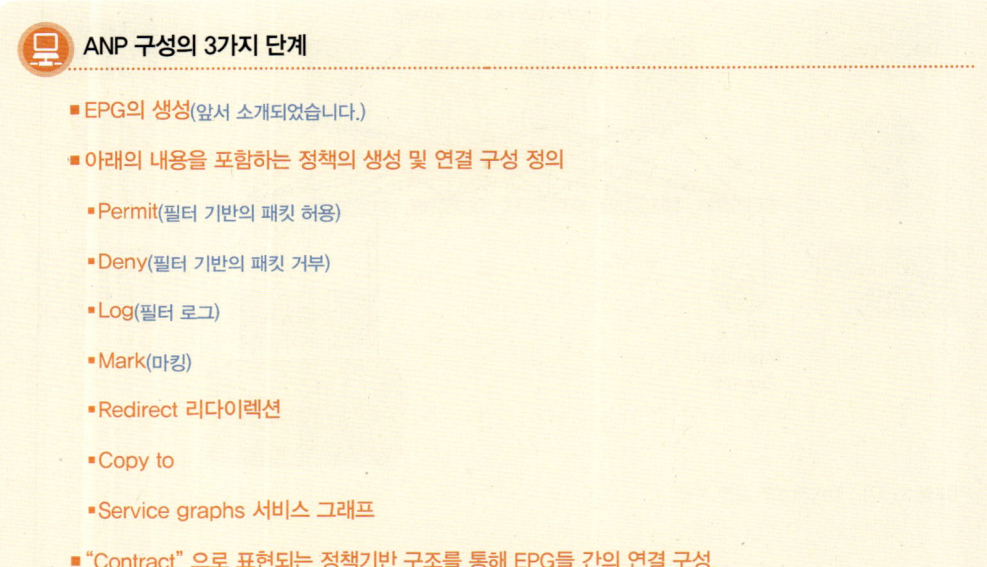

ANP 구성의 3가지 단계

- EPG의 생성(앞서 소개되었습니다.)
- 아래의 내용을 포함하는 정책의 생성 및 연결 구성 정의
  - Permit(필터 기반의 패킷 허용)
  - Deny(필터 기반의 패킷 거부)
  - Log(필터 로그)
  - Mark(마킹)
  - Redirect 리다이렉션
  - Copy to
  - Service graphs 서비스 그래프
- "Contract" 으로 표현되는 정책기반 구조를 통해 EPG들 간의 연결 구성.

Contracts(컨트랙트)

"Contract"는 인바운드, 아웃바운드 트래픽들에 대한 허용, 거부, QoS, 리다이렉트[Redirect], 서비스 그래프 등을 정의합니다. "Contract"는 주어진 환경의 요구 조건에 따라 EPG간의 통신방법과 정책들을 단순하게 정의할 수도 있고, 세밀하게도 정의할 수 있습니다.

[그림 3-19]에서는 "Contract" 기반으로 3계층 구조의 웹 애플리케이션 서비스들의 EPG 연관관계 및 통신을 구성하는 그림을 도식화하고 있습니다. 이러한 구성은 EPG 구성과 "Contract"에 의한 연관관계 구성은 모두 ANP의 구성 요소로 동작하게 됩니다. 또한 "Contract"는 여러 개의 EPG

들간의 통신을 위해 "Contract"의 재사용 및 정책의 일관성을 제공하게 됩니다. [그림 3-19]는 NFS(Network File System) 및 관리 자원들에 대한 ANP 구성 및 "Contract" 구성에 대한 예를 보여 주고 있습니다.

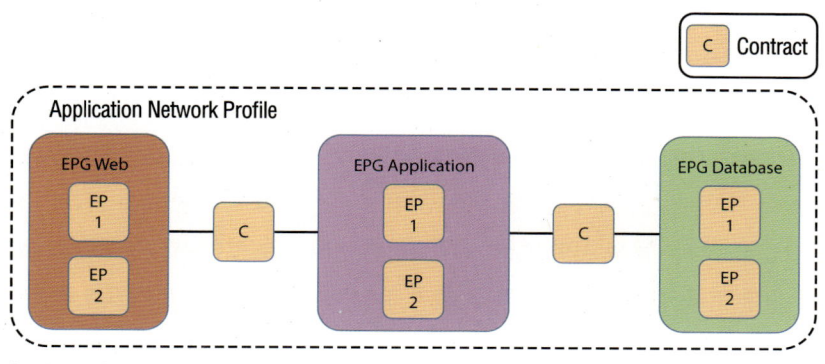

[그림 3-19] ANP 기반의 Contract 구성

[그림 3-20]은 일반적으로 사용되는 3계층 구조의 웹 애플리케이션의 연결 이전에 추가적으로 연결이 요구되는 예를 보여 주고 있습니다. 공유 네트워크 서비스인 NFS와 관리 자원들은 패브릭 내부에서 3계층 웹 애플리케이션 EPG 뿐만 아니라 다른 EPG들에서도 연결되어 사용되어야 합니다. 이러한 경우 "Contract"의 구성은 NFS 및 MGMT EPG는 연결시 제공되는 서비스와 기능들에 대해 "Provide - 제공"해야 하고, 다른 EPG에 의해 이러한 서비스를 "Consume - 소비"해야 합니다. 뿐만 아니라 이러한 정책들은 재사용이 가능합니다.

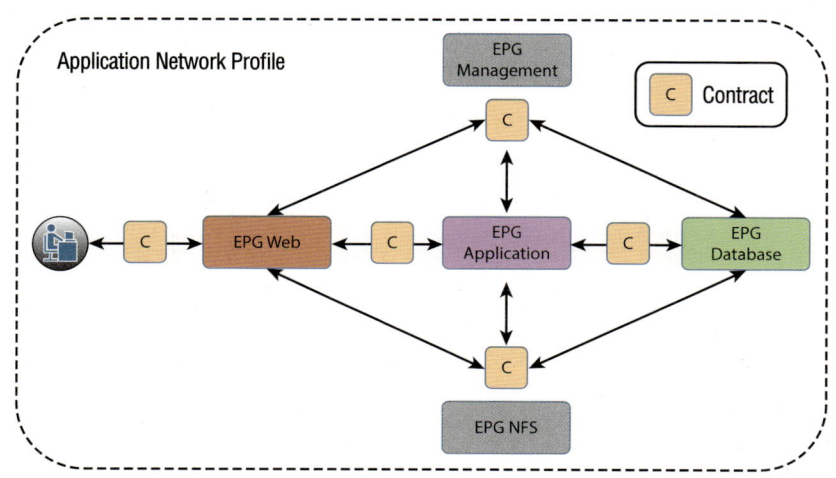

[그림 3-20] 완전한 애플리케이션 네트워크 프로파일 (Complete Application Network Profile)

시스코 ACI 패브릭 내에서는 정책 적용에 대한 "What"과 "Where"가 의도적으로 분리되어 있습니다. 이러한 방식은 정책이 적용되고 필요한 경우 재사용하게 되는 방법을 각각 개별적으로 만들 수 있다는 얘기가 됩니다. 이러한 기준에 따라 패브릭 내에서 구성된 정책은 "Contract"로 정의된 정책 "What"과 EPG 간의 교차점 구간이 되는 곳(Where)에 따라 결정됩니다.

좀 더 복잡한 애플리케이션 배포 환경에서 "Contract"는 "Subject"를 사용해서 애플리케이션 및 서브 애플리케이션 등을 더욱 세분화하여 정책 적용을 가능하게 합니다. 이러한 구성은 웹서버를 예를 들어 생각해 보면 조금 더 이해가 쉽습니다. 웹서버의 경우 일반적인 웹으로 분류될 수도 있지만, 그것은 HTTP, HTTPS, FTP 등을 제공하는 서비스가 될 수도 있고, 이러한 경우에는 하위 애플리케이션들이 각각 다른 정책이 필요할 수 있습니다. 시스코 ACI 모델에서는 이러한 경우를 위해 "Subject" 구성을 통해 기능 및 서비스들을 세분화하여 정의할 수 있습니다. 또한 "Subject"는 EPG 간의 통신을 위해 "Rule Set - 정책 세트"를 통해 "Contract" 내에서 여러 가지로 조합되어 사용될 수 있습니다.

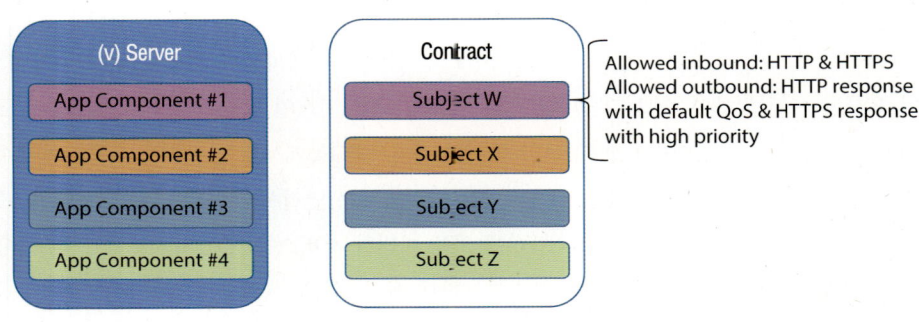

[그림 3-21] "Contract" 내에서 Subject 개념

"Subject"는 애플리케이션이 네트워크 상에서 허용되는 프로세스(대부분 서비스 포트 번호)에 대한 정책 기능을 설명하고 있습니다. 이러한 허용되는 프로세스에 대한 정책 기능들은 웹서버를 예를 들면 HTTP, HTTPS, FTP를 허용하는 서비스 포트를 생각하면 쉽습니다. 따라서 다른 EPG들은 이러한 웹서버에 접근하기 위해 하나 또는 그 이상의 정책 기능을 "Consume - 소비"하게 됩니다. 따라서 EPG 간의 연관관계를 구성하기 위해 생성된 "Contract"에 의해 EPG들은 해당 서비스들을 "Consume-소비"하게 되며, "Contract" 내부에는 애플리케이션과 서브애플리케이션들을 허용되는 서비스 포트들을 위한 "Subject"가 생성되어 있습니다. [그림 3-22]는 애플리케이션 및 서브 애플리케이션의 그룹을 "Subject" 기능이 포함된 "Contract"를 최적으로 구성하여, 각각의 EPG들이 어떻게 "Contract"를 "Consume - 소비"하게 되는지에 대해 도식화하고 있습니다.

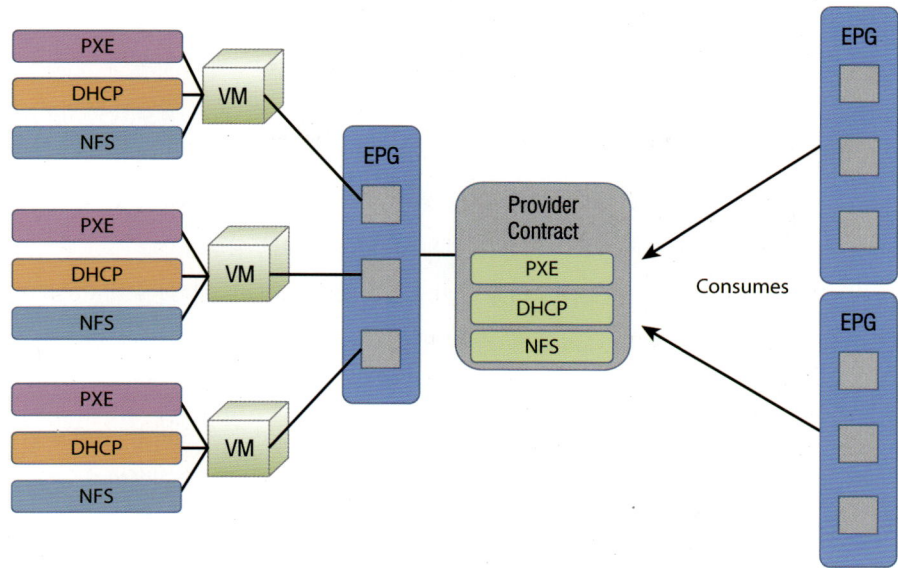

[그림 3-22] Contract 내부의 Subject 구성의 상세 예

추가적으로 이 모델에서는 각 EPG들에 기본적으로 접근 거부하게 되는 목록을 구성하여 정의할 수 있는 기능을 제공합니다. 이러한 기본 접근 거부 목록을, ACI에서는 "Taboo"라고 합니다. "Taboo"가 선언되면 기존 Contract 상위개념으로 적용되면 EPG 간의 통신에 적용되어 접근 거부 목록을 생성 및 적용하게 됩니다.

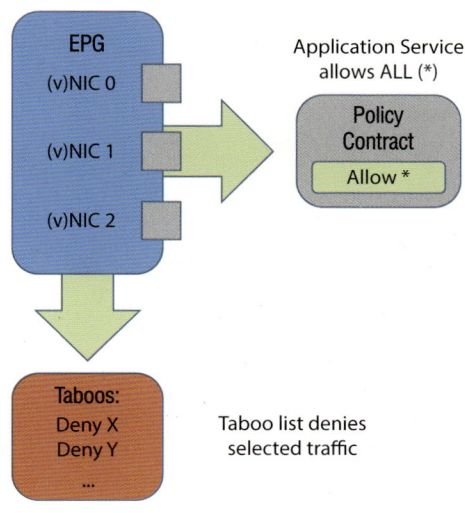

[그림 3-23] Taboo를 통한 블랙리스트 구성 예

[그림 3-23]은 "Contract"이 모든 EPG에서 모든 트래픽을 허용하게 되는 구성을 정의하는 방법입니다. 하지만 이러한 방식은 "Taboo" 목록에서 정의된 포트와 포트 범위에 의해 재정의됩니다. 이러한 "Taboo" 적용 모델은 보다 바람직한 화이트리스트 모델에 사용 중인 일반적 모델로, 블랙리스트 사용 중인 고객이 마이그레이션을 하기 위한 방법을 제공하는 좋은 아이디어 입니다. 블랙리스트 모델에서는 명시적으로 거부하지 않는 한, 모든 통신은 열려 있습니다. 하지만 화이트 리스트 모델에서는 명시적으로 허용하기 전까지는 모든 통신은 묵시적으로 거부됩니다.

"Contract"는 애플리케이션 서비스들에 대해 정의하는 설명 및 정책의 그룹화를 제공하게 됩니다. 애플리케이션 서비스들은 내부의 "Contract"에 의해 EPG, 컨텍스트, 테넌트 등에 접근할 수 있으며, EPG는 여러 개의 Contrat에 수용될 수 있습니다. "Contract"는 복잡한 애플리케이션의 관계를 정의하는 데 사용할 수 있으며, 기존의 애플리케이션을 배포를 위해 손쉽게 사용할 수 있습니다.

현재 PaaS, SoA 2.0, 웹 2.0 모델 등과 같은 더욱 더 진화된 형태의 애플리케이션 구현 모델에서, 애플리케이션의 세분화를 요구하며, 복잡한 연관관계 구조를 요구하고 있습니다. 이러한 연관관계는 하나의 EPG와 다수의 EPG 간의 구성 요소 간의 상세한 관계를 정의하여 구현해야 합니다.

ACI에서의 "Contract"는 매우 복잡한 애플리케이션 모델의 연관관계에 대한 정책을 지원하는 도구를 제공하지만, 이러한 구성방식은 복잡하지 않고 앞서 언급한 바와 같이 간단하게 연관관계 및 정책을 정의할 수 있습니다. 또한 매우 복잡한 애플리케이션 연관관계의 경우, "Contract"는 그 연관관계를 최적으로 구축하고, 필요에 따라 이를 재사용할 수 있는 방법을 제시하여 더욱 효과적으로 애플리케이션을 구축할 수 있습니다.

"Contract"는 다음과 같은 하위 요소들로 구성됩니다.

 Contract 하위 요소

- **Subject**
  특정 애플리케이션 또는 서비스에 적용되는 필터의 그룹

- **Filter**
  트래픽을 분류하는 데 사용

- **Action**
  허용, 거부, 마킹 등이 필터에 적용되어 수행되는 방법

- **Labels**
  추가적인 정책에 대해 정의하기 위한 목적으로 "Subject", "EPG"와 같은 개체에 선택적으로 사용

단순한 환경에서 2개의 EPG 간의 관계는 [그림 3-24]와 같습니다. 여기에서 WEB과 APP EPG 는 하나의 애플리케이션 서비스 구조로 판단되어 "Contract" 내부의 몇몇 "Filter"의 집합으로 연관 관계 및 정책을 정의합니다. 복잡한 환경에서도 이러한 모델은 많은 애플리케이션을 위해 매우 바람직한 모델입니다.

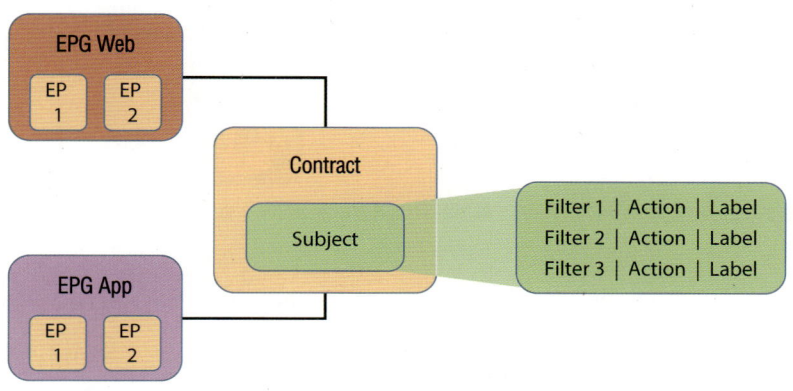

[**그림 3-24**] 간단한 정책의 Contract 관계의 예

많은 환경에서 좀 더 복잡한 관계들을 필요로 하고 있습니다. 몇가지 예를 소개합니다.

- 복잡한 미들웨어 시스템 기반의 환경
- 하나의 서버 세트가 여러 애플리케이션 또는 서비스 그룹의 기능을 제공하는 환경(예를 들어 일부 애플리케이션들을 위한 데이터를 제공하는 데이터베이스 서버 팜)
- PaaS, SOA, 웹 2.0 환경
- 단일 운영체제 내에서 여러 개의 서비스를 제공하는 환경.

이러한 복잡한 환경에서 시스코 ACI 패브릭은 논리적인 방식으로 애플리케이션을 배포하는 보다 강력한 기능들을 제공합니다. 어떠한 경우에도 시스코 APIC과 패브릭 소프트웨어는 수평적 구조의 정책 구현과 적용을 위한 하드웨어 구현을 수행할 수 있습니다. 애플리케이션 간의 연관관계를 설정하는 데 사용되는 논리적 모델 및 패브릭 내에서 구현되는 "Concrete Model"은 패브릭의 설계 및 변경 등을 용이하게 만듭니다.

아래 예는 동일한 서버팜 구조에서 SQL 데이터베이스 팜으로부터 레드 개발팀, 블루 개발팀, 그린 개발팀 등이 개별의 데이터베이스 구조를 제공 받아 서비스를 구현하는 예입니다. 이러한 예의 경우 [그림 3-25]에서 보는 것처럼 각각의 개발팀이 데이터베이스에 접근하기 위해 개별의 정책이 요구될 수 있습니다.

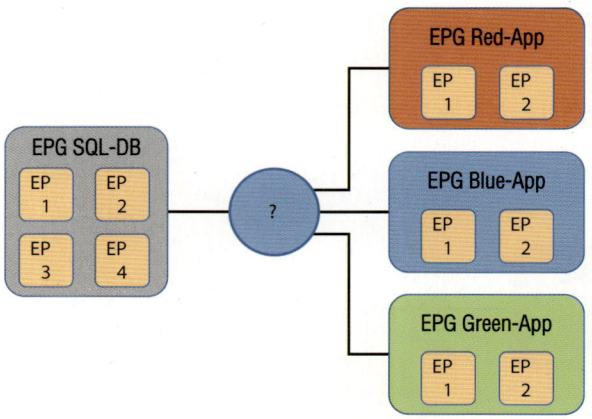

[그림 3-25] 단일 데이터베이스 서버 팜 환경에서 3개의 분리된 그룹에게 별도의 정책제어를 필요로 하는 예

간단한 애플리케이션 모델 구조에서의 EPG간 정책은 앞서 언급되었고, 여기에서는 조금 더 복잡한 EPG간 정책에 대해서 언급하려고 합니다. 여기서 언급되는 예제에서는 시스코 ACI 패브릭 내에서 SQL-DB EPG와 3개의 독립적인 데이터베이스 인스턴스와의 연관 관계에 대한 정책을 분리하는 기능 구현을 요구하고 있습니다.

시스코 ACI 패브릭에서는 사용자의 설정 및 애플리케이션의 복잡도에 따라 애플리케이션 구성을 모델링하기 위해 여러 가지 방법을 제공하고 있습니다. 첫번째 방법으로 3개의 "Contract"를 사용하여 각각의 개발팀을 위해 할당하는 방법입니다. 앞서 언급되었지만 EPG는 1개 이상의 "Contract"를 소유할 수 있습니다. [그림 3-26]에서는 각각의 애플리케이션 개발팀이 SQL-DB EPG를 사용하기 위해 각각의 "Contract"를 사용하는 방법의 예를 소개하고 있습니다.

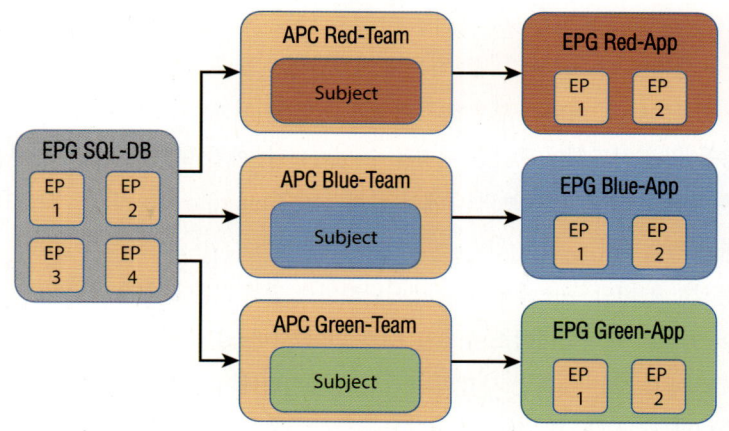

[그림 3-26] 3개의 "Contract"를 사용하여 개별의 "Cosumer-정책을 소비하는 EPG" 관계를 정의

[그림 3-26]에서 보는 것처럼, SQL-DB EPG는 각 필요한 정책들을 포함하는 3개의 개별 "Contract"를 상속하게 됩니다.

따라서 각각의 애플리케이션 EPG는 해당 "Contract"에 연결됩니다. "Contract"은 누가 서비스를 제공(Providing)하고 소비(Consuming)하는 지를 화살표로 관계를 나태내고, 정책을 정의하게 됩니다. 예를 들어 Red-App EPG는 SQL-DB 가 제공하는 QoS, ACL, 마킹, 리다이렉션과 같은 정책이 정의된 내용들을 소비(Consume)하게 됩니다. 블루팀과 그린팀도 같은 방식으로 적용됩니다.

필요에 따라 종종 "Contract" 그룹이 함께 적용되기도 합니다. 예를 들어 개발, 시험, 프로덕션 팜과 같은 세개의 팀이 데이터베이스 팜에 액세스가 필요한 경우가 있게 됩니다. 이러한 경우 번들된 형태를 통해 논리적인 그룹으로 "Contract"를 사용할 수 있습니다. 물론 번들된 형태는 옵션으로 사용할 수 있는 하나의 방법입니다. 번들은 한 개 또는 두개 이상의 "Contract"들이 컨테이너형태처럼 구성되어 손쉽게 적용하는 방식입니다. [그림 3-27]에서 번들의 사용형태에 대한 예를 보여주고 있습니다.

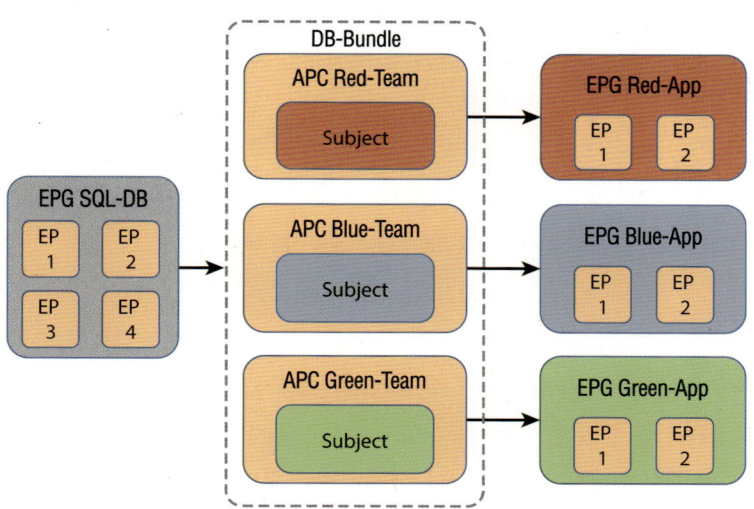

[그림 3-27] 번들 형태의 그룹화 된 "Contract"의 사용 예

[그림 3-27]에서 연관관계를 나타내는 화살표의 방향과 연결 포인트는 매우 중요합니다. [그림 3-27]의 예에서는 SQL-DB EPG는 "Contract" 번들을 통해 모든 "Contract"를 제공하기 때문에, 자신의 EPG에 번들된 형태를 직접 연결하게 됩니다. 각각의 3개의 애플리케이션 팀은 번들 내에서 정의된 "Contract" 정책을 통해 액세스할 수 있고, 해당 정책을 "Consume - 소비"하게 됩니다. 이와 같은 연관관계는 필요에 따라 "Label"을 사용하여 다른 방법으로 모델링 될 수 있습니다. 애플

리케이션 정책을 정의하고 사용하기 위해 그룹핑화시킨 기능을 대체하는 데 사용될 수 있습니다. 대부분의 환경에서는 "Label" 기능이 필요하지 않습니다. 하지만 진보된 애플리케이션 모델과 개념에 대해 잘 이해하고 있는 팀에서 배포를 위해 사용할 수도 있습니다.

"employing label"을 사용하게 되면, 단일 "Contract"를 사용하더라도 애플리케이션의 다중 서비스를 표현하고 제공할 수 있습니다. 예를 들어 "Label"은 3개의 서로 다른 팀에 데이터베이스를 제공하는 DB EPG에 대해 구성이 가능합니다. 각 EPG들이 사용하는 "subject"에 "Label"을 적용하여, 각각의 팀에 서로 다른 정책을 제공할 수 있습니다.

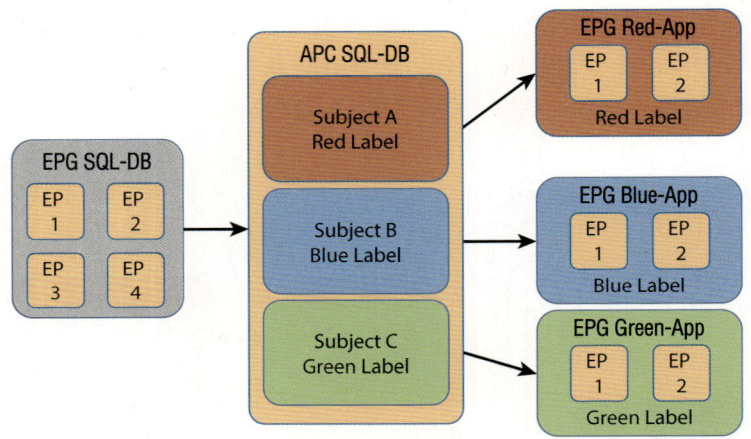

[그림 3-28] 정책 모델 기반에서의 그룹 객체에 Label 적용 예

[그림 3-28]에서는 SQL-DB EPG는 3개의 다른 팀에게 공급하는 데이터베이스 서비스를 SQL-DB라고 정의된 단일 "Contract"를 기반으로 서비스를 제공하고 있습니다. 이러한 서비스들을 사용하는 3개의 팀 EPG들은 동일한 트래픽으로 묶여집니다. 하지만 "Subject"에 식별된 "Label"에 의해 각 팀에 필요한 개별 정책들이 적용됩니다. "Contract" 내부의 정책들은 각 "Label"에 맵핑되며, 각 EPG에 맞게 적용됩니다.

이러한 구조 안에서 동일한 분류 정책을 사용하더라도 마찬가지입니다. 예를 들어 동일한 Layer 4 기반의 서비스 포트를 사용한다고 하더라도 적용이 가능합니다. "Label"은 개체가 정책 적용의 목적을 위해 함께 그룹화하는 것을 가능하게 하는 매우 강력한 분류 도구를 제공합니다. 이것은 또한 애플리케이션이 다양한 개발 라이프 사이클을 기반으로 신속하게 이동하는 것이 가능합니다. 예를 들면 레드 "Label"은 개발환경으로 정의하고, 필요에 따라 테스트 환경으로 이동이 필요할 때 블루 "Label"에 의해 정의가 가능합니다. 이것은 오직 EPG에서 "Label"을 할당하기만 하면 적용할 수 있습니다.

 **시스코 APIC의 이해**

이번 섹션에서는 시스코 APIC(Application Policy Infrastructure Controller)의 주요 구성 요소와 아키텍처에 대해서 설명합니다.

∷ 시스코 ACI 운영 시스템(시스코 ACI 패브릭 OS)

시스코는 데이터센터를 위해 시스코 NX-OS(Nexus OS)를 개발하였고, 최신의 데이터센터에 ACI를 적용하기 위해 NX-OS의 필수 기능들을 발췌하여 적용하였습니다. 또한 시스코는 ACI 패브릭 OS를 APIC 기반으로 물리적 인프라에 렌더링 할수 있도록 최적의 구조적 변화를 꾀하였습니다. ACI 패브릭 OS 내부의 DME^{Data Management Engine}는 각 Spine/Leaf 스위치의 데이터 저장공간을 Read/Write할 수 있는 프레임워크를 제공합니다. 데이터 저장소는 데이터 청크(Chunk)로 저장된 객체지향적 구조입니다. Chunk는 ACI 패브릭 OS 프로세스에 의해 소유되며, 이러한 프로세스에 의해 데이터 Chunk에 Write할 수 있습니다. 뿐만 아니라 ACI 패브릭 OS 프로세스는 CLI, SNMP, API 호출을 통해 데이터를 동시에 읽어 낼 수 있습니다. [그림 3-29]에서 도시화된 것처럼, 로컬 PE(Policy Element)는 APIC이 정책모델을 ACI 패브릭 OS에서 직접 구현할 수 있도록 합니다.

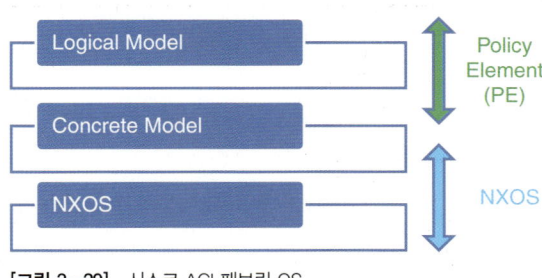

[그림 3-29] 시스코 ACI 패브릭 OS

∷ 아키텍처: 시스코 APIC 의 구성 요소와 기능

APIC는 [그림 3-30]에 표기된 기본 제어 기능 세트로 구성됩니다.

- Policy Manager(policy repository)
- Topology Manager
- Observer
- Boot Director

- Appliance Director(cluster controller)
- VMM Manager
- Event Manager
- Appliance Element

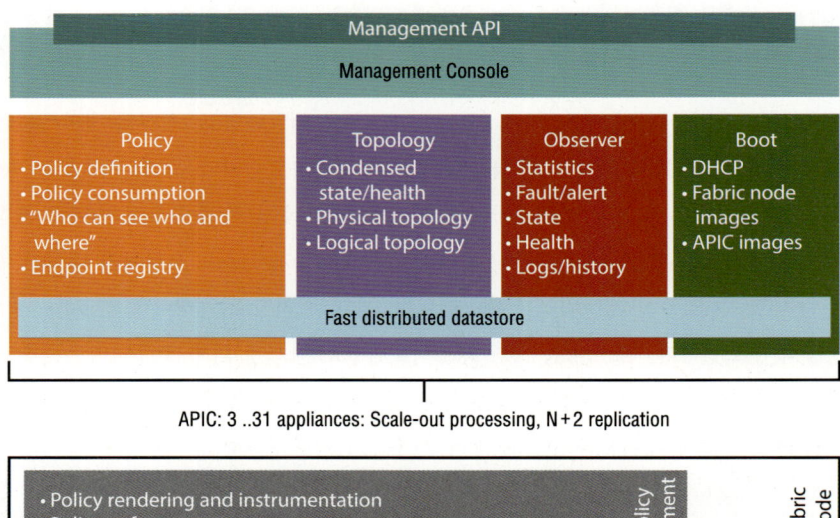

[그림 3-30] Cisco APIC 컴포넌트 아키텍처

Policy Manager

Policy Manager는 시스코 ACI의 정책기반 구성의 정의와 배포에 대한 분산형 저장소 역할을 담당합니다. 이것은 기존에 존재하는 또는 가상의 엔드포인트에 적용이 되는 정책 및 규칙의 모음입니다. Policy Manager의 엔드포인트 레지스트리는 엔드포인트가 ACI에 연결되었을 때 정책 저장소에서 EPG 및 정책을 할당해 주는 역할을 담당합니다.

Topology Manager

Topology Manager는 시스코 ACI 토폴로지 및 인벤토리 정보를 유지 관리합니다. 토폴로지 데이터는 Leaf/Spine 스위치에 의해 APIC에 리포팅됩니다. 물리적 토폴로지는 LLDP(Link Layer Discovery Protocol)에 의해 인식되어 관리됩니다. 또한 패브릭의 라우팅 토폴로지는 IS-IS 기반으로 관리됩니다.토폴로지의 전체적인 뷰는 토폴로지 매니저에 포함되어 있습니다.

- 물리적 토폴로지(Layer 1 기반의 물리적 링크와 노드)
- 논리적 패스 토폴로지(Layer2, 3 기반의 논리적 링크)

토폴로지 데이터는 비동기적으로 토폴로지 변화를 감지하여 토폴로지 매니저에 업데이트하고, APIC API 또는 CLI, UI 등을 통해 쿼리하여 살펴볼 수 있습니다.

Topology Manager의 하위 기능으로 APIC을 위한 인벤토리 관리 및 ACI 관련 전체 인벤토리를 관리합니다. APIC 인벤토리 관리 하위 기능으로 ACI 패브릭 노드들의 물리적 샤시, 스위치, 라인 카드 및 물리적 포트들에 대한 모델, 시리얼 번호, 사용자가 정의한 자산 식별 태그의 정보를 제공합니다.

새로운 인벤토리 목록이 발견되거나 삭제되거나 변경되면 해당 ACI 노드의 로컬 저장소에 DME 기반 에이전트로 즉각 반영됩니다.

Observer

Observer는 APIC의 모니터링 관련 하위 기능 역할을 수행하며, ACI의 동작 상태, 건강 상태 및 성능 지표의 데이터 저장소 역할을 수행합니다.

- 하드웨어, 소프트웨어 상태 및 ACI 구성 요소들의 건강상태
- 프로토콜들의 운영 상태
- 성능 데이터
- 장애 이력 및 알람 데이터
- 이벤트 저장

모니터링 관련 데이터들을 APIC API, CLI, UI를 통해 쿼리가 가능합니다.

Boot Director

Boot Director는 시스코 Leaf/Spine 및 APIC 컨트롤러 요소들에 대한 부팅 및 펌웨어 업데이트에 대한 제어를 담당합니다. 뿐만 아니라 APIC, Leaf/Spine 노드가 서로 통신이 가능할 수 있도록 하는 네트워크 주소 할당 역할도 수행합니다.

시스코 ACI 내의 각각의 APIC은 ACI 노드 및 APIC 클러스터간의 통신을 위해 내부의 사설 IP 주소를 기반으로 통신을 합니다. APIC은 LLDP 기반 검색 프로세스를 통해 클러스터의 다른 APIC IP 주소를 찾아냅니다.

APIC은 AV(Appliance Vector)를 유지 관리하게 되는데, 이것은 APIC 서버의 UUID와 APIC IP 주소

를 기반으로 APIC ID와 맵핑되어 DB 형태로 제공됩니다. 최초에는 각 APIC이 로컬 IP 주소를 AV 값에 넣어서 사용하며, 다른 APIC들을 위한 자리는 Unknown 상태로 표시하고 동작합니다.

스위치가 재부팅되면, Leaf 스위치 노드의 PE는 APIC에서 AV 값을 가지고 옵니다. 해당 Leaf 스위치 노드는 이웃하는 모든 장비들에 AV 값을 뿌리게 되며, 이웃하는 장비들이 소유하고 잇는 AV 값과 상이한 내용들에 대해 APIC 서버들에게 리포팅 하게 됩니다.

이러한 프로세스를 통해서 APIC들은 Leaf 스위치 노드들을 통해 ACI 패브릭 내에서 서로 다른 APIC 서버들이 존재하는 것을 학습할 수 있습니다. 클러스터 내에서 발견된 새로운 APIC 서버를 검증한 이후에 APIC은 로컬 AV 값을 업데이트하고, 새로운 AV 값을 스위치에 프로그래밍합니다. 스위치는 다시 새로운 AV 값을 뿌리게 됩니다. 모든 스위치가 동일한 AV를 가지고 있고, 모든 APIC 서버들이 서로 IP 주소를 알 때까지 이러한 프로세스는 계속 됩니다.

:: Appliance Director

Application Director는 APIC Appliance 클러스터의 구성과 제어에 대한 역할을 담당합니다. APIC 컨트롤러 서버는 일반적인 x86 서버 하드웨어에서 동작합니다. 스케일 아웃 기반의 ACI 제어를 위해 기본 3대의 컨트롤러가 구성이 됩니다. APIC 클러스터의 최대 사이즈는 ACI 패브릭 크기에 의해 직접적으로 비례해서 구현되며, 트랜잭션 속도에 의해 그 사이즈가 정해집니다. 클러스터의 모든 컨트롤러는 패브릭 내부의 어떠한 사용자의 어떠한 서비스 사용 중에도, 컨트롤러 클러스터를 완벽하게 추가 또는 제거할 수 있습니다. 이것은 OpenFlow 컨트롤러와는 달리, APIC 컨트롤러는 어떠한 데이터 패스를 사용하지 않는 다는 점이며, 이러한 구조는 매우 중요합니다. [그림 3-31]에서 Appliance Director의 동작 과정을 보여 주고 있습니다.

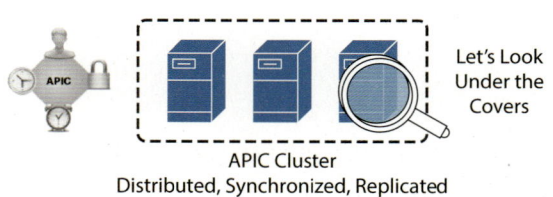

APIC Cluster
Distributed, Synchronized, Replicated

[그림 3-31] 어플라이언스 디렉터

:: VMM Manager

VMM Manager는 정책 저장소와 하이퍼바이저 사이에서 에이전트 역할을 수행합니다. 따라서 VMM Manager는 VMware vCenter, Cloud 플랫폼인 OpenStack, CloudStack 등과 같은 소프트웨어 플랫폼들과 상호 커뮤니케이션하는 역할을 담당하게 됩니다. VMM Manager는 하이퍼바이저의 구성 요소들에 대한 모든 인벤토리를 포함하고 있습니다(pNIC: 물리적 NIC, vNIC : 가상화 NIC, VM name: 가상화 서버 이름 등). 또한 포트 그룹 생성 등과 같은 정책을 생성하여 하이퍼바이저에 해당 정책을 밀어넣을 수 있습니다. 뿐만 아니라 VM^{가상머신} 이동과 같은 하이퍼바이저 이벤트에 대해 수집이 가능합니다.

:: Event Manager

Event Manager는 APIC 서버 또는 패브릭 노드들에서 생성되는 모든 이벤트들에 대한 저장소 역할을 수행합니다. 이것은 제 9장 "ACI 기반의 향상된 원격측정 기술"에서 상세하게 다뤄집니다.

:: Appliance Element

Appliance Element는 로컬 어플라이언스를 위한 모니터를 담당합니다. 이것은 로컬 APIC 서버의 상태와 인벤토리를 관리하는 역할을 수행합니다.

:: 아키텍처 - 샤딩 기반의 데이터 관리

시스코 APIC 클러스터는 "샤딩(Sharding)"이라는 대규모 데이터베이스 관리 기술을 사용합니다. "Sharding"의 개념을 이해하기 위해서는, 데이터베이스 파티셔닝 개념을 고려해야 합니다. "Sharding"은 데이터베이스의 수평적 파티셔닝이라는 기술 개념의 진화된 결과물입니다. 여기에서 "Sharding"의 테이블 하나를 수직적으로 여러개의 테이블로 분리하는 대신에 데이터베이스 테이블 자체를 "Row" 기반 수평적으로 분리하는 것을 말합니다. 또한 스키마의 여러 인스턴스 간에 데이터베이스를 파티셔닝하여, 더욱 효과적으로 사용할 수 있습니다. 이러한 방식은 단순히 동일한 논리적 서버에 여러 개의 인덱스를 두는 것에 그치지 않고, 큰 규모의 테이블에 대한 검색 부하가 여러 데이터베이스에 분할될 수 있기 때문에 "Sharding" 기반의 구조에서는 성능 향상과 가용성을 증가시킬 수 있습니다. 즉 "Sharding"에서는 커다란 파티셔닝 테이블이 클러스터되어 있는 여러 대의 서버에 분할되어 있고, 이렇게 분할되어 작은 테이블로 만들어서 서로 간에 복제를 하도록 구성됩니다. 이러한 동작들을 "Sharding"되었다고 하며, 이렇게 "Sharding"된 테이블은 완전히 분리되어 논리적 및 물리적 서버에 존재하며, 물리적인 위치가 다른 데이터센터에 위치할 수도 있습니다.

"Sharding"에서는 일반적인 수평분할과는 달리 손쉽게 여러 서버에 복제를 할 수 있습니다. 이것은 분산 애플리케이션과 유사한 개념입니다. 반면 정보 분리된 논리적 및 물리적 서버에 분산되어 있기 때문에 데이터베이스 서버 통신이 훨씬 더 많이 필요하게 될것입니다. 예를들어, "Sharding"

은 데이터베이스 쿼리를 위해 데이터센터간 연결 수를 줄여줍니다. 이러한 동작을 위해 스키마 인스턴스 간에 복제 및 상태를 체크하는 메커니즘을 사용하게 됩니다. 이렇게 여러 서버에서 별도의 부하가 발생되는 상황에서 "Sharding" 접근방식은 뛰어난 장점들을 제공하게 됩니다.

신뢰성 기반 복제의 영향도

[그림 3-32]는 전체 5개의 어플라이언스 가운데 n번째의 어플라이언스가 손실될 경우, 손실되는 데이터의 비율을 보여주고 있습니다. 또한 이 때 "K"라는 가변적 복제 인자값이 있습니다. "K"="1"이라면, 복제는 발생하지 않고, 각 "Shard"는 하나의 사본을 소유하고 있게 됩니다. 또한 "K"="5"가 되면 , 전체 복제가 발생하게 되고, 모든 어플라이언스는 모든 사본이 포함되게 됩니다. 여기서 "N"은 APIC 어플라이언스 서버의 장애 숫자를 나타냅니다. 만약 n=1이 되면 한 개의 APIC 어플라이언스가 장애가 발생된 경우이며, n= 5가 되면 모든 서버가 장애를 일으킨 경우가 됩니다. K=1의 예를 살펴보면, 이 경우에는 단 하나의 복사본이 만들어집니다. 만약 모든 어플라이언스가 장애가 발생하게 되면, 복제된 "Shard"가 없으므로 데이터의 전체 양과 동일하게 됩니다(분산 저장되지 않게 되므로 동일해짐). 적어도 K값 만큼 어플라이언스가 손실되지 않는 한 데이터 손실은 발생하지 않습니다. 또한 데이터의 손실은 K값이 작을수록 발생하게 됩니다.

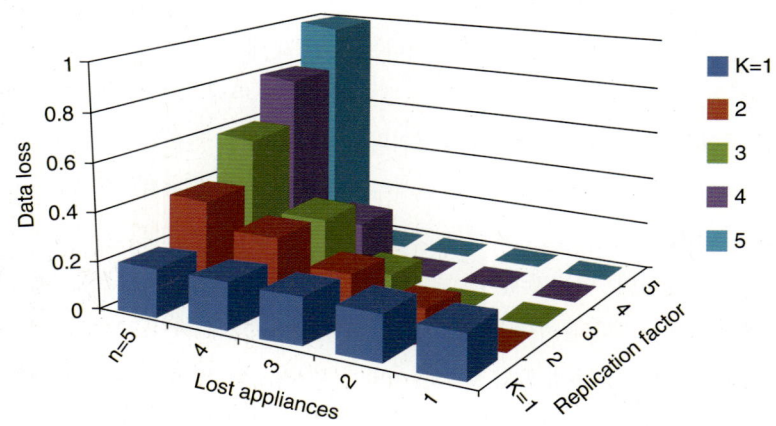

[그림 3-32] 신뢰성에 대한 복제 효과

신뢰성 기반 샤딩의 효과

[그림 3-33]은 최소 3개의 APIC 서버를 기반으로 L은 어플라이언스의 수를 나타내는 것으로 구성되는 "Shard" 복제 방식의 예입니다. 여기에서 "K=3"이라는 복제 인자 값을 유지함으로써, 세 개의 APIC 서버가 동시에 장애를 일으키지 않는 다면 구성데이터에 대한 손실이 발생하지 않습니다. 만약 3개의 APIC 서버가 장애를 일으키게 되어 구성 데이터 손실이 발생하게 된다면 구성 데이터는 전체 장애가 발생합니다. 하지만 APIC의 경우에는 구성 값만을 포함하고 있기 때문에 데이터 처리에 대한 장애는 발생하지 않습니다. 따라서 APIC 서버의 장비 수를 증가시키게 된다면 복원력과 가용성을 크게 향상 시킬 수 있습니다. 예를 들어 [그림 3-32]에서처럼 APIC 서버 4대를 구성하게 된다면, 3개의 APIC 서버가 장애를 일으키더라도 구성 데이터의 손실률은 25% 수준에 그칩니다. 12개의 APIC 서버를 구성하게 된다면 3개의 APIC 서버가 장애를 일으키더라도, 구성 데이터 손실률은 0.5% 수준에 머무르게 됩니다. 따라서 "Sharding"을 통한 APIC 서버를 늘려서 구성하는 방식은 매우 빠르게 구성 데이터의 손실을 줄일 수 있게 됩니다. 또한 전체 복제는 데이터 보호를 매우 높은 비율과 성능으로 유지하기 위해 불필요합니다.

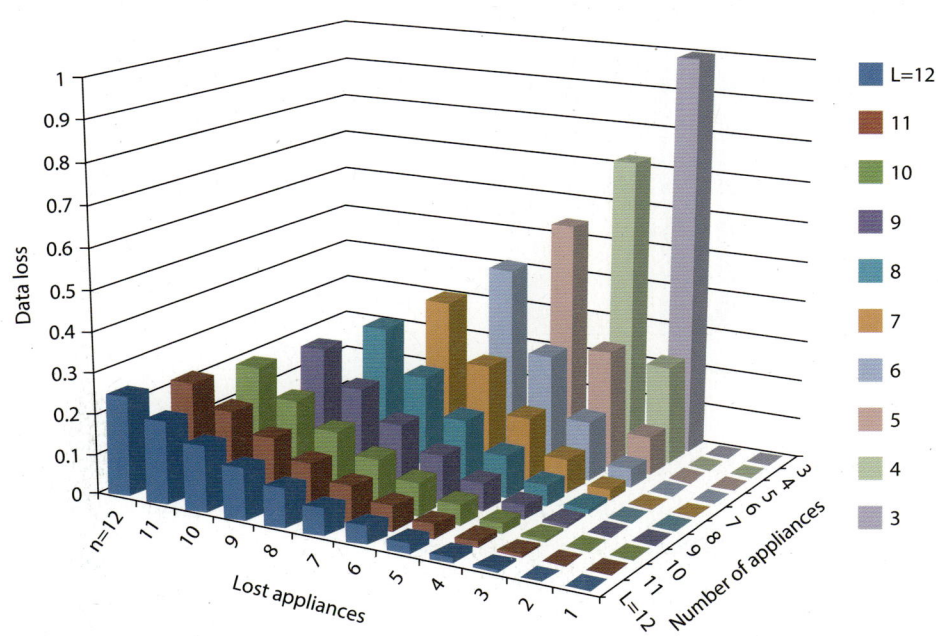

[그림 3-32] Effect of Sharding on Reliability

샤딩 기술

"Sharding" 기술은 분산 정책·저장소, 엔드포인트 레지스트리, "Observer", 토로폴지 매니저 등에 의해 생성되고 처리된 데이터세트에 의해 확장성 및 신뢰성을 제공합니다. 또한 시스코 APIC 기능을 위한 데이터는 논리적으로 제한된 서브셋으로 파티션으로 분할되며, 이러한 기술을 "Shard"라고 부릅니다(데이터베이스에서 "Shard"와 유사한 개념). "Shard"는 데이터 관리의 단위이며, 해당 데이터세트 전체에 "Shard"는 존재합니다. [그림 3-34]에 소개된 샤딩 기술은 다음과 같은 특징이 있습니다:

- 각 "Shard"는 3개의 복제본을 소유합니다.
- "Shard"는 고르게 분포되어 있습니다.
- "Shard"는 수평적 스케일 아웃 확장이 가능합니다.
- "Shard"는 복제의 범위를 단순화 합니다.

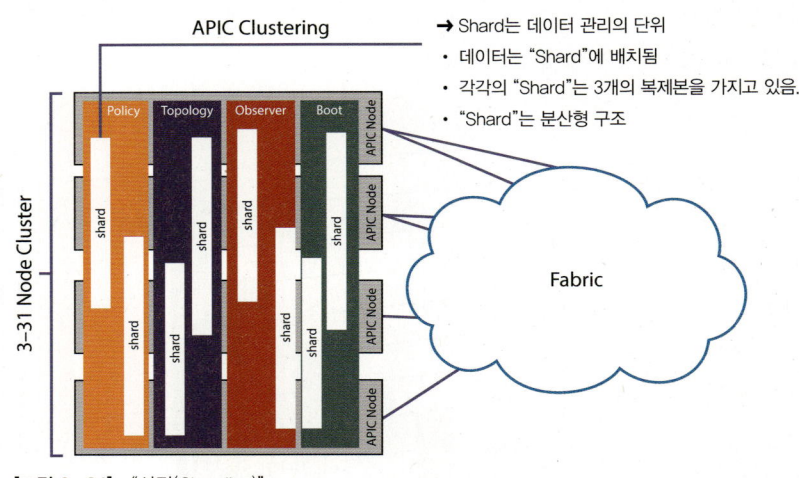

[그림 3-34] "샤딩(Sharding)"

하나 이상의 "Shard"는 각각의 시스코 APIC 서버 및 프로세스에 있는 컨트롤러 인스턴스에 의해 처리됩니다. 또한 "Shard" 데이터 할당은 미리 정의된 해시 함수를 기반으로 할당되며, 정적 "Shard" 레이아웃은 APIC 서버에 할당을 결정하게 됩니다. "Shard"의 각 복제본에 대한 사용 환경 설정을 가지고 있으며, 쓰기는 쓰기에 대한 우선권 선출 방식에 의해 복제가 일어납니다. 또한 다른 복제본들은 데이터 쓰기를 할 수 없습니다. 하지만 우선권 선출 방식이 제대로 이뤄지지 않을 경우에는 자동조정이 타임 스탬프 기반에 의해 수행됩니다.

각 시스코 APIC은 모두가 APIC 기능을 수행할 수 있습니다. 하지만 해당 기능에 대한 수행은 단일화 된 APIC 클러스터에 걸쳐 분산 처리됩니다.

:: 사용자 인터페이스: GUI

GUI Graphical User Interface는 대부분의 최신 웹 브라우저에서 작동되는 HTML 5 기반 웹 UI입니다. 또한 GUI는 APIC 개별노드 모두에 접속할 수 있도록 구성되어 있습니다.

:: 사용자 인터페이스: CLI

시스코 NX-OS CLI Command Line Interface와 호환성을 가지는 명령어들을 제공하고 있습니다. 이러한 CLI는 APIC을 통해 ACI에 완벽하게 엑세스 할 수 있으며 트랜잭션 모드를 지원합니다. 또한 트러블슈팅을 위한 읽기전용 CLI를 통해 시스코 ACI 특정 노드에 접근하여 사용이 가능합니다. 통합된 파이썬 기반의 스크립팅 인터페이스는 네이티브 플랫폼에 지원되는 명령 인 것 처럼 사용자 정의 명령이 명령 트리에 연결하는 것을 가능하게 합니다. 또한 APIC은 다양한 사용자 기반의 스크립트 라이브러리를 제공합니다.

:: 사용자 인터페이스: RESTful API

시스코 APIC은 XML, JSON 인코딩 바인딩 기반의 HTTP(S)를 통해 RESTful API를 지원합니다. API 기반의 클래스 레벨 및 트리 오리엔티드 데이터 접근을 지원합니다. 또한 REST는 월드 와이드 웹과 같은 분산 시스템을 위한 소프트웨어 아키텍처입니다. REST는 지난 몇년 사이에 등장된 모델로 현재 널리 사용되는 웹 서비스 디자인 모델입니다. REST는 SOAP나 WDSL(Web Services Description Language)와 같은 모델들 보다 조금 더 심플한 스타일로 진화했습니다. REST 인터페이스를 제공해야 한다는 통일된 인터페이스는 REST 서비스 디자인의 기초로 여겨지며, 따라서 인터페이스는 다음과 같은 기본 원칙이 있습니다.

🖥 REST 인터페이스 기본 원칙

▪ 자원의 식별

개별자원은 요청에 의해 식별됩니다. 예를 들어 웹기반의 REST 시스템은 URI를 통해 식별합니다. 자원은 클라이언트에 반환되는 표현에서 개념적으로 분리됩니다.

▪ 이러한 표현을 사용한 리소스 작업

클라이언트가 연결된 모든 메타 데이터를 포함하는 리소스의 표현을 보유하고 있을 때, 그것은 변경하거나 서버의 리소스를 삭제하는 데 충분한 정보를 가지고 있으며, 권한을 가지고 있습니다.

REST에서 중요한 개념은 글로벌 식별자에서(예를 들어, HTTP의 URI) 참조되는 각 자원(특정 정보)의 존재입니다. 이러한 리소스를 제어하기 위해 네트워크(사용자 에이전트와 서버)의 구성 요소는 표준화된 (HTTP) 인터페이스와 이러한 리소스의 교환 표현(정보를 전달하는 실제 문서)을 통해 통신합니다. 이전 요청의 정보없이 여러 개의 커넥트는 요청을 중개할 수 있습니다(레이어링이라 부르며, REST의 요건 중 하나로 네트워킹 아키텍처의 다른 많은 부분에서 공통원칙으로 함).

애플리케이션은 두 가지(리소스 식별자와 필요한 조치)를 인지하는 것으로 리소스와 상호작용을 할 수 있습니다.

애플리케이션은 캐시, 프록시, 게이트웨이, 방화벽, 터널, 또는 실제로 정보를 가진 서버 사이에 무엇인가 있는지 여부를 알 필요가 없습니다. 애플리케이션은 리턴되는 정보에 대한 포맷을 이해해야 합니다. 이미지, 일반텍스트 또는 다른 어떤 컨텐츠들도 있겠으나, 일반적으로는 HTML, XML 또는 JSON 형식의 문서들입니다. XML, JSON 문서 모델은 제 4장, "운영 모델"에서 소개됩니다.

⁘ 시스템 접근: Authentication(인증), Authorization(인가), RBAC

시스코 APIC은 내부 및 외부 인증 및 권한부여에 대한 모든 모델을 제공합니다(TACACS+, RADIUS, LDAP – Lightweight Directory Access Protocol 및 [그림 3-35]와 같은 테넌트를 관리 및 분리를 위한 RBAC – Rolebased administrative control 기반의 ACI를 관리하는 모든 Managed objects에 대한 읽기 쓰기 액세스 제어).

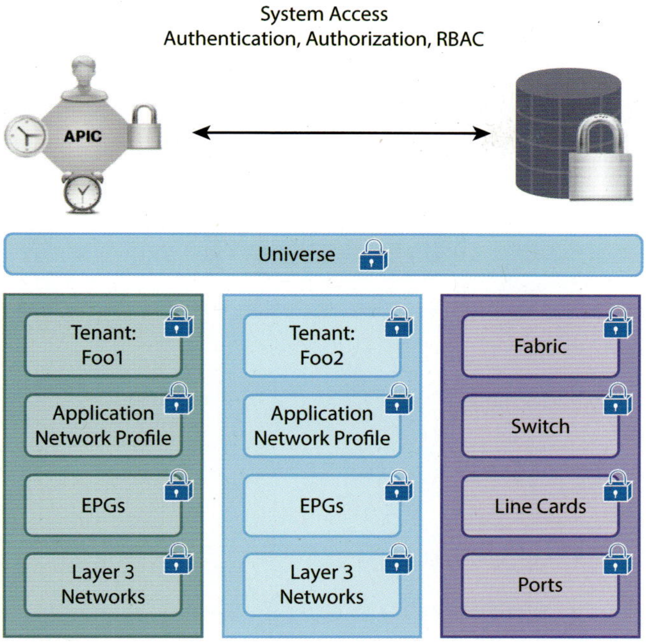

System Access
Authentication, Authorization, RBAC

[그림 3-35] 인증, 권한 및 RBAC

요약

시스코 ACI 정책 모델은 네트워크 및 서비스 객체가 확장 가능한 아키텍처의 구성 및 관리를 가능하게 합니다. 또한 정책 모델은 시스코 APIC 기반으로 네트워크 인프라와 관련된 최소한의 지식으로 멀티테넌트의 구성과 반복적인 구성 제어를 가능하게 합니다. 이러한 모델은 프라이빗, 퍼블릭 클라우드를 포함하는 다양한 데이터센터를 위해 설계되었습니다.

ACI는 APIC 기반의 패브릭에 의해 적용되는 애플리케이션을 배치하기 위한 논리적인 모델을 제공합니다. 이것은 애플리케이션의 요구사항과 이를 위한 네트워크 구조 사이에서의 상호 커뮤니케이션에 격차를 해소하는 데 도움을 줍니다. 시스코 APIC 기반의 모델은 애플리케이션의 워크로드가 어떤 환경에서든지 구성할 수 있도록 하는 강력한 정책을 집행하면서 애플리케이션을 위한 신속한 프로비저닝을 위해 설계되었습니다.

시스코 APIC은 ACI 패브릭 스위치를 관리하고 묵시적으로 자동화된 정책 기반의 네트워크 프로비저닝을 제공하는 가장 혁신적인 확장성이 매우 뛰어난 분산 제어 시스템입니다. APIC은 ACI 패브릭의 데이터 경로에는 관여하지 않으며 ACI 패브릭 내에서 최고의 성능을 구성할 수 있도록 디자인되었습니다.

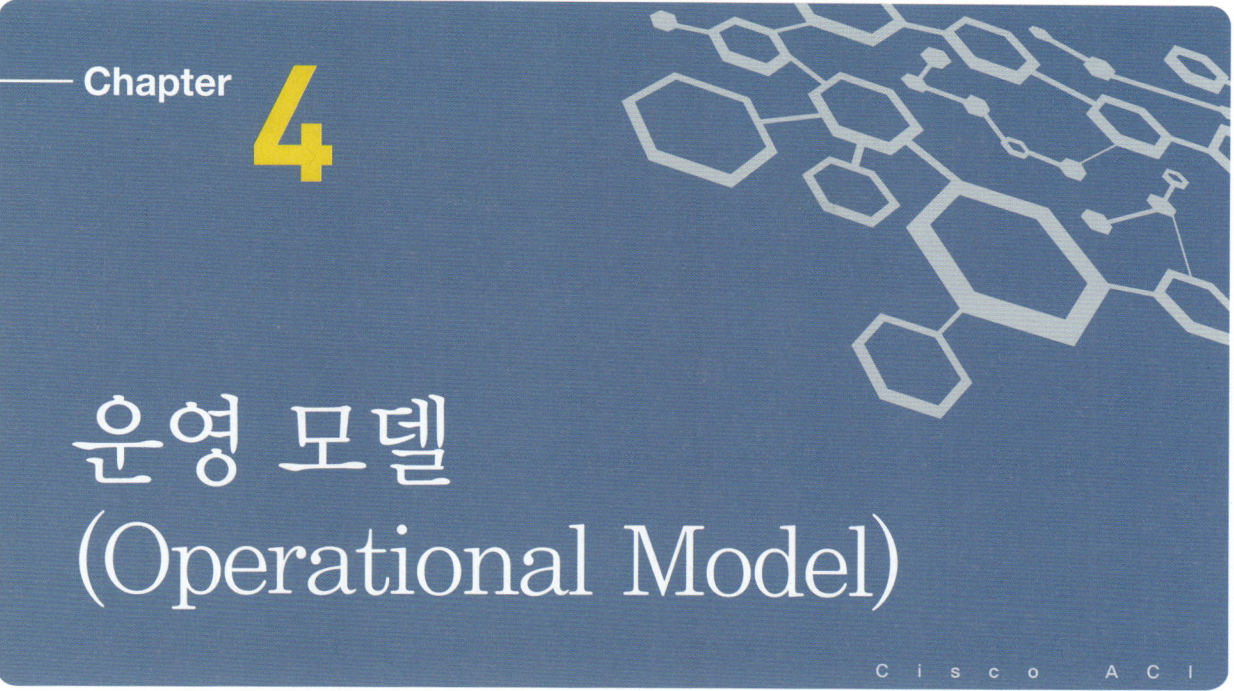

Chapter 4

운영 모델
(Operational Model)

Cisco ACI

2002년도에 정보 목적(Informational RFC)으로 발의된 RFC 3535(http://tools.ietf.org/html/rfc3535)는 네트워크 관리 또는 운영 팀들이 네트워크 장비 업체들에 요구하는 기능들을 다루고 있습니다. 이 문서에서는 SNMP(Simple Network Management Protocol)와 CLI(Command-Line Interface)와 같은 기존 기술의 한계를 강조하고 있습니다. 이에 더불어 네트워크가 통합적으로 설정될 수 있어야하고 그 설정이 쉽게 변경될 수 있도록 SVN(Apache Subversion), Mercurial 또는 Git과 같은 툴을 사용한 텍스트 기반의 리비전 관리 적용을 요구하고 있습니다.

CLI가 네트워크 설정을 대화형으로 변경하기 위해서는 좋은 방법이지만 자동화, 파싱(구문 분석)의 용의성(CLI 스크랩핑은 효율적이지도 실용적이지도 않습니다) 또는 커스터마이징을 위해서 만들어진 것은 아닙니다. 더욱이 CLI는 구문 분석 능력이나 문자열 조작에 있어서, 파이썬과 같은 정교한 스크립트 언어가 제공하는 고급 로직과 경쟁할 수 없습니다.

시스코 애플리케이션 중심 인프라(ACI) 기술에 의해 도입 된 운영 모델은 RFC 3535에서 언급된 네트워크 관리를 위한 요구사항들을 해결하기 위해 만들어졌습니다. 운영자는 REST(Representational state transfer) Call을 수행할 수 있는 특수한 스크립트 또는 그래픽 사용자 인터페이스(GUI)를 통해 시스코 ACI를 설정할 수 있습니다. 이 운영모델은 전통적인 CLI 기술을 대체하거나 보완하도록 디자인되었습니다.

이 장에서는 관리자와 운영자가 새로운 시스코 ACI 환경에 익숙해지는 데 필요한 주요 기술과 도구들을 설명하고, 해당 기술과 도구들이 시스코 ACI 기반의 데이터센터에서 어떻게 사용되는 지를 설명합니다.

 ## 현대적인 데이터센터를 위한 핵심 기술과 도구 소개

시스코 ACI 패브릭에 기반한 데이터센터에서는 운영자에게 다음과 같은 툴들을 제공합니다.

- 그래픽 사용자 인터페이스(GUI)
- 전체 패브릭에서 복잡한 작업을 수행 하기 위한 사용자 정의 파이썬 스크립트
- Postman과 같은 툴을 통한 네이티브 REST 콜

현대적인 데이터센터의 관리자는 다음과 같은 툴들에 익숙해져야 합니다.

> **현대 데이터센터에서 관리자들에게 요구되는 관리 도구들**
>
> ■ **REST**
> XML(eXtensible Markup Language) 또는 JSON(JavaScript Object Notation) 함께 사용될 수 있는 RESTful API는 SOAP과 WSDL과 같은 기존 모델들을 빠르게 대체하면서 점점 대중적인 웹서비스 모델로 자리잡고 있습니다. 시스코 APIC와 같은 최신의 컨트롤러는 REST Call을 통해 완벽히 관리될 수 있습니다.
>
> ■ **파이썬(Python)**
> 파이썬은 데이터센터 관리 및 구성을 포함한 대다수의 작업을 위해 선호되는 스크립트 언어 중 하나가 되고 있습니다.
>
> ■ **Git(또는 유사 툴)**
> Git는 분산 소프트웨어 개발에 필요한 버전 관리를 위해 만들어진 시스템으로 설정 스크립트의 리비전을 관리하기 위해 사용됩니다.

 ## 네트워크 관리 옵션

네트워킹 기업들은 네트워크 관리에 대한 다양한 접근 방법을 개발해왔습니다. [표 4-1]는 현재 가장 많이 사용되는 네트워크 관리 기술 및 프로토콜의 차이점을 설명하고 있습니다: REST, NETCONF(Network Configuration Protocol) 및 SNMP(Simple Network Management Protocol).

[표 4-1] REST, NETCONF와 SNMP의 비교

	REST	NETCONF	SNMP
전송 프로토콜	HTTP/HTTPS	SSH	UDP
Payload 형식	XML, JSON	XML	BER
도식화(Schema)		YANG	MIB
자원 구분	URL	경로(Path)	OID

RFC 3535에서 정의된 프로토콜에 대한 주요 요구 사항은 다음과 같습니다.

- Payload는 반드시 사람이 읽을 수 있어야 합니다.
- Payload는 리비전 관리가 쉬운 텍스트 기반이어야 합니다.
- 트랜잭션은 ACID 규칙을 따라야 합니다. : 세분화되고(Atomic), 일관되며(Consistent), 독립적이고 (independent), 내구성(durable)이 있어야 합니다.

Cisco ACI는 상기 리스트의 앞의 두 요건을 충족시키기 위해서 REST에 기반하고 있으며, 제품 디자인 단계에서부터 세번째 요건인 ACID 규칙을 염두에 두고 만들어졌습니다.

⋮⋮ REST 프로토콜

RESTful 웹 서비스(또는 RESTful 웹 API)는 HTTP와 REST 형식으로 구현되며, 아래 내용을 포함 하는 리소스들의 집합으로 이루어집니다.

- https://〈컨트롤러 IP 주소〉/resources/와 같은 웹서비스를 위한 기본 URI(universal resource identifier)
- 전형적인 XML 또는 JSON 와 같은 서비스를 지원하는 인터넷 미디어 타입.
- 일련의 동작은 HTTP GET, POST 및 DELETE를 통해 지원되며 기본적인 HTTP 요청은 다음과 같습 니다.

- **POST:** 설정을 실행하는 데 사용됩니다. 대상 도메인 이름, 클래스 및 옵션을 변경할 수 있는 서브 트 리의 루트(Root)를 지정하여 실행하게됩니다. 해당 요청을 통해 수집되는 데이터는 서브 트리 형태로 구조화 된 텍스트(XML 또는 JSON) 형태로 보이게 됩니다.
- **DELETE:** 객체(Object)를 삭제하는 데 사용됩니다. 예를 들어, 설정을 삭제하는 것과 같은 동작에 사용 될 수 있습니다.
- **GET:** 쿼리를 수행하는 데 사용됩니다. URL로 지정한 객체(Object)를 가져옵니다.

일반적인 설정 순서는 다음과 같습니다.

1단계. <u>인증</u>: ⟨user name='username' pwd= 'password'/⟩과 같은 형태의 XML 페이로드를 사용하여 https://⟨IP of controller⟩/login.xml을 호출합니다. 인증이 수행되고 나면 다음 호출을 위해 사용되는 브라우저에서 사용하는 쿠키값이 반환됩니다.

2단계. <u>설정을 적용하기 위해 HTTP POST 보내기</u>: POST 메시지의 URL은 개체에 따라 달라집니다; 예를 들면 https://⟨IP of controller⟩/api/mo/uni.xml에서 api는 API 호출을 의미하고, mo는 해당 호출이 관리 오브젝트(Management Object)를 수정하기 위한 호출이며, uni(universe)는 오브젝트 트리의 루트를 뜻하며, .xml은 페이로드가 XML 포맷이라는 것을 가리킵니다. 그리고 URL이 .json으로 끝나는 경우는 페이로드가 JSON 포맷이라는 것을 뜻합니다.

3단계. <u>HTTP 상태 코드를 확인합니다</u>: 설정에 문제가 없다면 "200 OK"가 표시될 것입니다.

대다수의 자동화 툴들은 REST 호출과 XML 또는 JSON 페이로드를 사용하기 위한 기능들을 포함하고 있습니다. 이를 통해 REST를 지원하는 네트워크 장비들을 손쉽게 자동화 워크플로와 통합할 수 있게 됩니다.

다양한 툴들을 통해 REST 호출을 개별적으로 테스트할 수 있습니다. 대화형 툴중에 하나인 Postman(http://www.getpostman.com)을 통해 REST 호출을 손쉽게 수행할 수 있습니다: HTTP 동작(POST, DELETE 또는 GET)을 선택하고, URL과 XML 페이로드를 입력한 뒤에 SEND 버튼을 누르는 것만으로 손쉽게 설정을 컨트롤러에 적용할 수 있습니다.

⋮⋮ XML, JSON과 YAML

XML과 JSON은 데이터를 구조화하기 위한 포맷으로 클라이언트와 서버 간에 데이터(이름과 값이 쌍으로 된)를 전달할 목적으로 객체들을 순서대로 나열하는 형태를 따릅니다. 두 개의 포맷은 계층과 데이터 배열을 표현하는 방법과 문법에 있어서 다른 형태로 보여집니다.
XML 포맷은 HTML과 상당히 유사합니다.

JSON 포맷은 다음의 특성을 가집니다:

- 각 객체는 중괄호({})로 구분됩니다.
- 키 값은 콜론(:)으로 분리됩니다.
- 배열(Array)은 대괄호([])로 묶이며 각각의 배열(Array)뒤에는 쉼표(,)가 놓입니다.

> **Note**
> JSON 문법에 대한 좀 더 상세한 정보는 http://json.org/를 참조하세요.

[예제 4-1]과 [예제 4-2]는 동일한 테넌트 설정이 Cisco ACI 패브릭 내에서 XML과 JSON 포맷으로 각각 어떻게 표현되는 지를 보여줍니다. 이 설정은 bridgedomain1으로 만들어진 브리지 도메인 내에 NewCorp이라는 테넌트를 생성하는 설정입니다.

예제 4-1　　XML 형태의 Cisco ACI 테넌트 설정

```xml
<fvTenant descr="" dn="uni/tn-NewCorp" name="NewCorp" >
    <fvCtx name="router1" >
    </fvCtx>
    <fvBD arpFlood="no" descr="" mac="00:22:BD:F8:19:FF" name="bridgedomain1"
    unicastRoute="yes" unkMacUcastAct="proxy" unkMcastAct="flood">
        <fvRsCtx tnFvCtxName="router1"/>
    </fvBD>
</fvTenant>
```

예제 4-2　　JSON 형태의 Cisco ACI 테넌트 설정

```json
{
    "fvTenant": {
        "attributes":{
            "dn":"uni/tn-NewCorp",
        "name":"NewCorp"
    },
    "children":[
        {
            "fvCtx":{
                "attributes":{
                    "name":"router1"
                }
            }
        },
        {
            "fvBD":{
                "attributes":{
                    "arpFlood":"no",
                    "name":"bridgedomain1",
```

```
                    "unicastRoute":"yes"
                },
                "children":[
                    {
                        "fvRsCtx":{
                            "attributes":{
                                "tnFvCtxName":"router1"
                            }
                        }
                    }
                ]
            }
        }
    ]
}
}
```

YAML은 JSON이나 XML과 같이 계층 구조, 배열(Array) 등을 생성할 수 있는 포맷을 가지고 있지만 JSON이나 XML 보다는 사람이 읽기 편한 형태를 가지고 있습니다.

[예제 4-3]은 YAML로 표현된 설정 파일 포맷을 보여줍니다. 이 예제에서는 "tests"라는 배열(Array)를 정의하고 있습니다.

예제 4-3	YAML 형태의 설정 파일

```
host:    192.168.10.1:7580
name:    admin
passwd: password
tests:
    - type: xml
      path: /api/node/mo/.xml
      file: tenant1.xml

    - type: xml
      path: /api/node/mo/.xml
      file: application.xml
```

시스코 ACI에서 구성을 적용하는 데 필요한 REST 호출에는 XML 또는 JSON 포맷의 페이로드가 사용될 수 있습니다.

이 장에서는 파이썬 스크립트에 대한 구성 파일로 사용되는 텍스트 파일 포맷인 YAML의 사용에 대해 설명합니다.

파이썬(Python)

이 장에서는 파이썬에 대한 기본적인 내용을 다루고 있습니다. 운영자가 직접 커스터마이징된 파이썬 스크립트를 생성하거나 기존 스크립트를 수정하고자 할 수도 있기 때문에 운영자가 간단한 파이썬 스크립트를 입력할 수 있을 정도의 지식이 필요합니다.

python code.py

파이썬은 인터프리티드 프로그래밍 언어(interpreted programing language)입니다; 파이썬은 바이너리 코드로 컴파일을 할 필요가 없습니다. 파이썬은 가상머신 내에서 실행되는 바이트코드로 자동으로 변환됩니다. 파이썬은 또한 인터프리터를 통해 대화형으로 스크립트를 실행하기 위한 프롬프트를 제공합니다. 이를 사용하여 스크립트를 라인별로 테스트할 수 있기 때문에 유용합니다. 파이썬의 스크립트를 수행하기 위한 프롬프트는 >>>로 표시됩니다. 이 장에서 언급된 예제들은 대부분 인터프리터 환경에 기반하고 있고 설정 라인이 >>>로 시작된다고 하면 이는 파이썬 인터프리터를 사용하다는 것을 뜻합니다.

파이썬 기초

파이썬을 처음 시작하는 데 참고할 만한 좋은 사이트로는 아래 주소의 온라인 튜토리얼이 있습니다.
https://docs.python.org/2/tutorial/inputoutput.html

다음은 파이썬 스크립트의 주요 특징입니다:

- 들여쓰기는 필수입니다.
- 대소문자 구분이 없습니다.
- 큰 따옴표(")와 작은 따옴표(')의 구분이 없습니다.; 예를 들어, 'D'와 "D"는 동일하게 취급됩니다.
- 주석은 #로 시작합니다.
- 파이썬의 라이브러리는 모듈(module)이라고 불립니다.
- 일반적으로 스크립트는 필요한 모듈들을 import 명령을 통해 불러오는 것으로부터 시작됩니다.
- sys 모듈은 sys.argv[1], sys.argv[2] 등과 같은 커맨드라인 옵션을 파싱(parsing)하는 데 사용되기 때문에 거의 대부분의 스크립트에 포함됩니다.
- 변수의 종류(Type)을 사전에 선언할 필요가 없습니다(변수가 어떤 종류인지를 확인하기 위해서는 type(n)

명령어를 통해 확인할 수 있습니다.

- **def function**(abc) 명령어를 사용하여 새로운 기능을 정의할 수 있습니다.
- 파이썬은 데이터를 손쉽게 다룰 수 있는 데이터 구조(data structure)를 제공합니다: lists, tuples, dictionaries (dict).
- 파이썬은 실시간으로 에러를 체크합니다.

main() 함수는 어디에?

파이썬에서는 main()이 꼭 필요한 것은 아니지만, 스크립트를 좀 더 잘 구조화하기 위해 main()과 같은 정의가 필요할 수도 있습니다. 파이썬에서는 두개의 연속된 밑줄(__)을 붙여서 사용하여 이를 구현할 수 있는 데, 예를 들자면 __main__과 같은 방법을 사용하는 것입니다. 아래의 파이썬 스크립트를 직접 수행하게되는 경우 스크립트가 실행될 때, __name__ 변수는 __main__으로 설정됩니다. 그리고 직접 실행되는 것이 아니라 이 스크립트가 호출되어(import) 되어 실행되는 경우에는 __name__ 변수가 해당 모듈의 파일명으로 설정됩니다.

```
def main()
if __name__ == '__main__':
main()
```

함수(function) 정의

[예제 4-4] 에서 보는 것과 같이 파이썬의 기본 함수는 키워드 **def**에 의해 생성됩니다.

예제 4-4	함수 정의

```
def myfunction (A):
    If A>10:
    Return "morethan10"


    If A<5:
        Return "lessthan5"
```

import math 명령어는 math 모듈을 현재 사용하는 스크립트로 불러오는 역할을 합니다. 어떤 클래스(class)와 메소드(method) 해당 모듈에 선언되어 있는지를 확인하기 위해서는 [예제 4-5]와 같이 **dir** 명령어를 사용하면 됩니다.

```
>>> import math
>>> dir (math)
['__doc__', '__name__', '__package__', 'acos', 'acosh', 'asin', 'asinh', 'atan',
'atan2', 'atanh', 'ceil', 'copysign', 'cos', 'cosh', 'degrees', 'e', 'erf',
'erfc', 'exp', 'expm1', 'fabs', 'factorial', 'floor', 'fmod', 'frexp', 'fsum',
'gamma', 'hypot', 'isinf', 'isnan', 'ldexp', 'lgamma', 'log', 'log10', 'log1p',
'modf', 'pi', 'pow', 'radians', 'sin', 'sinh', 'sqrt', 'tan', 'tanh', 'trunc']
>>> math.cos(0)
1.0
```

모듈로부터 특정 함수나 메소드를 임포트할 수 있습니다. 예를 들면 argparse 모듈에서 Argument
Parser 함수를 임포트할 수 있는 데, 임포트가 되고나면 해당 모듈의 이름을 붙일 필요 없이 바로
함수의 이름을 직접 사용하여 호출할 수 있습니다. 즉, argparse.ArgumentParser 대신 함수명인
argparse 만을 사용하여 해당 함수를 호출할 수 있습니다.

유용한 데이터 구조

파이썬은 다양한 종류의 자료형을 제공합니다.

 파이썬의 자료형

- **리스트**(List)

  리스트는 데이터를 나열된 형태의 집합으로 표현하기 위한 자료형입니다. 리스트 a를 예를 들면, a=
  [1, 2, 3, 4, 'five', [6, 'six']] 와 같이 표현될 수 있습니다. 리스트로 정의된 값은 수정 가능합니다. 예
  를 들어 a[0] 값을 1에서 "one"으로 변경하고자 할 경우 a[0]='one'을 입력하면 됩니다.

- **튜플**(Tuple)

  튜플은 리스트와 유사하지만 그 값을 수정할 수 없습니다. 예를 들어, a=(1, 2, 3, 4, 'five') 와 같이 표
  현 될 수 있습니다.

- **딕셔너리**(Dictionaries)

  딕셔너리는 키(key)와 값(value)이 하나의 쌍으로 표현되는 자료형입니다. 예를 들어, protocols =
  {'tcp': '6', 'udp': '17'}와 같이 표현될 수 있습니다.

[예제 4-6]은 리스트의 예를 보여줍니다.

예제 4-6 **리스트(List)**

```
>>> a = [1, [2, 'two']]
>>> a
[1, [2, 'two']]
>>> a[0]
1
>>> a[-1]
[2, 'two']
```

다음의 설정은 딕셔너리(dictionary)를 보여줍니다.

```
>>> protocols = {'tcp': '6', 'udp': '17'}
>>> protocols['tcp']
'6'
```

[예제 4-7]은 집합(Set)의 예를 보여줍니다.

예제 4-7 **집합(Set)**

```
>>> a = {'a', 'b', 'c'}
>>> a[0]
Traceback (most recent call last):
    File "<stdin>", line 1, in <module>
TypeError: 'set' object does not support indexing
```

변수가 문자열이든 숫자든 상관없이 사용될 수 있는 %s를 사용하면 문자열을 연결할 수 있습니다. 예를 들어, a=10 이라면 "foo%s"%a 는 foo10이 됩니다.

이와 같이 개별 요소를 인덱싱하거나 요소의 범위를 선택하는 것과 같이 문자열에 세밀한 작업을 수행할 수 있습니다. [예제 4-8]은 문자열(String)의 예를 보여줍니다.

예제 4-8 | **문자열(String)**

```
>>> a ='abcdef'
>>> a[3]
'd'
>>> a[4:]
'ef'
```

파일 구문 분석

파일 내용에 대한 구문 분석(Parsing)은 파이썬에서 제공하는 라이브러리를 사용하여 수행되는데, 파일 내용(예를 들어 설정 파일들)은 설정 필요에 따라 딕셔너리나 리스트로 파싱(parsing: 구문 분석)됩니다. 일반적인 사람이 읽을 수 있는 형식은 YAML입니다. 한번 YAML 라이브러리를 불러오면 기존 함수를 사용하여 파일을 파싱할 수 있습니다.

> **Note**
> 좀 더 상세한 정보는 https://docs.python.org/2/library/configparser.html를 참조하세요.

[예제 4-9]는 파이썬이 어떻게 YAML 형식의 파일을 딕셔너리(Dictionary)로 파싱하고 또 이를 어떻게 활용하는지를 보여줍니다.

예제 4-9 | **YAML 라이브러리의 활용**

```
>>> import yaml
>>> f = open('mgmt0.cfg', 'r')
>>> config = yam.safe_load(f)
Traceback (most recent call last):
    File "<stdin>", line 1, in <module>
NameError: name 'yam' is not defined
```

```
>>> config = yaml.safe_load(f)
>>> config
{'leafnumber': 101, 'passwd': 'ins3965!', 'name': 'admin', 'url':
    'https://10.51.66.243', 'IP': '172.18.66.245', 'gateway': '172.18.66.1/16'}
```

YAML은 파이썬에 기본으로 포함되지 않기 때문에 필요하다면 별도로 해당 라이브러리를 추가 설치해야 합니다.

파이썬에서는 JSON 형식(https://docs.python.org/2/library/json.html)의 파일을 쉽게 파싱할 수 있습니다. [예제 4-10]은 파이썬의 JSON 파싱 모듈 사용 예를 보여줍니다.

예제 4-10 | **JSON 형식의 파일 사용 예**

```
{
    "name" : "ExampleCorp",
    "pvn"  : "pvn1",
    "bd"   : "bd1",
    "ap"   : [ {"name" : "OnlineStore",
            "epgs" : [{"name" : "app"},
                      {"name" : "web"},
                      {"name" : "db"}
                     ]
           }
          ]
}

>>> import json
>>> f = open('filename.json', 'r')
>>> dict = json.load(f)
>>> dict
{u'bd': u'bd1', u'ap': {u'epgs': [{u'name': u'app'}, {u'name': u'web'}, {u'name':
u'db'}], u'name': u'OnlineStore'}, u'name': u'ExampleCorp', u'pvn': u'pvn1'}
>>> dict['name']
u'ExampleCorp'
```

파이썬 스크립트 확인

파이썬 코드는 컴파일되지 않기 때문에 코드를 수행할 때 에러가 발견됩니다. pylint 〈file name〉 ¦ grep E는 코드를 수행하기 이전에 에러를 찾는 데 사용될 수 있습니다.

    sudo pip install pylint

에러는 문자 *E*로 시작합니다.

파이썬 실행

파이썬에 대한 지원은 사용 중인 호스트 운영체제에 따라 달라집니다. 예를 들어, 애플 OS X 기반의 시스템을 가지고 있는 경우, 파이썬 지원이 내장되어 있습니다. 이 장의 모든 예제는 애플 맥북상에서 파이썬 사용을 기반으로 하고 있습니다. OS X 기반의 머신을 사용하는 경우, Xcode (https://developer.apple.com/xcode/)를 설치해야할 수도 있습니다. 파이썬이 대부분의 운영체제를 지원하고는 있지만 사전 설치가 필요할 수 있습니다.

Pip, Easyinstall 및 셋업 툴

사전에 pip가 이미 설치되어 있다면 *egg*로 알려진 파이썬 패키지를 손쉽게 설치할 수 있습니다. egg는 Java의 JAR 파일과 비슷한 패키지라고 보면 됩니다.

리눅스 머신에서 파이썬을 실행하고자하는 경우, yum 또는 apt-get을 통해 파이썬 셋업툴을 설치할 수 있습니다(https://pypi.python.org/pypi/setuptools 또는 wget https://bootstrap.pypa.io/ ez_setup.py -O - ¦ sudo python). 그리고 나서 easy_install (셋업툴내에 포함)을 사용하여 pip를 설치한 뒤에 pip를 사용하여 다른 패키지들을 설치할 수 있습니다.

- yum (또는 apt-get) install python-setuptools
- easy_install -i http://pypi.gocept.com/simple/ pip

파이썬을 OS X 머신에서 실행하는 경우, 먼저 셋업툴 설치를 위해 Homebrew(http://brew.sh/)를 설치해야 합니다. 그리고 나서 Homebrew 또는 easy_install을 사용하여 pip를 설치한 뒤에 pip을 사용하여 파이썬 패키지를 설치할 수 있습니다.

ACI를 위한 파이썬 egg의 경우 easy_install을 사용하여 설치할 수 있습니다.

어떤 패키지가 필요한가요?

파이썬은 라이브러리 모듈(modules)을 필요로 합니다. 어떤 모듈은 기본적으로 설치되어 있지만, 그 이외에는 별도의 패키지 형태로 제공됩니다. 필요한 파이썬 패키지를 설치하는 데 일반적으로 사용되는 툴은 pip(https://pypi.python.org/pypi/pip)으로 **pip install -i ⟨url⟩**와 같은 방법으로 사용됩니다.

다음은 파이썬에서 일반적으로 사용되는 패키지들로 별도 설치가 필요합니다.

- **CodeTalker:** https://pypi.python.org/pypi/CodeTalker/0.5
- **Websockets:** https://pypi.python.org/pypi/websockets

다음은 파이썬에서 주로 사용하는 라이브러들로 사전에 임포트(import)해야 합니다.

- import sys
- import os
- import json
- import re
- import yaml
- import requests

다음 설정은 적절한 라이브러리를 찾기 위해 스크립트 내에서 경로를 설정하는 방법입니다.

- **sys.path.append**('pysdk')
- **sys.path.append**('vmware/pylib')
- **sys.path.append**('scvmm')

virtualenv

Virtual Env는 서로 다른 버전의 라이브러리 의존성을 가진 애플리케이션을 실행할 수 있도록 하기 위해 파이썬 환경을 각각의 패키지에 맞게 분리하여 구성할 수 있도록 해줍니다. 예를 들어 하나의 애플리케이션이 라이브러리 버전 1을 요구하고 다른 애플리케이션은 라이브러리 버전 2를 필요로 하는 경우에는 어떤 버전을 설치해야 할 지를 선택해야합니다. 이 때 Virtual Env는 개별 패키지별로 실행 환경을 분리하여 구분지어 주기 때문에 파이썬 환경을 실행할 때마다 선택해야 할 필요가 없도록 합니다.

> **Note**
> Virtual Env에 대한 좀 더 상세한 정보는 https://pypi.python.org/ pypi/virtualenv를 참조하세요.

[예제 4-11]은 새로운 virtualenv를 만드는 방법을 보여줍니다. 먼저 **sudo pip install virtualenv**를 실행하여 virtualenv를 설치합니다. 그 다음 **virtualenv cobra1**를 생성하여 cobra1이라는 가상 환경을 생성합니다. **cd cobra1**을 실행하여 cobra1 디렉토리로 이동한 후, **source bin/activate**를 실행하여 활성화합니다. 지금부터는 해당 환경에 맞는 특정 패키지를 설치할 수 있게됩니다. 만약 가상 환경을 빠져나오고 싶다면 그냥 **deactivate**를 수행하여 가상 환경을 비활성화하면 됩니다.

예제 4-11 가상 환경(Virtual Environment)의 생성

```
prompt# sudo pip install virtualenv prompt# virtualenv cobra1
prompt# cd cobra1
prompt# source bin/activate (cobra1)prompt# pip install requests
[...]
(cobra1)prompt# deactivate
```

호스트의 어떤 폴더에서든 가상 환경을 만들어서 파이썬 스크립트를 실행할 수 있습니다. 다른 가상환경으로 변경을 하려는 경우 **source 〈newenv〉/bin/active**를 입력한 뒤에 스크립트를 실행합니다. 그리고 나서 **deactivate**를 입력하면 됩니다.

가상 환경은 tar 로 압축하여 다른 관리자와 공유할 수 있습니다.

⠿ Git와 GitHub

중앙 집중식 버전 관리 시스템은 소프트웨어 개발 초기부터 사용되어 왔습니다. 분산 버전 관리 시스템은 업계에는 새롭게 등장한 것이 때문에 아직까지는 운영자들이 중앙 집중형 시스템 관리에 익숙할 수 있을 것입니다. Git는 분산형 버전/리비전 관리 시스템입니다. Git는 현재 가장 인기있는 버전 관리 시스템 중 하나이기 때문에, 모든 네트워크 관리자는 핵심 개념에 대해 잘 알고 있는 것이 좋습니다.

리비전 컨트롤은 관리 소프트웨어 개발 프로젝트나 문서를 관리하는 데 사용됩니다.

GitHub는 클라우드 기반 중심의 저장소(repository)를 제공하는 Git 기반의 저장소(repository)입니다.

버전 컨트롤의 기본 개요

다음은 버전 컨트롤 시스템에서 제공되는 주요 기능입니다.

- 여러 개발자들이 하나의 코드를 코딩할 때 변경된 내용을 동기화
- 변경 내역 추적(tracking)
- 백업 및 재저장(restore) 기능

 관련된 용어

- **저장소(Repository 또는 repo):** 파일이 저장되는 위치

- **트렁크, 마스터, 메인 또는 메인라인:** 저장소 내에 코드가 위치한 기본 위치

- **워킹 세트(Working set):** 중앙 저장소로부터 복사한 로컬 복사본

버전 컨트롤 시스템은 네트워크 관리를 위한 스크립트의 개발을 제어하기 위해 사용될 수 있습니다. 네트워크 관리자는 다음과 같은 주요 기능들을 수행할 수 있습니다.

- 저장소 복제 또는 점검; 예를 들면, 전체 저장소에 대한 로컬 복제본 생성
- 저장소로부터 변경 내역을 업데이트(pulling) 업데이트; 예를 들면, 중앙의 저장소로부터 변경된 사항을 로컬 저장소로 업데이트
- 저장소에 새로운 파일을 추가
- 중앙 저장소로 변경 내역을 업데이트(pushing): 예를 들어, 로컬 복사본에서 수행된 수정 내역을 다시 주 저장소로 업데이트

주 저장소에 변경사항을 업데이트 할 경우 다른 관리자의 변경 내역이나 기존에 만들어진 내역과 충돌할 수 있기 때문에 변경작업을 하기 전에 기존 작업 내역이 미리 통합 또는 적용되어 있어야합니다.

중앙 집중 vs 분산 버전 관리 시스템

잘 알려진 버전 관리 시스템인 아파치 서브버전(Apache Subversion 또는 SVN)은 메인 코드의 로컬 복사본으로 먼저 코드를 변경한 뒤에, 그 변경된 코드를 검증하고 난 뒤에야 중앙 집중의 저장소를

연결하여 푸시(PUSH, 메인 버전 업데이트 작업)를 수행합니다. Git이나 Mercurial과 같은 분산 버전 관리 시스템에서는, 각각의 개발자가 중앙 저장소에 대한 로컬 복사본을 가지고 있으며, 변경 시에는 중앙 저장소에 직접 푸시하기 전에 먼저 로컬에 적용합니다. 이를 통해 로컬 시스템의 변경 이력을 유지하고 중앙 저장소에 대한 직접적인 변경 작업에 대한 동기화가 빈번히 일어나지 않도록 합니다. 이는 많은 사람들이 동일한 코드에 기여하는 경우에 사소한 변경 작업들이 중앙 저장소에서 빈번하게 이루어질 때 발생할 수 있는 충돌을 최소화할 수 있도록 합니다.

코드 개발 환경에 있어서 Git가 제공하고 있는 여러 기능들 중에 패치에 대한 개선은 무척이나 효과적인 결과를 보여주고 있습니다. 이전의 개발자들은 개발 중인 코드를 로컬 머신에서 수정하였고, 패치 단계에서 diff 유틸리티를 사용하여 원본 코드와 새로운 코드 간의 변경된 내용을 확인하였습니다. 그리고 변경된 코드를 파일로 저장한뒤 이메일로 원본 코드 개발자에게 전송하여 코드 검토 후에 원본 코드에 반영될 수 있도록 하였습니다. Git는 이러한 개발환경을 완전히 바꿔놓았습니다. Git은 개발자가 메인 저장소의 코드를 변경하고자 할 때, 포크(Fork, 현재는 저장소 미러로 불림)를 통해 변경하도록 합니다. 포크에서 풀 리퀘스트(Pull Request)를 생성하고 난 뒤에야 메인 저장소의 소유자가 해당 요청을 처리함으로써, 메인 저장소가 빈번하게 변경되는 것을 막을 수 있게 되었습니다.

대부분의 경우 코드를 함께 개발하는 팀원들이 중앙 저장소로부터 변경 내역을 받아서(Pull) 개발하는 방식인 중앙 집중적인 개발환경을 사용하고 있지만, Git은 중앙 저장소 없이 완전한 분산 버전 관리 시스템에서도 작동할 수 있는 환경을 제공합니다.

Git 기본 동작

네트워크 관리자로서 모든 지역의 세세한 작업까지 관리할 수 있을 필요는 없습니다만, 시스코가 제공하는 스크립트들에 대한 로컬 복사본을 최신으로 유지하고 관리할 수 있어야합니다. 또는 직접 개선한 코드를 커뮤니티 기반의 중앙 저장소로 기부하고 싶어할 수도 있습니다.

여러분의 회사가 스크립트를 로컬 저장소에 두는 경우, 여러 운영자들이 이러한 스크립트에 변경 내용을 동기화할 수 있도록 리비전 관리 시스템을 유지해야 할 수도 있습니다. 이런 경우 아래와 같은 주요 작업에 익숙해져야 합니다.

- **중앙 저장소로부터 로컬 복사본 가져오기:** git clone
- **로컬 저장소에 파일 추가:** git add
- **로컬 저장소 업데이트:** git pull
- **중앙 저장소에 업로드:** git push
- **로컬 커밋**(commit) **수행:** git commit

스크립트를 사용하여 빈번하게 이루어지는 변경 작업은 워크스페이스(workspace)라는 곳에서 수행되고, 로컬 커밋은 로컬 저장소에서 저장됩니다. [그림 4-1]은 Git 동작을 간략히 보여줍니다.

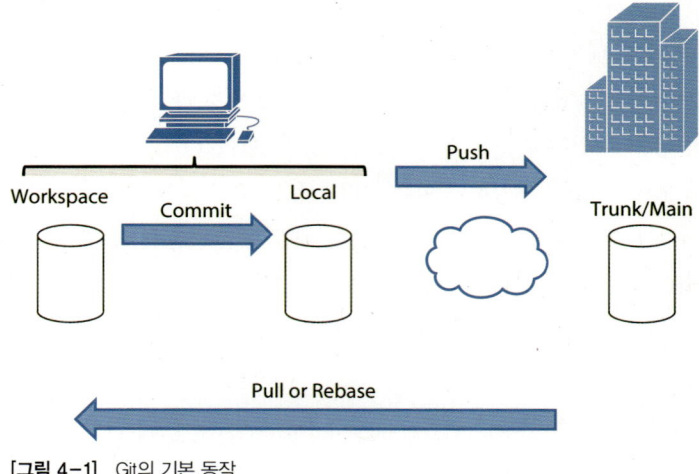

[그림 4-1] Git의 기본 동작

Git 설치 및 셋업

Git의 설치는 플랫폼에 따라 달라집니다. 예를 들자면, OS 배포판에 따라 **yum install git** 또는 **apt-get install git**와 같은 설치 명령어를 실행합니다.

git config으로 사용자이름과 이메일 주소를 입력하여 ~/.gitconfig 파일에 이 설정 정보를 저장합니다.

다음 명령어를 사용하여 로컬 저장소가 위치할 디렉토리를 생성합니다.

```
mkdir <directory name>
git init
```

Git 주요 명령어

시작을 위해서 아래와 같이 저장소를 컴퓨터에 복제(clone)합니다.

```
git clone git+ssh://<username>@git.company.local:port/folder
```

그리고 나서 Git를 SSH 또는 HTTP/HTTPS를 사용하여 저장소에 연결합니다. 다음은 HTTPS를 사용하여 저장소에 연결하는 명령어입니다.

```
git clone https://github.com/datacenter/ACI
```

clone 명령어는 주 저장소에 연결되는 origin이라는 바로가기 링크를 추가합니다.

작업영역에서 로컬 파일을 수정 한 뒤에는 **git add**를 사용하여 파일을 준비하고 나서 **git commit**을 사용하여 저장소의 로컬 복사본에 변경 사항을 저장합니다.

```
git add <file name>
git commit
```

저장소에 새로운 파일을 추가하는 데에도 git add를 사용할 수도 있습니다.

git commit 명령어는 중앙 집중적인 저장소(트렁크 또는 메인라인로 불림)를 변경하지 않습니다. 이는 로컬 머신 내의 변경사항을 저장합니다.

몇 차례 커밋 후에는 중앙 저장소에 변경 내용을 업로드 할 수 있습니다. 하지만 업로드하기 이전에, 원격지 저장소를 복제(clone)하거나 풀(pull)한 이후에 원격지 저장소 내에서 변경된 다른 내역들과의 충돌을 막기 위해 아래와 같이 로컬 복사본을 먼저 리베이스(rebase)하는 것이 필요합니다.

```
git pull --rebase origin master
```

또는,

```
git fetch origin master
git rebase -i origin/master
```

여기서 origin은 원격 저장소를 나타내고, master는 로컬 저장소가 주 저장소임을 나타냅니다. 그리고 대화형 옵션인 −i 를 사용하여 rebase 시에 발생할 수 있는 오류들을 대화형으로 쉽게 해결할 수 있도록 합니다.

원격 저장소의 변경 내용과 로컬 변경 내용을 병합(merge) 한 뒤에 이를 원격 저장소에 업로드하려면 다음 명령을 사용합니다.

```
git push origin master
```

 ## Cisco APIC 운영

Cisco ACI를 통해 관리자는 [그림 4-2]와 같이 CLI, REST 콜, 파이썬 스크립트 등과 같은 다양한 방법을 이용하여 현대적인 데이터센터 네트워크를 구성할 수 있습니다.

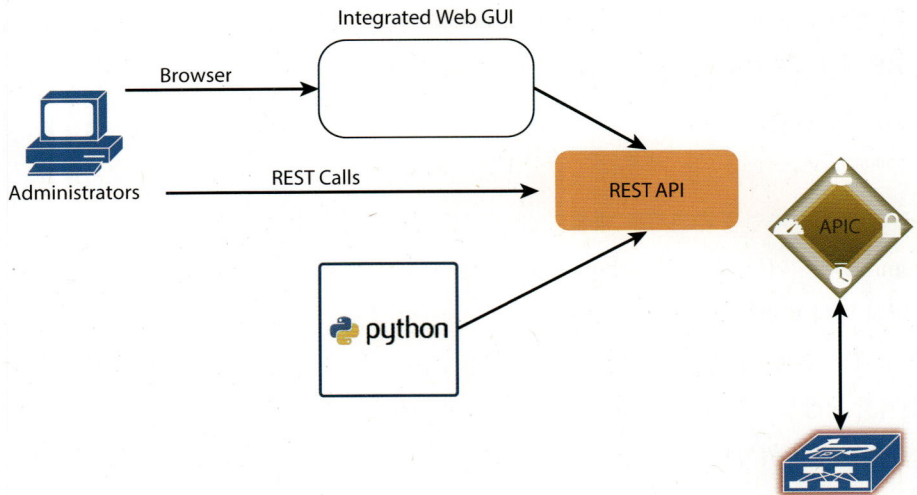

[그림 4-2] Cisco APIC의 노스바운드(Northbound)와 사우스바운드(Southbound) 인터페이스

Cisco ACI에서 사용자는 다음과 같은 방법으로 Cisco APIC 컨트롤러에서 설정을 정의할 수 있습니다.

- XML 또는 JSON 포맷의 메세지를 REST 콜 사용하여 Cisco APIC로 전송. Postman 또는 파이썬 스크립트와 같은 툴을 사용하여 다양한 방법으로 전송할 수 있습니다.
- 커스터마이징된 GUI 환경을 사용하여 REST 콜을 전송
- Cisco APIC로부터 오브젝트 모델을 탐색(navigate)하기 위해 CLI 사용
- 파이썬 스크립트를 사용하여 Cisco ACI 라이브러리를 연동

각각의 툴은 장단점이 있습니다. 다음은 각각의 툴들이 주로 어떻게 사용되는 지를 보여줍니다.

 Cisco ACI의 사용자 인터페이스 툴

■ GUI
주로 인프라스트럭처 관리, 모니터링, 트러블 슈팅을 위한 목적으로 사용됩니다. 또한 템플릿을 생성하는 데 사용될 수 있습니다.

■ Cisco APIC의 CLI
주로 셸스크립트를 생성하거나 트러블슈팅을 위해 사용됩니다.

■ POSTMAN과 같은 REST 툴
주로 자동화를 위한 설정을 정의하고 테스트하는 데 주로 사용됩니다.

객체 트리(Object Tree)

Cisco ACI 인프라스트럭처의 모든 것은 클래스 또는 관리 오브젝트(managed object 줄여서 "MO")로 표현할 수 있습니다. 각 관리 오브젝트는 이름으로 식별되며 속성(properties)이라는 정의된 값을 담고 있습니다. 각 테넌트는 동일한 유형의, Example.com 같이 특정한 이름을 가진 오브젝트입니다. 스위치에 포트가 있는 것처럼 패브릭의 라우팅 인스턴스는 하나의 오브젝트가 됩니다. 오브젝트는 구체적(Cisco APIC REST API 사용 설명서에 "C"로 표시됨) 또는 추상적(Cisco APIC REST API 사용 설명서에 "A"로 표시됨)일 수 있습니다. 예를 들면, 포트는 구체적인 객체이지만, 테넌트는 추상적인 객체입니다.

Cisco ACI의 모든 설정은 이러한 오브젝트들을 생성, 속성 수정, 삭제 또는 트리 검색하는 것으로 이루어집니다. 예를 들면, 오브젝트를 생성하거나 수정하기 위해서는 https://〈컨트롤러 IP주소〉/api/mo/uni/.xml와 같은 유형의 URL에 대한 REST 콜을 사용합니다. 클래스에 대해 작업을 수행하기 위해서는 https://〈 컨트롤러 IP주소 〉/api/class/uni/.xml에 대해 REST 콜을 사용합니다. 오브젝트 데이터 저장소(즉, 분산 데이터베이스에 저장된 현재 트리)를 탐색하기 위해서는 *Visore*라 불리는 툴을 사용합니다. 이 툴은 브라우저를 사용하여 다음 URL과 같이 APIC 컨트롤러를 지정하여 접근할 수 있습니다. https://〈호스트명〉/visore.html

Visore 오브젝트 브라우저로, 이를 사용하여 클래스와 오브젝트 트리를 브라우징할 수 있습니다. 예를 들어, 특정 테넌트의 클래스 이름을 입력하여 해당 클래스의 인스턴스의 목록을 확인할 수 있습니다. 또는 특정 테넌트 오브젝트 이름을 입력하여 해당 테넌트의 정보를 가져올 수 있습니다. [그림 4-3]은 Visore 브라우징의 예입니다.

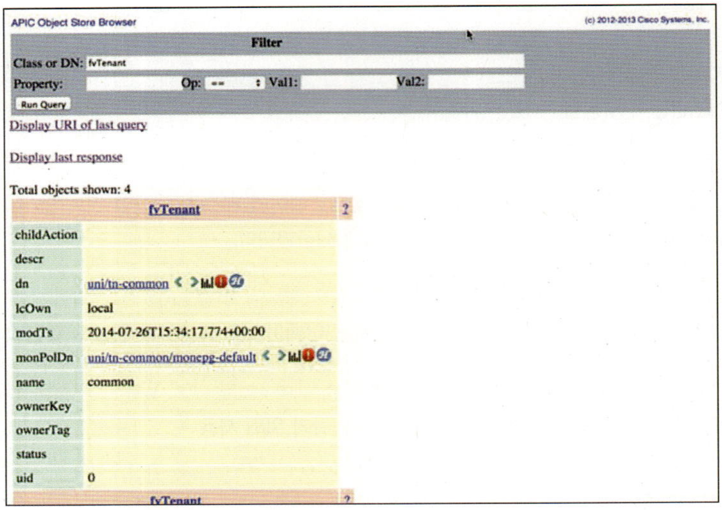

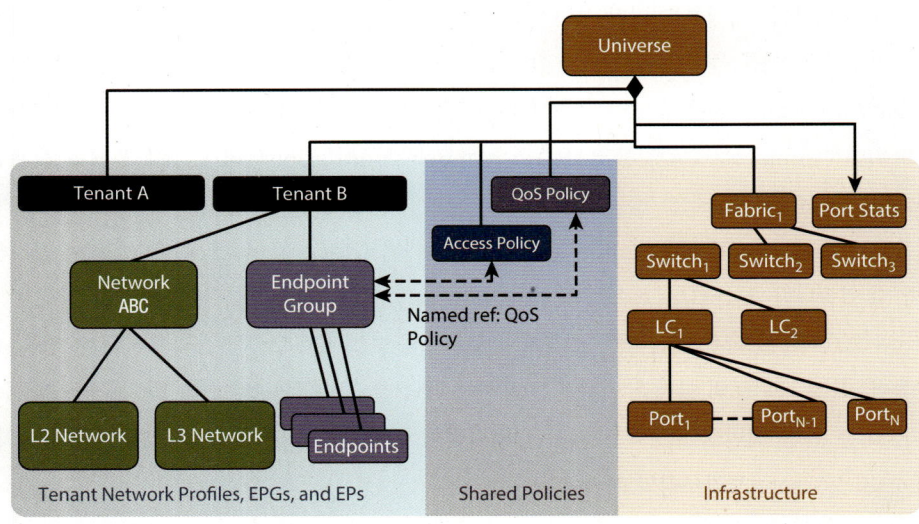

[그림 4-3] Visore 브라우징 화면

클래스, 객체와 릴레이션

관리 오브젝트 인스턴스는 MIT^{Managed Information Tree}로 알려진 트리의 계층 구조를 형성하거나 다른 인스턴스를 포함할 수 있습니다. [그림 4-4]는 오브젝트 트리의 계층 구조를 보여줍니다. 루트에는 "Universe" 클래스가 있고, 그 밑에 인프라에 속하는 클래스(포트, 포트 채널, VLAN 등과 같은 물리적 개념) 등과 논리적 개념에 속하는 클래스(테넌트, 테넌트 간의 네트워크 등등)가 위치합니다.

[그림 4-4] 오브젝트 모델의 계층 구조

오브젝트를 다루거나 생성하기 위해서는 구분자(Distinguished Name 또는 DN)나 연관자(Relative Name 또는 RN)를 사용하여 자원을 구별하는 REST 콜을 전송합니다. RN이 페어런트(Parent) 오브젝트를 참조하여 오브젝트를 구분하고, DN은 직접 관리되는 개체를 식별합니다. 스위치 포트는 라인카드의 차일드(Child)이고, 라인카드는 스위치의 차일드가 됩니다. 그리고 스위치는 루트 클래스의 차일드가 되는 식입니다. 예를 들어, 포트에 대한 연관자(RN)가 Port-7일 때 구분자(DN)는 /Root/Switch-3/Linecard-1/Port-7가 됩니다.

> **Note**
>
> APIC 컨트롤러에서 직접 APIC API 모델 문서를 탐색하여 패키지와 모든 클래스 목록을 찾을 수 있습니다. 이와 관련된 상세 내용은 다음 URL을 참조하세요. http://www.cisco.com/c/en/us/td/docs/switches/datacenter/aci/apic/sw/1-x/api/rest/b_APIC_RESTful_API_User_Guide.html

모든 클래스는 패키지의 멤버로 구성되어 있으며, Cisco ACI는 다음 패키지들을 정의하고 있습니다.

- **Aaa:** 사용자 클래스 인증(authentication), 인가(authorization), 어카운팅(accounting)
- **fv:** 패브릭 가상화(fabric virtualization)
- **vz:** 가상 존(virtual zone)

[그림 4-5]는 "APIC API Model Documentation" 문서에서 fv 패키지의 클래스 목록을 보여줍니다. 여기서 fv:Tenant 테넌트에서 fv는 클래스가 속한 패키지를 뜻합니다. 그리고 테넌트의 구분자(DN)가 uni/tn-[name]인 경우, uni는 universe 클래스를, tn은 목적지 이름(target name, TN)을 뜻합니다.

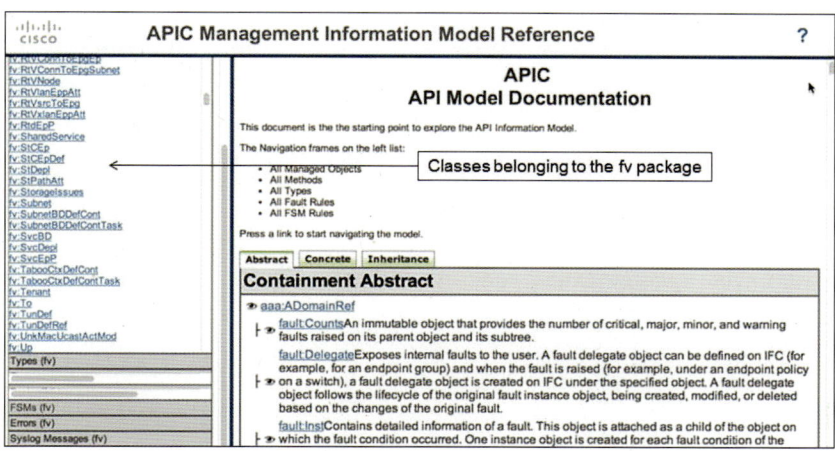

[그림 4-5] APIC Management Information Model 레퍼런스

[그림 4-6]은 테넌트 클래스와 다른 클래스들과의 연관성을 보여줍니다. 예를 들면 여기서 vrf/routing 정보(Ctx)는 테넌트 클래스의 차일드(Child)가 됩니다.

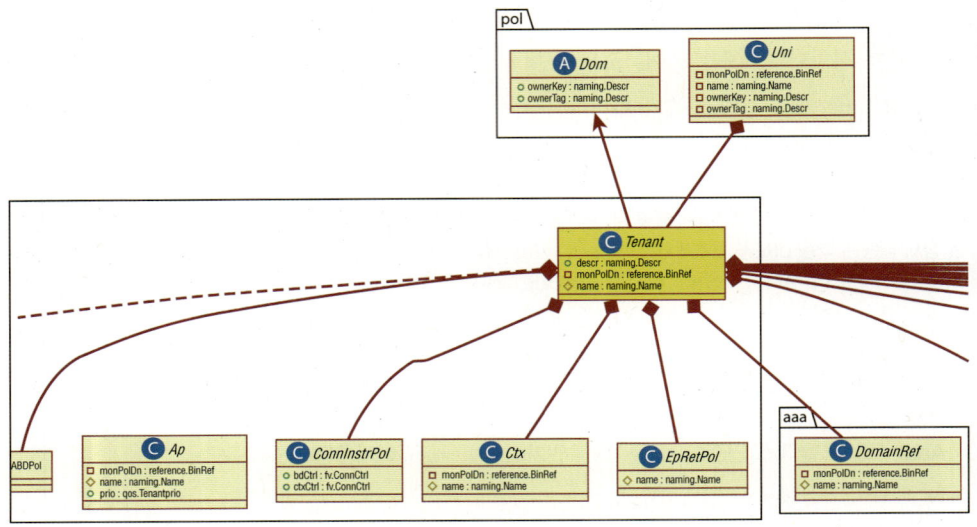

[그림 4-6] 테넌트 클래스

Visore의 탐색 필드에서 fvTenant(":" 없이) 문자열을 입력하여 테넌트 클래스를 위한 오브젝트 데이터 스토어를 탐색할 수 있습니다.

릴레이션쉽(relationship)은 [예제 4-12]와 같은 유형의 XML 형식으로 표현됩니다.

예제 4-12	XML 포맷

```
<zzzObject property1 = "value1",
    property2 = "value2",
    property3 = "value3">
    <zzzChild1 childProperty1 = "childValue1",
        childProperty2 = "childValue1">
    </zzzChild1>
</zzzObject>
```

페어런트-차일드(parent-child) 릴레이션을 사용하여 모든 오브젝트 관계를 표현할 수는 없습니다. 일부 오브젝트는 서로 관련이 있긴 하지만 페어런트-차일드 관계와 같은 의존적인 관계가 아닐 수도 있으며, 이러한 오브젝트들 간의 종속성은 릴레이션(relatation)이라는 용어로 표현됩니다. 모든 관리 오프젝트들은 {SOURCE MO PKG}::Rs{RELATION NAME} 와 같이 릴레이션 소스(relation source)를 뜻하는 Rs로 시작하는 페어런트-차일드 릴레이션쉽이 아닌 클래스 또는 오브젝트들 간의 릴레이션쉽으로 표현됩니다.

[그림 4-7]은 인프라 패키지의 인프라 클래스에 대한 모델을 보여줍니다.

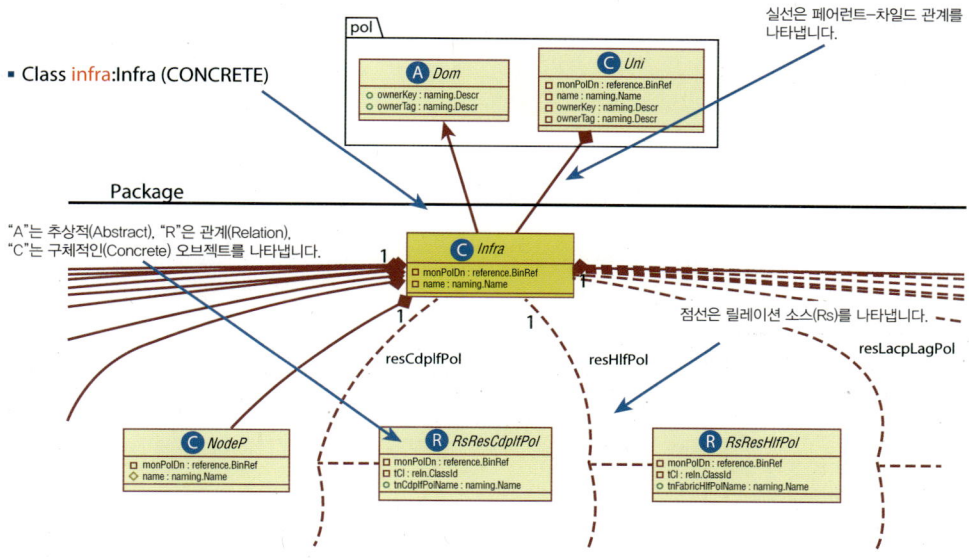

[그림 4-7] 인프라 클래스

[예제 4-13]는 셀렉터로 불리는 오브젝트를 보여줍니다. [예제 4-13]은 Leaf 스위치101에 대한 셀렉터와 해당 Leaf 스위치의 포트(포트 1과 포트 2)에 대한 설정을 보여줍니다. NodeP는 infra 클래스의 차일드 클래스로 infraNodeP로 표현됩니다. Leaf101을 선택하기 위한 오브젝트의 이름은 "Leaf101"이 됩니다(이름은 관리자가 임의대로 정합니다). 오브젝트 LeafS는 NodeP 클래스의 차일드 클래스인 스위치의 셀렉터입니다. RsAccPortP는 "port1and2" (관리자에 의해 임의대로 선정)으로 적용된 포트 셀렉터와의 릴레이션을 정의합니다.

```
<infraInfra dn="uni/infra">
[...]
  <infraNodeP name="leaf101 ">
    <infraLeafS name="line1" type="range">
      <infraNodeBlk name="block0" from_="101" to_="101" />
    </infraLeafS>
    <infraRsAccPortP tDn="uni/infra/accportprof-port1and2 " />
  </infraNodeP>
[...]
</infraInfra>
```

[그림 4-8]은 클래스들 간의 릴레이션쉽을 보여줍니다. 실선은 페어런트-차일드 릴레이션쉽을 나타내며 점선은 릴레이션을 나타냅니다.

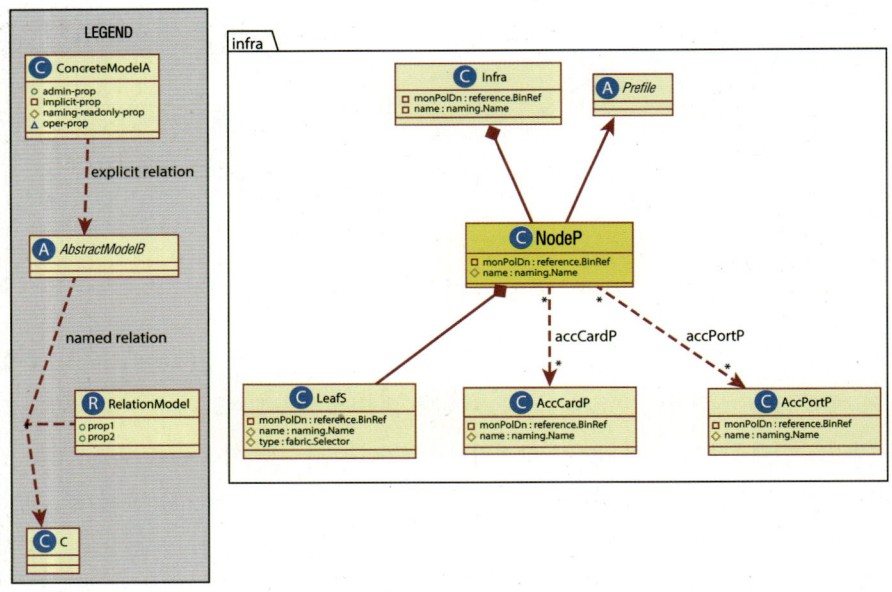

[그림 4-8] NodeP 클래스

네이밍 변환(Naming Convention)

다음은 일반적인 네이밍 규칙입니다.

- **MO:** 관리 오브젝트(Managed Object)(예: 클래스).
- **PKG:** 패키지(클래스의 집합)
- **vz:** 가상 존(virtual zone)
- **Br:** 바이너리(Binary)
- **CP:** 컨트랙트 프로파일(Contract Profile)
- **fv:** 패브릭 가상화(fabric virtualization)
- **AEPg:** 애플리케이션 엔드포인트 그룹(application endpoint group)
- **Rs:** 릴레이션 소스(relation source)
- **Cons:** 컨슈머(consumer)

클래스 이름은 package:class로 표현됩니다.

오브젝트 스토어(Object Store)

오브젝트 스토어는 APIC 컨트롤러에서 실행되는 분산형 데이터베이스로, 메타 데이터 정의와 같은 오브젝트 모델을 사용하여 APIC의 설정 상태를 저장합니다.

∷ REST를 사용한 네트워크 프로그래밍

Cisco ACI 관리 모델은 자동화를 위해 디자인되어 있습니다. 모든 설정 요소들은 MIT Management Information Tree로 알려진 오브젝트 트리로 표현됩니다.

Cisco ACI의 네트워킹 요소는 GUI, REST 콜 및 CLI를 통해 오브젝트 트리를 조작하여 설정할 수 있습니다.

일반적인 설정은 아래와 같은 순서를 따릅니다:

1단계. 인증(Authenticate): <aaaUser name='username' pwd= 'password'/>을 XML 페이로드 payload로 하여 https://<IP of APIC controller>/api/mo/aaaLogin.xml을 호출합니다. 이 요청은 브라우저에서 다음 호출을 하기 위한 쿠키 값(cookie value)을 리턴합니다.

2단계. 설정을 적용하기 위해 HTTP POST 전송: POST 메시지의 URL은 오브젝트에 따라 달라집니다; 예를 들어, https://<IP of APIC controller>/api/mo/uni.xml의 경우 api는 API 호출임을 뜻하고, mo는 이 호출이 관리 오브젝트(MO)를 수정하기 위함이며, uni(universe)는 오브젝트 트리의 루트(최상위)임을 뜻하며, .xml은 페이로드의 형태가 XML 포맷임을 뜻합니다. URL의 마지막이 .json인 경우는 해당 데이터 유형이 JSON 포맷임을 의미합니다.

3단계. <u>HTTP 상태 코드 확인</u>: 응답 메시지 "200 OK"를 확인합니다.

REST 호출을 사용한 설정은 XML 또는 JSON 페이로드에 정의되어 있으며, XML 또는 JSON 구문이나 형식은 컨트롤러 오브젝트 모델을 따릅니다. 이와 관련된 Cisco Nexus9000와 ACI 의 예제들은 Github에서 찾을 수 있습니다.

다음은 APIC를 사용하여 "tenant"를 생성하기 위한 REST 호출의 예입니다.

HTTP POST call to https://ipaddress/api/node/mo/uni.xml

XML payload: 〈fvTenant name='Tenant1' status='created,modified'〉〈/fvTenant〉

오브젝트의 삭제시에는 HTTP 메소드 DELETE 를 사용하거나 [예제 4-14]처럼 POST 호출 시에 **"status"="deleted"**를 사용하여 오브젝트를 삭제할 수 있습니다.

예제 4-14	REST 콜을 사용한 오브젝트 삭제

```
method: POST
url: http://<APIC IP>/api/node/mo/uni/fabric/comm-foo2.json
payload {
        "commPol":{
          "attributes":{
            "dn":"uni/fabric/comm-foo2",
            "status":"deleted"
          },
          "children":[]
        }
      }
```

REST 콜을 전송하기 위한 툴

REST 콜을 수행하기 위한 간단한 방법은 POSTMAN이라는 툴을 사용하는 것입니다. [그림 4-9]는 Cisco APIC에서 POSTMAN을 사용하는 것을 보여줍니다.

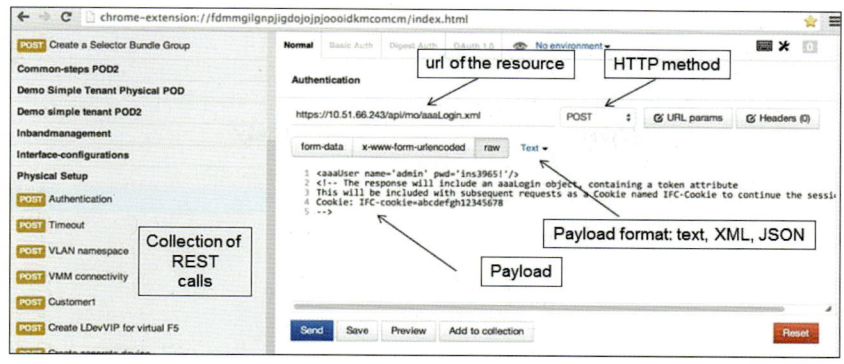

[그림 4-9] POSTMAN을 사용한 REST 콜 전송

　처음에 컨트롤러에 사용자 이름과 암호로 인증 요청을 합니다. 그 다음부터는 컨트롤러에서 받은 쿠키의 토큰을 재사용하게 됩니다. [그림 4-9]는 POSTMAN을 통해 어떻게 설정을 제어하는 지를 보여줍니다. 호출을 하기 위해서는, 간단히 그림에서 표시된 것과 같이 자원의 URL을 입력한 뒤에 POST 메소드를 선택하고, 페이로드 필드에 XML 또는 JSON 형식으로 된 설정을 입력합니다.

　[예제 4-15]는 서버의 DNS 이름 또는 IP 주소와 XML 설정 셋팅을 포함하는 텍스트 파일 이름을 입력받는 스크립트인 xml2REST.py의 일부를 보여줍니다.

예제 4-15 | **REST 콜을 보내기 위한 파이썬 스크립트**

```python
#!/usr/bin/python
[...]


def runConfig( status ):
    with open( xmlFile, 'r' ) as payload:
        if( status==200):
            time.sleep(5)
        else:
            raw_input( 'Hit return to process %s' % xmlFile )
        data = payload.read( )
        url = 'http://%s/api/node/mo/.xml' % apic
        r = requests.post( url, cookies=cookies, data=data )
        result = xml.dom.minidom.parseString( r.text )
        status = r.status_code
try:
```

```python
        xmlFile = sys.argv[1]
    except Exception as e:
        print str(e)
        sys.exit(0)
    apic = sys.argv[2]
    auth = {
        'aaaUser': {
            'attributes': {
                'name':'admin',
                'pwd':'P@ssw0rd'
                }
            }
        }
    status = 0
    while( status != 200 ):
        url = 'http://%s/api/aaaLogin.json' % apic
        while(1):
            try:
                r = requests.post( url, data=json.dumps(auth), timeout=1 )
                break;
            except Exception as e:
                print "timeout"
        status = r.status_code
        print r.text
        cookies = r.cookies
        time.sleep(1)
    runConfig( status )
```

데스크톱에서 컨트롤러로 CLI 기반으로 설정을 하고자 하는 경우, [예제 4-16]과 같이 cURL 또는 wget을 사용할 수 있습니다. 설정을 위해서는 최초 REST 호출을 통해 전달 받은 토큰 쿠키를 재사용하게 됩니다.

cURL을 사용한 REST 콜 전송

```
curl -X POST http://<APIC-IP>/api/aaaLogin.xml -d '<aaaUser name="admin" pwd="password" />' -
    cookie.txt

curl -b cookie.txt -X POST http://<APIC-IP>/api/mo/uni/tn-finance.xml -d '<fvTenant />'
```

Cisco ACI 내의 REST 문법

Cisco ACI에서 REST 호출하는 형식은 다음과 같습니다:

http://host[:port]/api/{mo ¦ class}/{dn ¦ className}.{json/xml}[?options]

다음은 각각의 필드에 대한 설명입니다:

- **/api/:** 메시지가 직접 API를 액세스하는 것을 가리킵니다.
- **mo ¦ class:** 메시지의 대상이 MO(managed object)인지 아니면 오브젝트 클래스인지를 결정합니다.
- **dn:** 대상 MO의 구분자(distinguished name 또는DN)를 명시합니다.
- **className:** 대상 클래스의 이름을 명시합니다.
- **json/xml:** 명령 또는 응답 HTML의 본문의 인코딩 방법이 JSON인지 XML인지를 명시합니다.

다음은 테넌트(fvTenant)를 생성하는 간단한 설정을 보여줍니다.

```
POST to http://apic1/api/mo/uni.xml
<fvTenant name='Tenant1' status='created,modified'>
</fvTenant>
```

[예제 4-17]는 애플리케이션 네트워크 프로파일(fvAp)을 생성하는 것을 보여줍니다.

예제 4-17   애플리케이션 네트워크 프로파일을 생성하기 위한 REST 콜

```
POST to http://apic1/api/mo/uni.xml
<fvTenant name='Tenant1' status='created,modified'>
  <fvAp name='WebApp'>
  </fvAp>
</fvTenant>
```

[예제 4–18]은 어떻게 엔드포인트 그룹(fvAEPg)을 추가하는 지를 보여줍니다.

예제 4-18	EPG를 추가하기 위한 REST 호출

```
POST to http://apic1/api/mo/uni.xml
<fvTenant name='Tenant1' status='created,modified'>
<fvAp name='WebApp'>
  <fvAEPg name="WEB" status="created,modified"/>
</fvAp>
</fvTenant>
```

클래스–레벨의 쿼리 구문은 DN(distinguished name)을 사용하는 것이 아니라 쿼리 구문 내에서 패키지 이름과 클래스 이름을 붙여서 사용하는 것이 다릅니다.

```
<system>/api/<component>/class/<pkgName><ClassName>.[xml|json]?{options}
```

다음은 URL 내의 각각의 필드에 대해 설명합니다.

쿼리 URL에서 사용되는 필드

- **pkgName**
  쿼리 오브젝트의 패키지 이름을 나타냅니다.

- **className**
  연결된 패키지의 컨텍스트 내의 쿼리 클래스 이름을 나타냅니다.

- **RN**
  MIT의 관리오브젝트(MO)에 대한 경로를 식별하는 전체 DN을 형성하는 연관자(relative name)의 집합

다음은 쿼리에서 사용되는 옵션들입니다:

쿼리 URL에서 사용되는 옵션

- **query-target = [_self|children|subtree]**
  쿼리하고자 하는 오브젝트 트리 자체, 오브젝트 차일드 또는 서브트리를 선택합니다.

- target-subtree-class = [mo-class*]

  쿼리 대상이 자기 자신이 아닌 경우 검색하고자 하는 오브젝트 클래스를 지정합니다.

- query-target-filter = [FILTER]

  쿼리 대상이 자기자신이 아닌 경우 쿼리하고자 하는 오브젝트 필터를 지정합니다.

- rsp-subtree = [no¦children¦full]

  반환되는 오브젝트에 하위 트리 정보가 포함되어야 하는 지 여부를 지정합니다.

- rsp-prop-include = [all¦naming-only¦config-explicit¦config-all¦oper]

  결과에 포함되는 속성을 지정합니다.

필터(filter)의 형식은 아래와 같습니다:

```
FILTER = OPERATOR(parameter¦ (FILTER) [/parameter¦(FILTER)¦value.parameter¦(FILTER)¦value]...))
```

지원되는 연산자는 아래와 같습니다.

🖥 필터에서 사용되는 연산자

- eq: 같음(Equality)

- ne: 같지않음(Inequality)

- lt: 보다 작음(Less than)

- gt: 보다 큼(Greater than)

- le: 작거나 같음(Less or equal)

- ge: 크거나 같음(Greater or equal)

- bw: 사이(Between)

- 논리 연산자: Not, and, or, xor, true, false

- Anybit: 적어도 하나의 비트가 설정된 경우 True

- Allbits: 모든 비트가 설정된 경우 True

- Wcard: 와일드카드(Wildcard)

- Pholder: 속성 홀더(Property holder)

- Passive: 패시브 홀더(Passive holder)

예를 들면, 다음의 쿼리는 주어진 데이터 범위 내에서 실패한 모든 패브릭 포트를 보여줍니다.

```
query-target-filter = "and(eq(faultevent:type,failed),eq(faultevent:object, fabric_port), bw(faultevent:tim
estamp,06-14-12,06-30-12))"
```

XML 테넌트 모델링

다음은 필요한 브리징 도메인과 라우팅 인스턴스를 가진 테넌트를 생성하는 방법을 보여줍니다. [예제 4-19]에서는 서브넷 10.0.0.1/24와 20.0.0.1/24를 통해 서버에 연결하는 방법을 보여줍니다. 기본 게이트웨이는 10.0.0.1 또는 20.0.0.1 중의 하나가 됩니다. 서버는 EPG VLAN10 또는 EPG VLAN20에 연결할 수 있습니다.

EPG는 VMware ESX의 VMware vSphere Distributed Switch(vDS) 상에서 포트 그룹(port group)으로 생성됩니다. 가상머신 매니저와 Cisoc APIC는 VLAN과 VxLAN 중에 어떤 것을 사용하여 해당 포트 그룹과 통신할 지를 결정하기 위해 협상합니다.

[예제 4-19]의 필드에 대한 설명은 아래와 같습니다.

 테넌트 설정에 사용되는 필드

- **fvCtx**
  라우팅 인스턴스를 선택합니다.

- **fvBD**
  브리지 도메인

- **fvRsCtx**
  브리지 도메인에서 라우팅 인스턴스를 지정

- **fvSubnet**
  서브넷 목록과 브리지 도메인을 위한 디폴트 게이트웨이

- **fvRsDomAtt**
  가상머신 모빌리티에 대한 참조

```
POST to http://apic1/api/mo/uni.xml
<polUni>
    <fvTenant dn="uni/tn-Customer1" name="Customer1">
    <fvCtx name="customer1-router"/>
    <fvBD name="BD1">
        <fvRsCtx tnFvCtxName="customer1-router" />
        <fvSubnet ip="10.0.0.1/24" scope="public"/>
        <fvSubnet ip="20.0.0.1/24" scope="public"/>
    </fvBD>
    <fvAp name="web-and-ordering">
     <fvAEPg name="VLAN10">
        <fvRsBd tnFvBDName="BD1"/>
        <fvRsDomAtt tDn="uni/vmmp-VMware/dom-Datacenter"/>
     </fvAEPg>
     <fvAEPg name="VLAN20">
        <fvRsBd tnFvBDName="BD1"/>
        <fvRsDomAtt tDn="uni/vmmp-VMware/dom-Datacenter"/>
     </fvAEPg>
    </fvTenant>
</polUni>
```

EPG 간의 릴레이션쉽 정의(프로바이더와 컨슈머)

두 개의 EPG 간의 통신 경로는 컨트랙트contract의 컨셉을 사용합니다. 컨트랙트는 두개의 EPG 간의 통신 경로에서 사용할 프로토콜과 레이어 4 포트를 정의합니다.

[예제 4-20]은 컨트랙트에서 모든 트래픽을 허용(All Permit)하는 필터를 어떻게 정의하는 지 보여줍니다.

 컨트랙트 설정에 사용되는 필드

• vzBrCP
  컨트랙트의 이름을 지정합니다.

예제 4-20   컨트랙트(Contract)의 정의

```
<vzBrCP name="A-to-B">
  <vzSubj name="any">
    <vzRsSubjFiltAtt tnVzFilterName="default"/>
  </vzSubj>
</vzBrCP>
```

컨트랙트 간의 릴레이션쉽은 EPG가 제공(provide)하는 컨트랙트와 EPG가 소비(consume)하는 컨트랙트에 따라 정의됩니다. [예제 4-21]은 어떻게 EPG-A가 EPG-B와 통신하는 지를 보여줍니다.

간단한 Any-to-Any 정책

이전 섹션에서 설명한 구성은 테넌트가 사용하는 브리지 도메인과 라우팅 인스턴스 및 기본 게이트웨이를 인스턴스화합니다. 그리고 나서 서버는 EPG VLAN10과 VLAN20에 연결할 수 있습니다. 서버가 동일한 EPG인 경우, 추가 설정없이 통신할 수 있지만, 다른의 EPG에 속할 경우 관리자가 명시적인 컨트랙트를 구성하고 각 EPG가 어떻게 EPG와 통신할 수 있을 지를 정의해야 합니다. [예제 4-22]는 이전 설정을 완료하고 이전의 라우팅과 스위칭 인프라스트럭처에서 제공하는 것과 같은 EPG 간의 any-to-any 통신을 가능하게 합니다.

```
<fvAp name="web-and-ordering">
 <fvAEPg name="EPG-A">
   <fvRsProv tnVzBrCPName="A-to-B" />
 </fvAEPg>
 <fvAEPg name="EPG-B">
   <fvRsCons tnVzBrCPName="A-to-B"/>
 </fvAEPg>
</fvAp>
```

```
POST to http://apic1/api/mo/uni.xml
<polUni>
  <fvTenant dn="uni/tn-Customer1" name="Customer1">
  <vzBrCP name="ALL">
    <vzSubj name="any">
    <vzRsSubjFiltAtt tnVzFilterName="default"/>
   </vzSubj>
 </vzBrCP>
 <fvAp name="web-and-ordering">
   <fvAEPg name="VLAN10">
    <fvRsCons tnVzBrCPName="ALL"/>
    <fvRsProv tnVzBrCPName="ALL" />
   </fvAEPg>
   <fvAEPg name="VLAN20">
    <fvRsCons tnVzBrCPName="ALL"/>
    <fvRsProv tnVzBrCPName="ALL" />
   </fvAEPg>
 </fvAp>
</fvTenant>
</polUni>
ACI SDK
```

:: ACI SDK

파이썬을 사용하는 주요 이유는 플레인-바닐라(plain-vanilla) REST 콜을 사용하는 대신에 커맨드라인 옵션과 설정을 분석할 수 있는 데 있습니다. 간단한 파이썬 스크립트를 사용하여 XML을 REST 콜로 바꿀 수 있긴 합니다만, ACI 오브젝트 모델을 따르는 XML 설정 파일로 변환하여야 합니다. 이러한 파이썬 스크립트를 작성하고 다른 관리자나 운영자와 공유하고 싶다면, ACI 오브젝트 모델을 이해할 필요가 있습니다. 이상적인 것은 클라우드 네트워킹 환경에서 숙련된 사용자가 설정 파일들과 CLI 옵션을 사용하여 스크립트를 작성하는 것일 것입니다. 이런 환경을 제공하는 것이 바로 ACI를 위한 파이썬 SDK입니다.

ACI SDK는 단순한 REST 호출과 XML 설정만으로 Cisco ACI 패브릭이 제공하는 모든 진보된 기능들을 실행할 수 있도록 합니다.

- 선호하는 포맷의 설정 파일을 분석하는 데 파이썬을 사용합니다.
- XML 오브젝트 모델의 특정 포맷은 바뀔 수 있지만 SDI API는 변경되지 않습니다.
- ACI SDK를 통해 더욱 정교한 조건의 운영, 문자열 조작 등과 같은 작업들을 수행할 수 있습니다.

ACI 파이썬 Egg

SDK에서 제공되는 이 기능을 사용하기 위해서는 다음과 같이 SDK egg 파일을 설치해야 합니다. 파일명은 acicobra-1.0.0_457a-py2.7.egg으로 설치는 이전에 설명한 것과 같이 셋업툴을 사용하여 설치합니다.

```
sudo python setup.py easy_install ../acicobra-1.0.0_457a-py2.7.egg
```

ACI 파일이 어디에 설치되어있느냐에 따라, 다음과 같이 파이썬 코드의 경로 지정이 필요할 수 있습니다:

```
sys.path.append('your sdk path')
```

테스트를 할 때 좋은 방법은 설치되어 있는 라이브러리 세트와 다른 다중의 파이썬 환경을 만들기 위해 virtualenv를 사용하는 것입니다. 이를 위해서는, [예제 4-23]과 같이 virtualenv를 설치해야 합니다.

```
prompt# sudo pip install virtualenv
prompt# virtualenv cobra1
prompt# cd cobra1
prompt# source bin/activate
(cobra1)prompt# pip install requests
(cobra1)prompt# easy_install −Z acicobra-1.0.0_457a-py2.7.egg
```

호스트상의 어떤 디렉토리에서라도 파이썬이 실행됩니다.

ACI를 위한 파이썬 스크립트 개발하는 방법

파이썬 스크립트는 반드시 컨트롤러에 로그인하고, 토큰을 얻고 난뒤에, 이 토큰을 사용하여 전체 설정을 실행합니다. [예제 4-24]는 패브릭에 로그인하기 위한 최초 호출을 보여줍니다.

예제 4-24   SDK를 사용하여 패브릭에 로그인

```
import cobra.mit.access
import cobra.mit.session

ls = cobra.mit.session.LoginSession(apicurl, args.user, args.password)
md = cobra.mit.access.MoDirectory(ls)
md.login( )
```

로그인 이후, 다음과 같이 DN이나 클래스를 사용하여 객체를 검색합니다:

```
topMo=md.lookupByDn('uni')
topMp=md.lookupByClass('polUni')
```

앞의 설정은 Leaf의 패브릭 디스커버리 관련 작업을 수행하는 오브젝트를 만드는 방법을 보여줍니다. [예제 4-25]와 같이 컨트롤러가 요청을 받기 전에는 컨트롤러의 오브젝트 스토어는 변경되지 않습니다.

```
import cobra.model.fabric

# login as in the previous Example
#
topMo = md.lookupByDn(str(md.lookupByClass('fabricNodeIdentPol')[0].dn)
leaf1IdentP = cobra.model.fabric.NodeIdentP(topMo, serial='ABC', nodeId='101',
name="leaf1")
leaf2IdentP = cobra.model.fabric.NodeIdentyP(topMo, serial='DEF', nodeId='102',
name="leaf2")
[...]
c = cobra.mit.request.ConfigRequest()
c.addMo(topMo)
md.commit(c)
```

[예제 4-26]에 나와있는 것처럼 특정 클래스 또는 객체의 오브젝트 트리를 조회합니다. 이렇게 하는 것의 장점은 DN이 하드 코딩되지 않는다는 것입니다.

예제 4-26   **Querying with Cobra**

```
from cobra.mit.request import DnQuery, ClassQuery
# After logging in, get a Dn of the Tenant
cokeQuery = ClassQuery('fvTenant')
cokeQuery.propFilter = 'eq(fvTenant.name, "tenantname")'
cokeDn = str(md.query(cokeQuery)[0].dn)
```

ACI를 위한 파이썬 스크립트는 어디에서?

파이썬 스크립트는 다음 URL에서 확인하실 수 있습니다.

URL: https://github.com/datacenter/ACI

추가 정보

RFC 3535: http://tools.ietf.org/html/rfc3535

ACI Management Information Model:

http://www.cisco.com/c/en/us/support/cloud-systems-management/application-
policy-infrastructure-controller-apic/products-technical-reference-list.html

http://www.cisco.com/c/en/us/support/cloud-systems-management/application-
policy-infrastructure-controller-apic/tsd-products-support-configure.html

Github: https://github.com/

Python: https://www.python.org/

요약

이 장에서는 관리자와 운영자가 ACI를 사용하여 네트워크의 속성을 설정하는 데 필요한 새로운 기술들에 대해 설명하였습니다. 관리자와 운영자에게 요구되는 REST의 호출, 파이썬 스크립트의 사용, 그리고 최종적으로 파이썬 스크립트를 직접 작성하는 방법에 대해 알아보고, 이어서 REST 설정과 ACI SDK의 이해를 돕기위한 예제들을 설명하였습니다.

하이퍼바이저를 사용한 데이터센터 디자인

Cisco ACI

이번 장은 데이터센터 내에서 하이퍼바이저를 사용할 때 고려해야할 요구사항과 디자인에 대해 설명합니다. 가상화 데이터센터는 네트워크 관리자에게 아래와 같은 문제들을 발생시킬 수 있습니다.

- 가상화 데이터센터 내의 모든 서버는 네트워크 구성 요소를 포함하고 있기 때문에 서버 수에 비례해서 네트워크 구성 요소도 함께 증가하게 됩니다.
- 가상머신(VM)에서 발생되는 트래픽은 서버 외부로 통신하지 않고 서버 내부만에서 처리될 수도 있기 때문에 네트워크 가시성이 떨어질 수 있습니다.
- VM의 이동성을 보장하기 위하여 이를 위한 네트워크 설정이 수 많은 서버에 적용되어야 할 수 있습니다.

Cisco는 위와 같은 문제들을 해결하기 위하여 관련된 기술을 제공하고 있습니다. 데이터센터에 VM 스위칭을 통합하기 위해서는 아래와 같은 방법이 사용될 수 있습니다.

- 가상스위치의 사용: 소프트웨어 기반의 가상 스위치를 사용하여 트래픽을 처리(예를 들면 시스코 Nexus 1000 시리즈 스위치)
- 포트 확장(Port extension): 가상 네트워킹 태그로 알려진 VNTAG를 통해 가상 스위치 포트를 연장
- 엔드포인트 그룹(EPG) 확장: Cisco ACI 엔드포인트 그룹(EPG)을 가상서버 내로 확장 통합
- 서버에 오버레이 네트워크 생성: 가상 스위치 레벨에서 오버레이 네트워크를 생성하여 구성

Cisco ACI는 다양한 종류의 하이퍼바이저 솔루션을 지원하기 위해 디자인되었기 때문에 네트워크 관리자는 다양한 하이퍼바이저 환경에 친숙해져야 할 필요가 있습니다. 이번 장에서는 Linux KVM, Microsoft Hyper-V, VMware ESX/ESXi, Ctrix XenServer와 같은 주요 하이퍼바이저들의 주요 특징과 이름 정의 규칙(naming convention)에 대해 알아봅니다.

VM 트래픽 스위칭과 관련한 ACI의 접근 방식은 VM의 트래픽을 ACI 패브릭의 Leaf에서 처리하는 것입니다. 이러한 접근 방식은 아래와 같은 이점을 가집니다.

- ACI 패브릭 기반의 네트워크 인프라에서는 트래픽 발생 툴을 사용하여 가상서버로 전달되는 과정을 검증함으로써 개별 소프트웨어에 대해 독립적으로 테스트 할 수 있습니다.
- ACI 패브릭에서는 트래픽 처리 시에 컴퓨팅 프로세서를 요구하지 않기 때문에 성능을 보장받을 수 있습니다.

 ## 가상화 서버 네트워킹(Virtualized Server Networking)

가상화 서버 솔루션들을 비교해보면 대부분 비슷한 목표를 가지고 있지만, 각 구성 요소에 대해서는 서로 다른 네이밍 규칙naming conventions을 가지고 있습니다. 이 장에서는 각 구성 요소의 역할을 알아봅니다.

가상화 서버 환경에서의 일반적인 구성 요소는 다음과 같습니다:

 가상화 서버 환경에서의 주요 구성 요소

- **하이퍼바이저(Hypervisor):** 물리적 호스트의 가상화를 제공하는 소프트웨어

- **가상머신 매니저:** 가상화된 호스트와 가상머신(VM)을 관리하는 컴포넌트

- **가상 소프트웨어 스위치:** 가상 네트워크 어댑터상에서 스위칭 기능을 제공하는 소프트웨어

- **엔드포인트 그룹:** 가상 스위치를 동일한 정책을 가진 여러 보안 영역으로 분할

- **클라우드 오케스트레이션:** 가상화된 워크로드와 각 워크로드를 연결하는 네트워크 전반에 대해 작업 요청을 처리하고 즉각적으로 인프라에 반영하기 위한 요소

[표 5-1]에는 주요 가상화 솔루션과 각각의 구성 요소에 대해 보여줍니다.

[표 5-1] 벤더별로 구현되는 가상화 서버 솔루션별 컨셉 비교

	KVM	Microsoft	VMware	XEN
하이퍼바이저	KVM	Hyper-V	ESX/ESXi	XenServer
가상머신 매니저	virt-manager	System Center Virtual Machine Manager	vCenter	XenCenter
소프트웨어 스위치	Open vSwitch	Hyper-V Virtual Switch	VMware standard vSwitch, VMware vSphere Distributed Switch/ Distributed Virtual Switch	Virtual switch, 또는 Open vSwitch 또는 XEN bridge 옵션사용
엔드포인트 그룹	Bridge (br0, br1, etc.)	Virtual Subnet Identifier	Port group	Virtual Network 또는 Open vSwitch를 사용할 경우 브리지 (br0, br1 등등)
클라우드 오케스트레이션	OpenStack	Azure	vCloud Director	
가상 네트워크 어댑터	Guest NIC 또는 tap0 (Open vSwitch 사용시)	Virtual Network Adapter	vNIC	VIF (가상 인터페이스) 또는 tap0(Open vSwitch 사용시)
가상머신 핫(Hot) 마이그레이션	KVM Live Migration	Microsoft Live Migration	vMotion	XenMotion
물리적 네트워크 어댑터(NICs)	Eth0, eth1 등	–	vmnic	Pif 또는 eth0, eth1 등

:: 서버에서 소프트웨어 스위칭 요소가 필요한 이유는?

"트랜스페어런트 브리징(Transparent Bridging)"에 대해 Cisco DocWiki(http://docwiki. cisco.com/ wiki/Transparent_Bridging)에서는 아래와 같이 이야기하고 있습니다. :

브리지에서는 트래픽을 전송하기 위한 방법으로 MAC 주소 테이블을 사용하고 있습니다. 데이터 프레임이 브리지 인터페이스 중 하나에서 수신되면 브리지는 내부 테이블에서 프레임의 목적지 주소를 검색합니다. MAC 주소 테이블에서 목적지 주소가 검색되면 해당 포트로 데이터 프레임을 전송하고, 목적지 주소가 검색되지 않는 경우에는 프레임이 수신 포트를 제외한 모든 포트로 패킷을 전송(flood)합니다.

[그림 5-1]은 두 개의 VM(VM1과 VM2)을 가진 가상서버를 나타냅니다. 이 가상서버는 이더넷 포트를 통해 외부 레이어 2 스위치에 연결됩니다. VM1의 MAC 주소는 MAC1, VM2의 MAC 주소는 MAC2이고 가상화된 서버에 연결하는 스위치 포트는 Ethernet1/1가 됩니다. 스위치의 레이어 2 포워딩 테이블(MAC 어드레스 테이블)은 각 VM으로부터 학습된 포트와 MAC 주소가 포함됩니다. 스위치는 목적지 MAC 주소가 MAC1인 프레임은 Ethernet1/1으로 포워딩하고 MAC주소가 MAC2인 프레임에 대해서도 Ethernet1/1로 포워딩하게됩니다.

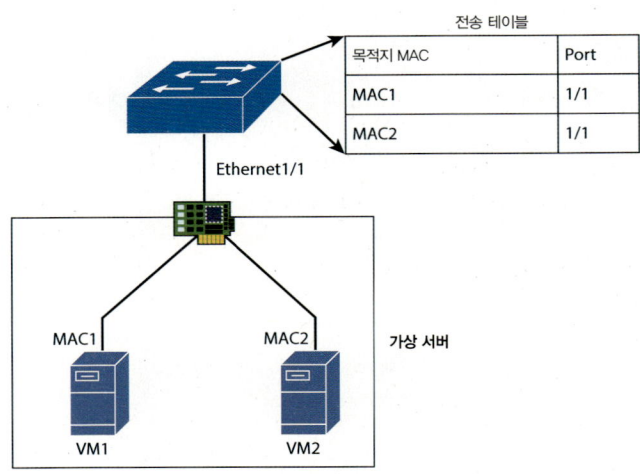

[그림 5-1] vSwitch의 필요성을 보여주는 토폴로지

[그림 5-2]와 같이 외부 서버가 가상머신인 VM1으로 트래픽을 전송하고자 하는 경우에는 스위치는 외부 서버로부터 수신된 패킷의 목적지 주소인 MAC1을 레이어2 전송 테이블에서 검색한 뒤에 목적지 포트인 Ethernet1/1으로 포워딩합니다.

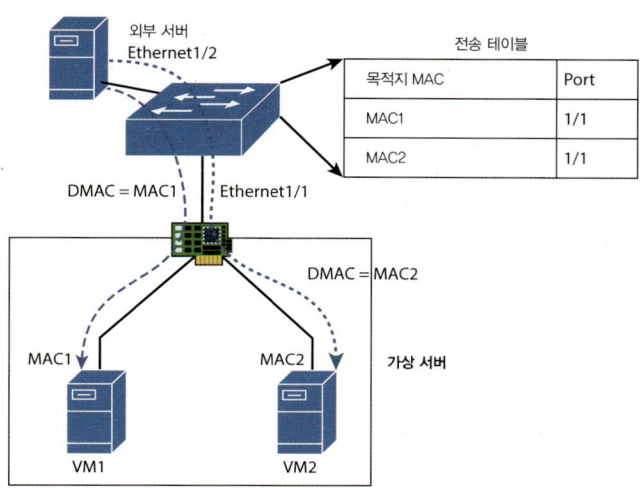

[그림 5-2] 물리 서버(Physical server)에서 가상 서버(virtaual server)로의 데이터 프레임 전송

그리고 [그림 5-3]과 같이 VM1 는 프레임을 VM2 (MAC2)로 전송합니다. 스위치는 레이어2 포워딩 테이블에서 목적지 MAC 주소를 찾아서 그에 해당하는 포트인 Ethernet1/1로 포워딩하게 됩니다. 그러면 그 다음에는 어떤 일이 일어날까요?

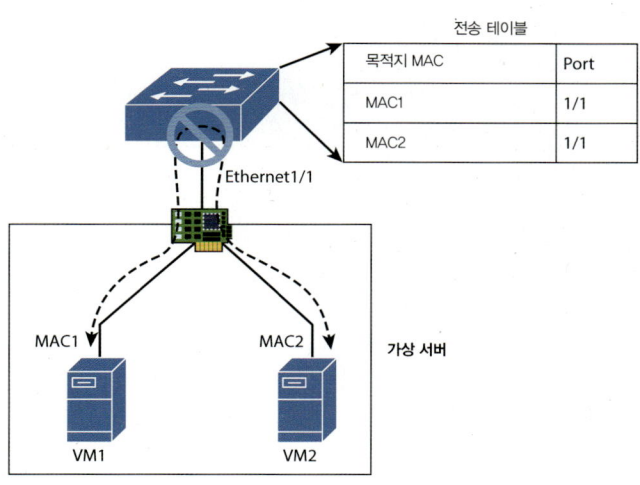

[그림 5-3] 가상 환경에서의 통신은 트랜스페어런트 브리징 규칙에 위배

레이어2 포워딩 규칙에 따르면, 레이어2 프레임은 전송된 입력 인터페이스로는 트래픽을 전송하면 안됩니다. 이 때문에 VM1과 VM2는 통신이 불가능하게 됩니다.

이와 같이, 두 개의 VM이 동일한 서버에 존재하는 경우에는 외부의 레이어2 스위치로만은 통신이 불가능하기 때문에, 다음과 같은 방법으로 VM 간의 통신을 가능하게 할 수 있습니다. Cisco VN-TAG처럼 트랜스페어런트 브리징 체계를 유지하기 위해 태그(Tag)를 사용하고 가상머신의 가상 포트로 외부의 브리지에 연결합니다.

∷ 네트워크 구성 요소

대부분의 하이퍼바이저에서 공통으로 사용되는 네트워킹의 개념을 소개합니다.

가상 네트워크 어댑터(Virtual Network Adapter)

가상서버 내에서 이야기하는 네트워크 인터페이스 카드(NIC)는 여러가지 의미를 가지고 있습니다.

- 서버의 물리적(Physical) NIC은 서버에 설치되는 일반적인 네트워크 어댑터로 pNIC 또는 PIF(Physical Interface)로 불리기도 합니다.
- 가상 네트워크 어댑터는 가상머신 NIC로 불리며(VMware에서는 vNIC으로 불립니다), 게스트 운영체제 내의 소프트웨어로 존재합니다.

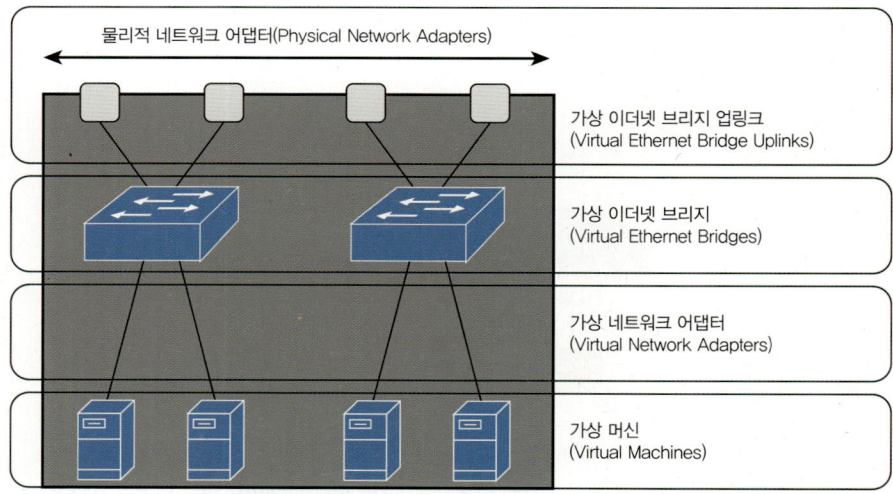

[그림 5-4] 가상서버 내의 네트워킹

가상화된 서버에 있는 물리적 NIC의 일부는 가상머신에 물리적 네트워크를 액세스하는 데 사용됩니다. VMware ESX에서는 이러한 물리적 어댑터를 VMNIC이라고 부릅니다.

가상 스위치는 가상 네트워크 어댑터와 물리적 NIC 간의 트래픽를 전달하고 가상 네트워크 어댑터들 간의 트래픽을 스위칭합니다.

[그림 5-4]는 물리적 및 가상 네트워크 어댑터를 보여줍니다. [그림 5-4]에서, 네 개의 물리적 NIC는 모두 서버 플랫폼에 존재합니다. 가상화 서버는 두 개의 가상 이더넷 브리지가 포함되어 있으며, 네 개의 VM^{가상머신} 안에는 각각 한 개의 가상 네트워크 어댑터가 존재합니다.

가상 스위칭(Virtual Switching)

가상 이더넷 브리지는 로컬 VM^{가상머신}을 다른 VM 과 외부 네트워크를 연결하기 위한 소프트웨어입니다. 가상 이더넷 브리지 또는 가상 스위치는 데이터 링크 계층(2 계층)에서 프레임을 전송함으로써 기존의 물리적 이더넷 네트워크 스위치를 에뮬레이트합니다. 가상 스위치는 가상서버로부터 받은 트래픽을 업링크를 통해 연결하고 트래픽 부하 분산을 합니다.

vSwitch는 트래픽를 전송하기 위해 목적지 MAC 주소를 기반으로 한 레이어 2 포워딩 테이블을 가지고 있습니다. vSwitch의 포워딩 테이블은 VM^{가상머신}과 관련된 포트의 MAC 주소가 포함되어 있습니다. 프레임이 특정 VM^{가상머신}을 목적지로 하고 있는 경우 vSwitch가 VM^{가상머신}에 직접 프레임을 보냅니다. 목적지 MAC 주소가 테이블에 존재하지 않거나, 또는 멀티캐스트나 브로드캐스트인 경우에는 vSwitch가 물리적 네트워크 어댑터로 트래픽을 전송합니다. 여러 개의 물리 네트워크 어댑터가 있는 경우에는 가상 이더넷 브리지에서 루프가 발생하는 것을 방지하기 위한 기술들이 적용됩니다.

요약하면, 일반 이더넷 스위치는 포트에서 보이는 트래픽만을 학습합니다만, vSwitch에서는 가상머신의 MAC 주소만이 포함되어 있습니다. VM^{가상머신} 엔트리와 매치되지 않는 브로드캐스트 및 멀티캐스트 트래픽을 포함한 모든 트래픽은 서버의 NIC로 보내집니다.

엔드포인트 그룹(Endpoint Group)

엔드포인트 그룹의 컨셉은 Cisco Application Centric Infrastructure에서 소개되었으며, 비슷한 컨셉으로는 Cisco Nexus 1000V 스위치에서 사용된 포트 프로파일(Port Profile)과 VMware ESX에서 사용된 포트 그룹(Port Group)이 있습니다.

가상머신은 가상 네트워크 어댑터를 사용하여 가상 이더넷 브리지에 연결됩니다. 이 때 네트워킹 설정은 가상 네트워크 어댑터에 VLAN 또는 VXLAN과 같은 시큐리티 존을 할당하는 것으로 이루어집니다.

엔드포인트 그룹은 관리자가 다수의 VM에 할당된 가상 네트워크 어댑터를 그룹핑하여 한꺼번에 설정할 수 있도록 합니다. 관리자는 QoS, 시큐리티 정책, VLAN 등과 같은 설정을 EPG 설정을 변경하여 일괄 적용할 수 있게 됩니다. 가상서버상의 EPG가 가상 네트워크 어댑터를 VLAN으로 할당하더라도 어댑터와 VLAN 간의 일대일 맵핑은 존재하지 않습니다.

분산 스위칭(Distributed Switching)

분산 스위칭은 네트워크 속성을 가상서버에 적용하는 것을 단순화합니다. 분산 가상 스위치를 사용하여 사용자는 서버 가상화된 호스트의 스위칭 속성을 개별적으로 설정하는 것이 아니라 클러스터 단위로 동시에 적용할 수 있게 됩니다. 이와 같은 분산 스위치는 Cisco Nexus 1000V, Open vSwitch 또는 VMware vNetwork Distributed Switch 등이 있습니다.

∷ 가상머신의 핫 마이그레이션(Hot Migration)

핫 마이그레이션Hot Migration은 전원이 켜진 상태의 VM가상머신을 서로 다른 물리 호스트로 마이그레이션을 하는 방법입니다. 이런 마이그레이션이 가능하기 위해서는 출발지의 가상 호스트와 목적지의 가상 호스트가 레이어 2 연결성을 가져야합니다. 이는 [그림 5-5]에서 보는 것과 같이 이동 중인 VM가상머신이 목적지의 가상서버에서 동일한 엔드포인트 그룹에 할당되어야 하기 때문입니다.

대규모 데이터센터의 주요 요구 사항 중 하나는 호스트 또는 기업 부서 각각의 테넌트로 세그먼

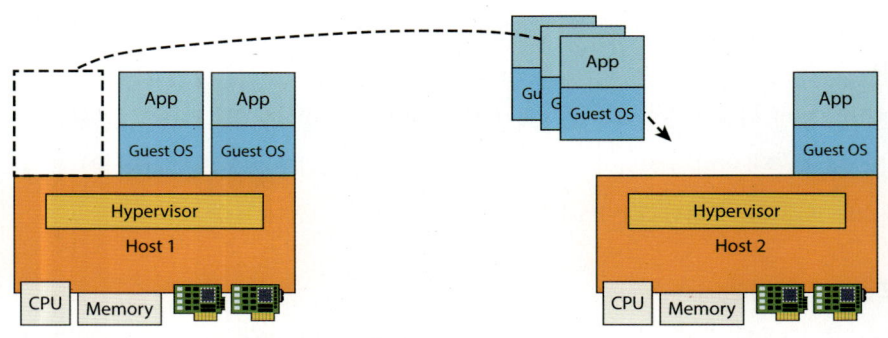

[그림 5-5] 가상머신의 핫 마이그레이션(Hot Migration)

트할 수 있는 능력입니다. 이것은 서로 다른 테넌트의 트래픽을 구별하기 위해 필요한 레이블^{label}을 제공할 수 있는 능력을 필요로 합니다. 세그멘테이션을 하는 전통적인 방법인 VLAN을 사용하여 구현할 수도 있지만, 확장성을 이유로 VXLAN이 점점 더 선호되고 있습니다.

VLAN

현재 VLAN은 이더넷 프레임헤더에서 12 비트(802.1Q 태그)로 표현됩니다. 이는 데이터센터 내에서 지원할 수 있는 레이어 2 세그먼트가 최대 4,096개 밖에 되지 않는다는 것을 의미합니다. 이는 대부분의 테넌트가 일부 보안 영역에 대해 세그멘테이션이 필요할 수 있음을 고려하면, 확장성에 대한 제약이 무척이나 빨리 온 것입니다. 이러한 VLAN의 제약을 해결하기 위해 Cisco Nexus 1000V 와 같은 현재 출시되는 대부분의 소프트 스위치에서는 VXLAN를 지원하고 있습니다.

VXLAN

VXLAN은 VLAN과 동일한 서비스를 제공하지만 훨씬 더 큰 주소 체계를 제공합니다. VXLAN은 레이어2 프레임을 UDP^{User Datagram Protocol} 헤더로 캡슐화(Encapulstaton)하는 오버레이(Overlay) 기술입니다. 헤더 내의 24비트의 VLXAN ID는 16만개의 논리적인 네트워크를 로컬 브리지 도메인으로 할당할 수 있습니다.

[그림 5-6]은 Cisco Nexus 1000V 내의 구현방법을 보여줍니다. 두 개의 가상서버는 시스코 Nexus 1000V VEM^{Virtual Ethernet Module}이 활성화되어 있습니다. 실제로는 두 개의 가상머신 사이에는 라우팅 네트워크를 통해 트래픽이 VXLAN으로 캡슐화되어 있음에도 두 개의 가상머신이 하나의 레이어 2 세그먼트 상에 있는 것으로 보이게 됩니다.

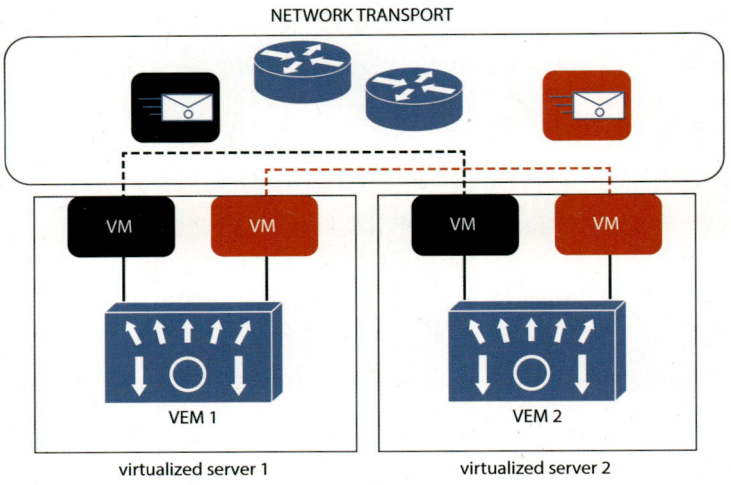

[그림 5-6] 오버레이(Overlay) 기술을 통해 VLAN 확장성 문제 해결

VXLAN 패킷 포맷

[그림 5-7]은 VXLAN 패킷의 포맷을 보여줍니다. VXLAN은 이더넷 프레임을 UDP로 캡슐화합니다.

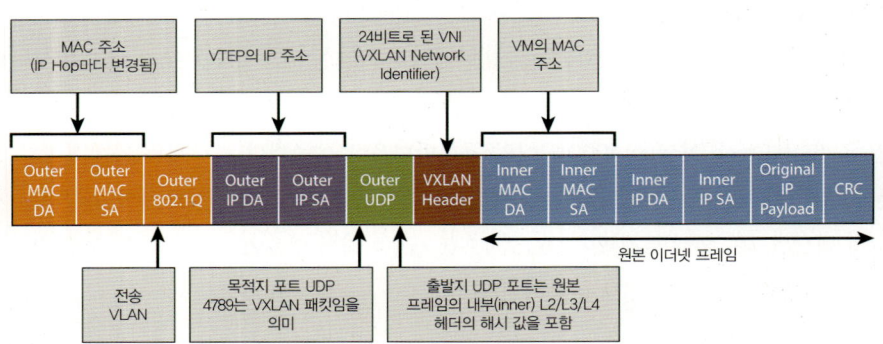

[그림 5-7] VXLAN 패킷 포맷

VXLAN 패킷 전송

[그림 5-8]은 VXLAN 전송을 위한 아키텍처를 보여줍니다. VXLAN으로 연결되는 요소들은 물리 또는 가상 환경으로 구성될 수 있으며 실제 통신은 라우팅 기반을 통해 이루어집니다. 엔드 시스템은 로컬에 브리지 영역과 연결되고 VTEP_{VXLAN Tunnel Endpoint}에서 최종 목적지 호스트(또는 스위치)로 전송하는 오버레이 트래픽이 캡슐화됩니다.

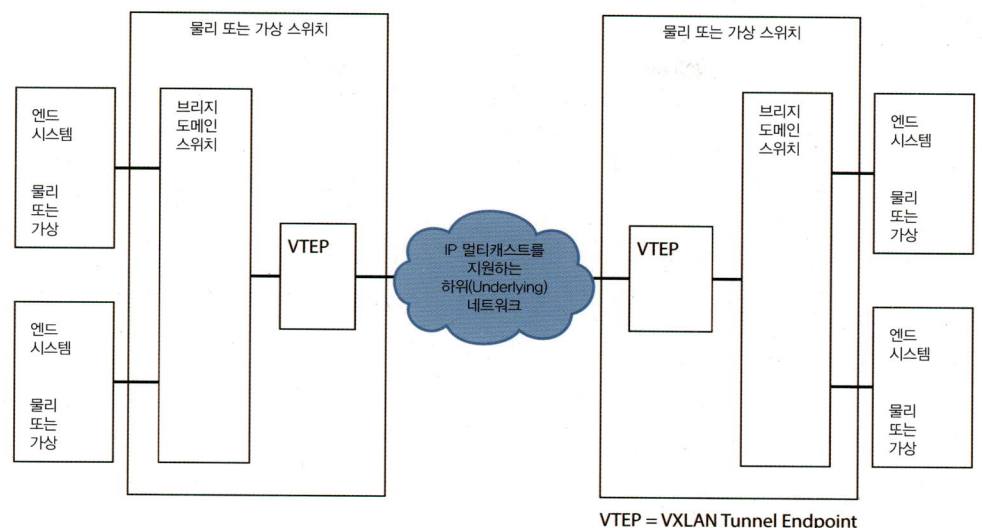

[그림 5-8] VXLAN 아키텍처

호스트(물리 또는 가상)가 서로 다른 호스트(물리 또는 가상)로 통신을 시도할 경우, 로컬 VTEP에서 목적지 VTEP의 IP 주소를 목적지 IP로 하는 VLXAN 헤더를 붙여서 캡슐화를 한 뒤에 유니캐스트로 목적지 VTEP으로 전달합니다.

이 때, 목적지 VTEP을 알 수 없는 경우에는 출발지 VTEP이 목적지 MAC 주소가 어디에 위치하고 있는 지를 학습하기 위해 패킷을 플러딩flooding하게 됩니다. 따라서, VLXAN의 적용 시에는 브로드캐스트Broadcast와 언노운 유니캐스트(Unkwon Unicast)를 위한 멀티캐스트 분산 트리(multicast distribution tree)를 생성할 수 있도록 데이터센터 코어에서 IP 멀티캐스트를 실행하는 것이 필요합니다. IP 코어에서는 BUM으로 불리는 브로드캐스트Broadcast, 언노운 유니캐스트(Unkwon Unicast), 멀티캐스트Multicast 트래픽을 지원하기 반드시 IP Any Source Multicast (∗,G)이 설정되어 있어야 합니다.

이 방법의 제약 사항은 VXLAN이 VLAN에 비해 훨씬 더 높은 확장성을 가지고는 있지만, BUM 트래픽에 대한 플러딩과 관련한 제어 플레인의 확장성이 제한적이라는 것입니다. 또 다른 제약 사항은 VXLAN 주소 공간을 VLAN 주소 공간으로 변환하기 위한 게이트웨이가 필요하다는 것 입니다.

정리하면, 시스코 Nexus 1000V 와 같은 가상 스위치를 사용하여 가상서버들 간에 VXLAN 터널을 사용함으로써 얻을 수 있는 장점은 아래와 같습니다.

· 모든 서버 NIC에서 VLAN trunk 설정을 할 필요가 없어집니다.
· 훨씬 더 많은 세그멘테이션이 가능해집니다.
· 네트워크에서 STP로 인한 부하를 줄일 수 있습니다.

다음은 가상서버에서 VXLAN 터널을 사용할 때의 단점입니다.

- MAC 주소 학습을 위해 멀티캐스트가 필요하고 VXLAN은 플러딩을 제거할 수 없습니다.
- 네트워크 트래픽의 우선순위에 대한 가시성이 보장되지 않습니다.
- VXLAN-to-VLAN 을 위한 게이트웨이(또는 VXLAN Tunnel Endpoint, VTEP)가 병목이 될 수 있습니다.

멀티캐스트 없이 VXLAN을 구현

Cisco Nexus 1000V 같은 대부분의 스위칭 소프트웨어에서는 멀티캐스트 없이 VXLAN을 구현하는 방법을 제공하고 있습니다. 중앙 집중식 관리 요소(Cisco Nexus 1000V의 경우 가상 수퍼바이저 모듈(Virtual Supervisor Module[VSM])를 특정 가상호스트에 두어 세그먼트 내의 MAC 주소가 어떤 호스트에 존재하는 지를 데이터베이스로 유지, 관리합니다. 이 정보를 사용하여 멀티캐스트와 브로드캐스트 프레임에 대한 복제(replication)가 브리지 도메인이 존재하는 호스트에서만 수행되도록 합니다. MAC-to-VTEP(또는 VEM)의 맵핑 데이터베이스는 다음과 같이 VEM이 다른 VEM으로 직접 트래픽을 전송할 수 있도록 합니다:

- VEM은 (연결된 포트를 확인하거나 소스 데이터 트래픽의 MAC 주소를 참조하여) VM의 MAC 어드레스를 감지합니다.
- VEM에서 학습된 MAC 주소 정보는 세그먼트 정보와 함께 VSM으로 전달합니다.
- VSM은 VTEP에 세그먼트와 MAC 주소를 생성합니다.
- VSM은 이와 관련된 연결 상태 정보를 다른 모든 VEM(세그먼트 위치에 기반하여 로컬라이즈 가능)으로 배포합니다.
- VEM은 전송을 위해 레이어 2 테이블내에 새로 학습된 MAC 주소들을 유지합니다.

Microsoft Hyper-V 네트워킹

ESX 하이퍼바이저와는 달리 Hyper-V는 페어런트 운영시스템의 컨셉을 가지고 있는 하이퍼바이저입니다. Hyper-V 상에서 어떤 OS를 실행하기 위해서는 먼저 OS를 반가상화paravirtualize 해야합니다. 반 가상화는 VM의 I/O 기능을 사용할 필요가 있는 경우, 이를 상위 OS를 통해 페어런트 OS의 드라이버를 사용하여야 한다는 것을 의미합니다. 이로 인해, Hyper-V는 윈도우 운영체제와는 아주 잘 동작하지만, 그 이외의 다른 OS에 대한 지원에는 제한적입니다.

학술 용어로 표현한다면 ESX에서 구현되는 가상화 타입은 *Type1*로 간주되며, Hyper-V의 가상화는 *Type2*로 간주됩니다. 페어런트 OS는 윈도우 코어 OS로 불리며 최소한의 기능을 가진 윈도우 서버 2012 버전이라고 보면 됩니다. 주요 기능은 가상머신 내에서 OS를 실행하는 것입니다.

윈도우 코어 OS에는 GUI가 제공되지 않기 때문에 설정은 윈도우 파워셸을 통해 수행하여야 합니다.

Hyper-V의 주요 기능들은 VMware ESX와 유사합니다. 예를 들어, vMotion 마이그레이션 대신에 Hyper-V는 Live Migration을 가지고 있습니다. vDS(vNetwork Distributed Switch) 대신에 Hyper-V는 논리 스위치(Logical Switch)를 가지고 있습니다. ESX의 데이터센터의 개념과 마찬가지로 Hyper-V는 폴더(Folder)를 가지고 있습니다.

Hyper-V를 관리하는 제품군은 시스템 센터System Center라고 합니다. 다음은 Hyper-V를 사용하는 데 필요한 주요 구성 요소와 용어입니다.

🖥 Microsoft Hyper-V의 주요 구성 요소

- **시스템 센터 가상머신 매니저(SCVMM):** 중앙 서버에서 실행되며 가상화 호스트, 가상머신, 스토리지 및 가상 네트워크를 관리합니다. VMware의 vCenter와 동일한 역할을 합니다.

- **SCVMM 서버 콘솔:** SCVMM 서버와 인터페이스를 위한 콘솔 프로세스로 스크립트 및 자동화를 위한 PowerShell을 API를 제공.

- **가상 컴퓨터 관리 서비스(Virtual Machine Management Service 또는 VMMS):** WMI 인터페이스를 사용하는 각각의 가상서버의 페어런트 파티션에서 실행되는 프로세스. 호스트상의Hyper-V 및 VM을 관리합니다.

- **Hyper-V 스위치:** 하이퍼바이저 내의 확장 가능한 가상 스위치.

- **WMI(Windows Management Instrumentation):** VMMS과의 인터페이스를 위해 SCVMM에 의해 사용됩니다.

- **윈도우즈 네트워크 가상화(Windows Network Virtualization 또는 WNV):** 오버레이를 생성하기 추가되는 모듈

- **VSID(Virtual Subnet Identifier) 또는 테넌트 ID:** NVGRE에서 사용

Microsoft Hyper-V의 또 다른 주요 컨셉은 포워딩 익스텐션(forwarding extension)입니다. 이 기능은 게스트로부터 네트워크 어댑터로 가는 데이터 경로 내에서 3rd party 프로세싱을 추가할 수 있도록 합니다. 포워딩 익스텐션은 다음과 같은 기능들을 데이터경로 상에서 양방향으로 지원합니다.

· 패킷 필터
· 데이터 경로로 새로운 패킷을 삽입 또는 수정
· 패킷을 확장 스위치 포트중의 하나로 전달

[그림 5-9]는 Hyper-V 아키텍처와 주요 컴포넌트와의 연결을 보여줍니다.

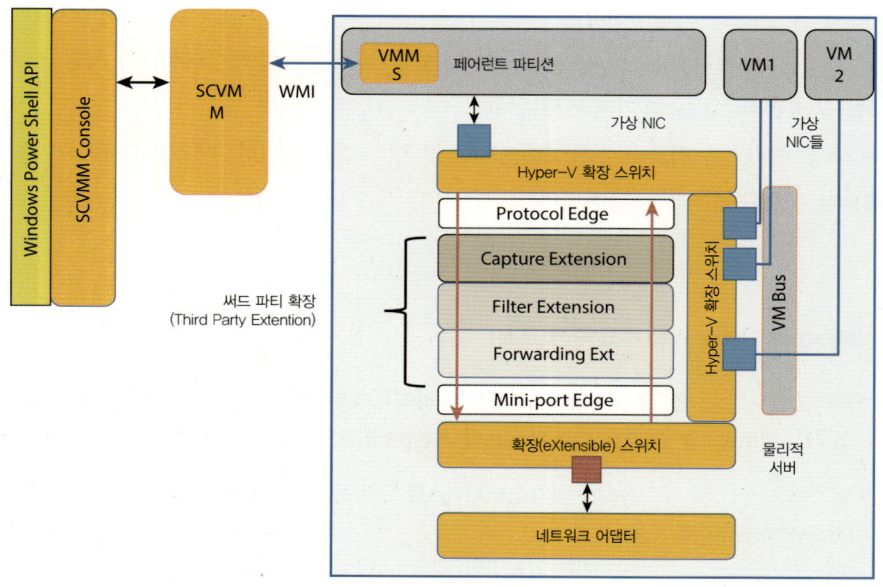

[그림 5-9] Hyper-V 아키텍처

[그림 5-10]은 다중 호스트 그룹을 사용한 토폴로지를 보여줍니다.

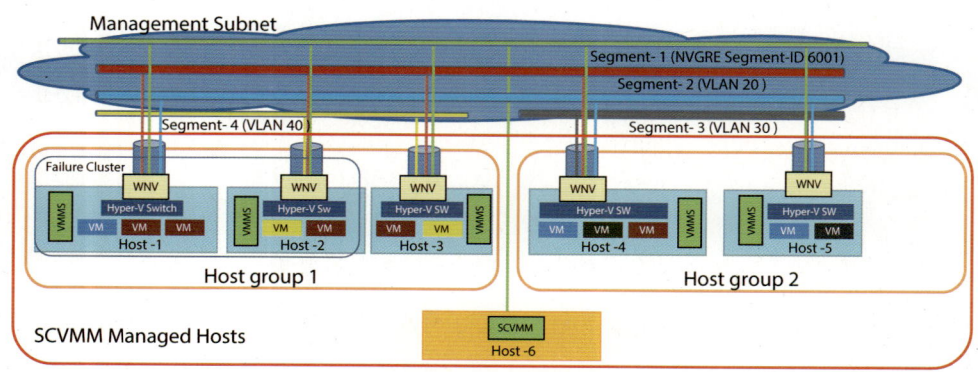

[그림 5-10] Hyper-V 토폴로지

[그림 5-11]은 Hyper-V에서 소개된 주요 네트워킹 컨셉을 보여줍니다. 상세 내용은 다음에 이어집니다.

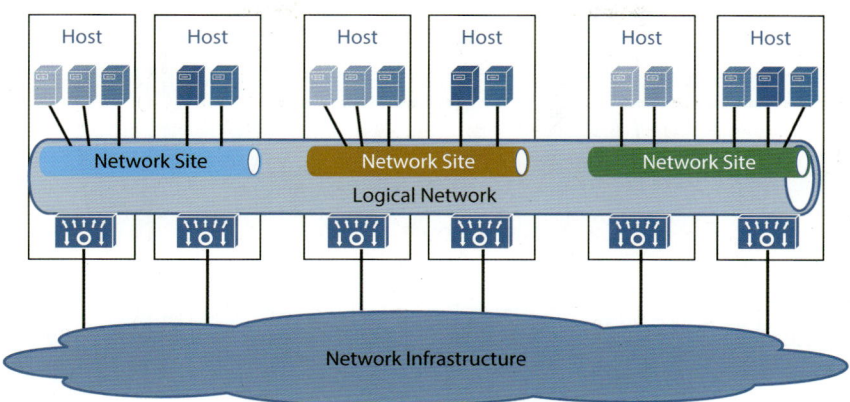

[그림 5-11] Hyper-V의 네트워킹 개념도

Microsoft는 Hyper-V의 네트워킹 구성 요소에 대해 아래와 같은 용어를 사용합니다.

- **로지컬 스위치**(Logical switch): 분산 가상 스위치를 나타냅니다. 각각의 Hyper-V 호스트에 하나의 인스턴스가 적용됩니다. 각각의 업링크 NIC(또는 NIC team)은 하나의 로지컬 스위치만 가질 수 있습니다. 이는 VMware vDS와 동일한 기능을 제공합니다.
- **로지컬 네트워크**(Logical Network): 서브넷, VLAN, 네트워크 가상화 및 VM 네트워크와 같은 모든 네트워킹 요소에 대한 공간입니다.
- **LND**(Logical Network Definition) 또는 네트워크 사이트(network site): SCVMM 내에 논리적으로 격리된 블록 단위로 각각의 LND에는 IP 서브넷에 하나 이상의 VLAN이 포함되어 있습니다.
- **VM 네트워크**: 가상머신 네트워크로 VM으로부터 로지컬 네트워크, VLAN, 서브넷을 연결에 대한 연결성을 제공합니다.

로지컬 네트워크는 특정한 형태의 네트워크 연결성을 가진 네트워크를 나타냅니다. 로지컬 네트워크의 개념은 일반적인 물리적인 네트워크와 정확히 1:1로 맵핑되지는 않습니다. 호스트 그룹 셋트상에서 로지컬 네트워크를 적용된 것을 네트워크 사이트(network site)라고 부릅니다.

[그림 5-12]와 같이 단일 로지컬 네트워크 내에 여러 개의 VM 네트워크 사이트 가질 수 있습니다. 또한 네트워크 사이트를 여러 개의 VM 네트워크로 나누고 VM 네트워크와 가상머신을 연결할 수도 있습니다.

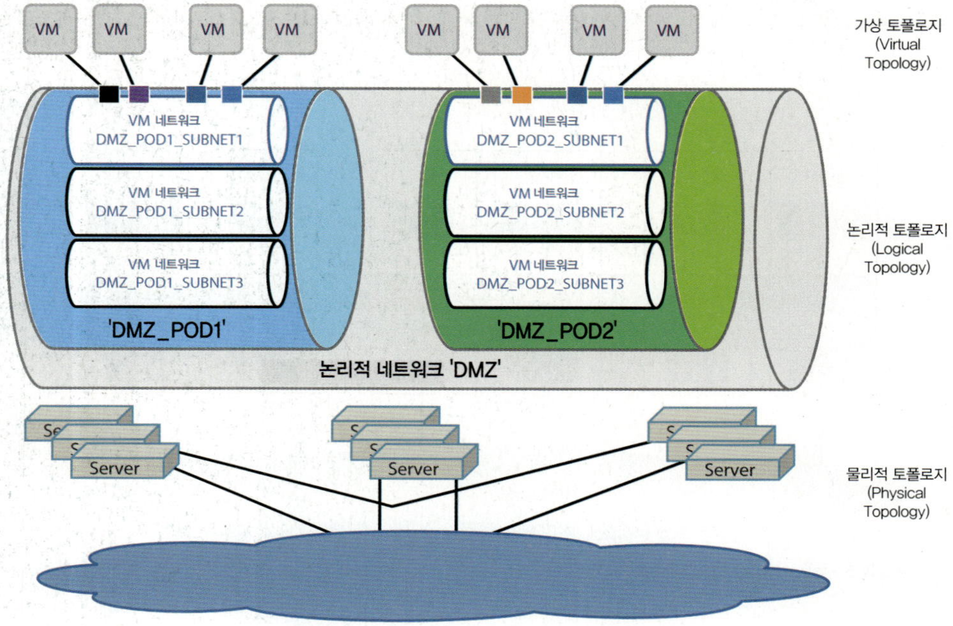

[그림 5-12] Hyper-V의 네트워크 개념도

리눅스 KVM과 네트워킹

리눅스 커널 기반의 가상머신(Linux Kernel-based Virtual Machine 또는 KVM)은 커널의 일부로 하드웨어 에뮬레이션을 하는 것이 아닙니다 - 이는 사용자 영역(user-space)에서 제공됩니다. 리눅스 내에서의 가상머신 관리는 두 가지 요소를 통해 이루어집니다:

- **libvirt:** 리눅스의 가상화 기능과 연동되는 툴킷으로 Virt-viewer, virt-manager 와 virsh(가상머신 관리를 위한 셸)는 libvirt에 의존합니다.
- **qemu:** KVM 내에서 사용자 영역(user space)에서 실행되는 하드웨어 에뮬레이션 구성 요소

[그림 5-13]은 각 구성 요소 사이의 관계를 보여줍니다.

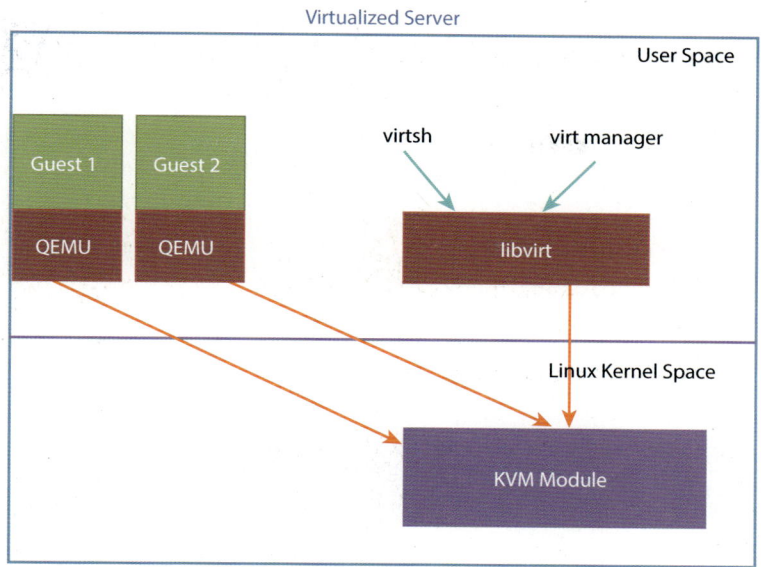

[그림 5-13] KVM을 실행하는 가상 서버 요소

KVM을 실행할 때, 다음의 패키지가 설치되어 있어야 합니다.

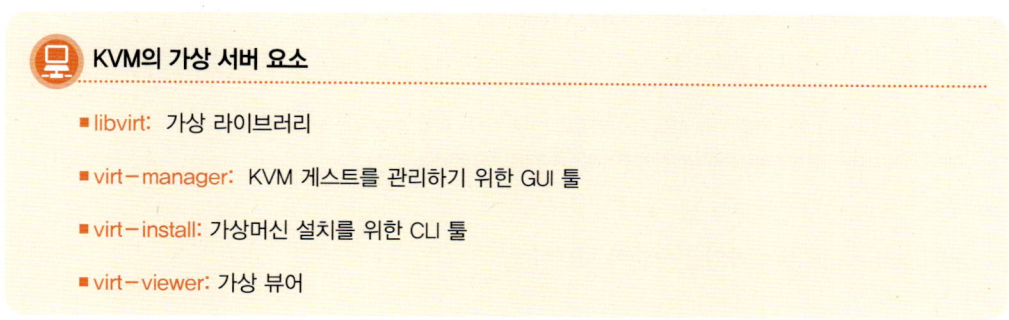

KVM의 가상 서버 요소

- libvirt: 가상 라이브러리

- virt-manager: KVM 게스트를 관리하기 위한 GUI 툴

- virt-install: 가상머신 설치를 위한 CLI 툴

- virt-viewer: 가상 뷰어

libvirt 데몬 서비스는 반드시 KVM 서버의 구동시에 시작되어야 합니다. 게스트 VM 네트워크 어댑터를 리눅스 브리지 및 Open vSwitch(OVS) 브리지와 연결하는 것이 필요합니다.

리눅스 브리징

가상화된 Linux 호스트에서 네트워크와 관련된 일부 설정은 Linux가 제공하는 브리지 기능에 의존하고 있습니다. 이 때문에, brctl을 잘 알고 있어야 아래의 작업들을 수행할 수 있습니다:

brctl 명령어는 libvirt를 통해 생성된 가상 브리지를 제어하는 데에도 사용할 수 있습니다.

Note

가상화된 리눅스 호스트에서 네트워킹을 설정하는 방법은 http://wiki.libvirt.org/page/VirtualNetworking 에서 libvirt 관련 문서 참조하세요.

기본적으로 libvert 데몬을 수행하는 가상화된 리눅스 호스트는 virbo0이라 불리는 가상 브리지가 동작하고 있습니다. 가상 브리지에 대한 상태 정보는 명령어 ifconfig virbr0으로 확인할 수 있습니다. 가상 브리지로 새로운 네트워크 어댑터를 추가하고자 한다면 다음과 같이 brctl 명령어를 사용하면 됩니다: brctl addif 〈브리지 이름〉 〈인터페이스 이름〉.

Note

게스트 VM 네트워크 어댑터를 가상 브리지로 연결하기 위해서는 다음의 설명을 참조하세요
http://wiki.libvirt.org/page/Networking#Guest_configuration.

virt-manager는 설정 작업을 단순화 합니다.

오픈 vSwitch

오픈 vSwitch(OVS)는 다음과 같이 다양한 네트워킹 기능을 제공하는 소프트웨어 스위치입니다:

• IEEE 802.1Q 지원

• 넷플로(NetFlow)

• 미러링(Mirroring)

오픈 vSwitch는 KVM, XenServer와 VirtualBox같은 하이퍼바이저에서 동작합니다. 오픈 vSwitch는 독립적인 가상 스위치로 동작합니다. 모든 스위치들은 독립적으로 관리하거나 중앙의 컨트롤러를 사용하여 아래와 같은 설정 요소들을 통해 분산 관리하여 관리할 수도 있습니다.

- 플로 기반의 전송 상태 – 오픈플로(OpenFlow)를 사용하여 원격에서 프로그래밍
- 스위치 포트 상태 – OVSDB(Open vSwitch Database) 관리 프로토콜을 사용하여 원격에서 프로그래밍

오픈 vSwitch는 GRE 또는 VXLAN 기반의 터널 생성도 지원합니다.

OVS 아키텍처

오픈 vSwitch의 중요한 특징 중 하나는 플로 기반의 전송 아키텍처를 갖고 있다는 것입니다. 이는 대부분의 시스코 아키텍처에서 컨트롤 플레인(Control Plan 또는 제어부)과 데이터 플레인(Data Plane 또는 데이터부)을 분리하고 있는 것과 유사한 개념입니다. 컨트롤 플레인은 수퍼바이저에서 제공되고 데이터 플레인은 패킷 전송 기능을 담당합니다. OVS의 다른 기능으로는 오픈플로 아키텍처 내에서 분산되어 실행될 수 있습니다.

OVS 는 세 가지 구성 요소를 가지고 있습니다:

- 패스트 패스(fast path)를 수행하는 커널
- 오픈플로 프로토콜을 수행하는 사용자 영역(user space)
- 사용자 영역 데이터베이스(user space database)

다음 페이지의 [그림 5-14]는 OVS 아키텍처를 보여줍니다.

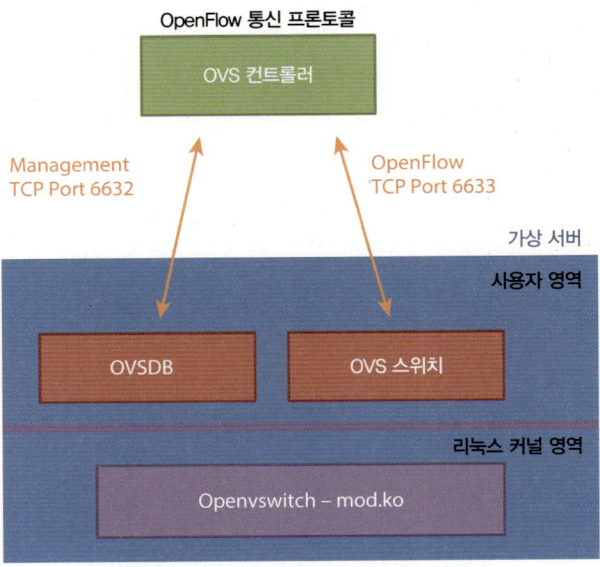

[그림 5-14] OVS 아키텍처

OVS는 사용자 영역의 컨트롤 플레인과 커널 영역의 데이터 플레인 구성 요소를 가지고 있습니다.

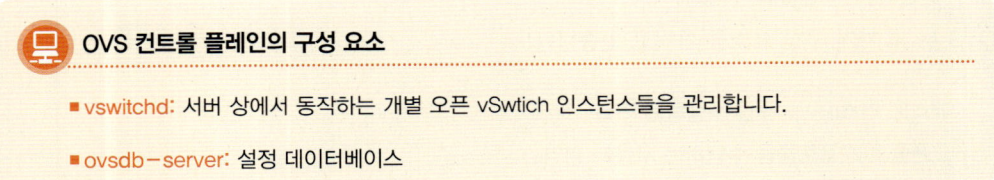

OVS 컨트롤 플레인의 구성 요소

- **vswitchd**: 서버 상에서 동작하는 개별 오픈 vSwtich 인스턴스들을 관리합니다.

- **ovsdb-server**: 설정 데이터베이스

OVS 데이터베이스는 JSON 포맷으로 스위치 설정을 저장하고 JSON RPC를 통해 프로그래밍이 가능합니다.

가상 스위치는 세그멘테이션을 위해 여러 개의 브리지들로 나뉠 수 있습니다.

트래픽 전송은 패킷에 대한 분류와 플로 탐색을 통해 분석하고 나서 수행됩니다. 플로 엔트리는 커널 영역에 존재하며, VXLAN 또는 GRE로 터널링된 패킷을 포함한 모든 패킷들은 이 엔트리를 통해 전송됩니다.

플로 탐색은 다음의 필드에 대한 매칭을 포함합니다.

- 입력 포트(Input port)

- VLAN ID

- 출발지 MAC 주소(Source MAC address)

- 도착지 MAC 주소(Destination MAC address)

- 출발지 IP(IP Source)

- 도착지 IP(IP Destination)

- TCP/UDP/... 출발지 포트(Source Port)

- TCP/UDP/... 목적지 포트(Destination Port)

> **Note**
>
> 오픈 vSwitch의 성능은 커넥션 셋업 레이트와 관련됩니다. 이는 사용자 영역에서 엔트리 탐색(lookup)이 이루어지기 때문입니다.

> **Note**
>
> OVS 코드와 아키텍처에 관련된 추가 정보는 다음을 참조하세요: https:// github.com/openvswitch/ovs

토폴로지 예제

[그림 5-15]는 OVS 적용에 대한 간단한 토폴로지를 보여줍니다. 각각의 가상화 서버는 브리지(br0)를 가진 OVS 인스턴스를 가지고 있습니다. 가상머신의 NIC(tap0과 tap1)은 브리지로 연결됩니다.

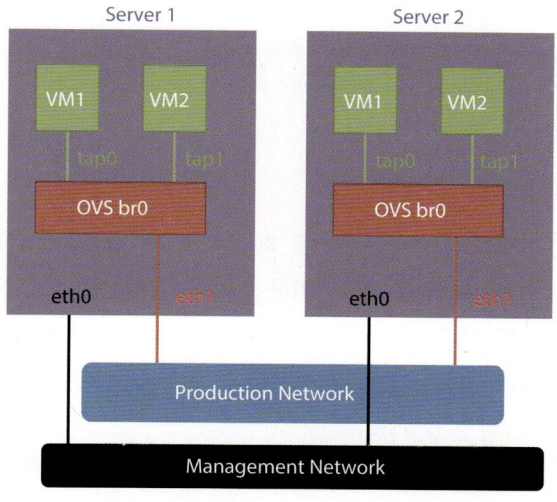

[그림 5-15] OVS 적용 토폴로지

OVS-vsctl는 OVS-vswitchd에 대한 쿼리와 설정하기 위한 유틸리티입니다. [예제 5-1]은 [그림 5-15]에 표시된 토폴로지 구성을 보여줍니다. 설정 매개변수 태그는 VLAN tap0 또는 tap1 설정 매개변수는 태그를 사용하여 연결할지 여부를 지정합니다. 업링크로 사용되는 물리적 NIC은 브리지 인스턴스([예제 5-1]의 br0)에 eth0 또는 eth1을 추가하여 구성합니다.

예제 5 - 1	OVS 스위치 설정

```
ovs-vsctl add-br0
ovs-vsctl add-port br0 tap0 tag=1
ovs-vsctl add-br0 eth1
ovs-vsctl list-br
```

> **Note**
>
> OVS 설정에 대한 더 많은 예제는 아래에서 확인할 수 있습니다:
> http://openvswitch.org/support/config-cookbooks/vlan-configuration-cookbook/
> https://raw.githubusercontent.com/openvswitch/ovs/master/FAQ

다음 설정은 OVS를 설치하는 방법과 OVS를 실행하고 있지 않은 오픈플로(OpenFlow) 컨트롤러를 "Out-of-Band"로 통신하기 위한 디자인을 보여줍니다. 이 디자인에서는 오픈플로 컨트롤러와의 연결이 끊기는 경우에는 로컬 포워딩을 수행하도록 되어 있습니다.

```
ovs-vsctl set-controller br0 tcp:<IP of the controller>:6633
ovs-vsctl set-controller br0 connection-mode=out-of-band
ovs-vsctl set-fail-mode br0 standalone
```

오픈스택과 오픈 vSwtich

오픈 vSwitch가 오픈스택과 함께 사용될 경우 리눅스 브리지, 탭 인터페이스 및 Open vSwitch 구성 요소 간의 맵핑은 오픈스택의 구조와 일치하고 있기 때문에 더욱 복잡한 토폴로지도 구현할 수 있습니다. [그림 5-16]과 같이 각각의 VM들은 veth라는 가상 이더넷 인터페이스를 통해 오픈 vSwitch(br-int)로 연결됩니다. 여기서 VLAN 태그는 다중 테넌트를 만드는 데 사용됩니다. 이 토폴로지에서는 iptables의 통합도 가능합니다.

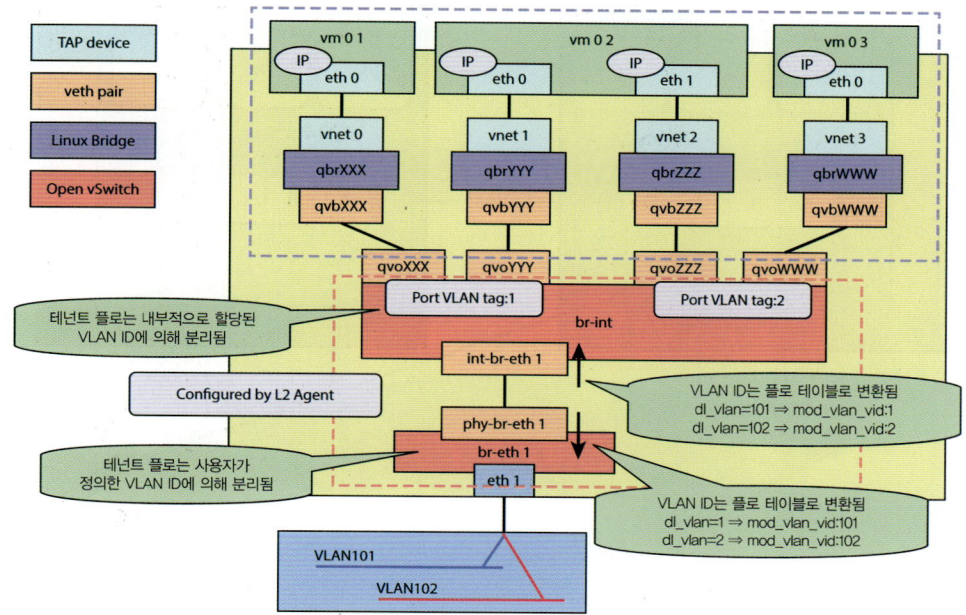

[그림 5-16] Open vSwitch와 오픈스택

오픈플로(OpenFlow)

오픈플로(OpenFlow)는 플로에 기반한 전송 인프라스트럭처를 정의하고 컨트롤러가 직접 스위치를 보안 채널을 통해 제어할 수 있도록 하는 API를 표준화하기 위해서 ONF(Open Networking Foundataion)에서 만들어진 사양입니다.

> **Note**
> 오픈플로에 대한 좀 더 상세한 내용은 다음에서 확인하실 수 있습니다:
>   http://pomi.stanford.edu/content.php?page= research&subpage=openflow.

OVS는 오픈플로 컨트롤러와 함께 적용될 수 있습니다. 중앙 집중적인 컨트롤러로는 NOX(www.noxrepo.org)를 사용할 수 있습니다. 토폴로지는 [그림 5-17]과 같습니다.

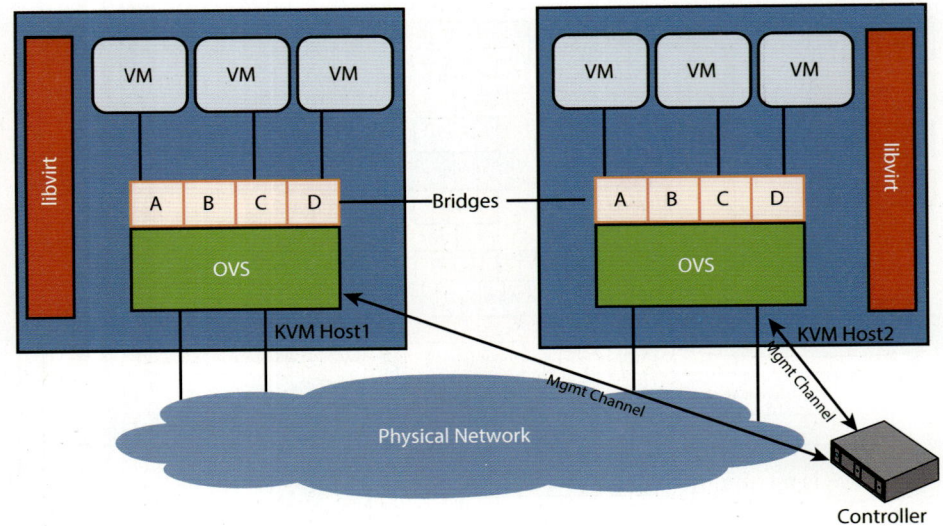

[그림 5-17] OpenFlow Controller를 사용한 OVS 적용

이 아키텍처에서는 컨트롤 플레인 처리를 컨트롤러로 리디렉션할 수 있습니다. OVS 스위치 내의 플로 테이블에는 플로 정보, 동작 규칙 및 카운터 들이 포함됩니다. 동작 규칙은 다음과 같습니다:

- 포트로 패킷 전송
- 캡슐화하여 컨트롤러로 전송
- 패킷 차단
- 일반적인 프로세싱 파이프라인으로 전송

오픈플로의 기능은 계속 개선되고 있으며, 각 버전 목록은 아래와 같습니다:

- 오픈플로 1.0: 오픈플로의 기본 기능 제공
- 오픈플로 1.1: 가상 포트 모델과 다중 플로 테이블 지원
- 오픈플로 1.2: Ipv6와 확장 플로 매치 지원
- 오픈플로 1.3: 플로 미터(per-flow meter)와 주문형(on-demand) 플로
- 오픈플로 1.4: 더 많은 확장형 프로토콜 및 플로 모니터링 지원

> **Note**
> 좀 더 상세한 정보에 대해서는 최신 오픈플로 사양서에서 확인하세요.

다음의 소스 한 토막^{snippet}은 허용되는 오픈플로 버전을 설정하는 방법을 보여줍니다:

```
ovs-vsctl set bridge switch protocols=OpenFlow10,OpenFlow12,OpenFlow13
```

오픈 vSwtich 데이터베이스(OVSDB) 관리 프로토콜은 컨트롤러가 터널, QoS와 단순히 플로를 저장하는 것만으로는 수행할 수 없는 설정들을 구현하도록 하는 관리 인터페이스입니다.

> **Note**
> OVSDB에 대한 상세 정보는 다음에서 확인할 수 있습니다: http://tools.ietf.org/html/rfc7047.

다음은 OVSDB에서 제공하는 기능들입니다:

- 오픈플로 데이터 경로(브리지)에 대한 생성, 변경, 삭제
- 오픈플로 데이터 경로가 연결되어야 할 컨트롤러에 대한 설정
- 오픈플로 데이터 경로상에 있는 포트들에 대한 생성, 변경, 삭제
- 오픈플로 데이터 경로상에 있는 터널 인터페이스들에 대한 생성, 변경, 삭제
- 큐(queue)에 대한 생성, 변경, 삭제
- 큐 정책에 할당되는 QoS 정책 설정
- 통계 수집

 ## VMware ESX/ESXi 네트워킹

VMware ESX/ESXi에 대해 상세 내용을 설명할 수 없습니다만, 적어도 데이터센터 내에서 ESX/ESXi를 설정하기 위해서는 다음과 같은 주요 기술 요소와 컨셉에 대한 이해가 있어야 합니다:

 VMware ESX/ESXi의 주요 구성 요소

- **vSphere ESXi**
  하이퍼바이저

- **vCenter**
  관리자가 ESX 호스트 그룹을 관리하고 데이터 스토리지를 연결하도록 합니다.

- **vNetwork Distributed Switch**(또는 Distributed Virtual Switch)
  vCenter 내의 데이터센터 상의 모든 호스트에 걸쳐 연결된 vSwitch입니다. 이를 통해 여러 호스트 간에 일관된 네트워크 구성을 유지하기 위한 작업을 단순화할 수 있게 됩니다.

데이터센터 패브릭 내에서 물리적인 네트워크 연결성이 필요한 요소는 ESXi 서버입니다.
ESX 서버의 기본적인 설정에는 관리를 위한 인터페이스(서비스 콘솔), 프로덕션 트래픽(VM으로 전달되
는 트래픽), 그리고 VM 커널이 포함됩니다. VM 커널에 네트워크 연결이 필요한 주된 이유는 스토리
지에 대한 iSCSI 연결, VM 마이그레이션(vMotion)을 위한 ESX 서버 간의 통신 등이 포함됩니다.

∷ VMware vSwitch와 DVS

VMware ESX는 표준 vSwitch 또는 분산 가상 스위치(DVS: Distributed Virtual Switch)를 사용하여
스위칭 환경을 제공합니다. 분산 스위칭은 VMware 자체 기능인 vDS(vNetwork Distributed Switch)으
로 구현되거나 Cisco Nexus 1000V distributed virtual switch(DVS)로 구현될 수 있습니다.
vSwitch는 일반적인 레이어 2 이더넷 스위치처럼 작동합니다. vSwitch는 VM들 사이와 VM과
LAN 스위칭 인프라스트럭처 사이에서 트래픽을 전달합니다. ESX 서버 NIC(vmnic)는 vSwitch의
업링크가 됩니다.

vSwitch는 트래픽을 목적지 MAC 주소에 따라 전달하기 위한 레이어 2 포워딩 테이블을 가지고
있습니다. vSwitch 포워딩 테이블은 VM을 위한 MAC 주소와 해당 VM들에 할당된 포트를 포함합
니다. 어떤 프레임이 VM으로 전송될 때 vSwitch는 프레임을 직접 VM으로 전송하고, 전달되어야
할 목적지 VM의 MAC 주소가 테이블에 없는 경우, 또는 멀티캐스트나 브로드캐스트인 경우에는
트래픽을 vmnic(해당 서버의 NIC)으로 보냅니다.

이중화된 vSwitch 업 링크에 대한 설정은 NIC 티밍teaming이라고합니다. vSwitch는 스패닝 트리
프로토콜을 실행하지 않기 때문에, vSwitch에서는 다른 방법으로 루프(Loop) 방지 메커니즘을 구현
하고 있습니다. 이 방법은 ESX/ESXi 서버의 이중화된 업링크들 중에서 한쪽으로 들어온 패킷에 대

한 반송되는 패킷은 다른 포트로 전달하지 않고 들어왔던 업링크를 통해서만 전달하는 방식을 사용합니다.

vSwtich에서는 포트 그룹의 컨셉을 사용하여 VM 그룹들을 독립적으로 세그멘테이션 할 수 있습니다. 각각의 포트 그룹에는 VALN이 할당될 수 있습니다. VM의 vNIC은 특정 VLAN이 할당된 포트 그룹에 함께 할당됩니다. 가상 스위치는 스위치 간의 모든 VLAN을 지원하는 포트인 트렁크trunk로 vmnic을 설정합니다.

[그림 5-18]은 이 개념을 보여줍니다.

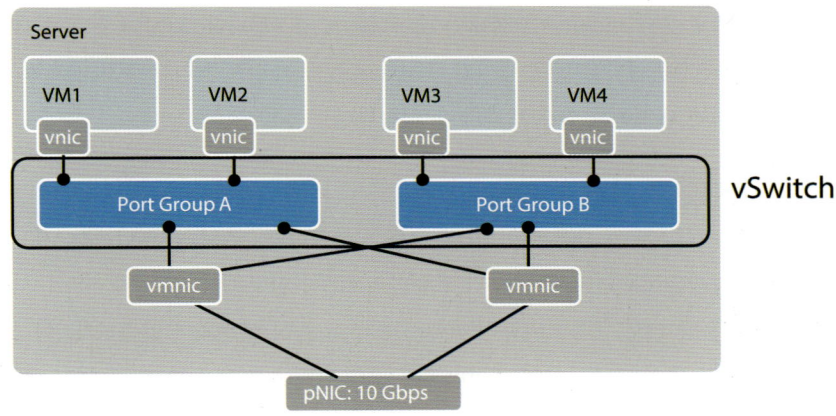

[**그림 5-18**]　포트 그룹과 VLAN

> **Note**
>
> 좀 더 상세한 정보는 http://www.vmware.com/files/pdf/ virtual_networking_concepts.pdf을 참조하세요.

VMware ESXi 서버 트래픽 요구 사항

가상화 서버를 적용할 때는 다음과 같은 세 가지 트래픽 유형이 고려되어야 합니다.

> 🖥 **VMware ESXi 서버의 트래픽 유형**
>
> ■ **가상머신 데이터 트래픽**
> 가상머신에서 송수신되는 데이터 트래픽이 고려되어야 합니다.

VMware의 VMotion 트래픽은 vMotion이 시작될 때만 높은 수준의 대역폭을 필요로 합니다. 보통 약 10에서 60초 정도 동안 버스트^{burst} 형태의 데이터를 발생시킵니다. 가상머신 마이그레이션 기간은 사용 가능한 대역폭에 영향을 받게 됩니다. VMware vMotion의 처리는 주로 메모리 동작이기 때문에 기가비트 이더넷 대역폭을 쉽게 초과할 수 있습니다.

vShield 와 VXLAN 태깅

vShield 매니저는 VXLAN 을 사용하여 네트워크를 생성합니다. vShield 매니저는 VXLAN 네트워크에 사용자가 할당해둔 VNID 풀^{pool}로부터 고유의 VNID를 할당합니다.

vShield에는 VXLAN 세그먼트 ID 범위와 멀티캐스트 주소 풀이 설정되어 있습니다. 이 설정은 네트워크 가상화 탭에서 vShield 매니저의 데이터센터 필드 아래에서 찾을 수 있습니다. 여기에서 세그먼트 ID의 풀과 멀티캐스트 주소의 범위를 정의할 수 있습니다. 그리고 나서 이 풀을 "네트워크 범위(Network Scope)"로 할당합니다. 이어서 VXLAN 네트워크를 생성하고 나면 VM vNIC을 연결할 포트 그룹이 vCenter에 표시됩니다. 다음으로 VLAN 네트워크에 연결하기 위해 VXLAN 네트워크에 vShield Edge VM을 추가합니다. 이를 위해서 vShield 매니저에서 "Edge" 옵션을 선택하고, 어떤 호스트 또는 어떤 물리적인 포트에서 VXLAN 게이트웨이 기능을 제공할 지를 선택합니다.

> **Note**
> vShield Edge에 대한 좀 더 상세한 정보는 http://www.vmware.com/files/ pdf/techpaper/vShield-Edge-Design-Guide-WP.pdf에서 확인하실 수 있습니다.

∴ vCloud 디렉터와 vApps

VMware의 vCloud Director는 안전한 멀티 테넌트 클라우드를 구축할 수 있는 클라우드 오케스트레이션 제품입니다. vCloud Director에서는 자원 관리를 제공하고 다음과 같은 것들을 생성할 수 있습니다.

- 각각의 테넌트 조직을 위한 가상 데이터센터 (vDC)
- 카탈로그와 엔드유저가 가상 어플라이언스(vApp)를 직접 시작하고 중단할 수 있는 셀프서비스 포털

vCloud는 다음과 같이 계층적으로 자원을 분류합니다.

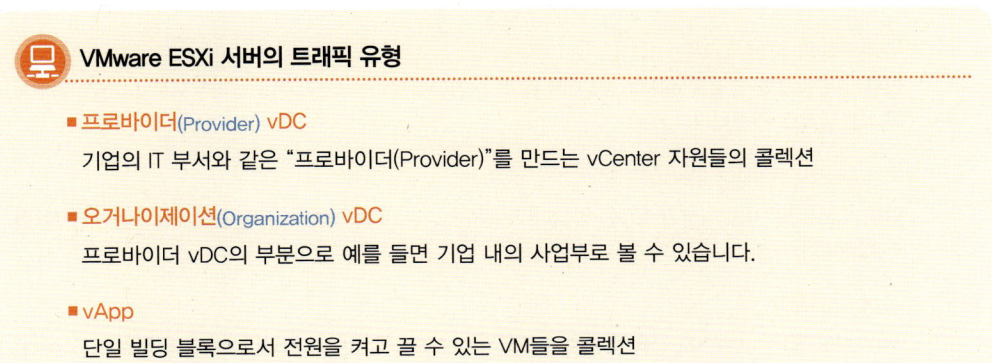

VMware ESXi 서버의 트래픽 유형

- **프로바이더(Provider) vDC**
  기업의 IT 부서와 같은 "프로바이더(Provider)"를 만드는 vCenter 자원들의 콜렉션

- **오거나이제이션(Organization) vDC**
  프로바이더 vDC의 부분으로 예를 들면 기업 내의 사업부로 볼 수 있습니다.

- **vApp**
  단일 빌딩 블록으로서 전원을 켜고 끌 수 있는 VM들을 콜렉션

vCloud 디렉터는 자원을 오케스트레이션 하기 위해 [그림 5–19]와 같이 vCenter, vShield 매니저와 vShield Edge가 필요합니다.
vShield 매니저는 vCloud 디렉터의 네트워킹 구성 요소를 관리합니다. vShield Edge는 각각의 ESXi 호스트 내에서 실행되고 vShield 매니저에 의해 자동으로 배포됩니다.

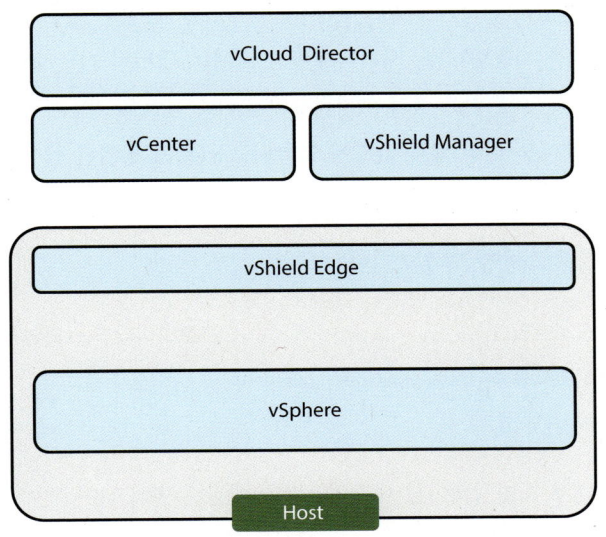

[그림 5-19] vCloud Director의 구조

vCloud 네트워크

vCloud 디렉터는 새로운 계층 구조의 네트워킹 구조를 도입하였습니다:

 vCloud의 자원 분류

- **외부(프로바이더) 네트워크**

  외부 네트워크와 연결된 실제(real) 네트워크. 오거나이제이션(테넌트)이 클라우드로 나가기 위해서 이 네트워크로 연결됩니다.

- **오거나이제이션 vDC 네트워크**

  외부 또는 내부 네트워크가 될 수 있습니다. 외부는 NAT(Network Address Translation)가 사용될 수 있습니다.

- **vApp 네트워크**

  vApp 네트워크의 vCloud 컨슈머에 의해 생성되고 vApp 내의 여러 가상머신들을 연결합니다. vApp 네트워크는 오가나이제이션 가상 데이터센터 네트워크의 워크로드에서 vApp의 가상머신을 분리 함으로써 다른 네트워크로 시스템을 보호하기 위해서 라우터를 시스템 그룹(vApp) 앞에 놓는 것 과 같은 효과를 가져옵니다. vApp 네트워크는 네트워크 풀로부터 배포되며 vApp이 실행되는 동안 vSphere 자원을 사용하게 됩니다.

vSphere의 관점에서 보면 이는 모두 VM 네트워크 입니다.

vCloud에서 네트워크를 정의하는 단위는 오거니제이션(*organizations*)으로 불립니다. 각 오거니 제이션은 외부 오거니제이션 vDC 네트워크(전통적인 포트 그룹)와 일부 내부 오거니제이션 네트워크 (vDCNI가 될 수 있습니다)를 사용합니다. 오거니제이션 내에는 네트워크를 자원 형태로 가지고 있는 풀pool인 vDC가 있습니다. 네트워크 풀과 오거니제이션 vDC 네트워크에는 일대일 맵핑이 이루어집 니다. vApp은 오거니제이션 내의 일부 vDC에 포함되고 vDC에 정의된 풀에서 네트워크 리소스를 가져옵니다.

각각의 vApp은 다음을 사용할 수 있습니다:

- 외부 오거니제이션 네트워크(External organization network): 프로바이더 익스터널 네트워크와 맵핑
- 내부 오거니제이션 네트워크(Internal organization network)
- vApp 네트워크(vApp 내에서만 존재)

vApp 네트워크와 내부 오거니제이션 네트워크 사이에는 특별히 다른 것이 없습니다. 주요 차이 점은 내부 오거니제이션 네트워크는 어떤 vApp에서든 존재할 수 있지만, vApp 네트워크는 vApp

자체에만 존재할 수 있다는 것입니다. 사용자가 vApp을 템플릿으로부터 선택하면 vApp은 서버와 할당된 네트워크 자원들을 배포합니다. 네트워크에서는 특정한 네트워크 세그멘테이션과 전송 기술을 지원해야 합니다. 지원되는 항목은 다음과 같습니다.

• VLAN 지원
• Cloud Director Network Isolated (vCNI) 지원(IEEE 802.1ah-2008 에서 정의한 Mac-in-Mac 메커니즘)
• Port group 지원(적용만 가능)
• VXLAN 지원

[그림 5-20]은 vApp의 개념을 보여줍니다.

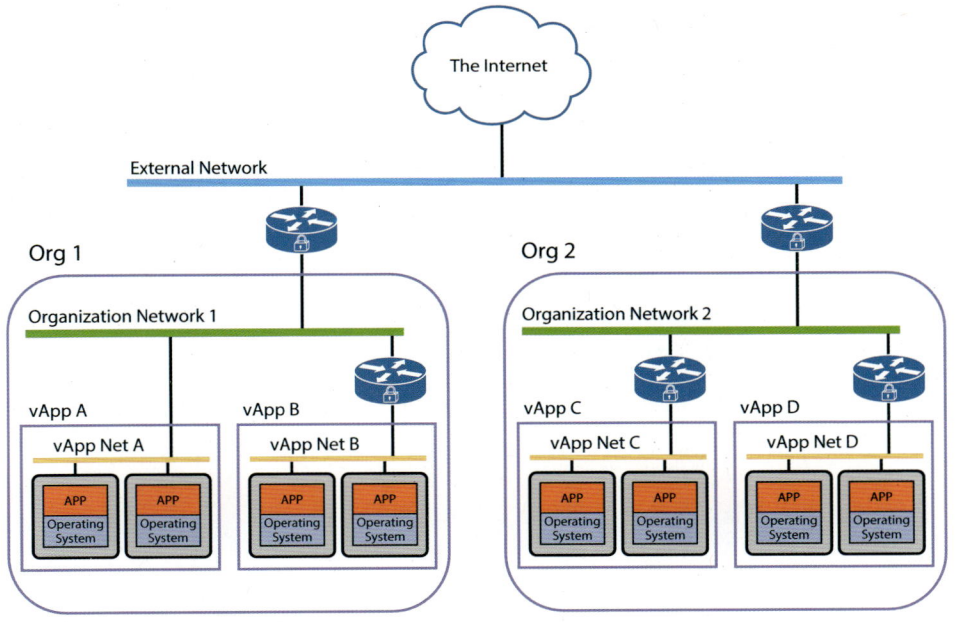

[그림 5-20] vApp 개념도

Cisco Nexus 1000V

Cisco Nexus 1000V는 다중 하이퍼바이저에서 다양한 기능을 제공합니다. Cisco Nexus 1000V 에서 제공되는 기능은 아래와 같습니다:

- 독립 VM 포트에 대한 ACL 필터링
- 개별 VM에 대한 Switched Port Analyzer (SPAN) 또는 Remote SPAN
- 로컬 트래픽에 대한 NetFlow 통계
- VM포트를 개별적으로 셧다운 할 수 있는 기능

Cisco Nexus 1000V는 분산 소프트웨어 스위치입니다. 이것은 다음과 같은 두 가지 주요 구성 요소로 되어있습니다: 가상 수퍼바이저 모듈(VSM, 컨트롤플레인 구성 요소)과 가상 이더넷 모듈(VEM, 데이터 플레인 구성 요소). 이 두 가지 요소는 물리적인 스위치를 추상화 한 것입니다. VSM은 수퍼바이저에 해당하고 각각의 VMwre ESX 호스트 내에서 실행되는 VEM은 라인카드에 해당합니다.

모든 설정은 VSM을 통해 이루어지고, 관련된 설정들은 VEM으로 전달됩니다. VSM은 가상머신으로 동작하기 때문에 이중화된 수퍼바이저처럼 이중화로 동작할 수 있습니다. VMware ESX 호스트를 Cisco Nexus 1000V 도메인으로 포함하기 위해, Cisco Nexus 1000V vDS로 추가하고 나서 VEM을 실행합니다. 가상머신으로 동작하는 VSM은 ESM 상에 있는 VEM들을 모듈형 스위치처럼 관리하게됩니다. VSM에 대한 관리는 SSH(Secure Shell)을 사용하거나 간단히 VMware의 가상머신 콘솔 스크린을 사용할 수도 있습니다. VSM은 VLAN, QoS, private VLAN 등등과 같은 네트워크 설정들을 동일한 Cisco Nexus 1000V 도메인 내에 설정된 모든 VEM으로 전달합니다.

다음은 VEM과 VEM을 연동하는 데 필요한 트래픽 유형입니다.

 Cisco Nexus 1000V 구성을 위해 필요한 트래픽 유형

■ 제어 트래픽(Control traffic)
이 트래픽은 Cisco Nexus 1000V에 의해 생성되는 트래픽으로 이중화 구성을 위한 주 VSM(primary VSM)과 보조 VSM(secondary VSM) 간의 통신과 VSM과 VSEM 간의 제어 트래픽이 포함됩니다. 트래픽의 양 자체는 매우 적은 대역폭(10kbps 미만)을 필요로 하지만, Nexus 1000V의 네트워크에서 가장 중요한 트래픽으로 절대적인 우선권이 보장되어야 합니다.

컨트롤과 패킷 VLAN은 VMware ESX 서버에서 스위치로 연결되는 업링크상에 적용됩니다. 이는 VSM과 VEM의 최초 통신이 VMware vCentrer 내에서 이루어지도록 하기 위함입니다. 이 때문에 업링크에 네트워크 설정이 제대로 동작하지 않더라도 VSM 과 VEM의 통신이 가능하게 됩니다.

VSM과 VMware vCenter는 VSM상의 관리 인터페이스(mgmt0)를 사용합니다. 프로토콜은 HTTPS 상에서 동작합니다. 중요한 것은 브라우저에 VSM IP 주소에 입력하여 확장 키, 확장 .xml 등을 다운로드 한 후에 vCenter의 플러그인으로 추가해야하는 것입니다.

포트 프로파일은 VMware vNetwork 분산 스위치(vDS) 내의 분산 가상 포트 그룹(distributed virtual port group)에 해당합니다. 포트 프로파일은 인터페이스를 설정하는 데 사용됩니다. 포트 프로파일은 여러 인터페이스에 할당하고 모두 같은 설정을 할 수 있습니다. 포트 프로파일을 변경하면 해당 프로파일이 할당된 모든 인터페이스들에 자동으로 설정이 반영됩니다.

VMware vCenter 서버에서 포트 프로파일은 분산 가상 포트 그룹(distributed virtual port group)으로 표시됩니다. 가상 이더넷 인터페이스와 이더넷 인터페이스는 다음과 같은 경우에 VMware vCenter Server 내에서 포트 프로파일로 할당됩니다.

• 정책에 의해 포트 설정을 정의하고자 할 때
• 단일 정책을 수많은 포트에 적용하고자 할 때
• 가상 이더넷과 이더넷 포트를 모두 지원하고자 할 때

업링크로 설정된 포트 프로파일은 물리 포트인 vmnic에 할당될 수 있습니다. 업링크 포트 프로파일은 시스템 포트 프로파일이 될 수도 있습니다. 링크 포트 프로파일이 VSEM과 VEM 간의 통신을 위해 사용되는 시스템 VLAN을 전송하는 경우에 시스템 포트 프로파일이 됩니다.

시스템 포트 프로파일과 업링크 포트 프로파일의 일반적인 구성은 다음 페이지의 [예제 5-2]와 같습니다.

```
port-profile system-uplink
  capability uplink
  vmware port-group fabric_uplinks
  switchport mode trunk
  switchport trunk allowed vlan 23-24
  <channel-group configuration>
  no shutdown
  system vlan 23-24
state enabled
```

위 설정의 특별한 매개변수들에 대한 설명은 아래와 같습니다.

 Nexus 1000V의 매개변수

- **capability uplink**
  해당 포트 프로파일이 물리적인 NIC에서 사용되는 것을 의미합니다.

- **system vlan**
  해당 업링크 프로파일이 시스템 포트 프로파일로도 사용됨을 의미합니다.

일반적으로 system vlan에 패킷과 컨트롤 VLAN을 추가하여 사용합니다. 이 때, 해당 VLAN들이 제대로 통신할 수 있도록 switchport trunk가 설정되어야 합니다.

모든 VMware ESX 호스트는 반드시 적어도 한 개의 물리 인터페이스에 시스템 포트 프로파일이 할당되어야 합니다. 이 포트 프로파일이 없어도 Cisco Nexus 1000V이 VMware ESX 호스트를 연결할 수는 있지만 VSM에서 모듈(VEM)이 표시되지 않습니다.

시스템 VLAN은 일반 VLAN에 비해 높은 우선 순위로 통신이 되기 때문에 중요한 의미를 가지고 있습니다. 심지어 업링크 포트 프로파일 상에서 포트채널 설정을 제대로 동작하지 않는다고 하더라도 VSM에서 VEM을 설정할 수 있습니다.

시스템 VLAN이 선언되지 않은 경우에는 VEM의 연결을 위해 반드시 VSM 상에서 포트 채널 설정이 먼저 설정되어 있어야 하고 또한 정상적으로 동작하고 있어야 합니다. 시스템 VLAN 설정은 포트채널의 정상적인 설정 및 동작 여부와 상관없이 VSM에서 VSEM에 대한 설정을 가능하게 합니다.

VMware ESX 호스트를 VMware vCenter에서 Cisco Nexus 1000V로 추가할 때, vmnic을 업링크 포트 파일로 할당하고 분산 가상 업링크 프로파일(distributed virtual uplink port profile)을 선택할 수 있습니다. VEM이 VSM과 연결된 이후에는 VMware ESX 호스트의 네트워크 어댑터는 하나의 이더넷 모듈로 표시됩니다.

일반적인 포트 프로파일은 가상머신의 가상 어댑터로 할당됩니다. Cisco Nexus 1000V 용어로는 이러한 가상 어댑터는 가상 이더넷(vEth) 인터페이스라고 합니다. [예제 5-3]에는 일반적인 포트 프로파일이 정의되어 있습니다.

<table>
<tr><td>예제 5-3</td><td>Cisco Nexus 1000V의 포트 프로파일 (Port Profile)</td></tr>
</table>

```
port-profile vm-connectivity
   vmware port-group connectivity-via-quad-gige
   switchport mode access
   switchport access vlan 50
   no shutdown
   state enabled
```

가상머신은 VMware vCenter에 설정되어 있는 분산 가상 포트 그룹(distributed virtual port group)의 선택에 의해 포트 프로파일로 연결됩니다. 포트 프로파일과 VLAN 간의 연결은 가상머신에서 외부 네트워크로 가는 트래픽의 플로를 정의합니다.
각각의 VMware ESX 호스트에서 여러개의 업링크 포트 프로파일을 가질 수 있습니다만 VLAN이 중첩될 수는 없습니다.

특정 포트 프로파일과 업링크 포트 프로파일에 연결된 VLAN에 대한 정의를 통해 가상머신이 다른 네트워크들과 통신하기 위해 어떤 경로를 거치게 될지를 결정할 수 있습니다.

 ## VN-TAG를 사용한 포트 확장(Port Extension)

포트 확장Port Extension은 원격 포트의 포트를, 흡사 직접 연결되어 있는 스위치처럼 인덱싱 할 수 있는 기능입니다. 포트가 위치한 원격 엔티티를 포트 익스텐더port extender라고 합니다. 포트 익스텐더는 물리 포트나 가상 포트를 결합할 수 있으며, 이러한 컨셉은 가상서버나 블레이드 서버, 또는 위성 스위치satellite switch와 같이 여러 범주에서 사용가능합니다.

가상화 서버의 경우에 컨트롤링 브리지Controlling Bridge는 물리적 스위치가 되고 가상서버의 네트워크 어댑터에서 포트 확장 기능을 제공합니다. 이렇게하면 서버에 정의된 각각의 가상 NIC은 직접 컨트롤링 브리지에 연결된 물리적 NIC로 표시됩니다. 포트 익스텐더는 출발지 인터페이스 (가상 인터페이스)에 대한 정보를 사용하여 VM에 의해 생성되는 트래픽에 태그를 지정한 뒤에 컨트롤링 브리지로 트래픽을 전송합니다.

컨트롤링 브리지는 목적지 인터페이스(가상 인터페이스가 될 수 있습니다)를 식별하기 위해 레이어 2 테이블 검색을 수행합니다. 가상화된 서버에 프레임을 전송하기 전에 컨트롤링 브리지는 목적지 가상 인터페이스에 대한 정보를 가진 태그를 추가합니다. 포트 익스텐더 기능을 라인카드로 컨트롤러 브리지를 수퍼바이저/패브릭 장비로 비교하면 하나의 커다란 모듈형 시스템(확장 브리지)처럼 볼 수 있습니다. 이 글을 쓰는 시점에서 시스코는 VN-TAG에 따라 기술을 제공합니다. 시스코를 비롯한 여러 업체들은 현재 같은 목적을 위해 유사한 형태의 태그를 정의하는 IEEE 802.1Qbh 표준을 정의하기 위해 노력하고 있습니다.

> **Note**
>
> 다음은 포트 확장에 대한 표준안 진행 상태와 시스코 기술과의 맵핑 정보를 보여줍니다.
> http://www.cisco.com/en/US/prod/collateral/switches/ps9441/ps9902/ whitepaper_c11-620065_ps10277_Products_White_Paper.html

VN-TAG는 외부스위치가 동일한 물리 포트에 속하는 프레임을 전달하기 위해 특수한 태그를 레이어 2 프레임에 추가합니다. Joe Pelissier(Cisco Systems)의 제안을 인용하면, "브리지로부터 VNIC으로 전송되는 프레임에 대해서는, 태그가 IV(Interface Virtualizer)를 사용하여 최종 VNIC으로 가는 경로를 지정합니다. VNIC에서 브리지로 전송되는 프레임에 대해서는, 태그가 출발지 VNIC을 지정합니다." (http://www.ieee802.org/1/files/public/docs2008/new-dcb-pelissier-NIV- Proposal-1108.pdf에서 확인하세요)

> **Note**
>
> IV는 "interface virtualizer"를 나타냅니다. 이 구성 요소는 가상 인터페이스(다운링크)를 통해 들어와서 브리지(업링크)로 나가는 트래픽에 대해 VNTAG를 추가합니다.

[그림 5-21]과 같이 레이어 2 프레임의 앞쪽에 VNTAG가 추가됩니다.

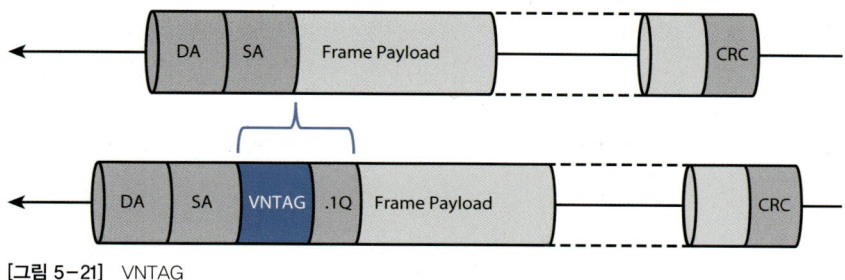

[그림 5-21] VNTAG

VN-TAG는 이더넷 스위칭의 의미를 유지한 상태로, MAC을 물리 스위치의 이더넷 포트 뿐 아니라 서버 내부의 가상 이더넷 포트(VIF)에도 할당될 수 있게 하였습니다. [그림 5-22]에서처럼, VM1은 VIF1에 할당되고, VM2는 VIF2에 할당되어 있습니다. VNTAG를 지원하는 스위치의 포워딩 테이블에는 목적지 MAC 주소와 MAC이 연결된 가상 인터페이스에 대한 정보가 포함되어 있습니다.

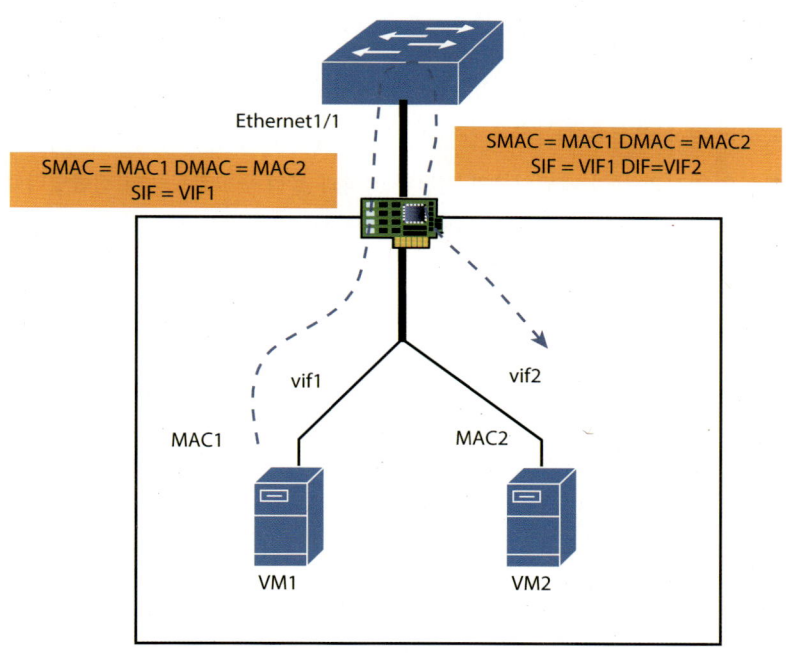

[그림 5-22] VNTAG에서의 트래픽 전달

VM1은 가상 인터페이스 정보를 포함하기 위해서 다음과 같이 네트워크 어댑터가 수정한 프레임을 전송합니다:

SMAC=MAC1 DMAC=MAC2 Source Interface=VIF1 Destination Interface=0

업스트림 스위치는 목적지 MAC(예제에서는 MAC2)을 레이어 2 포워딩 테이블에서 검색합니다. 검색 결과 VIF2임이 확인되면 VNTAG를 지원하는 스위치에서는 목적지 인터페이스(DIF) 정보를 레이어2 프레임에 추가합니다(예제에서는 VIF2):

SMAC=MAC1 DMAC=MAC2 Source Interface=VIF1 Destination Interface=VIF2

이 과정을 통해 레이어 2 전송이 VM-to-VM 스위칭으로 확장될 수 있게 됩니다.

정리하면, 두 개의 VM 간의 통신은 서버 자체적으로 이를 가능하게 해주는 소프트웨어가 없는 한 서로 통신할 수 없으며 VN-TAG는 이를 가능하게 하는 기술입니다.

또한 VN-TAG는 VM이 상주하는 ESX 서버와는 독립적으로 지정된 VM의 vNIC 포트 설정을 확인할 수 있습니다.

 ## 가상서버 연결을 위한 Cisco ACI 모델링

Cisco ACI는 Cisco가 가상과 물리 워크로드를 모두 연결하기 위해 출시한 최신 기술입니다. Cisco ACI는 이번 장에서 설명하는 것과 같이 기존의 기술들과 연동 및 통합됩니다.

애플리케이션은 가상과 물리 네트워크와 연결된 가상과 물리 워크로드들의 집합입니다. ACI는 워크로드들 사이의 릴레이션쉽을 정의하는 방법을 제공하고 그 연결성들을 네트워크 패브릭 내에 반영합니다.

ACI는 가상과 물리 엔드포인트의 집합인 EPG(endpoint group)의 컨셉을 정의합니다. EPG는 브리지 도메인 또는 레이어 2 네임스페이스와 연결되고, 각각의 레이어 2 브리지 도메인에서는 플러딩flooding을 사용하거나 사용하지 않을 수도 있습니다. 브리지 도메인은 단일 레이어 3의 일부분입니다. 레이어 3는 EPG에 연결된 워크로드에 서브넷을 연결합니다. 이는 IP 주소를 포함하고 있는 SVI로 생각하면 됩니다.

:: 오버레이 노말라이제이션(Overlay Normalization)

Cisco ACI는 VXLAN, NVGRE, VLAN, 및 IEEE 802.1Q 캡슐화로부터 독립적인 오버레이를 제공합니다. 이러한 접근 방식은 서로 다른 오버레이 환경에서도 유연성을 제공합니다.

ACI는 또한 동적인 워크로드 이동성, 관리 자동화, 정책 프로그래밍을 가능하게 합니다. 가상 환경 내에서의 워크로드가 이동할 때 해당 워크로드에 연결된 정책들은 인프라스트럭처 내에서 끊김없이 유지됩니다.

[그림 5-23]은 데이터센터 내의 APIC과 하이버파이저 간의 연동을 보여줍니다.

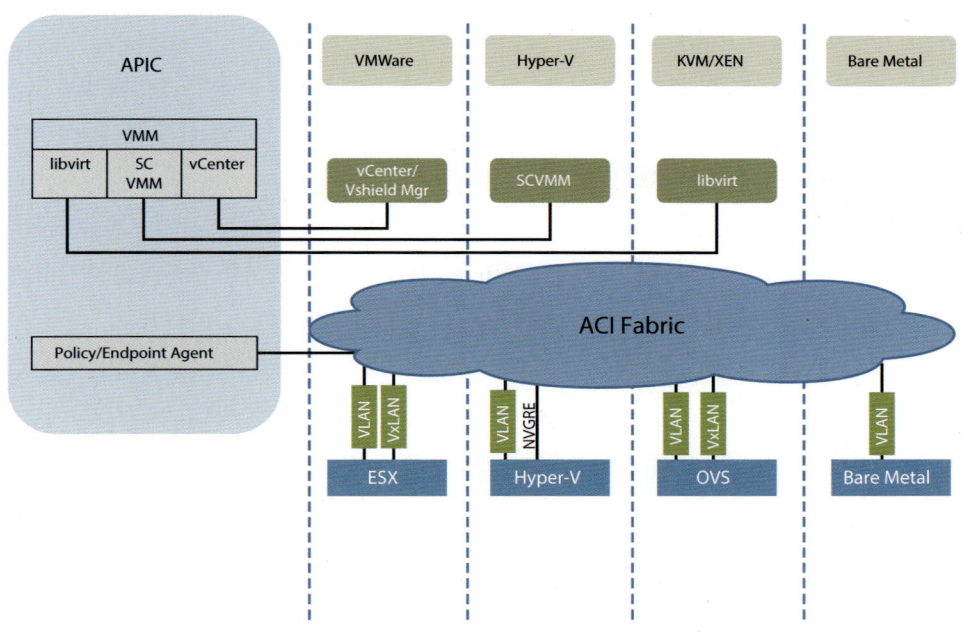

[그림 5-23] APIC 컨트롤러와 다중 하이퍼바이저 간의 연동

∷ VMM 도메인

ACI는 가상머신 매니저^{VMM} 도메인의 개념을 사용합니다. VMM의 예는 VMware vCenter와 VMM의 예와 Microsoft SCVMM가 포함됩니다. ACI는 특정 VMM IP 주소나 인증과 같은 VMM 도메인의 속성들은 연결합니다. VMM 도메인은 또한 VM 모빌리티 도메인이 됩니다. VMM 도메인 모빌리티는 VMM 도메인 내에서 이루어지며 다른 VMM 도메인으로 넘어가지 못합니다. VMM 도메인의 또 다른 정보는 네임스페이스(VLAN 또는 VXLAN 네임스페이스)입니다. 서로 다른 VMM 도메인들 사이에서 네임스페이스를 재사용할 수 있습니다.

VXLAN 네임스페이스를 적용할 때에는 네임스페이스를 재사용할 필요가 없습니다. 1,600만 태그는 많은 수의 시큐리티 존을 가진 데이터센터라고 해도 충분합니다.

ACI Leaf에 설정된 VLAN이나 VXLAN은 Leaf 자체 또는 포트 레벨에서만 논리적인 의미를 가지게됩니다. ACI는 패브릭 전체에서 고유 VXLAN 번호를 다시 맵핑하기 때문입니다. 이 글을 쓰는 시점에서는, 분할을 위해 VLAN을 사용하는 것이 서버(더 적은 오버헤드)의 성능면에서 더욱 효율적이기 때문에 VLAN을 사용하는 것이 더 좋습니다. VMM 도메인 개념을 사용한 VLAN 공간을 사용하면 VM이 제약 없이 이동할 수 있는 4096의 VLAN(4096 EPG)을 만들 수 있습니다.

엔드포인트 디스커버리

ACI는 가상 엔드포인트의 존재를 탐지하기위해 세 가지 방법을 사용합니다. 첫번째 방법은 컨트롤 플레인을 통해 아웃오브밴드(out-of-band)로 연결된 vCenter 또는 SCVMM과 통신하여 학습하는 것입니다.

두번째 방법은 엔드포인트를 발견을 위해 인밴드in-band 메커니즘인 OpFlex 프로토콜을 사용하는 것입니다. OpFlex는 사우스바운드southbound 정책 프로토콜로, 정책 정보를 분류할 뿐 아니라 엔드포인트 연결 정보 등을 전달할 수도 있습니다.

마지막으로 OpFlex를 사용할 수 없다면, ACI는 가상서버들이 연결된 포트를 맵핑하기 위해 CDP와 LLDP를 사용합니다.

프로토콜 기반의 디스커버리와 더불어 ACI는 데이터 경로 학습도 사용합니다.

정책 적용의 신속성(policy resolution immediacy)

ACI는 정책을 가진 EPG 간의 연결성을 정의합니다. 하드웨어 자원을 불필요하게 소비하는 것을 방지하기 위해 ACI는 정책을 분배하고 적용하는 것을 최적화하기 위해 노력합니다.

ACI는 두 가지 형태의 정책 적용 방법을 정의합니다.

- Immediate(즉각적으로 반영)
- On-demand(필요시 반영)

정책 적용의 신속성(policy resolution immediacy)은 정책이 Leaf 데이터 관리 엔진으로 즉시 배포될 것인지 아니면 엔드포인트가 발견될 때 배포될 것인지 여부를 결정합니다. 예를 들어 정책 적용에 대한 설정이 On-demand로 되어 있다면 ACI는 실제 vNIC이 연결될 때에만 정책을 Leaf 노드로 내립니다.

Hyper-V와 Cisco ACI 통합

ACI는 SCVMM API가 아니라 Windows Azure Pack API를 통해 Hyper-V와 통합됩니다. Windows Azure Pack API는 마이크로소프트에서 제공되는 새로운 클라우드 포털입니다. 이를 사용하여, 관리자는 테넌트에 대해 다른 형태의 옵션들을 생성하고 네트워크를 생성하고 액세스하는 것과 같은 특정 권한들을 부여할 수 있습니다. ACI 네트워크, EPG, 컨트랙 등과 같은 정보를 포함하는 플러그인이 있습니다.

Azure Pack 내의 테넌트 공간 아래에 관리자가 EPG 컨트랙트나 애플리케이션 네트워크 프로토콜을 표현하는 XML 형태로 포스트할 수 있는 탭이 있습니다. 그 XML 표현이 APIC 컨트롤러로 전달되고 나면 실제 네트워크 설정이 APIC으로 전달(PUSH)되고 APIC는 각각의 EPG들이 사용할 특정 VLAN들을 할당합니다.

[그림 5-24]처럼 APIC는 Hyper-V 내의 논리 스위치를 생성하고 각각의 EPG는 VM 네트워크가 됩니다.

이러면 테넌트는 Windows Server 2012가 설치된 VM가상머신을 구동하고, 엔드포인트를 Leaf 노드를 통해 연결할 수 있습니다. OpFlex가 하이퍼바이저 상에 동작하고 있고, ACI가 VM가상머신의 위치를 알고 있기 때문에 ACI는 필요한 곳에 정책을 내릴 수 있습니다.

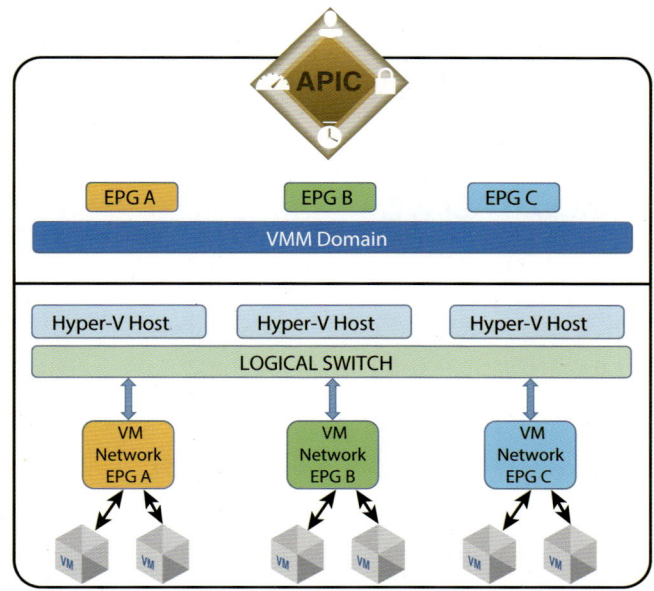

[그림 5-24] Hyper-V와 Cisco ACI 연동 개념

KVM과 Cisco ACI 통합

KVM과 ACI 통합은 오픈스택이 중재하게 되며 이 내용은 6장에서 소개됩니다. 여기서는 [그림 5-25]와 같이 각각의 구성 요소들 간의 통신 형태를 간단히 보여줍니다.

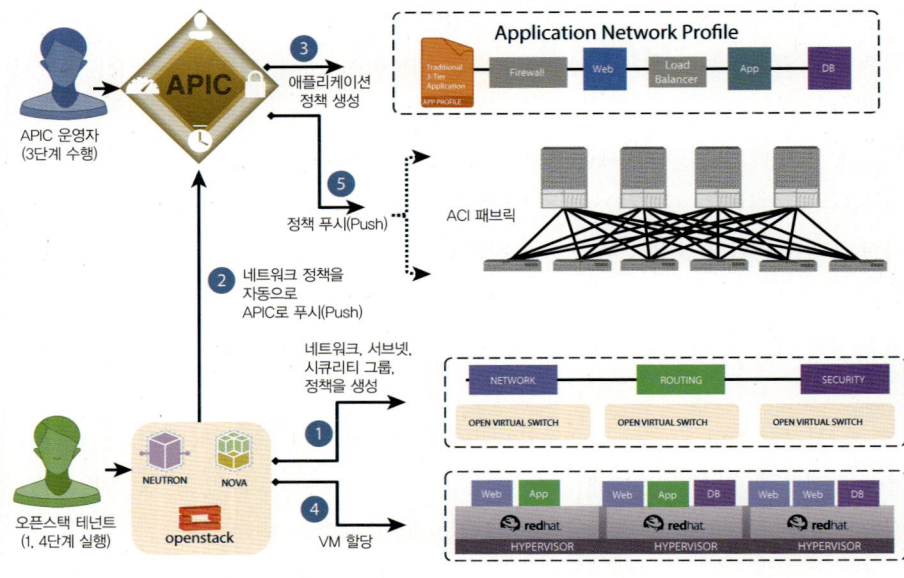

[그림 5-25] 오픈스택, KVM과의 Cisco ACI 연동

KVM과 오픈스택의 경우, 오픈스택 내의 플러그인이 VLAN과 VXLAN 설정을 동기화하고 EPG 정의와 제대로 매치되는지를 확인하기 위해 APIC과 KVM과 통신합니다.

⁛ VMware ESX와 Cisco ACI 통합

ACI 정책 프레임워크을 vSphere 워크로드로 확장하기 위해서는 APIC 컨트롤러가 VMware vCenter와 통합되어야 합니다. ACI는 가상화 호스트와 ACI의 Leaf 스위치 간에 VXLAN을 생성하기 위해 vShield 매니저와 통합됩니다. ACI의 엔드포인트 그룹은 vDS 스위치를 자동으로 생성하여 가상화된 호스트로 자동 확장됩니다.

[그림 5-26]은 ACI와 VMware vCenter 간의 연동을 보여줍니다.

APIC과 VMM 도메인을 설정한 vCenter를 연결하면 새로운 VMware 분산 가상 스위치가 vCenter에 생성됩니다. 그리고나서 새로 생성된 vSwitch 상의 업링크를 ESX 호스트로 연결하고, 각각의 특정 하이퍼바이저를 DVS 자체에 연결합니다. ACI 패브릭은 LLDP를 통해 DVS의 위치를 알아냅니다. 이 이후로 APIC 관리자는 APIC를 실행하여 응용 프로그램의 네트워크 프로파일을 생성합니다. 생성된 애플리케이션 네트워크 프로파일은 VMM 도메인에 포트그룹으로 반영됩니다. 관리자는 EPG 웹(web), EPG 앱(app), EPG 데이터베이스(database)와 같은 각각의 EPG들에 해당하는 포트 그룹을 DVS에 생성하고 해당 포트 그룹과 관련된 VM^{가상머신}에 할당합니다.

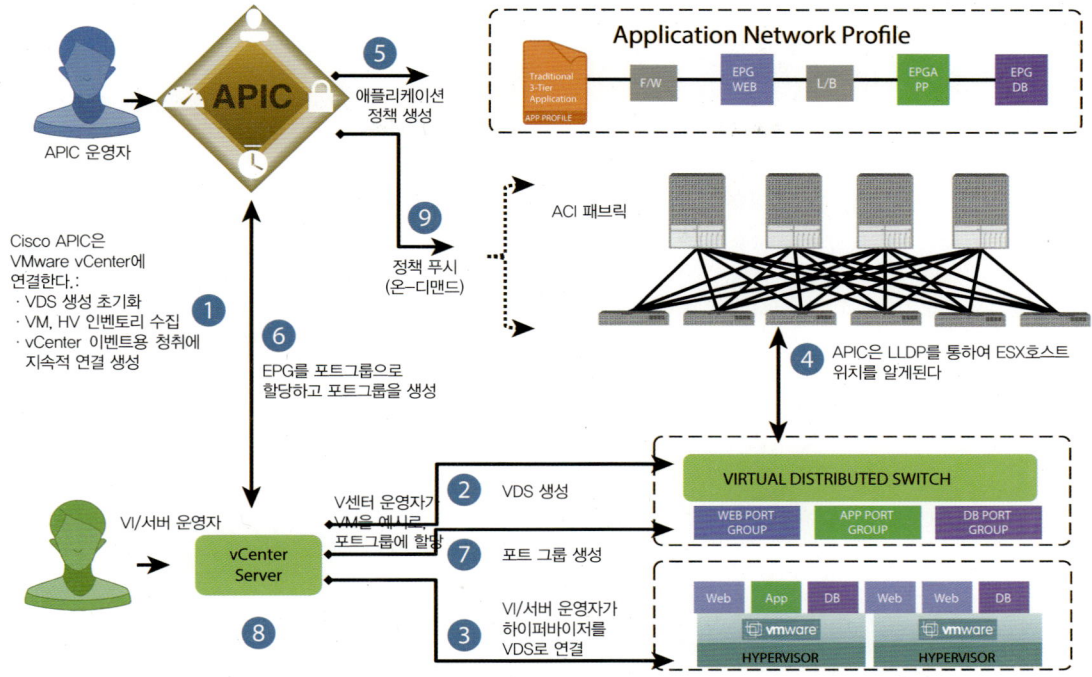

Application Network Profile

Traditional 3-Tier Application APP PROFILE → F/W → EPG WEB → L/B → EPGA PP → EPG DB

ACI 패브릭

⑤ 애플리케이션 정책 생성

Cisco APIC은 VMware vCenter에 연결한다.:
· VDS 생성 초기화
· VM, HV 인벤토리 수집
· vCenter 이벤트용 청취에 지속적 연결 생성

① APIC 운영자

⑨ 정책 푸시 (온-디맨드)

⑥ EPG를 포트그룹으로 할당하고 포트그룹을 생성

④ APIC은 LLDP를 통하여 ESX호스트 위치를 알게된다

VIRTUAL DISTRIBUTED SWITCH
WEB PORT GROUP APP PORT GROUP DB PORT GROUP

VI/서버 운영자

vCenter Server

V센터 운영자가 VM을 예시로 포트그룹에 할당

② VDS 생성

⑦ 포트 그룹 생성

③ VI/서버 운영자가 하이퍼바이저를 VDS로 연결

⑧

Web App DB Web Web DB
vmware vmware
HYPERVISOR HYPERVISOR

[그림 5-26] vCenter와 APIC 컨트롤러 간의 연동

요약

이번 장에서는 서로 다른 가상머신들을 연결하기 위한 요구 사항들과 가상 스위치와 VN-TAG 같은 기술이 개발되어 온 이유를 설명하였습니다. 그리고 서로 다른 하이퍼바이저들의 가상 스위칭 구현 방법들의 차이점을 알아보았습니다. 이번 장의 마지막 부분은 ACI와 멀티 하이퍼바이저를 연결하는 방법과 각각의 하이퍼바이저와 인터페이스하는 방법에 대해 설명하였습니다.

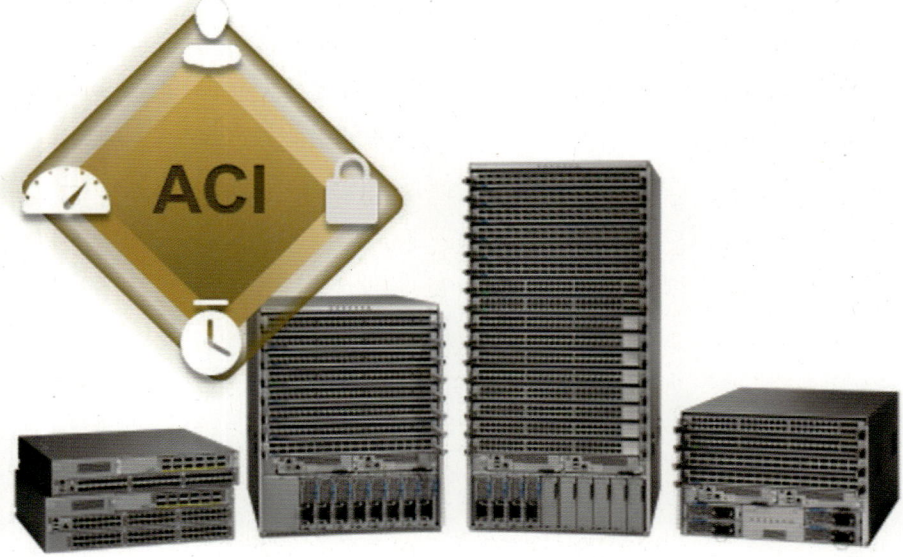

Chapter 6

오픈스택(OpenStack)

Cisco ACI

이번 장은 Cisco ACI와 OpenStack의 조합의 어떤 이점을 제공하는지를 설명합니다. Cisco ACI APIC OpenStack의 아키텍처와 이를 통해 가능한 작업들에 대해 알아봅니다. 이 장의 목표는 오픈스택의 개념과 오픈스택이 어떻게 Cisco ACI와 함께 사용될 수 있는지를 알아보는 것입니다.

오픈스택이란?

오픈스택(http://www.openstack.org/)은 데이터센터 환경에서 오케스트레이션과 자동화를 구현하기 위해 만들어진 오픈소스 기반의 소프트웨어 플랫폼입니다. 일반적으로 프라이빗과 퍼블릭 클라우드 환경에서 사용됩니다. 오픈스택은 가상화된 환경에서 컴퓨팅, 네트워크, 스토리지, 보안 요소들을 자동화, 감독 및 관리하도록 설계되어 있습니다. 오픈스택 프로젝트의 목표는 다양한 형태의 클라우드 환경에서 플랫폼 구축의 단순화, 다양한 기능 제공, 확장성, 손쉬운 구축과 운영 등을 위한 솔루션을 제공하는 것입니다. 오픈스택 솔루션은 몇몇의 서로 다른 구성 요소들로 구성되어 있습니다.

오픈스택은 최초 랙스페이스Rackspace와 NASA에서 만들어진 이후, 개발자들의 커뮤니티 협업 기반의 오픈 프로젝트로 성장하였습니다.

오픈스택은 서로 다른 구성 요소가 있습니다. 소프트웨어 스위트는 온라인으로 다운로드 할 수 있으며 여러 리눅스 배포판에서 동작합니다. 현재 오픈스택의 주요 구성 요소는 아래와 같습니다:

- 컴퓨트(Nova)
- 네트워킹(Neutron)
- 스토리지(Cinder와 Swift)
- 대시보드 GUI(Horizon)
- 인증(Keystone)
- 이미지 서비스(Glance)

[그림 6-1]에서는 오픈스택의 주요 구성 요소를 보여줍니다.

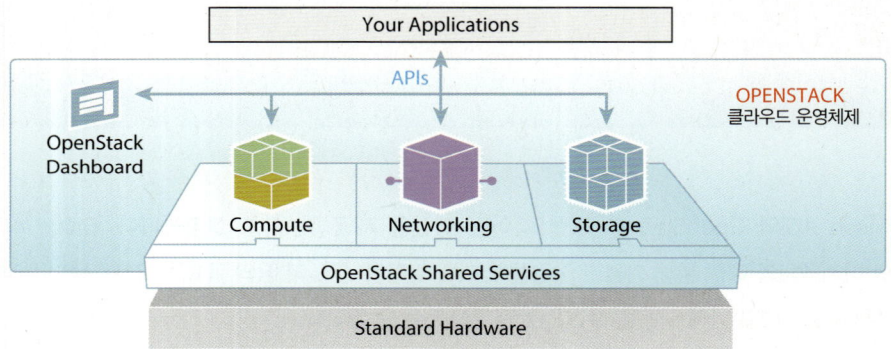

[그림 6-1] 오픈스택의 구성 요소와 연동 개념

새롭게 만들어진 구성 요소는 다음과 같습니다:

- 물리 컴퓨팅 프로비저닝(Ironic)
- 오토메이션(Heat)

각각의 구성 요소는 아래와 같은 디자인 가이드라인을 따릅니다:

 오픈스택의 디자인 가이드라인

- **컴포넌트 기반의 아키텍처**(Component-based architecture)
  새로운 기능을 신속하게 추가할 수 있어야 합니다.

- **고 가용성**(Highly available)

  워크로드에 대한 확장성을 제공하여야 합니다.

- **장애 회피**(Fault-tolerant)

  장애가 확산되는 것을 막기 위해 프로세스를 독립적으로 수행해야 합니다.

- **복구성**(Recoverable)

  장애를 손쉽게 분석하고 복구할 수 있어야 합니다.

- **개방형 표준**(Open standards)

  Amazon EC2와 같은 타 클라우드 시스템들과의 호환성을 위하여 커뮤니티 API를 위한 레퍼런스 구현 방법을 제공해야 합니다.

Nova

Nova는 오픈스택 컴퓨트를 위한 프로젝트로 클라우드 컴퓨팅 패브릭 컨트롤러입니다. IaaS (Infrastructure as a Service)의 주요 구성 요소로, 주요 역할은 호스트 프로비저닝(공급) 및 가상머신을 관리하는 것입니다. 서버 운영 시스템 이미지 관리 및 컴퓨팅을 위한 대시보드를 제어하는 것등을 포함하고 있습니다. 서버 리소스는 CPU, 메모리, 디스크 및 인터페이스입니다. 이미지 관리는 가상 머신의 ISO 파일 저장 및 가져오기와 공유로 구성되어 있습니다. 오픈스택에 포함된 다른 기능으로 는 컴퓨트 요소 간에 풀링 된 자원 할당 및 대시보드에서 역할 기반의 액세스 제어(RBAC)를 제공하는 것입니다. Nova는 오픈스택의 API를 통하여 KVM뿐 아니라 Hyper-V나 VMware ESX 및 Citrix XenServer와 같은 하이퍼바이저들을 동시에 관리할 수 있습니다. Nova를 사용하면 컴퓨트 요소를 생성, 구성, 삭제하거나 하이퍼바이저 내의 모든 가상머신들을 한꺼번에 이동할 수도 있습니다.

Neutron

네트워크 요소인 Neutron(이전에는 Quantum으로 불림)은 오픈스택의 서비스 인터페이스로 네트워 킹 환경을 제공합니다. Nova가 다양한 하이퍼바이저들에 대해 가상 서버를 동적으로 요청하고 설 정할 수 있는 API를 제공한다면, Neutron은 가상 네트워크를 동적으로 요청하고 설정할 수 있는 API를 제공합니다. Neutron은 Nova 가상머신의 vNIC(virtual NIC)과 같은 다른 오픈스택 서비스 의 인터페이스를 연결합니다. Neutron API는 주로 레이어 2에 초점을 맞추고 있지만, 부가적인 서 비스를 제공하기 위해 몇 가지 확장 기능이 포함되어 있습니다. Neutron은 플랫폼의 가상 네트워크 구축을 실현하기 위해 다양한 네트워크 솔루션을 가능하게 하는 플러그인 모델을 기반으로 합니다.

두 가지 주요 오픈소스 가상 스위칭 솔루션은 리눅스 브리지(Linux Bridge)와 Open vSwitch(5장에서 소개)입니다.

OVS에서 제공하는 기능은 개념적으로는 Cisco Nexus 1000V 또는 VMware의 vDS(virtual Distributed Switch)와 비교될 수 있습니다. 리눅스 브리지를 사용하여 브리지 인터페이스를 생성하고 가상 네트워크 인터페이스들을 서로 연결하거나 업링크 인터페이스를 통해 가상 네트워크 인터페이스를 브리지할 수 있습니다. OVS는 OVSDB로 불리는 데이터베이스 모델을 사용합니다. OVS는 가상 네트워킹 설정과 해당 설정을 로컬 데이터베이스에 저장하기 위해 CLI 또는 API를 통해 관련된 작업 명령을 전달받습니다. 이는 리눅스 네트워크 환경처럼 설정 파일(예를 들면, /etc/network/interfaces)에 저장하지 않고 네트워크를 변경하는 것과는 다릅니다. OVSDB에는 모든 변경 사항들이 데이터베이스로 저장되고, OVSBD는 명령들을 커널로 전달하는 OVS 프로세스와 통신합니다.

Neutron은 Modular Layer 2(ML2)라 불리는 메시지 버스를 제공합니다. ML2 아키텍처에서는 서로 다른 세그먼트에서도 재사용이 가능한 플러그인을 채용하고 있습니다. ML2는 유형(Type)과 메커니즘(Mechanism) 드라이버로 나뉩니다.

시스코는 Nexus 9000에서 사용 가능한 ML2 플러그인을 가지고 있습니다.

- 넥서스 플러그인은 독립형(Standalone) 모드에서 동작합니다.
- ML2 버전의 넥서스 플러그인은 Nexus 3000, 5000, 7000과 9000을 지원합니다.
- ML2 APIC 플러그인(Juno 릴리즈부터 가능)

Neutron 코어 API 구조는 다음과 같은 세 가지 구성 요소로 되어 있습니다:

 Neutron 네트워크 API의 구성 요소

- **네트워크**(Network)
  독립된 Layer 2 세그먼트로 물리 네트워크에서의 VLAN과 비슷합니다. 네트워크는 테넌트 간에 공유될 수 있습니다.

- **서브넷**(Subnet)
  IPv4 또는 IPv6 주소의 블록으로 네트워크에 할당될 수 있습니다. 할당된 블록은 변경 가능하며, 특정 서브넷에서 Neutron의 기본 설정인 DHCP 서비스를 끌 수도 있습니다.

- **포트**(Port)
  가상 서버를 가상 네트워크에 연결하는 NIC과 같은 디바이스를 연결하는 접속 포인트입니다. 포트에 MAC이나 IP 주소를 미리 할당하는 것도 가능합니다.

[예제 6-1]에서는 Neutron 네트워크 API에서 제공되는 옵션들을 보여주고, [예제 6-2]는 서브넷 옵션을 보여줍니다.

예제 6-1   Neutron 네트워크 API 옵션

```
stack@control-server:/home/localadmin/devstack$ neutron net-create –help
usage: neutron net-create [-h] [-f {shell,table,value}] [-c COLUMN]
                                [--max-width <integer>] [--variable VARIABLE]
                                [--prefix PREFIX] [--request-format {json,xml}]
                                [--tenant-id TENANT_ID] [--admin-state-down]
                                [--shared]
                                NAME
Create a network for a given tenant.
Positional arguments
NAME
Name of network to create.
Optional arguments
-h, --help
show this help message and exit
--request-format {json,xml}
The XML or JSON request format.
--tenant-id TENANT_ID
The owner tenant ID.
--admin-state-down
Set admin state up to false.
--shared
Set the network as shared.
```

예제 6-2   Neutron 서브넷 API 옵션

```
stack@control-server:/home/localadmin/devstack$ neutron subnet-create --help
usage: neutron subnet-create [-h] [-f {shell,table,value}] [-c COLUMN]
                                [--max-width <integer>] [--variable VARIABLE]
                                [--prefix PREFIX] [--request-format {json,xml}]
                                [--tenant-id TENANT_ID] [--name NAME]
                                [--gateway GATEWAY_IP] [--no-gateway]
```

```
[--allocation-pool start=IP_ADDR,end=IP_ADDR]
[--host-route destination=CIDR,nexthop=IP_ADDR]
[--dns-nameserver DNS_NAMESERVER]
[--disable-dhcp] [--enable-dhcp]
[--ipv6-ra-mode {dhcpv6-stateful,dhcpv6-stateless,slaac}]
[--ipv6-address-mode {dhcpv6-stateful,dhcpv6-stateless,slaac}]
[--ip-version {4,6}]
NETWORK CIDR
```

Create a subnet for a given tenant.

Positional arguments

NETWORK

Network ID or name this subnet belongs to.

CIDR

CIDR of subnet to create.

Optional arguments

-h, --help

show this help message and exit

--request-format {json,xml}

The XML or JSON request format.

--tenant-id TENANT_ID

The owner tenant ID.

--name NAME

Name of this subnet.

--gateway GATEWAY_IP

Gateway IP of this subnet.

--no-gateway

No distribution of gateway.

--allocation-pool

start=IP_ADDR,end=IP_ADDR Allocation pool IP addresses for this subnet (This option
  can be repeated).

--host-route

destination=CIDR,nexthop=IP_ADDR Additional route (This option can be repeated).

--dns-nameserver DNS_NAMESERVER

DNS name server for this subnet (This option can be repeated).

--disable-dhcp

Disable DHCP for this subnet.

--enable-dhcp

> **Note**
>
> 모든 Neutron 명령어에 대한 좀 더 상세한 정보는 http://docs.openstack.org/cli-reference/content/ neutronclient_commands.html 을 참조하세요.

Neutron은 서비스 플러그인을 통하여 개선된 서비스를 제공합니다. Neutron에서 가장 많이 사용되는 네 가지 서비스는 다음과 같습니다.

🖥 Neutron에서 제공되는 주요 서비스

- **레이어3(Layer 3):** 이 서비스를 사용하여 레이어3 연결이 필요한 레이어 2 테넌트 네트워크들을 연결하기 위해 라우터를 생성할 수 있습니다. 이 때 공용 IP 주소에 VM의 사설 IP 주소를 연결할 수 있도록 유동 IP를 생성해야 합니다. 또한 레이어 3 서비스를 통하여 테넌트 네트워크 외부로 트래픽을 전송하기위한 외부 게이트웨이를 구성할 수 있습니다.

- **로드밸런서(LoadBalancer):** 이 서비스 실행하기 위해서는 먼저 테넌트에 대해 멤버들을 포함하고 있는 로드밸런서의 풀을 생성해야 합니다. 가상 IP(VIP)를 통해 로드밸런서로 요청이 전달되면 로드밸런서는 이 요청을 리소스 풀 내의 멤버들 중 하나로 전달합니다. 모든 멤버들의 상태를 확인하기 위한 health 체크를 설정할 수 있습니다.

- **VPN:** 이 서비스는 테넌트와 라우터에서 사용됩니다. VPN 연결은 테넌트를 위해 두개의 사이트 간의 IPsec 터널을 생성하여 이루어집니다. VPN 서비스를 위해서는 VPN, IKE, IPsec와 Connection 생성이 필요합니다.

- **방화벽(Firewall):** 이 서비스는 어떤 테넌트의 Neutron 논리 라우터 상에서 경계를 기반으로 하는 방화벽 기능을 제공합니다. 이를 사용하기 위해서는 Firewall, Policy 및 Rule 생성이 필요합니다.

Neutron을 배포하는 경우 Neutron 서버 서비스 이외의 설정에 다음과 같은 몇 가지 에이전트가 필요할 수 있습니다: L3 에이전트, DHCP 및 플러그인 등. [그림 6-2]와 같이 에이전트는 컨트롤러 노드 또는 다른 네트워크 노드에 배포할 수 있습니다.

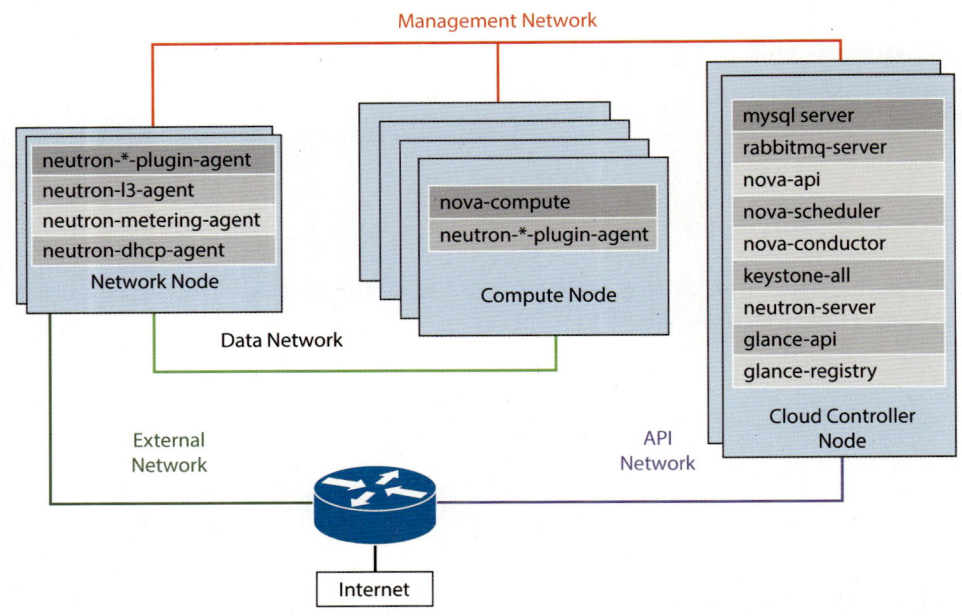

[그림 6-2] Neutron 에이전트

:: Swift

오픈스택의 스토리지 구성 요소는 Swift와 Cinder를 통해 제공됩니다. Swift는 단일 머신에서 수천 대의 서버까지 확장할 수 있도록 설계된 분산형 객체 스토리지 시스템으로 멀티 테넌트 환경과 높은 동시 연결성을 위해 최적화되어 있습니다. 백업 및 비정형 데이터에 유용하게 사용될 수 있으며, REST 기반 API를 제공합니다.

:: Cinder

Cinder는 블록 스토리지를 위한 스토리지 프로젝트로, Cinder 볼륨(volume)으로 불리는 블록 장치 형태로 스토리지를 만들고 이를 중앙에서 관리하는 기능을 제공합니다. 가장 일반적인 시나리오는 가상머신에 영구적인 스토리지를 제공 하는 것입니다. 예를 들면, Cinder를 통해 가상머신의 이동, 스냅샷 및 복제를 할 수 있습니다. 이러한 기능들은 Cinder에 벤더 특화된 드라이버 플러그인 추가를 통해 더욱 개선될 수 있습니다. Cinder 뒤에는 연결된 물리적 스토리지는 iSCSI, NFS 및 파이널채널(Fibre Channel)과 같은 다양한 프로토콜을 사용하여 중앙 집중형 또는 분산형으로 연결될 수 있습니다.

⠿ Horizon

GUI 기반인 Horizen은 오픈스택의 대시보드 프로젝트로 Neutron, Nova, Swift 및 Cinder와 같은 오픈스택 자원들을 엑세스, 프로비저닝 및 오토메이션 할 수 있는 웹기반의 GUI 환경을 제공합니다. Horizon의 디자인은 과금, 모니터링 및 알람 등의 타사 제품 및 서비스와의 통합을 용이하게 되어 있습니다. Horizon은 오픈스택 Nova 프로젝트를 관리하기 위한 단일 응용 프로그램으로 시작되었으며 처음에는 단순히 보기view, 템플릿과 API 콜로만 구성되어 있었습니다. 여러 오픈스택 프로젝트들과 API를 지원하기 시작하면서 점차 대시보드와 시스템 패널 그룹으로 확장되었습니다. Horizon은 크게 프로젝트project와 유저user로 된 중앙 대시보드로 되어있습니다.

이 대시보드는 핵심 오픈스택 응용 프로그램들을 다루고 있습니다. 핵심 오픈스택 프로젝트들을 위한 API 추상화 세트는 개발과 상호작용을 위해 지속적이고 재사용 가능하도록 되어 있습니다. 이러한 API의 추상화는 개발자는 각각의 오픈스택 프로젝트의 API에 익숙할 필요없이도 이를 손쉽게 활용할 수 있도록 합니다.

⠿ Heat

Heat은 오픈스택 오케스트레이션 프로그램입니다. 이것은 오픈스택 클라우드 속에 인프라와 애플리케이션 라이프 사이클 전체를 관리하기위해 인간과 머신 모두가 액세스 할 수 있는 서비스를 만듭니다. Heat은 코드와 같이 취급 할 수 있는 텍스트 파일 형식의 템플릿을 기반으로 여러 복합적인 클라우드 응용 프로그램들을 실행할 수 있는 오케스트레이션 엔진을 가지고 있습니다. 네이티브 Heat 템플릿 포맷은 계속 발전되고 있지만, Heat는 또한 기존의 수많은 CloudFormation 템플릿들이 오픈스택 상에서 실행될 수 있도록 AWS CloudFormation 템플릿 포맷과의 호환성을 제공하고 있습니다. Heat는 오픈스택 네이티브 REST API 뿐 아이라 CloudFormation 과도 호환되는 쿼리 API를 제공하고 있습니다.

⠿ Ironic

Ironic는 베어메탈 서비스(Bare Metal Service)를 제공하는 오픈스택 프로젝트입니다. 이를 통해 사용자는 물리 시스템을 프로비저닝하고 관리할 수 있게 됩니다. [그림 6-3]에서는 Ironic의 구성 요소를 나타냅니다.

- **Ironic API**

  RPC를 통해 Ironic Conductor 로 애플리케이션의 요청을 전달, 처리할 수 있는 RESTful API

- **Ironic Conductor**

  노드 추가, 삭제 및 편집; IPMI 또는 SSH를 사용하여 노드의 전원을 온/오프; 베어메탈 노드들을 프로비저닝, 적용, 퇴거

- **Ironic 클라이언트**

  베어메탈 서비스에 대한 상호작용(interaction)을 위한 CLI

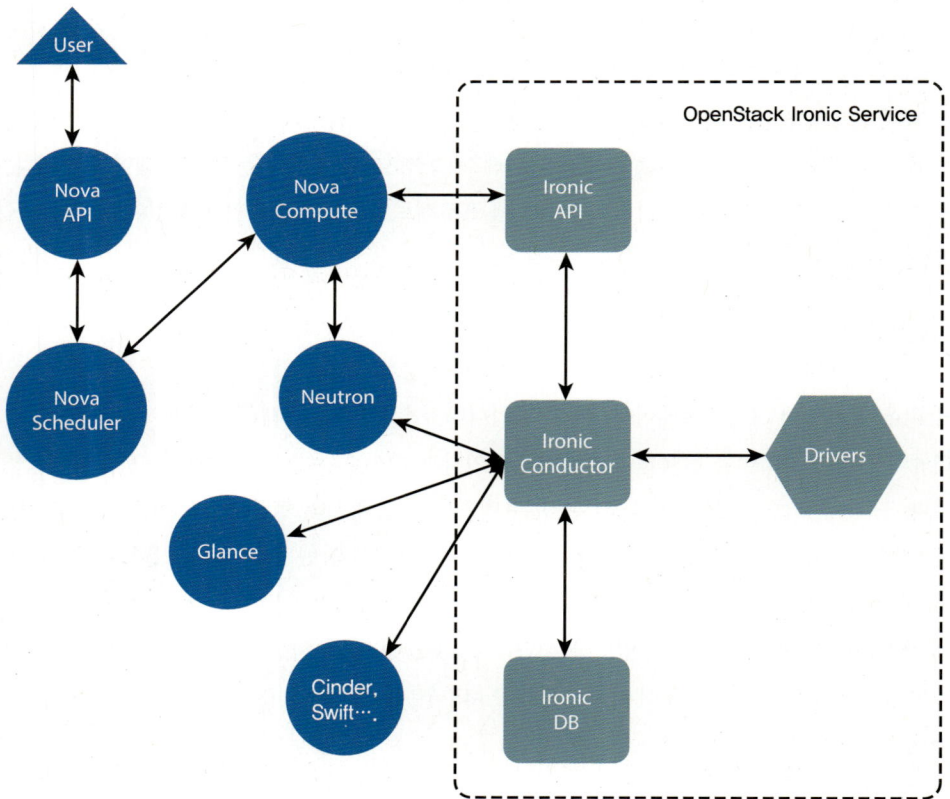

[그림 6-3] Ironic 논리 아키텍처

Ironic 베어메탈 서비스는 다른 오픈스택 서비스들과 마찬가지로 외부 종속적인 속성을 가지고 있습니다.

Ironic에서 제공되는 서비스

■ **하드웨어 정보와 상태를 저장하기 위한 데이터베이스**
데이터베이스 백엔드의 종류와 위치를 설정합니다. 컴퓨트 서비스와 같은 데이터베이스 백엔드를
사용하여야 하며, 사용자의 베어메탈 자원(및 관련된 메타데이터)를 분리하기 위해 다른 데이터
베이스 백엔드를 채용할 수도 있습니다.

■ **큐** (queue)
메시지를 전달하기 위한 중앙 허브

Triple0는 또 다른 프로젝트로, 오픈스택상에서 오픈스택을 구동하기 위한 프로젝트입니다.
Triple0는 오픈스택을 사용하기 위해 셋업된 베어메탈 서버를 구동합니다.

기업에서의 오픈스택 구현

오픈스택의 구성 요소는 Top-of-Rack(ToR) 스위치에 연결됩니다. 오픈스택 환경을 배포할 때
는 기존 데이터센터 네트워크 아키텍처는 동일하게 유지하게됩니다. 오픈스택은 컴퓨팅, 스토리지,
오케스트레이션 및 관리 계층을 포함하고 있으며, 오픈스택 환경이 배포 될 때에는 일반적으로 응용
프로그램이 변경되지는 않습니다. 그리고 다음과 같은 컴퓨트 노드가 추가됩니다.

• 오픈스택 컨트롤 노드(최소 이중화를 위해 2대가 필요하며, active/active 구성이 가능합니다.)
• 오픈스택 지원 노드

일관된 관리 환경을 위해 기존 가상 인프라스트럭처와 동일하게 추가 노드들을 가상머신을 사용
하여 적용할 수도 있습니다.
다음 페이지의 [그림 6-4]는 일반적인 ToR 구성을 보여줍니다.

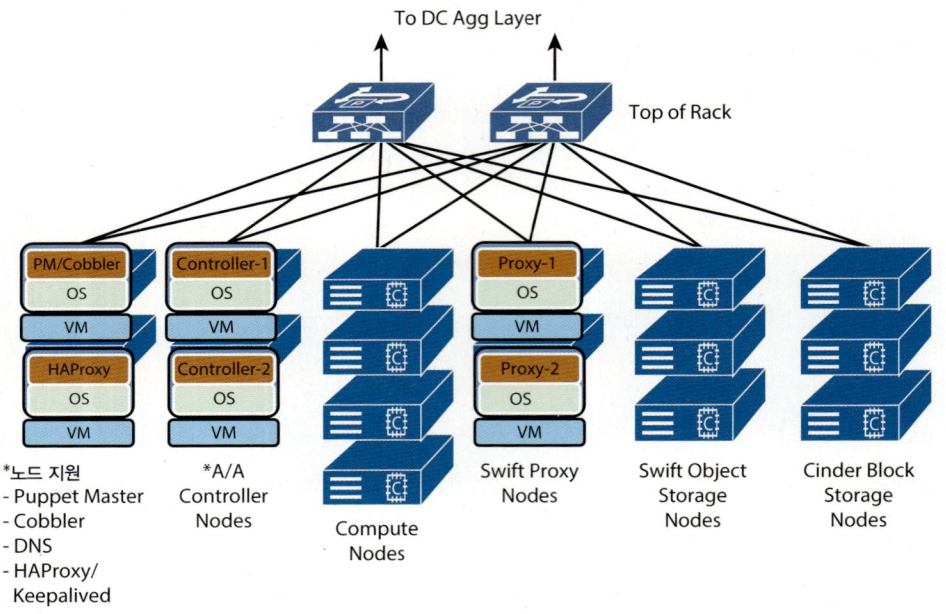

To DC Agg Layer

Top of Rack

PM/Cobbler
OS
VM

HAProxy
OS
VM

Controller-1
OS
VM

Controller-2
OS
VM

Proxy-1
OS
VM

Proxy-2
OS
VM

*노드 지원
- Puppet Master
- Cobbler
- DNS
- HAProxy/
  Keepalived

*A/A
Controller
Nodes

Compute
Nodes

Swift Proxy
Nodes

Swift Object
Storage
Nodes

Cinder Block
Storage
Nodes

*VM으로 실행 가능

[그림 6-4] 전형적인 오픈스택 적용 디자인

일반적인 적용은 Canonical이나 Red Hat 운영체제 배포판을 사용하여 보통 200여 노드로 구성됩니다. 적용시에는 수동 또는 Puppet, Juju, Turnkey 등을 사용하여 자동으로 설정할 수 있습니다. 오픈스택을 적용할 때의 주요 고려사항은 아래와 같습니다.

- 오픈스택을 기존 포드(pod)에 적용할 것인지 아니면 신규 구축할 것인지
- 하드웨어 인벤토리 확인 : 모든 랙 서버, 모든 블레이드 서버, 하드웨어 및 가상머신
- 새로운 환경에서 어떤 애플리케이션을 구동할 것인가?
- 멀티 테넌시 환경을 사용할 것인가? 이것은 기술적이라기 보다는 비즈니스적인 것으로 항상 멀티 테넌시 환경을 염두하고 적용하는 것이 좋습니다.
- IP 주소 계획: 오픈스택 내부에 NAT 사용 여부, NAT 유무, IP 중복 여부
- 자동화 선택 여부
- 순수 오픈스택을 사용, 또는 3rd party 애플리케이션, 관리 및 모니터링 서비스를 함께 사용하는 하이브리드 형태로 사용할 것인가?
- 오픈스택을 사용하는 고가용성(high-availability)/재해 복구(HA/DR) 모델의 한계에 대한 현실적 이해

네트워크에 대한 고려 사항과 관련해서는 다음과 같은 선택사항들이 있습니다.

- 테넌트별 라우터를 사용한 프라이빗 네트워크 생성
- 서비스 사업자 제공 라우터에 연결
- VLAN 으로 확장된 서비스 사업자 네트워크(NAT 없음)에 연결

오픈스택 시스템 내에서 NAT를 사용할 필요가 없는 경우, 대부분의 기업은 VLAN 모델을 사용합니다. 그대신 NAT는 대부분은 방화벽, 서버로드밸런싱SLB, 프록시 또는 라우터와 같은 네트워크 에지에서만 이루어집니다. 하지만 대규모 기업에 적용하는 경우 브라운 필드에서의 설계(다른 포드와 VLAN을 공유)시에 VLAN 숫자의 제한에 맞닥뜨릴 수 있습니다.

 ## Cisco ACI와 오픈스택의 이점

데이터센터 인프라스트럭처는 정적인 워크로드를 지원하는 환경에서 애플리에케이션의 요구에 따라 필요한 워크로드를 할당하고 확장할 수 있는 동적인 클라우드 환경으로 빠르게 변화하고 있습니다. 이런 변화는 컴퓨팅, 스토리지, 네트워크 인프라스트럭처에 새로운 요구들을 만들어내고 있습니다.

Cisco ACI와 오픈스택은 모두 클라우드 아키텍처로의 전환을 고려하는 IT 관리자에게 도움이 되도록 설계되었습니다. Cisoc ACI는 중앙집중적 정책 기반의 프레임워크를 통해, 유연성, 확장성 및 성능을 향상시키기 위해 설계된 구조를 통하여 인프라스트럭처를 관리, 운영하기 위한 전혀 새로운 방법을 제공합니다. 이 솔루션은 물리 및 가상 인프라스트럭처 모두를 지원하면서도 차세대 데이터 센터에서 요구하는 높은 수준의 가시성과 실시간 원격 측정telemetry과 같은 기능들을 제공합니다. 또한 Cisco ACI는 신규 및 기존 인프라 구성 요소와의 통합을 가능하게 하는 오픈 API를 제공하고 있습니다.

Cisco는 오픈스택 테넌트가 Cisco ACI 기반의 네트워크를 직접 설정하고 관리할 수 있도록 오픈스택 Neutron을 위한 오픈소스 플러그인을 개발하였습니다. Cisco APIC 플러그인은 자동으로 네트워크, 서브넷, 라우터 등을 위한 오픈스택 Neutron API 명령어들을 애플리케이션 네트워크 프로파일로 변환합니다.

Cisco APIC 플러그인은 오픈소스 프로젝트의 구성 요소로 사용할 수 있으며, Canonical, Red Hat 및 Mirantis 배포판을 포함한 Ice House 릴리즈부터 오픈스택을 지원하고 있습니다.

Cisco ACI 네트워크 패브릭은 다양한 이점을 제공하는 오픈스택과 함께 결합되어 사용될 수 있으며 [그림 6-5]와 같은 이점들을 제공합니다.

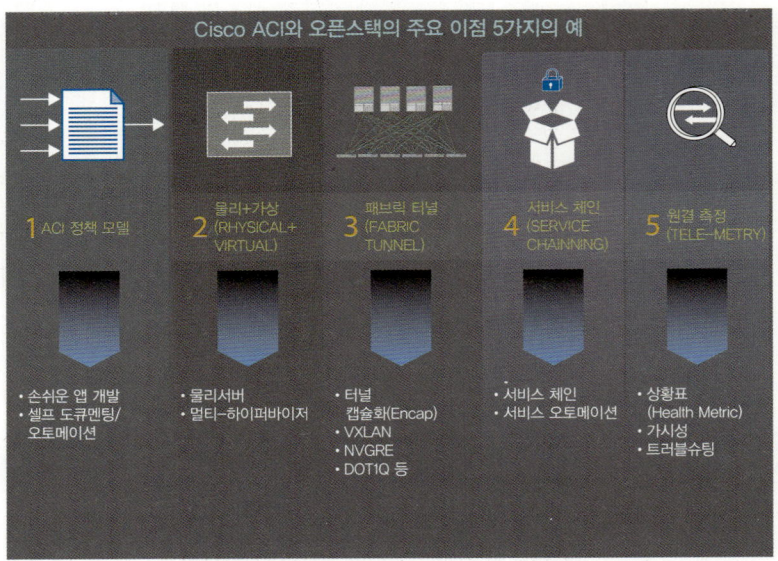

[그림 6-5] Cisco ACI와 오픈스택의 5가지 주요 이점

Cisco ACI 정책 모델

Cisco ACI 네트워크 패브릭 내에서 실행되는 애플리케이션들은 외부 네트워크와의 통신을 정의하기 위한 정책과 연결되어 있습니다. 이 워크플로는 VLAN, 서브넷 및 ACL(Access Control List)과 같은 구체적인 네트워크의 요구사항들을 변환할 수 있는 추상화된 애플리케이션 중심의 정책 언어를 통해 수행됩니다. 이런 정책policy 개념을 통해 Cisco ACI는 애플리케이션 개발자가 그대로 네트워크 하드웨어에 반영될 수 있는 요구사항들을 반영할 수 있도록 합니다. 이런 프로세스는 네트워크 및 애플리케이션 개발자들이 공통의 언어를 사용하여 애플리케이션 개발을 앞당길 수 있게 합니다.

물리 및 가상 네트워크 통합

Cisco ACI는 데이터센터 내에서 end-to-end 솔루션을 제공할 수 있도록 물리 및 가상 네트워킹 모두를 위해 설계되었습니다. 예를 들면, Cisco ACI는 중요한 물리적인 환경의 데이터베이스 업무가 가상 웹 서버와 애플리케이션과 연결되어 서비스되고 있더라도 물리 또는 가상 네트워킹 여부와 상관없이 처리할 수 있습니다. 이를 통하여 운영자는 Citrix Xen, Linux KVM, VMware hypervisor, Microsoft Hyper-V 등을 포함하는 다양한 하이퍼바이저 뿐 아니라 물리 서버 모두를 Cisco ACI 네트워크 패브릭을 통해 동일한 방법으로 운영할 수 있습니다. 오픈스택 ironic과 같은 개방형 프로젝트가 계속 진화하고 있는 것처럼 다양한 환경을 지원할 수 있는 능력은 모든 클라우드 환경에 있어서 중요한 요소가 될 것입니다. Cisco ACI 네트워크 패브릭은 다양한 하이퍼바이저 기반의 가상 환경 뿐 아니라 물리 환경에 대해 오픈스택 Neutron 네트워크에서 일관된 운영 모델을 제공합니다.

∷ 패브릭 터널(Fabric Tunnels)

Cisco ACI는 네트워크 패브릭(netwok fabric) 내에서 하드웨어 기반의 터널링 환경을 제공하며, 터널 설정을 위해 개별 장비별로 접속하여 설정할 필요가 없습니다. 터널은 다양한 캡슐화 방법 (VXLAN, NVGRE(network virtualization generic routing encapsulation) 또는 VLAN)을 사용하여 네트워크 패브릭 내에서 자동으로 생성됩니다. Cisco ACI 네트워크 패브릭은 서로 다른 오버레이 캡슐화를 인식하고 서로 통신할 수 있도록 하는 표준화normalization 게이트웨이 기능을 제공합니다. 이를 통해 성능, 확장성, 유연성을 절충할 필요없이(그대로 유지한 채로) 손쉽게 운영할 수 있습니다.

∷ 서비스 체이닝

Cisco ACI 패브릭은 사용자가 두개의 엔드포인트 간에 서비스를 삽입하거나 제거할 수 있는 서비스 체이닝 기능(Service-chaining capability)을 제공합니다. 또한 Cisco ACI 패브릭은 방화벽, 로드밸런서, 애플리케이션 딜리버리 컨트롤러(ADC) 및 서비스 레이어 장비의 API를 연동하여 실시간으로 구성할 수 있습니다. 이 기능은 테넌트와 관리자 모두가 복잡한 응용 프로그램과 보안 정책을 완전히 자동화된 방식으로 인프라에 배포 할 수 있습니다. 이 기능은 Cisco APIC를 통해 사용할 수 있으며, 현재 개발중인 OpenStack API를 통해 액세스할 수 있습니다. Cisco ACI 패브릭은 물리 및 가상 인프라스트럭처 모두로 확장할 수 있도록 디자인되었기 때문에 서비스 체이닝은 물리적인 네트워크 서비스 장비 뿐 아니라 하이퍼바이저 상에서 구동되는 가상 디바이스에도 적용될 수 있습니다.

∷ 원격 측정(telemetry)

Cisco ACI는 실시간으로 hop-by-bop(각 연결 단계별) 가시성과 원격 측정telemetry를 제공할 수 있는 소프트웨어와 하드웨어의 조합으로 디자인되었습니다. Cisco APIC은 개별 엔드포인트 그룹과 네트워크 상의 테넌트에 대한 상세 성능 정보를 제공합니다. 이 상세 데이터는 지연시간, 패킷 손실, 트래픽 경로 등을 포함하며 그룹별, 테넌트별로 확인할 수 있습니다. 원격 측정 정보는 운영자가 물리 및 가상 인프라 전체에서 테넌트의 문제를 신속하게 파악할 수 있도록 트러블슈팅이나 디버깅 작업 수행 시에 다양한 범위에서 유용하게 사용될 수 있습니다.

시스코 OpenStack 플러그인은 오픈스택 Neutron ML2(Modular Layer 2) 플러그인을 기반으로 합니다. ML2는 관리자가 네트워크 영역을 관리할 수 있도록 특정 드라이버 세트를 지정할 수 있도록 합니다. 유형 드라이버(Type Driver)는 태그 또는 캡슐의 특정 유형을 지정하고 메커니즘 드라이버(mechanism driver)는 네트워크의 특정 장치와 상호 작용하도록 설계되었습니다. Cisco는 [그림 6-6]과 같이 Cisco APIC의 오픈 REST API를 사용하여 통신할 수 있는 Cisco APIC 드라이버를 만들었습니다.

```
┌─────────────────────────────────────────────────────────────┐
│ Neutron Server                                               │
│                                                              │
├──────────────────────────┬───────────────────────────────────┤
│ ML2 Plug-in              │ API Extensions                   │
├──────────────────────────┼───────────────────────────────────┤
│ Type Manager             │ Mechanism Manager                │
├────────┬────────┬────────┼──────┬──────┬──────┬──────┬──────┬──────┬───┤
│ GRE    │ VLAN   │ VXLAN  │Cisco │Cisco │Micro-│Layer2│Linux │Open  │...│
│ Type   │ Type   │ Type   │APIC  │Nexus │soft  │Popu- │Bridge│vSwitch│   │
│ Driver │ Driver │ Driver │      │      │Hyper-V│lation│      │      │   │
└────────┴────────┴────────┴──────┴──────┴──────┴──────┴──────┴──────┴───┘
```

[그림 6-6] Cisco ACI에서 사용되는 ML2 플러그인; Open vSwitch, Cisco APIC, VLAN TypeDriver

이러한 연동은 Red Hat, Canonical, Mirantis를 포함한 다양한 벤더의 오픈스택 Icehouse 배포에서 지원됩니다. 또한 Cisco는 Big Switch Networks, IBM, Juniper, Midokura, Nuage, One Convergence와 Red Hat과 같은 다양한 파트너들과 함께 오픈스택 커뮤니티 내에서 Group Policy API 프로젝트를 진행하기 위해 협업하고 있습니다.

:: Cisco ACI와 오픈스택 통합

Cisco ACI와 오픈스택의 통합에는 [그림 6-7]처럼 서로 다른 네트워크 영역을 연동하기 위해 아래와 같은 두개의 독립된 ML2 드라이버가 필요합니다.

🖥 Cisco ACI와 오픈스택 통합에 필요한 ML2 드라이버

■ **Open vSwitch(OVS) 드라이버**

Cisco ACI 통합은 OVS 드라이버 중에서 수정되지 않은 버전에서 실행됩니다. OVS 드라이버를 지원하는 대부분의 주요 오픈스택 배포판에 포함되어 있습니다. Neutron 내의 OVS 드라이버는 네트워크의 VLAN 태그를 선택하고 하이퍼바이저의 OVS 포트를 해당 VLAN을 할당하는 데 사용됩니다. 이 태그는 Cisco ACI 패브릭에서 식별자 역할을 하게 됩니다. Cisco ACI는 통합을 위해 OVS 드라이버나 OVS 자체를 수정할 필요가 없습니다.

■ **Cisco APIC 드라이버**

Cisco APIC 드라이버는 Cisco에서 새롭게 만든 구성 요소입니다. 이를 통해 Neutron의 자원이 Cisco APIC 내의 애플리케이션 네트워크 프로파일 설정으로 맵핑됩니다. 이는 [표 6-1]에 설명되어 있습니다. 각 가상머신이 네트워크 상에서 인스턴스화 될 때 이 드라이버는 동적으로 엔드포인트 그룹 (EPG) 맵핑을 추가합니다.

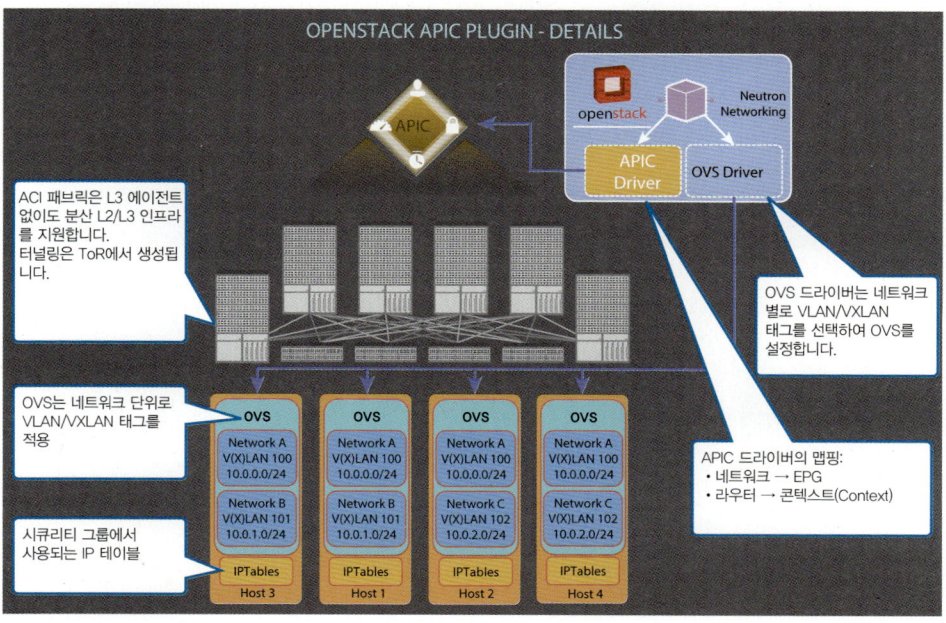

[그림 6-7] 아키텍처

[표 6-1] 플러그인 맵핑

Neutron 오브젝트	APIC 맵핑	설명
프로젝트	테넌트(fvTenant)	프로젝트는 Cisco APIC 테넌트로 직접 1:1로 맵핑됩니다.
네트워크	EPG(fvAEPg) 브리지 도메인(fvBD)	네트워크 생성 또는 삭제는 EPG와 브리지 도메인 설정을 변경합니다. Cisco ACI 패브릭은 분산 레이어 2 스위치로 동작하여 네트워크가 어디서든 존재하는 것처럼 보이게 됩니다.
서브넷	서브넷(fvSubnet)	서브넷은 1:1로 맵핑됩니다.
시큐리티 그룹과 정책	–	시큐리티 그룹이 지원되긴 하지만, 이런 리소스들이 Cisco APIC과 맵핑되는 것이 아니라, 전통적인 오픈스택의 구현 방법인 IP 테이블을 통해 적용됩니다.
라우터	컨트랙트(vzBrCP) 서브젝트(vzSubj) 필터(vzFilter)	EPG를 연결하고 라우팅 관계를 정의하기 컨트랙트가 사용됩니다. Cisco ACI 패브릭은 디폴트 게이트웨이로 동작하게 되며 별도의 레이어 3 에이전트가 필요없습니다.
네트워크: external	Outside	라우터 설정을 포함하는 외부 EPG가 사용됩니다.
포트	정적 경로 바인딩 (fvRsPathAtt)	가상머신이 연결되면 정적 EPG 맵핑은 ToR에 대한 특정 포트 및 VLAN 조합에 연결하는 데 사용됩니다.

 적용 예제

오픈스택과 Cisco 플러그인을 구현하는 방법에 대한 예제를 다루고 있습니다.

> **Note**
> 다음의 오픈스택 문서에서 오픈스택의 사용법과 적용에 대한 가이드라인을 확인하실 수 있습니다.
> http://docs.openstack.org/trunk/install-guide/install/apt/content/index.html

전형적인 오픈스택 적용은 [그림 6-8]과 같이 다음과 같은 세 가지 노드 형태를 포함합니다.

 오픈스택의 세 가지 노드 타입

- **컨트롤러 노드**(Controller Node)

  컴퓨팅과 네트워킹을 위한 주요 오픈스택 서비스를 수행합니다. 오픈스택 설정에 따라 고가용성을 위해 이중화로 구동할 수 있습니다.

- **네트워크 노드**(Netwrok Node)

  DHCP 에이전트와 네트워킹 서비스를 수행하는 노드입니다. Cisco APIC 드라이버에 대해서는 Layer 3 에이전트가 사용되지 않습니다. 네트워크 노드와 컨트롤러 노드를 동일한 물리 서버에서 구동 가능합니다.

- **컴퓨트 노드**(Compute Node)

  하이퍼바이저와 테넌트의 가상머신이 수행되는 노드로 각각의 컴퓨트 노드에는 오픈 vSwitch가 포함됩니다.

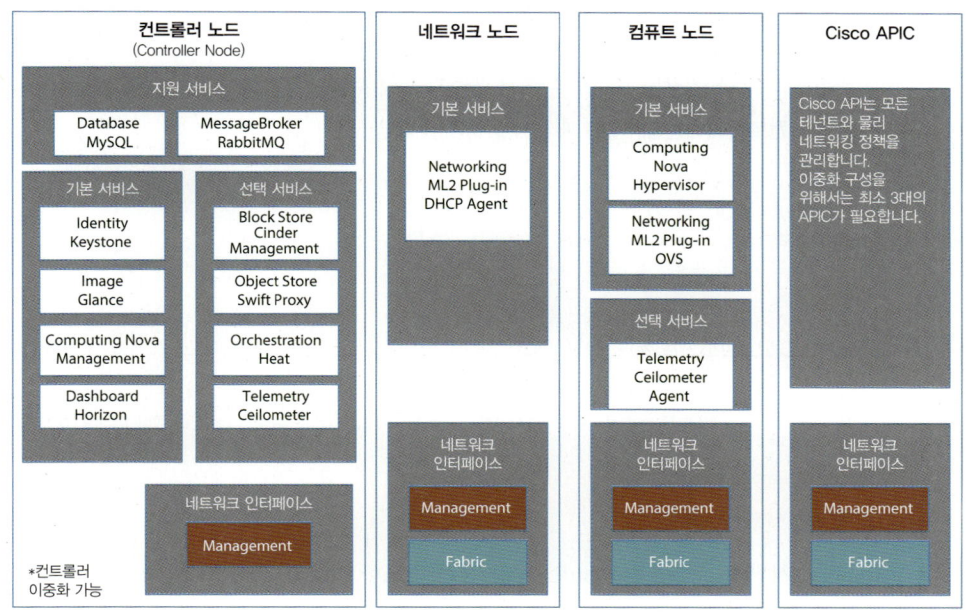

[그림 6-8] 세 가지 노드를 포함하는 전형적인 오픈스택의 적용 예

오픈스택은 Cisco ACI 모드로 동작하는 Cisco Nexus 9000 시리즈 스위치를 사용하여 Leaf-Spine 구조로 토폴로지 설치가 끝난 뒤에 적용하실 수 있습니다. Cisco APIC과 오픈스택 컨트롤러

및 네트워크 노드는 leaf 스위치 뒷단에 이중화로 적용되며, In-Band 및 Out-of-Band 관리 방법을 모두 사용합니다. 대부분 네트워크 노드는 컨트롤러 노드와 동일한 서버에 위치합니다. 추가적으로 가상머신을 구동하는 컴퓨팅 노드는 반드시 leaf 스위치 하단에 구축되어 클라우드 적용시 요구되는 대규모 확장에 대비합니다.

:: Icehouse의 설치

Cisco APIC 드라이버는 오픈스택 Neutron의 가장 상위에서 설치될 수 있습니다.

> **Note**
> 설치 옵션은 사용하는 도구에 따라 달라질 수 있지만, 이와 관련하여 참고할 만한 가이드는 http://docs.openstack.org/icehouse/install-guide/install/apt/content 에서 찾을 수 있습니다.

다음은 Neutron에서 ML2 플러그인이 적용된 상태에서 Cisco APIC 드라이버를 설치하기 위한 각 단계들을 설명합니다. 여기서는 컨트롤러 노드가 네트워크 노드와 동일한 물리 서버에 있음을 가정합니다.

1단계. apt-get과 get 패키지 셋업
  • 컨트롤러와 Nova 컴퓨팅 노드 모두에서 패키지 셋업 수행
  • Neutron 컨트롤러에는 더 많은 패키지를 설치할 예정

> **Note**
> 좀 더 상세한 설치 정보는 http://www.cisco.com/go/aci에서 확인할 수 있습니다.

2단계. /etc/neutron/plugins/ml2/ml2_conf_cisco.ini에 Cisco APIC를 위한 설정을 만듭니다.

```
[ml2_cisco_apic]
apic_hosts=192.168.1.3
apic_username=admin
apic_password=secret
```

Neutron 서버 초기화에 --config-file 옵션이 포함되어 있어야 합니다.

3단계. 코어 플러그인으로 ML2를 사용하는 Neutron 설정을 업데이트합니다. 또한/etc/neutron/neutron.conf을 업데이트하여 라우팅 서비스를 제공하기 위해 Cisco APIC를 설정합니다.

- service_plugins:

  ```
  neutron.services.l3_router.l3_apic.ApicL3ServicePlugin
  ```

- core_plugin:

  ```
  neutron.plugins.ml2.plugin.Ml2Plugin
  ```

그리고, 다음 두개의 드라이버가 포함되도록 ML2 메커니즘 드라이버 목록을 업데이트 합니다(예를 들어, ML2 설정을 위해 /etc/neutron/plugins/ml2/ml2_conf.ini를 사용하는 경우에 해당 파일을 업데이트 합니다).

- mechanism_drivers:

  ```
  openvswitch,cisco_apic
  ```

4단계. <u>VLAN 세그먼트를 위해 ML2를 업데이트합니다.</u> 예를 들어, physnet1에서 VLAN 100에서 200까지 사용하고자 할 경우 아래와 같이 업데이트합니다.

```
tenant_network_types = vlan
type_drivers = local,flat,vlan,gre,vxlan
mechanism_drivers = openvswitch,cisco_apic

[ml2_type_vlan]
network_vlan_ranges = physnet1:100:200

[ovs]
bridge_mappings = physnet1:br-eth
```

Cisco APIC 드라이버 설정

Cisco APIC 드라이버를 활성화하기 위해서는 반드시 Neutron에서 사용하는 ML2 디렉토리에 있어야 합니다. 이 위치에 있으면 OpenStack의 설치 과정 중에 자동으로 Cisco APIC 드라이버 설정이 이루어집니다. 문제가 발생할 경우, [표 6-2]를 참조하여 모든 Cisco APIC 드라이버 파일들이 있는 지를 확인하세요.

[표 6-2] Cisco APIC 드라이버 파일

파일 명	파일 위치	설명
apic_client.py apic_model.py apic_manager.py mechanism_apic.py ...	⟨neutron⟩/plugins/ml2/ drivers/cisco/apic	Cisco APIC 을 위한 ML2 드라이버
l3_apic.py	⟨neutron⟩/services/l3_router/	Cisco APIC을 위한 레이어 3 확장
*_cisco_apic_driver.py *_ cisco_apic_driver_update.py *_add_router_id_*_apic.py	⟨neutron⟩/db/migration/ alembic_migrations/versions	데이터베이스 마이그레이션 파일
neutron.conf	/etc/neutron	Neutron을 위한 글로벌 설정 파일
cisco-apic.filters	/etc/neutron/rootwrap.d	root 권한으로 LLDP(Link Layer Discorery Protocol) 서비스를 실행
ml2_conf.ini	/etc/neutron/plugins/ml2	Neutron에서 생성된 ML2 설정 파일
ml2_conf_cisco.ini	/etc/neutron/plugins/ml2	Cisco APIC 고유의 ML2 설정 파일

[표 6-2]에서 ⟨neutron⟩은 Neutron의 기본 디렉토리로 아래의 경로를 가리킵니다.

```
/usr/lib/python2.7/dist-packages/neutron
```

Neutron.conf 파일

neutron.conf 파일에 ML2 플러그인을 Enable하고 Cisco APIC 레이어 3 서비스 플러그인을 지
정합니다:

- service_plugins:

```
neutron.services.l3_router.l3_apic.ApicL3ServicePlugin
```

- core_plugin:

```
neutron.plugins.ml2.plugin.Ml2Plugin
```

ML2_conf.ini 파일

ml2.conf 파일에는 OVS 및 Cisco APIC를 위한 두 개의 적절한 메커니즘 드라이버가 활성화되어야 합니다. 그리고 서버와 패브릭 leaf 스위치 사이에서 사용되는 VLAN의 범위뿐 아니라 리눅스 인터페이스와 OVS 브리지 간의 VLAN 맵핑도 지정되어야 합니다. 이는 [예제 6-3]에서 확인할 수 있습니다. 그리고, ML2_conf.ini 파일 매개변수에 대한 설명은 뒷쪽의 "설정 매개변수"에서 다뤄집니다.

예제 6-3 | ML2_conf.ini 매개변수 설정

```
tenant_network_types = vlan
type_drivers = local,flat,vlan,gre,vxlan
mechanism_drivers = openvswitch,cisco_apic


[ml2_type_vlan]
network_vlan_ranges = physnet1:100:200


[ovs]
bridge_mappings = physnet1:br-eth1
```

ML2_cisco_conf.ini 파일

같은 디렉토리에 있는 Cisco APIC 드라이버의 추가 설정 파일이 포함되어야 하고, 이는 [예제 6-4]처럼 됩니다.

예제 6-4 | ML2_cisco_conf.ini 매개변수 설정

```
[DEFAULT]
apic_system_id=openstack

[ml2_cisco_apic]
apic_hosts=10.1.1.10
apic_username=admin
apic_password=password
apic_name_mapping=use_name
apic_vpc_pairs=201:202,203:204
```

```
[apic_external_network:ext]
switch=203
port=1/34
cidr_exposed=192.168.0.2/24
gateway_ip=192.168.0.1
#Note: optional and needed only for manual configuration

[apic_switch:201]
compute11,compute21=1/10
compute12=1/11

[apic_switch:202]
compute11,compute21=1/20
compute12=1/21
```

[표 6-3] 설정 매개변수

매개변수	필수 여부	설명
apic_hosts	필수 사항	Cisco APIC IP 주소 목록(쉼표로 분리)
apic_username	필수 사항	Cisco APIC을 위한 사용자ID; 보통 다중 테넌트 설정이 가능한 사용자ID는 admin이 사용
apic_password	필수 사항	Cisco APIC 사용자 ID에 대한 패스워드
apic_name_mapping	선택 사항	Cisco APIC 드라이버에는 두 가지 모드가 있습니다. 오픈스택에 설정된 이름과 동일한 오브젝트를 생성할 수도 있고, 오픈스택에서 선택된 유니버설 유저, ID UUID)를 사용할 수도 있습니다. 오픈스택에서는 특별한 이름을 필요로하지 않기 때문에 Cisco APIC에서 이미 사용 중인 이름으로 네트워크 생성을 하게 될 경우 실패할 수 있습니다. 이에 대한 옵션은 use_name과 use_uuid입니다.
apic_system_id	선택 사항	Cisco APIC 패브릭(apic_phys_dom) 내의 VLAN 또는 VXLAN 네임 스페이스의 이름입니다; 이는 다수의 오픈스택 인스턴스가 동일한 패브릭상에 있는 경우에 필요합니다.

설정 매개변수

[표 6-3]은 ML2_conf.ini file 파일에서 명시할 수 있는 설정 매개변수의 목록입니다.

호스트 포트 연결

Cisco APIC 드라이버는 각 하이퍼바이저에 연결되어 있는 포트를 알고 있어야 합니다. 이는 두 가지 메커니즘으로 이루어집니다. 기본적으로 플러그인은 LLDP를 사용하여 자동으로 네이버 정보를 발견하기 합니다. 이 기능은 컴퓨팅 노드가 어떤 스위치 포트에 연결되어 있는 지를 자동으로 탐지하여 Cisco ACI 패브릭 내의 어떤 leaf 스위치 포트에 연결되더라도 이동성을 보장합니다. 또 다른 방법은 수동으로 어떤 포트에 어떤 하이퍼바이저에 연결되어 있는 지를 설정하는 것입니다. 일반적인 경우에는 자동으로 LLDP를 호스트 포트를 감지하고 연결하는 것이 권장되지만, 트러블슈팅을 목적에서 해당 설정을 재설정하거나 LLDP 문제를 배제하기 위해 수동 설정을 적용할 수 있습니다. 예를 들어, 이중화 어댑터로 연결된 서버를 포트채널로 연결할 때 수동 설정이 필요할 수 있습니다. 이 경우에는 오픈스택 내의 각각의 컴퓨팅 노드를 위해 설정 블록을 추가하며 이에 대한 형식은 다음과 같습니다:

```
[apic_switch:node-id]
compute-host1,compute-host2=module-id.node-id
```

외부 네트워크

외부 레이어 3 네트워크로의 연결은 플러그인을 통해 자동으로 설정됩니다. 이 기능을 사용하기 위해서는 [표 6-4]에 기재된 정보들이 필요합니다.

[표 6-4] 외부 네트워크 연결

매개변수 설정	필수 여부	설명
switch	필수 사항	Cisco APIC의 Switch ID
Port	필수 사항	외부 라우터와 연결된 스위치 포트
Encap	선택 사항	사용되는 캡슐화 방법
Cidr_exposed	필수 사항	CIDR(Classless interdomain routing)이 외부 라우터에 노출
gateway_way	필수 사항	외부 게이트웨이의 IP 주소

포트채널(PortChannel) 설정

호스트에서 스위치로 다중의 업링크를 사용하여 이중화를 구성할 수 있습니다. 이 기능은 Cisco APIC 플러그인을 통해 지원되며, 가상 포트 채널(virtual PortChannel 또는 vPC)을 사용하여 설정할 수 있습니다.

```
apic_vpc_pairs=switch-a-id:switch-b-id,switch-c-id:switch-d-id
```

⠿ 트러블슈팅

플러그인이 제대로 설치되어 있음에도 제대로 동작하지 않는 경우, 프록시 설정과 물리적 호스트 인터페이스를 확인하여야 합니다:

 트러블슈팅을 위한 주요 점검 사항

■ **프록시 설정**

테스트 환경에서 외부 IP 주소와 통신하기 위해 프록시 설정이 필요할 수 있습니다. 오픈스택은 인터 널 통신에 의존하고 있기 때문에, HTTP/HTTPS 트래픽이 동일한 프록시를 통해 전송되지 않습니다. 예를 들어, 우분투(Ubuntu)에서는 프록시 설정이 다음의 /etc/enviorment 처럼 보일 수 있습니다.

```
http_proxy="http://1.2.3.4:80/"
https_proxy="http://1.2.3.4:8080/"
HTTP_PROXY="http://proxy.yourco.com:80/"
HTTPS_PROXY="http://proxy.yourco.com:8080/"
FTP_PROXY="http://proxy.yourco.com:80/"
NO_PROXY="localhost,127.0.0.1,172.21.128.131,10.29.198.17,172.21.128.98,localaddress,.
    localdomain.com" [->
The IP addresses listed here are the IP addresses of the NIC of the server for OpenStack
    computing and controller nodes, so they don't go to proxy when they try to reach each
    other.]
no_proxy="localhost,127.0.0.1,172.21.128.131,10.29.198.17,172.21.128.98,localaddress,.
    localdomain.com"
```

■ **호스트 인터페이스**

leaf 스위치에 연결된 물리적 호스트 인터페이스가 업(Up) 상태로 OVS 브리지에 설치되어 있는지 확인합니다. 일반적으로 호스트 인터페이스는 OVS 설치 과정에서 구성됩니다. 어떤 인터페이스(예 를 들어, eth1)가 OVS 브리지 상에 존재하는 지를 확인하기 위해서는 다음 명령어를 사용합니다:

```
$> sudo ovs-vctl show
   abd0fa05-6c95-4581-a906-46634db74d91
      Bridge "br-eth1"
          Port "phy-br-eth1"
           Interface "phy-br-eth1"
          Port "br-eth1"
           Interface "br-eth1"
              type: internal
          Port "eth1"
              Interface "eth1"
        Bridge br-int
            Port "int-br-eth1"
          Interface "int-br-eth1"
            Port br-int
                 Interface br-int
        type: internal
      ovs_version: "1.4.6
```

Note

설치, 설정과 트러블슈팅 방법은 오픈스택 버전에 따라 달라질 수 있습니다. 이와 관련된 최신 문서는 http://www.cisco.com/go/aci의 오픈스택 설치가이드를 참조하세요.

 오픈스택의 그룹 기반 정책 프로젝트

그룹 기반 정책(Gropu Based Policy)은 오픈스택 Juno 릴리즈 이후부터 사용 가능한 OpenStack 커뮤니티 프로젝트입니다. 그룹 기반 정책은 기존의 오픈스택의 가장 상위에서 동작하고 기존의 Neutron 또는 벤더 드라이버를 사용하여 구현할 수 있습니다. 그룹 기반 정책의 사상은 Neutron이 EPG, 컨트랙트 등과 같은 정책을 설정할 수 있도록 하는 것입니다. 이는 Neutron 설정을 단순화하고 기존의 Netron API 모델보다 손쉽게 애플리케이션 중심으로 동작할 수 있게 합니다. 그룹 기반 정책 API의 확장은 독립적인 조직과 관리 시스템에 의해 네트워킹 자원을 손쉽게 이용할 수 있도록 하는 것입니다.

그룹 기반 정책은 네트워크 백엔드의 다양한 범위에서 사용하도록 설계된 범용적인 API입니다. 이는 기존의 Neutron 플러그인과 호환될 뿐만 아니라 Cisco ACI에서 정책 API와 직접 연결되어 사용될 수 있습니다. 그룹 기반 정책의 아키텍처는 [그림 6-9]에 나와 있습니다.

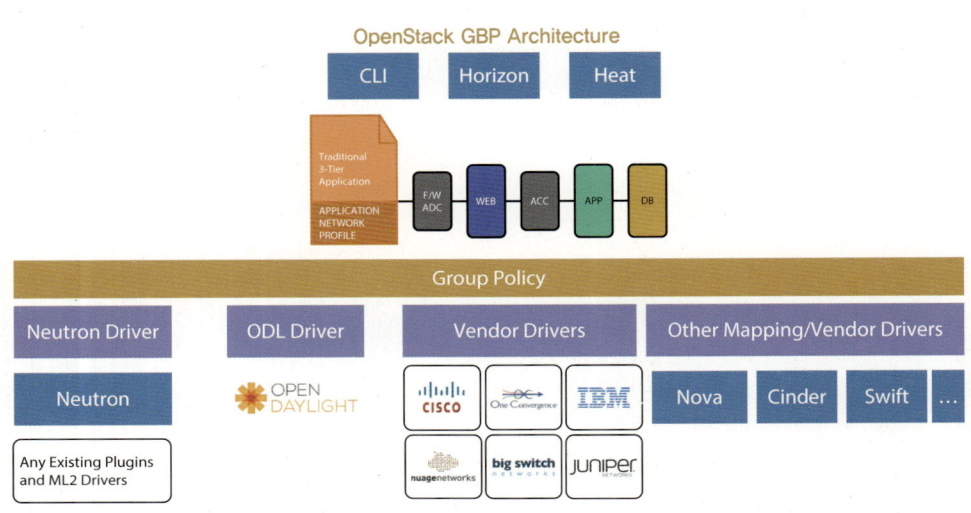

[그림 6-9] 그룹 기반 정책(Group Based Policy) 아키텍처

그룹 기반 정책의 장점은 제 3장 "정책 기반의 데이터센터"에서 강조한 개념과 동일합니다. [그림 6-10]에서는 ACI 워크플로와 오픈스택 워크플로의 연동에 대해 설명하고 있습니다.

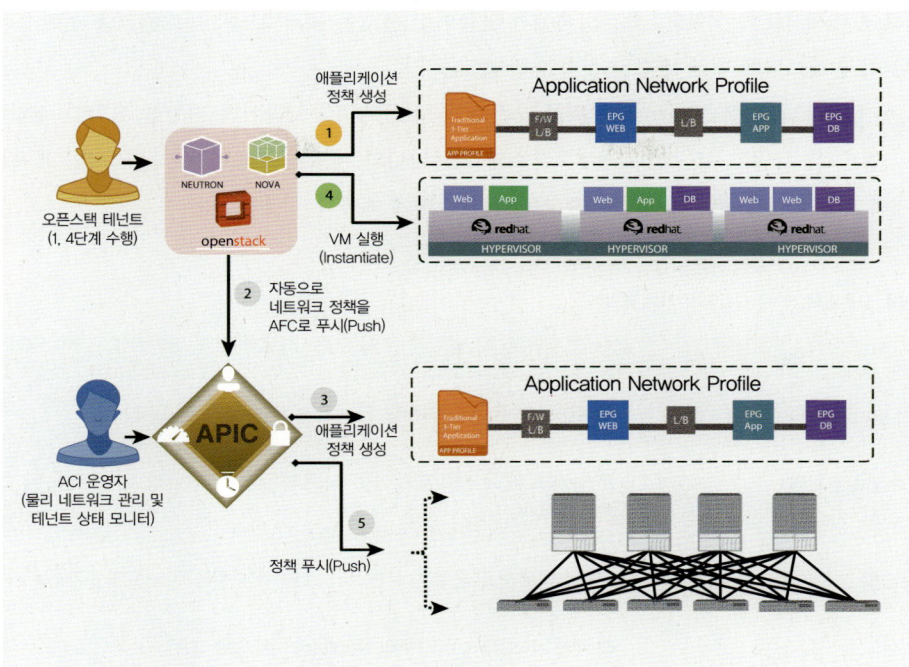

[그림 6-10] 정책 기반의 그룹(Group Based Policy) 워크플로

그룹 기반 정책의 장점은 제 3장 "정책 기반의 데이터센터"에서 강조한 개념과 동일합니다. [그림 6-10]에서는 ACI 워크플로와 오픈스택 워크플로의 연동에 대해 설명하고 있습니다.

정책 기반 그룹으로 ACI를 결합하여 양 쪽에 모두 동일한 설정을 생성할 수 있으며, 네트워크 디바이스들이 Netron ML2 익스텐션과 호환될 경우에는 ACI 없이도 그룹 기반 정책을 사용할 수도 있습니다.

 요약

Note

좀 더 상세한 정보는 다음 위치에서 확인하실 수 있습니다.
https://blueprints.launchpad.net/group-based-policy/+spec/group-based-policy-abstraction
https://wiki.openstack.org/wiki/GroupBasedPolicy

이번 장에서는 오픈스택과 Cisco ACI와의 연동에 대해 알아보았습니다. ACI는 오픈스택 상의 어떤 변화에 대해서도 인식하고, 오픈스택에서 만들어진 새로운 워크로드와 네트워크를 서비스 할 수 있도록 전체 패브릭에 대해 변경된 설정을 반영합니다.

[표 6-5]는 오픈스택 Neutron을 위한 오픈스택 ML2 APIC 드라이버 기능을 요약한 것입니다. 정책 기반 그룹(Group Based Policy)은 오픈스택 커뮤니티의 새로운 프로젝트로 궁극적인 목표는 데이터센터 네트워킹에 대한 추상화Abstraction를 오픈스택에 제공하는 것입니다.

[표 6-5] 오픈스택 APIC 드라이버 기능 요약

기능	설명
Neutron L2 지원	가상머신의 유연한 배치를 가능하게 하는 분산 레이어2 지원.
Neutron L3 지원	분산 하드웨어 게이트웨이를 사용하는 ACI 패브릭 내에 적용된 다중 라우터 지원.
시큐리티 그룹(Security group)	오픈스택에서 제공하는 시큐리티 그룹 지원(컴퓨트 노드의 IPTable 사용).
확장성	레이어 2: 최대 4,000개의 Neutron 네트워크 지원. 레이어 3: 지원되는 Neutron 라우터 개수는 연결된 ACI 패브릭에서 지원하는 컨트랙트(contracts)의 수와 동일
OVS 호환성	APIC 드라이버는 Neutron ML2 프레임워크 내의 OVS 드라이버와 호환. OVS 드라이버에서 ACI 패브릭을 위한 서버 설정을 자동으로 수행. ACI 패브릭과의 OVS 연동은 현재 VLAN으로 지원되며 향후 VXLAN들이 추가될 예정.
다중 APIC 지원	APIC 드라이버는 다중의 APIC 컨트롤러와 통신할 수 있으며 어떤 특정 APIC 컨트롤러의 장애시에도 서비스를 유지.
Dual-homed 서버 지원	APIC 드라이버는 ACI 패브릭의 ToR 스위치에서 제공되는 vPC 기능을 사용하여 dual-homed 서버를 지원.
자동 하이퍼바이저 탐지	APIC 드라이버는 LLDP를 사용하여 ToR 스위치에 연결된 하이퍼바이저를 감지하고, 동적으로 ACI 패브릭 내로 프로비저닝. 이 때문에 물리적인 토폴로지 변화시에도 재설정 필요없음.
라이센싱	Icehouse에 대한 최신 코드는 아래의 URL에서 확인. https://github.com/noironetworks/neutron/tree/cisco-apic-icehouse/neutron/plugins/ml2/drivers/cisco/apic
지원 버전	APIC 드라이버는 현재 오픈스택 Icehouse에서 지원되며 오픈스택의 차기 버전에서도 계속 지원 예정.

Chapter 7

ACI 패브릭 디자인 방법론

Cisco ACI

이 장에서는 시스코 ACI 패브릭 디자인 방법론에 대해 설명하겠습니다. 시스코 ACI 패브릭은 여러 장비들로 구성되어 있지만, 마치 하나의 개체처럼 관리되고 모니터링 됩니다. 이러한 특징으로 인해, ACI 패브릭은 마치 하나의 스위치처럼 관리되고 운영되며, 다음과 같은 향상된 트래픽 최적화 기능을 제공합니다.

- 보안
- 원격 측정(Telemetry) 기능
- 가상과 물리적 워크로드 통합 관리

시스코 ACI 패브릭의 주요 장점은 아래와 같습니다.

- GUI 또는 Rest API를 통한 단일 포인트 프로비저닝
- 가상 및 물리적 서버 트래픽에 대한 완벽한 가시성 제공을 통해, 가상과 물리적 워크로드(Workload)의 연계성
- 하이퍼바이저에 소프트웨어 추가 없이 하이퍼바이저 간의 호환성과 통합성
- 자동화를 통한 단순성
- 멀티테넌시(네트워크 가상화 – Network Slicing)
- 하드웨어 기반의 보안성
- 패브릭상에서 불필요한 트래픽 플러딩(Flooding) 제거

- 쉽게 애플리케이션 아키텍처를 네트워크 설정으로 맵핑
- 방화벽, 로드밸런서 및 기타 L4-L7 장비들의 통합 및 자동화 기능

 ## ACI 패브릭 핵심 기능 요약

이 섹션에서는 ACI 패브릭의 디자인과 설정에 대해 더욱 쉽게 이해할 수 있도록, ACI 패브릭의 주요 장점을 다음과 같이 정리하였습니다.

ACI 패킷 전송 방식

ACI는 패킷 전송 방식에서 다음과 같은 새로운, 패러다임를 가져왔습니다.

- VLAN, VxLAN, IP 서브넷으로 부터 독립적인 워크로드의 분류법을 도입하였습니다. 이러한 분류법은 EPG(endpoint groups)라는 보안 영역에 의거한 새로운 분류법으로, 전통적인 네트워크와 달리 IP 서브넷과 VLAN을 일대일로 연계하지 않습니다.
- 모든 L2 및 L3 트래픽은 패브릭상의 L3 라우팅을 통해 완벽하게 지원됩니다.
- 브리지 도메인(Bridge Domain)에서 플러딩(Flooding)은 필요 없습니다.
- 트래픽은 호스트 기반의 라우팅(Host Based Routing)과 유사한 방법으로 처리됩니다.

시스코 TrustSec, 특히 SGT(Security Group Tag) 개념에 친숙한 사용자라면, EPG와 SGT의 유사점을 쉽게 확인할 수 있으며, 시스코 LISP(Locator/ID Separation Protocol)을 잘 이해하고 있는 사용자라면, IP를 호스트의 식별자identifier로 사용하고 있다는 점에서도 유사점을 찾을 수 있을 것입니다. 그리고 FabricPath와는 L2 멀티캐스트 트래픽에 대해 ECMP(Equal-Cost Multipathing) 처리하는 방식에서 그 유사점을 찾을 수 있으며, 다시 말해, ACI의 전송 기술은 현존하는 기술과 그 이상의 것에 대한 집합체라고 정의할 수 있습니다.

규범적(Prescriptive) 네트워크 구성

시스코 ACI에서 네트워크 구성은 사전에 이미 규정되어 있는 auto-discovery, zero-touch provisioning, built-in 케이블 계획 등이 자동적으로 실행되도록 정의되어 있으며 40기가비트 이더넷 링크 기반으로 양분 그래프(Bipartite Graph) 또는 Clos 구조 등을 사용하는 Spine과 Leaf 스위치로 구성됩니다.

모든 Leaf 스위치는 모든 Spine 스위치에 연결되며, 반대로 모든 Spine 스위치는 모든 Leaf 스위치에 연결되지만, Spine과 Spine 또는 Leaf와 Leaf 간의 링크 연결은 허용되지 않습니다.

Leaf 스위치는 어떠한 종류의 네트워크 장비 또는 호스트 등의 연결을 허용하며, 많은 정책들이 적용되는 구간이기도 합니다. 또한, Leaf 스위치는 아래와 같은 외부 네트워크와 연결이 가능합니다.

- 캠퍼스
- WAN
- MPLS(Multiprotocol Label Switching)
- VPN(Virtual Private Network)

외부 네트워크와 연결하기 위한 Leaf 스위치를 보더 리프border leaf라고 하며, 이 글을 쓰는 시점에서, ACI 패브릭이 VPN 또는 MPLS같은 기능을 지원하지 않기 때문에, 외부 장비와 VPN이나 MPLS를 연결하기 위해서는 ASR 9000 같은 장비가 필요합니다.

다음과 같은 엔드포인트endpoint들이 Leaf 스위치에 연결될 수 있습니다:

- 가상화 서버
- 베어메탈 서버
- 메인프레임
- L4~L7 장비
- IP 스토리지 디바이스
- 스위치
- 라우터

Spine 스위치는 패브릭의 백본과 같은 역할을 하며, 동시에 맵핑(Mapping) 데이터베이스 기능을 수행합니다.

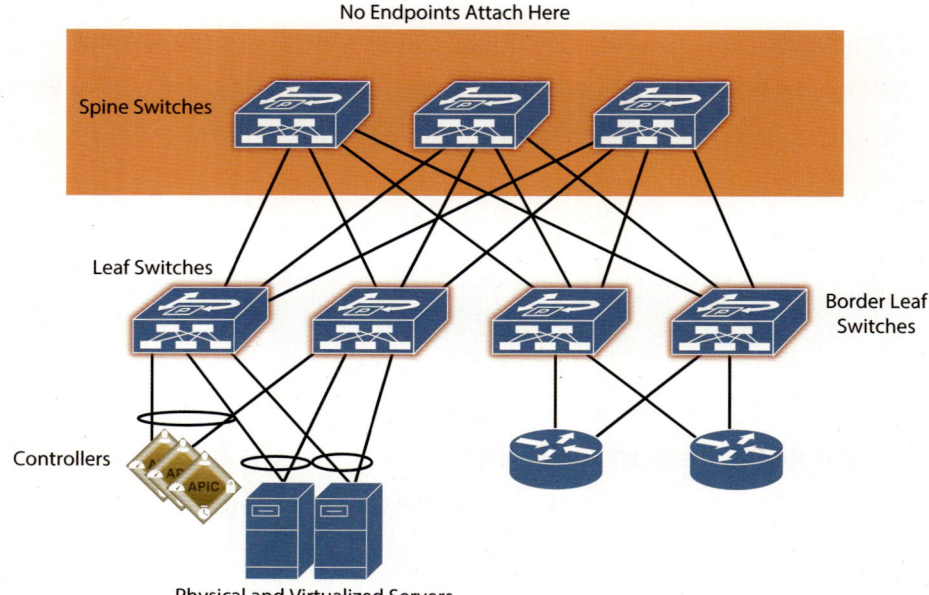

No Endpoints Attach Here

Spine Switches

Leaf Switches

Border Leaf Switches

Controllers

Physical and Virtualized Servers

[그림 7-1] Cisco ACI 패브릭 구성 설명

오버레이 프레임 포맷

현재, 많은 데이터센터가 VLAN 부족으로 고민하고 있을 때, ACI는 L3 네트워크 상에서 L2 오버레이 네트워크 구성이 가능한 VxLAN(Virtual EXtensible LAN)을 채택하여 이러한 고민을 해결하였습니다. VxLAN 헤더는 24비트의 VxLAN 세그먼트 식별자(ID) 또는 VxLAN 네트워크 식별자(VNI-VxLAN Network Identifier)를 포함하고 있어, 약 4,000개의 세그먼트만을 지원하는 VLAN과 달리, VxLAN은 약 1,600만 개까지의 세그먼트를 지원합니다. 각 VxLAN 세그먼트 식별자는 브리징 또는 라우팅 사용 여부에 따라, 독립적인 L2 브로드캐스트 도메인 또는 L3 네트워크를 나타내며, 이에 따라 테넌트tenant 네트워크 주소가 관리될 수 있습니다. VxLAN은 이더넷 프레임 전체를 UDP 기반의 IP헤더로 인캡슐레이션Encapsulation 합니다.

ACI 패킷 전송은 VxLAN 인캡슐레이션Encapsulation에 기반하지만, 원형의 VxLAN 프로토콜과는 일부 변형된 VxLAN 헤더를 ACI에서는 사용하고 있습니다. 그리고, 일반적인 VxLAN 프로토콜은 레이어 2(Layer 2) 세그먼트(Segment) 내의 브로드캐스트Broadcast, 언노운 유니캐스트(Unknown Unicast), 멀티캐스트Multicast 등에 대한 플러딩flooding을 위해, 멀티캐스트Multicast를 사용하지만, 반면, ACI는 러닝learning과 디스커버리discovery를 위해 멀티캐스트를 사용하기 보다는, LISP과 매우 유사한 방법으로 엔드포인트의 디스커버리를 위해 맵핑 데이터베이스를 이용하며, 필요한 경우 멀티캐스트나 브로드캐스트를 위하여, 멀티캐스트를 사용할 수도 있습니다.

ACI VxLAN 헤더는 ACI 패브릭에서 전송되는 프레임과 관련된 속성을 정의할 수 있도록 태깅 기법(Tagging Mechanism)을 사용하고 있습니다. 그러한, 태깅 정보는 L2 LISP 프로토콜에 정책 그룹policy group, 사용량Load 및 경로Path 메트릭Metric, 카운터Counter 및 인그레스 포트ingress port, 인캡슐레이션 정보 등이 추가된 형태의 확장형 L2 LISP(draft-smith-lisp-layer2-01) 프로토콜입니다. VxLAN 헤더는 특정한 L2 세그먼트나 L3 도메인과 관련성은 없지만, ACI 패브릭 내에서 여러 용도로 사용될 수 있는 태깅 기법을 제공합니다.

[그림 7-2]는 ACI 패브릭 내에서 사용될 수 있는 프레임 포맷입니다. (A)의 이더넷 프레임은 엔드포인트에 의해 생성된 원본 프레임이며, (B)는 VxLAN을 통해 UDP 헤더로 원본 프레임이 인캡슐레이션된 것입니다. (C)의 프레임 포맷은 표준 VxLAN의 헤더 포맷이며, (D)는 표준 VxLAN 프레임 포맷과 ACI VxLAN 프레임 포맷을 비교한 것입니다.

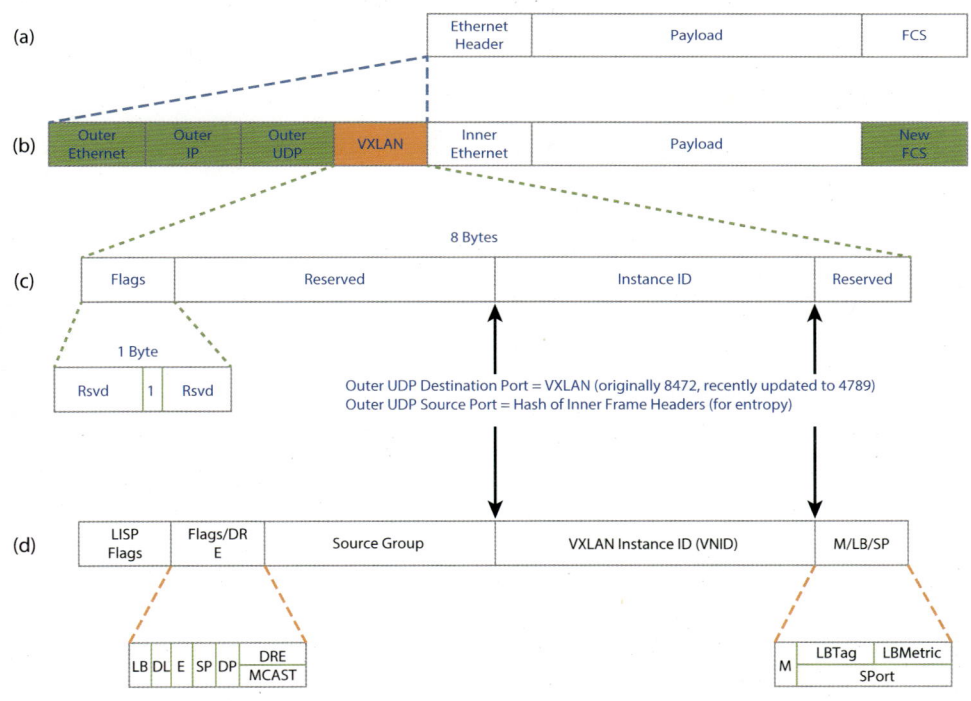

[그림 7-2] 시스코 ACI VxLAN 프레임 포맷

VxLAN 패킷 전송

ACI 패브릭은 테넌트 엔드포인트endpoint 주소(address)에서 "Locator" 또는 VTEPVXLAN Tunnel Endpoint 주소 등으로 정의된 엔드포인트의 위치 정보와 식별 정보identifier를 분리합니다. [그림 7-3]에

서 처럼, 패브릭 내의 패킷 전송은 VTEP 간에 이뤄지며, ACI VxLAN 정책 헤더라고 언급되는 확장형 VxLAN 헤더 포맷이 사용되며, 내부 테넌트 MAC 또는 IP 주소에 대한 위치 맵핑은 분산형 맵핑 데이터베이스(Distributed Mapping Database)를 활용하여, VTEP에서 수행됩니다.

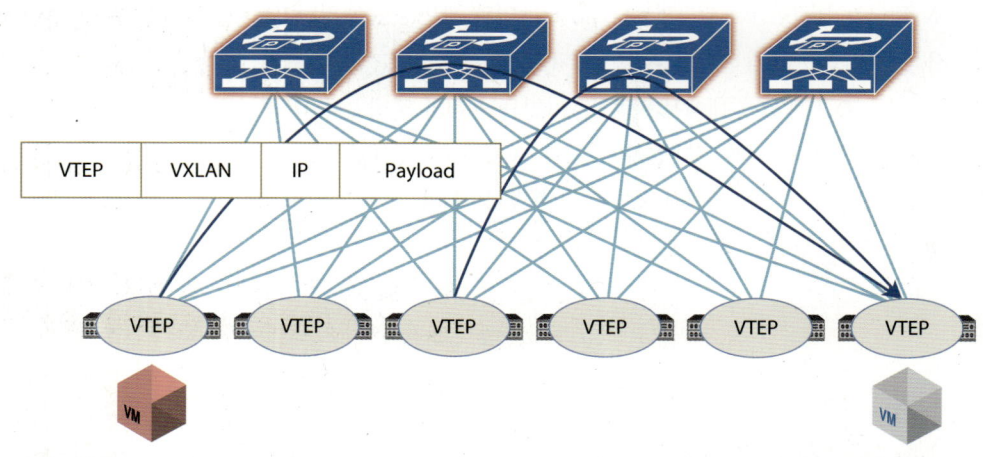

[그림 7-3] 시스코 ACI VxLAN 전송

시스코 ACI에서는 워크로드가 가상 또는 물리적인 것에 상관 없이 모든 워크로드는 동일하게 처리됩니다. Leaf에 연결된 물리적 서버, 가상화 서버 또는 기타 다른 네트워크 장비의 트래픽은 NVGRE(Network Virtualization Generic Routing Encapsulation), VxLAN, VLAN 등의 헤더로 태그될 수 있으며, 그 태그된 트래픽들은 ACI VxLAN으로 다시 맵핑됩니다. 또한, 가상과 물리적 워크로드 간의 통신은 특정 게이트웨이로 집중되지 않고, 가장 최단 경로로 직접 전송됩니다. [그림 7-4]는 리프(leaf) 스위치에서 VLAN과 VxLAN의 표준화 과정을 나타낸 그림입니다.

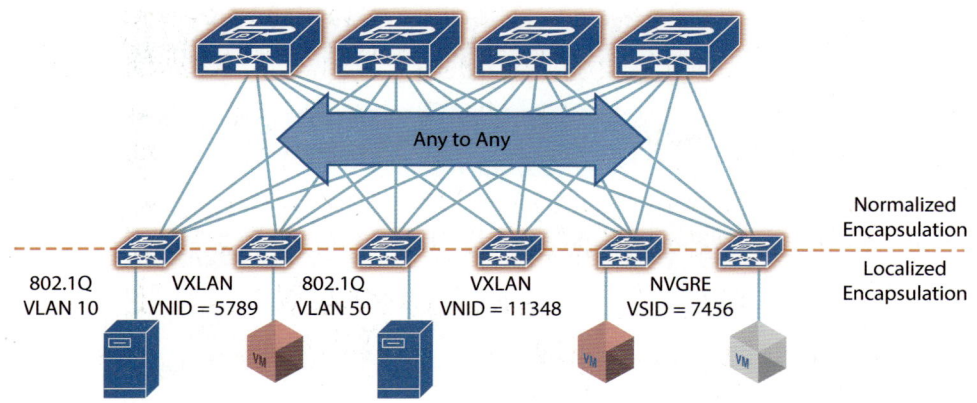

802.1Q   VXLAN   802.1Q   VXLAN   NVGRE
VLAN 10   VNID = 5789   VLAN 50   VNID = 11348   VSID = 7456

Any to Any

Normalized
Encapsulation

Localized
Encapsulation

[그림 7-4] leaf 스위치에서의 VLAN과 VxLAN의 일반화

퍼베이시브 게이트웨이(Pervasive Gateway)

ACI에서는 HSRP(Hot Standby Router Protocol)나 VRRP(Virtual Router Redundancy Protocol)같은 게이트웨이 이중화 프로토콜은 필요 없습니다. 이러한 배경에는, ACI 패브릭에서 애니캐스트 게이트웨이Anycast Gateway와 유사한 퍼베이시브 게이트웨이pervasive gateway라는 개념을 사용하고 있기 때문입니다. 특정 테넌트 서브넷상에 존재하는 엔드포인트endpoint가 위치하는 모든 리프Leaf 스위치에는 동일한 기본 게이트웨이가 설정되며, 이러한 구성의 장점은 특정 스위치나 포인트의 기본 게이트웨이로 모든 트래픽을 전송해야하는 대신에, 각 서버가 연결된 리프Leaf 스위치가 그 역할을 직접 담당함에 따라, 네트워크 구성을 단순화할 수 있다는 점입니다.

ACI 외부 및 내부 네트워크 비교

ACI는 패브릭에 직접 연결된 네트워크 및 트래픽과 패브릭 외부에 연결된 네트워크 및 트래픽을 구분합니다. WAN 라우터나 ACI의 패브릭 밖의 캠퍼스 네트워크를 연결하는 것을 "외부" 연결이라 지칭하며, 이 때 외부를 연결하는 Leaf 스위치가 외부 연결만을 전담하는 것이 아님에도 불구하고, 보더 리프border leaf 스위치라고 지칭합니다. ACI 패브릭에서 보더 리프border leaf 스위치 수에 대한 제약 사항은 없으며, 보더 리프border leaf 스위치도 서버나 IP 스토리지 또는 서비스 어플라이언스를 연결하는데 어떠한 제약사항도 없습니다.

ACI의 내부 네트워크는 테넌트 네트워크의 특정 브리지 도메인에 연계되어 있으며, 테넌트에서 확인된 모든 워크로드는 내부 네트워크에 연결되어 있다는 것을 의미합니다. 반면, 외부 네트워크는 레이어 2 확장 연결(Layer 2 Extention)을 제외하면, 보더 Leaf를 통해 인식되고, 패브릭내로 전파될 수 있습니다. 레이어 2 확장 연결은 브리지 도메인에 맵핑되지만, 외부External로 인식되며, 레이어2 또는 레이어 3 확장 연결된 경우를 제외한 모든 장비들은 "내부Internal"로 인식됩니다.

현재, ACI 패브릭을 외부 네트워크와 연결할 수 있는 방법은 아래와 같습니다:

- VRF-Lite와 연계되거나 관련 없는 정적(Static) 라우팅: VRF-Lite(Virtual Routing and Forwarding Lite)는 네트워크 가상화(VRF)를 구성할 수 있는 가장 간단한 방법입니다.
- OSPF[1](Open Shortest Path First)
- iBGP(internal Border Gateway Protocol)
- 브리지 도메인(Bridge Domain) 확장을 통한 L2 연결

ACI는 MP-BGP(Multiprotocol BGP)를 이용해 외부 라우팅 정보를 패브릭 내부로 전파합니다. 이때, ACI는 패브릭의 확장성 보장을 위해, RR(Route Reflector)을 적용하며, 모든 Leaf와 Spine 스위치는 단일 BGP AS(Autonomous System)에 속하게 됩니다. 외부로부터 전달된 외부 라우링 정보는 보더 리프border leaf 스위치에서 다른 Leaf 스위치로 재분배(Reditribution)되며, 각 VRF Instance별로 그 라우팅 테이블은 따로 관리됩니다.

보더 리프border leaf는 MP-BGP를 통해 외부로부터 전달된 라우팅 정보를 Spine 스위치에 설정된 RR에 전달하며, 그렇게 전달된 라우팅 정보는 다시 같은 VRF(ACI 용어로는 Private Network로 지칭되는) 내 모든 리프(leaf) 스위치로 전파됩니다. 이러한 전파 과정은 [그림 7-5]에서 설명되어 있습니다.

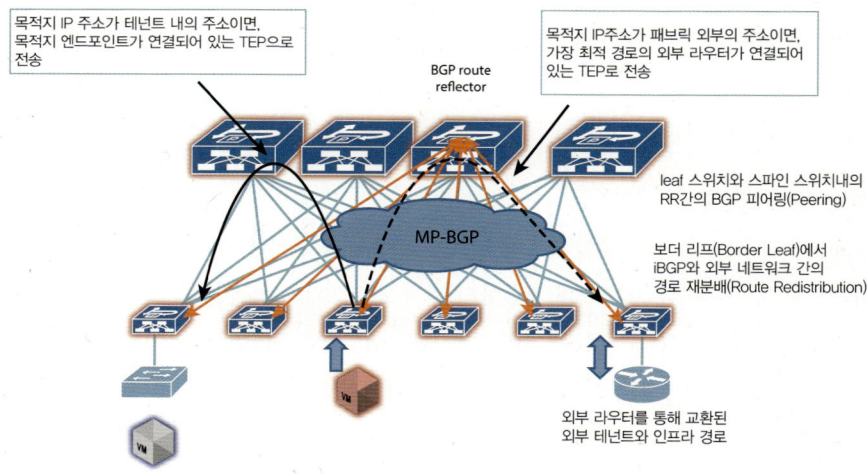

[그림 7-5] MP-BGP를 통한 외부 네트워크 전파 과정

OSPF[1]/BGP[1]

2015년 6월 14일 발표된 1.1.(1j) 버전에서부터 지원 라우팅 프로토콜 목록에 EIGPR, eBGP, OSPF(NSSA 이외의 백본 및 기타 Area)가 추가되었습니다.

브리지 도메인bridge domain의 IP 서브넷 설정 과정에서, 네트워크 담당자는 외부로 전파되어야 할 내부 IP 서브넷과 아닌 서브넷을 정의할 수 있고, 정책적인 관점에서는 외부 트래픽을 내부 네트워크 트래픽처럼 EPG에서 관리할 수 있으며, 이러한 정책은 외부와 내부 EPG 사이에서 정의됩니다. [그림 7-6]은 이러한 개념을 설명하고 있으며, 다수의 외부 네트워크를 위해, 다수의 외부 EPG를 정의할 수 있습니다.

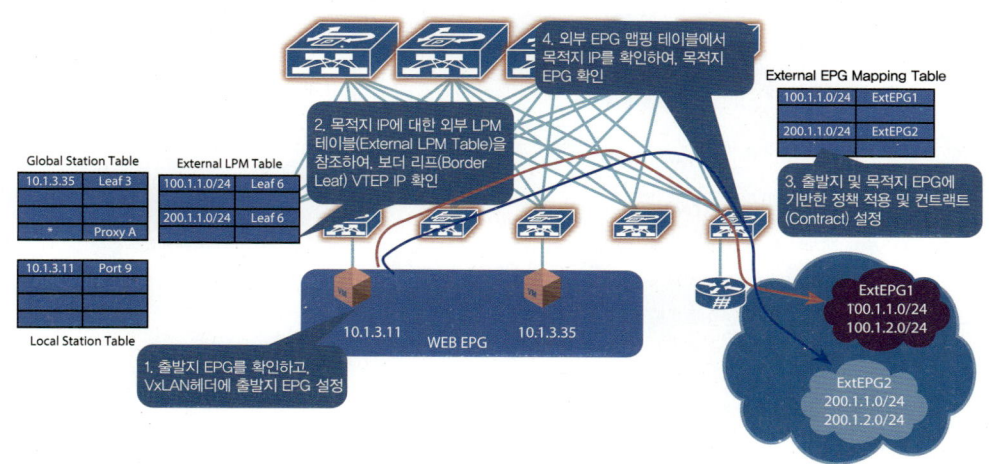

[그림 7-6] 외부 EPG와 내부 EPG 간의 정책 적용

패킷 흐름

패브릭에서 패킷 전송은 VTEP 간에 이뤄지며, 정책 관련된 정보를 전달하기 위해 표준 VxLAN 헤더 정보에 추가적인 비트bit를 사용하며 테넌트 내부의 MAC 또는 IP 주소와 위치 정보의 맵핑은 분산 맵핑 데이터베이스를 사용하여 VTEP에서 수행됩니다. 시스코 ACI는 L2 및 L3 패킷 전송을 완벽하게 지원할 수 있으며, 애플리케이션 또는 엔드포인트의 IP 스택에 대한 어떠한 변경도 요구하지 않습니다. 그리고 각 브리지 도메인bridge domain에 대한 기본 게이트웨이(Default Gateway)는 각 브리지 도메인이 속한 모든 리프Leaf 스위치에 분산 SVI(Pervasive Switch Virtual Interface) 형태로 설정되며, 이러한 SVI는 전체 패브릭에 걸쳐 서브넷별로 애니캐스트 게이트웨이Anycast Gateway로서 역할을 하게됩니다.

[그림 7-7]은 ACI 패브릭의 특정 하이퍼바이저Hypervisor에서 다른 하이퍼바이저로 유니캐스트unicast로 전송되는 과정을 설명하고 있습니다.

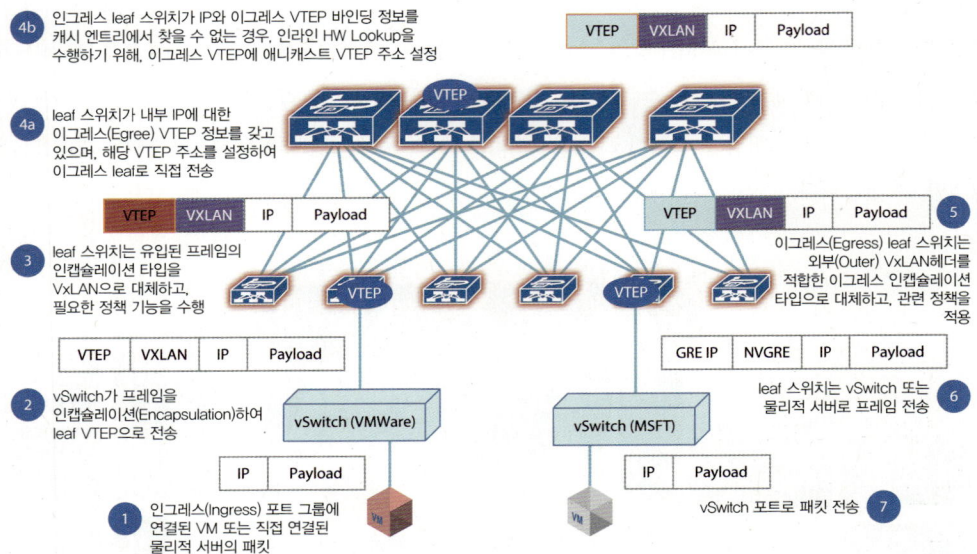

4b 인그레스 leaf 스위치가 IP와 이그레스 VTEP 바인딩 정보를 캐시 엔트리에서 찾을 수 없는 경우, 인라인 HW Lookup을 수행하기 위해, 이그레스 VTEP에 애니캐스트 VTEP 주소 설정

VTEP	VXLAN	IP	Payload

4a leaf 스위치가 내부 IP에 대한 이그레스(Egree) VTEP 정보를 갖고 있으며, 해당 VTEP 주소를 설정하여 이그레스 leaf로 직접 전송

VTEP	VXLAN	IP	Payload

VTEP	VXLAN	IP	Payload

5 이그레스(Egress) leaf 스위치는 외부(Outer) VxLAN헤더를 적합한 이그레스 인캡슐레이션 타입으로 대체하고, 관련 정책을 적용

3 leaf 스위치는 유입된 프레임의 인캡슐레이션 타입을 VxLAN으로 대체하고, 필요한 정책 기능을 수행

VTEP	VXLAN	IP	Payload

GRE IP	NVGRE	IP	Payload

2 vSwitch가 프레임을 인캡슐레이션(Encapsulation)하여 leaf VTEP으로 전송

6 leaf 스위치는 vSwitch 또는 물리적 서버로 프레임 전송

vSwitch (VMWare)

vSwitch (MSFT)

IP	Payload

IP	Payload

1 인그레스(Ingress) 포트 그룹에 연결된 VM 또는 직접 연결된 물리적 서버의 패킷

7 vSwitch 포트로 패킷 전송

vSwitch 포트로 패킷 전송

[그림 7-7] ACI 포워딩 패킷 전송 흐름도

[그림 7-7]에서 설명한 것 처럼, 가상 머신들의 기본 게이트웨이(Default Gateway)는 Leaf 스위치의 퍼베이시브 게이트웨이pervasive gateway입니다. Leaf 스위치는 다양한 유형의 프레임들을 동일한 형태로 표준화normalization하며, 목적지 IP에 대한 경로 확인lookup을 진행하며, 이 때 찾고 있는 엔드포인트 주소가 없는 경우, 여러 스파인 스위치 중에 하나를 지정하여, 유니캐스트로 전송합니다. 그리고, 이렇게 패킷을 전달 받은 스파인 스위치는 패브릭 전체의 맵핑 데이터베이스인 포워딩 테이블(Forwarding Table)에서, 목적지 식별자 주소(Destination Indentifier Address)를 확인하고, VxLAN 헤더에서 출발지 위치 주소(Source VTEP)는 유지하면서, 목적지 위치 정보만 변경한 후, 목적지 엔드포인트가 있는 Leaf 스위치에 유니캐스트로 전송합니다. ARP 패킷에서 L2 브로드캐스트 주소에 기반한 패킷 전송이 아니라, ARP 패킷 페이로드payload의 목적지 IP 주소를 이용하여, 패킷을 인캡슐레이션하고 전송합니다. 이러한 프로세스로 인해, ACI 패브릭은 불필요한 패킷 플러딩 없이 유니캐스트 패킷만으로 목적지에 패킷을 전달할 수 있으며, 이와 유사한 방법을 사용하여, ACI 패브릭에서 ARP(Address Resolution Protocol) 플러딩에 대한 필요성을 제거하였습니다. 이렇게 ARP 패킷의 플러딩flooding이 필요 없게 된 이유는, APR 패킷을 L2 목적지 브로드캐스트 주소에 기반한 인캡슐레이션과 전송을 진행하기 보다는 ARP 패킷 내의 페이로드payload의 타겟target IP를 사용하여 앞에서 설명한 유니캐스트와 유사한 방식으로 처리하기 때문입니다. ARP 패킷이 엔드포인트에서 리프(leaf) 스위치로 들어오면, 리프(leaf) 스위치는 ARP의 타겟 IP를 기반으로 포워딩forwarding 테이블을 참조하여 타겟이 위치한 Leaf 스위치의 VTEP IP로 인캡슐레이션하여 전송하게 됩니다. 그리고, 타

겟^{target} IP가 Leaf 스위치의 포워딩 테이블에서 확인이 되지 않는 경우, 유니캐스트 형태로 스파인 스위치로 보내게 되며, 이를 받은 스파인 스위치는 프록시^{proxy} 테이블을 참조하여 목적지를 확인한 후 타겟^{target}이 위치한 Leaf 스위치로 유니캐스트 형태로 전송하게 됩니다.

ACI 패브릭은 트래픽의 목적지 MAC 주소가 ACI 패브릭의 L3라우터 인터페이스인 경우, L3 라우팅 처리하며, 그렇지 않은 경우에는 L2 브리징^{bridging} 처리하게 됩니다. 전통적인 브리징처럼 ACI 패브릭 내에서의 L2 브리징은 TTL 감소나 MAC 헤더^{header}의 변경^{rewrite} 과정 없이 같은 IP 서브넷 내에서 그대로 전송하며, L3 라우팅은 다른 IP 서브넷 간에 패킷을 전송하는 것을 의미합니다. 그리고, 이러한 L2 브리징과 L3 라우팅의 구분은 IP 패킷에만 해당되는 것이며, IP 프로토콜을 사용하지 않는 비 IP 패킷(Non IP Packet)의 경우 MAC 주소만을 이용하여, 패킷을 전송하게 됩니다. 이 때 IP 패킷의 경우 ACI 패브릭은 MAC과 IP 정보를 함께 관리하지만, 비 IP 패킷의 경우 MAC 주소만 관리하게 됩니다.

ACI 패브릭 Leaf 스위치는 L2 브리징이 요구되는 L2 트래픽 중에서, 자신이 관리하는 테이블들에서 확인되지 않고, 새로운 MAC 주소를 가진 언노운^{Unknown} 유니캐스트가 들어오게 되면, 기존의 전통적인 스위치와 달리 L2 플러딩^{flooding}하지 않고, 스파인 스위치로 전송하여 스파인 스위치에서 관리하고 있는 프록시 테이블을 참조하여, 플러딩 없이 트래픽이 목적지에 도착할 수 있도록 합니다. 물론, 이런 기능을 제거하고, 전통적인 스위치처럼 플러딩^{flooding}을 진행하도록 설정할 수 있지만, 이러한 방법은 ACI 패브릭 내에서는 권고되지 않습니다.

Leaf 스위치에서 목적지 IP 주소에 대한 정보가 확인되지 않은 패킷은, Leaf 스위치가 스파이 스위치의 애니캐스트^{Anycast} VTEP 주소로 VxLAN 인캡슐레이션하여 스파인 스위치로 전송하며, 스파인 스위치는 자신의 프록시^{proxy} 테이블을 참조하여 패킷의 목적지 IP 위치를 확인하고 목적지 IP를 가진 엔드포인트가 위치한 Leaf 스위치의 VTEP IP를 목적지로 VxLAN 입캡슐레이션하여 다시 전송합니다. 그리고 스파인 스위치가 관리하는 프록시 테이블에서 목적지 IP 주소 정보를 확인할 수 없는 경우가 있을 수 있는데, 이 때 L2 트래픽과 L3 트래픽은 다른 방식으로 처리됩니다. 스파인 스위치 테이블에서 확인이 불가능한 L2 트래픽은 바로 폐기^{drop} 처리 되지만, L3 트래픽의 경우에는 스파인 스위치가 모든 Leaf 스위치에게 ARP 요청^{request} 패킷을 전송하게 되며, ARP 응답^{reply} 패킷을 받은 스파인 스위치와 그 패킷을 보낸 Leaf 스위치는 각 각 관련된 프록시 또는 로컬 테이블을 업데이트 합니다. 이렇게 L3 트래픽을 L2 트래픽과 다르게 처리하는 이유는, 평상시 활동을 하지 않아 ACI 패브릭에서 감지가 되지 않을 수 있는 싸일런트^{silent} 호스트들을 위한 것입니다.

:: 엔드포인트 그룹으로 네트워크 분할(Segmentation)

시스코 ACI 패브릭은 분산형 스위치/라우터 구성이면서, 동시에 논리적으로 정책 모델 기반의 애플리케이션 연결 관계를 정의한 것으로 볼 수 있습니다. 그리고, ACI는 아래와 같은 네트워크 분리 계층을 제공합니다:

- 브리지 도메인을 이용한 네트워크 분할
- 단일 패브릭을 여러 테넌트로 분할
- 단일 테넌트를 여러 EPG로 분할

이러한 네트워크 분리는 VxLAN 헤더 내의 VNID와 EPG에 대한 ACI 확장 필드를 통해 제공됩니다. 전통적인 네트워크에서 이러한 네트워크 분리는 VLAN을 통해 구성되며, VLAN은 브로드캐스트 도메인과 플러딩 도메인 역할을 담당했지만, ACI 패브릭에서는 이러한 두 도메인을 필요에 따라 나눠서 적용할 수 있습니다. ACI 패브릭 내에서 기존 네트워크의 VLAN과 유사한 역할을 하는 브리지 도메인의 경우, 필요에 따라 플러딩과 브로드캐스트 도메인의 기능을 제공하거나, 그렇지 않게 할 수도 있으며, 그렇지 않은 경우, 브리지 도메인은 단순히 하나 이상의 IP 서브넷 도메인 정도로만 작동하게 됩니다. 그리고, 두 가지의 도메인 역할을 하도록 설정한 경우에, L3 라우팅 기능을 브리지 도메인에서 제거하면 전통적인 네트워크의 VLAN과 동일한 네트워크 분리 기능을 담당하게 됩니다. 포트 그룹이나 포트 프로파일과 유사한 형태의 EPG는 각 서버들의 트래픽 분리 기능을 제공하며, 유사한 애플리케이션 계층(Tier), 개발 단계, 보안 정책과 네트워크 연결성을 가진 물리적 또는 가상 서버들을 함께 묶고, 다른 형태의 서버들과 분리하는 기능을 담당합니다.

시스코 ACI 패브릭은 VLAN간에 IP 라우팅과 ACL 적용을 통해 가상의 라인을 연결하는 것과 같이, EPG 간의 연결 경로를 설정할 수 있으며, 이러한 네트워크 분리가 ACI 패브릭에서 가상화된 서버들로 확장됨에 따라 ACI 패브릭에서 서버 간의 트래픽에 대해 로드밸런싱load balancing, 분할segmentation, 트래픽 추가insertion, 모니터링 등의 의미 있는 서비스가 가능합니다.

[그림 7-8]은 ACI 패브릭상에서 방화벽으로 연결된 2개의 EPG에 분산형 정책이 적용된 예를 설명하고 있습니다.

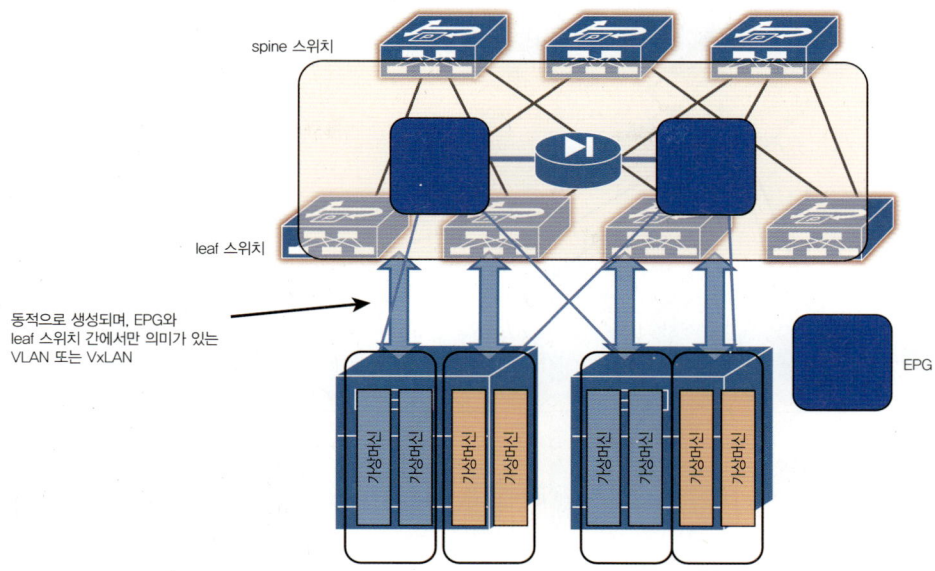

spine 스위치

leaf 스위치

동적으로 생성되며, EPG와
leaf 스위치 간에서만 의미가 있는
VLAN 또는 VxLAN

EPG

[그림 7-8] 시스코 ACI 분산 정책 적용

[그림 7-8]에서 각 EPG들은 하나 이상의 IP 서브넷에 속해 있으며, 각 가상 서버들은 각 EPG들과 관련된 포트 그룹에 연결되었고, VLAN ID 또는 VxLAN VNID로 태그(Tag)된 트래픽들이 Leaf 스위치로 전송됩니다. 이 때 사용되는 VLAN ID 또는 VxLAN VNID는 사용자에 의해 관리되는 것이 아니라 자동적으로 생성되며, 이러한 ID들은 Leaf 스위치나 VMM 도메인 내에서만 유의미한 것으로, 서버와 Leaf 스위치 간에서 트래픽들을 분류하기 위한 용도로만 사용이 됩니다(VMM 도메인은 다음 "Virtual Machine Mobility Domain"에서 자세히 다뤄질 예정입니다).

정책 적용은 각 서버들의 목적에 맞게 EGP로 분류하고, 각 EPG와 EPG 간에 보안, QoS, 로깅 등에 대한 정책을 적용하는 것을 의미하며, 이러한 정책 적용은 Leaf 스위치 구간에서 이행되고, 이 때 그 정책은 Source EPG와 Destination EPG, 패킷 정보에 따라 다르게 적용됩니다.

관리 모델

많은 시스코 ACI의 혁신 중에서도, ACI는 특히 전통적인 기능 또는 링크 중심의 접근 방법에서, 컨트롤러가 원하는 최종 상태 정보를 선언하면, 각 노드가 알아서 설정을 진행하는 선언형 모델로 네트워크 관리 기법을 변화 시키고 있습니다. [그림 7-9]를 보면, 사용자가 시스코 APIC에 정책을 설정하면, 모든 Leaf 스위치로 OpFlex 프로토콜을 통해 정책이 전파되는 것을 확인할 수 있습니다.

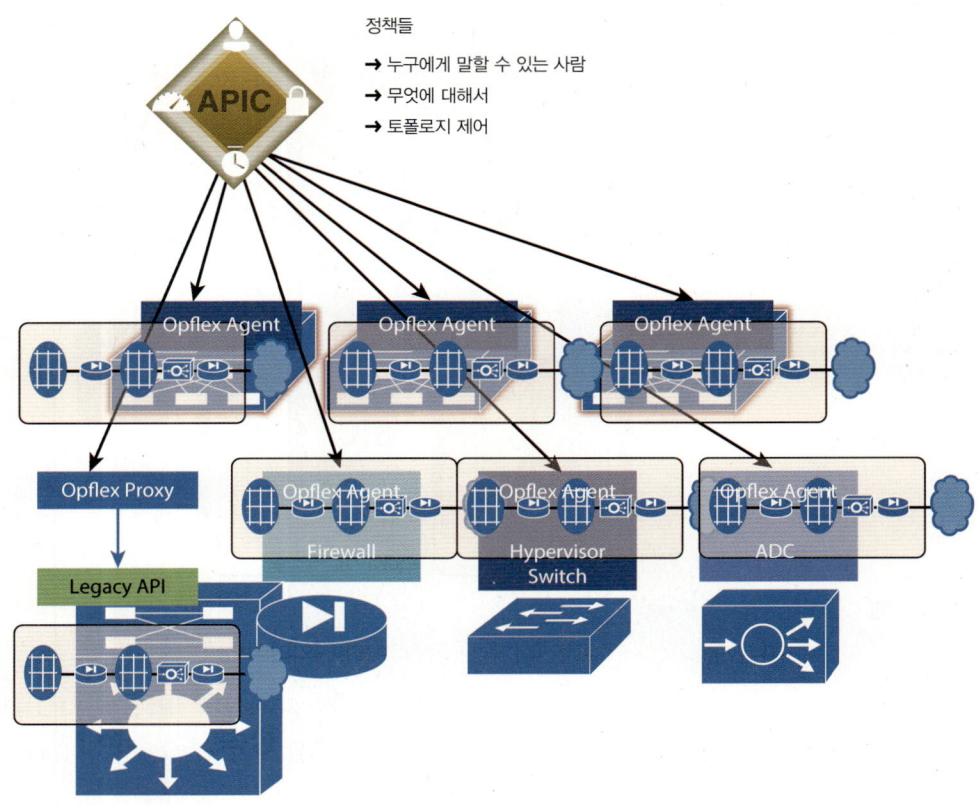

정책들

→ 누구에게 말할 수 있는 사람

→ 무엇에 대해서

→ 토폴로지 제어

[그림 7-9] 시스코 ACI 정책 전파 과정

이것은 서버나 소프트웨어가 OpFlex 프로토콜을 지원한다면, 각 서버에서도 정책이 적용될 수 있다는 것을 의미하며 [그림 7-10]을 보면 각 네트워크 장비들은 APIC을 통해 전파된 정책들을 자신에 맞게 설정으로 변환하여 적용하는 것을 확인할 수 있습니다.

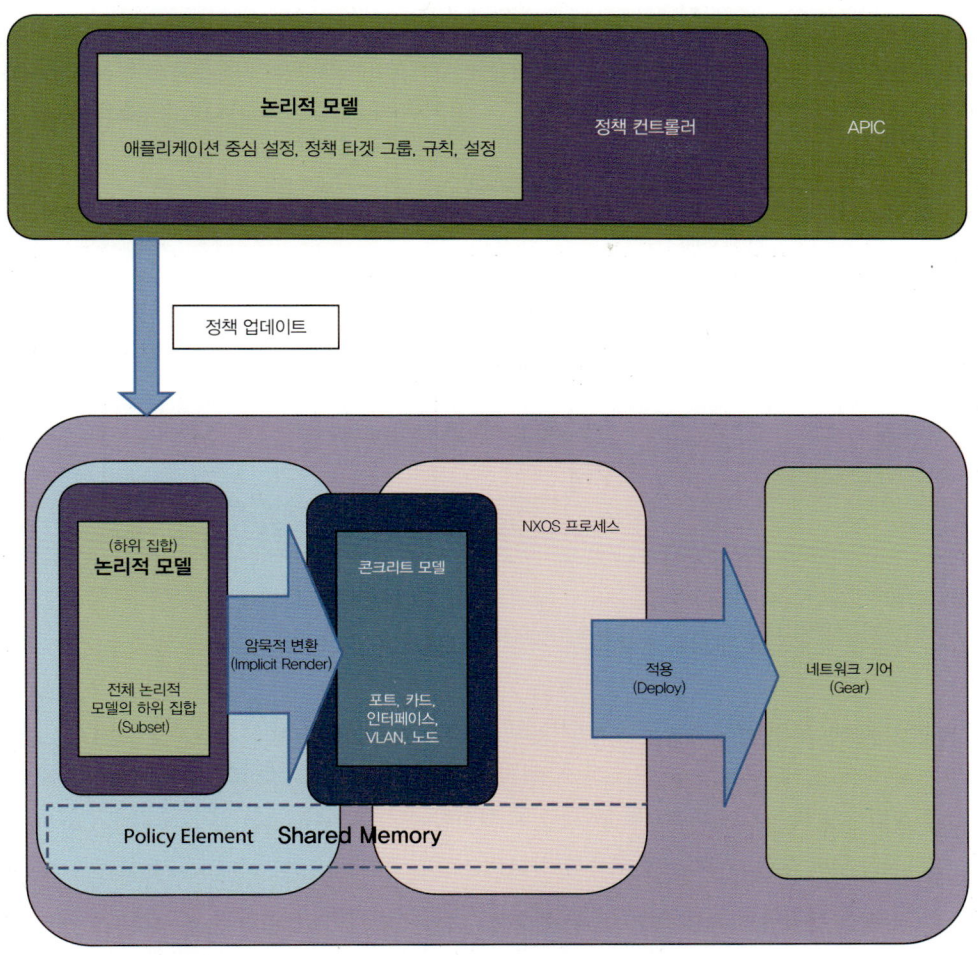

[그림 7-10] APIC 정책이 각 네트워크 장비 환경에 맞게 설정으로의 변환 과정

사용자들은 시스코 APIC 컨트롤러에서 [그림 7-11]에서 설명한 것처럼 여러 방법으로 설정을 정의할 수 있습니다.

- 컨트롤러 기능이 제공되는 APIC 어플라이언스의 GUI(Graphic User Interface)
- 구글의 POSTMAN 또는 파이썬 스크립트(Python Script)를 통한 XML 또는 JSON 형식의 REST(Representational State Transfer) 호출(Call)
- REST 호출을 보낼 수 있는 사용자 정의 GUI
- Cisco APIC에서 객체(Object) 모델에 기반한 CLI(Command Line Interface)
- 시스코 ACI 라이브러리를 이용한 파이썬 스크립트
- OpenStack같은 타 사의 오케스트레이션(Orchstration) 툴과의 통합

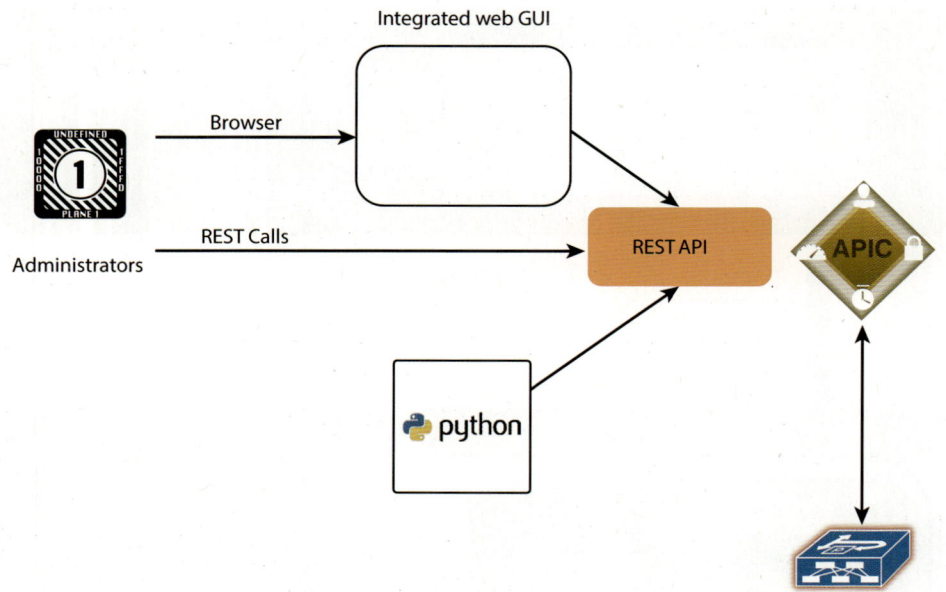

[그림 7-11] 사용자가 시스코 APIC에 설정할 수 있는 방법

Spine과 Leaf 스위치는 모든 정책을 컨트롤러를 통해서만, 적용받지만 사용자는 콘솔이나 관리 포트를 통해 각 스위치로 접속할 수 있으며, 이미 널리 사용되고 있는 넥서스(Nexus) OS CLI를 통해 어떻게 정책이 변환되어 스위치에 적용되었는지 확인할 수 있습니다. 그러나, Leaf나 Spine 스위치에 직접 접속을한 경우 모니터링만 가능하며, APIC 컨트롤러와 동기화 문제로 스위치에서 직접 설정하는 것은 불가능합니다.

각 툴은 장점과 단점을 동시에 갖고 있어, 각 팀 별로 다음과 같은 용도로 많이 사용합니다:

 ACI 설정 방법

■ GUI

인프라 관리자들이 많이 사용하며, 모니터링이나 장애 해결 용도로 많이 사용되고, 템플릿 생성 용도로도 많이 사용됩니다.

■ 시스코 APIC CLI

주로 셸(Shell) 스크립트 생성이나 장애 해결 용도로 많이 사용됩니다.

■ POSTMAN 또는 다른 REST 툴

자동화된 설정을 정의하거나 테스트할 때 주로 사용됩니다. 운영자가 쉽게 스크립트를 사용할 수 있도록 쉬운 XML, JSON, REST 호출 기반한 스크립트를 사용하며, 파이썬이나 POSTMAN을 통해 스크립트 구문을 쉽게 작성할 수 있습니다.

■ **파이썬 스크립트**

주로 전체적인 프로비저닝 용도로 사용되며, 시스코 ACI에 적용될 수 있는 SDK가 제공됩니다.

■ **REST 호출 기능이 탑재된 PHP와 웹 페이지**

주로 운영자들을 위해 사용하기 편한 사용자 인터페이스 제공 목적으로 사용됩니다.

■ **OpenStack, 시스코 IAC**(Intelligent Automation for Cloud), **시스코 UCS Director 같은 진일보한 오케스트레이션 툴**

서버와 네트워크를 end-to-end로 프로비저닝하기 위해 사용됩니다.

하드웨어와 소프트웨어

이 장에서 서술되는 ACI 패브릭 구성은 아래와 같은 구성 요소들로 이뤄져 있습니다.

 ACI 구성 요소

■ **Spine 스위치**

맵핑 데이터베이스 기능과 leaf 스위치 간을 연결하는 기능을 담당합니다. 현재, Spine 스위치는 N9K-X9736PQ 라인 카드가 장착된 시스코 N9K-C9504 또는 N9K-9508 스위치 등의 모듈러 스위치와 시스코 N9K-C9336PQ ACI 스파인 등의 고정형 폼팩터 스위치가 있습니다. Spine 스위치는 40G 이더넷 포트를 통해, Leaf 스위치들을 상호 연결하며, 시스코 넥서스 9336PQ는 작은 규모의 ACI 패브릭에 적합하도록 36포트의 40기가 이더넷 포트를 제공하며, 넥서스 9508의 경우 최대 288 포트의 40G 이더넷 포트를 제공합니다.

■ **Leaf 스위치**

물리적 서버 또는 가상 서버 등을 연결하며, 각 APIC의 정책이 적용되는 포인트입니다. 현재 시점에서는, SFP+, 10GBase-T, QSFP+ 등의 전면 포트들을 제공하는 고정형 폼팩터 스위치인 시스코 넥서스 N9K-9372-PX, N9K-9372TX, N9K-9332PQ, N9K-C9396PX, N9K-C9396TX, N9K-C93128TX 스위치 등이 있습니다. leaf 스위치의 종류에 따라 서버에 10GBase-T 또는 SFP+ 연결 기능을 제공하며, 기존의 넥서스 스위치와 동일한 기능을 제공하는 NX-OS 기반의 Standalone 모드와 시스코 ACI 패브릭과 통합이 가능한 ACI 모드 등으로 선택하여 사용할 수 있습니다.

■ **시스코 APIC**

정책에 대한 설정이 이뤄지는 포인트이며, 네트워크에 대한 가시성, 원격 측정(Telemetry), 애플리케이션 모니터링 정보(Health Information)에 대한 통계가 처리되고 저장되는 컨트롤입니다. 시스코 APIC은 Leaf 스위치 연결용 10G 이더넷 2포트와 OOB(Out of Band) 연결용 1G 이더넷 포트를 가진 UCS 220 M3 랙 서버 기반의 물리적 서버 어플라이언스(Appliance)이며, 시스코 APIC-M과 APIC-L 두 가지 모델이 있습니다.

■ 40기가비트(Gigabit) 이더넷 케이블링

leaf와 spine 스위치는 새로운 시스코 40Gbps SR BiDi(BiDirectional) QSFP 광 모듈을 통해, 기존에 사용중인 멀티 모드 광케이블을 이용하여 40Gbps 속도로 연결을 할 수 있습니다. 시스코 ACI 패브 릭은 40Gbps SR BiDi QSFP는 OM3 멀티모드 광케이블에서 최대 100미터, QM4 멀티모드 광케이 블에서는 최대 125미터의 거리까지 지원을 하며, 기타 다른 QSPF 옵션도 함께 제공하고 있습니다.

> **Note**
>
> 40G 케이블링 선택 사항에 대해 더 많은 내용을 확인하고 싶으면, http://www.cisco.com/c/dam/en/ us/products/collateral/switches/넥서스-9000-series-switches/white-paper-c11-729384.pdf 또는 http://www.cisco.com/c/en/us/td/docs/interfaces_modules/transceiver_modules/ compatibility/matrix/OL_24900.html 등의 사이트를 참조하길 바랍니다.

■ 전통적인 10기가비트(Gigabit) 이더넷 케이블링

서버 연결을 위한 10기가비트(Gigabit) 이더넷 포트 간의 연결을 제공하며, 광 또는 UTP 용 SFP+나 10GBase-T 등의 이더넷 기술을 지원합니다.

시스코 넥서스 9000 시리즈 스위치는 아래와 같은 2가지 운영 모드를 지원합니다.

■ Standalone 모드

스탠드얼론(Standalone) 모드의 넥서스 9000 스위치는 프로그래밍 기능(Programmability), 리눅스 컨테이너(Linux Container), 파이썬 셸(Python Shell) 등과 같은 다른 넥서스 스위치가 지원하는 다 양한 기능을 지원하지만, 이 장에서는 스탠드얼론(Standalone) 모드의 넥서스 9000 스위치 기능을 다루지 않을 것입니다.

■ 패브릭 모드

패브릭 모드(Fabric mode)의 넥서스 9000 스위치는 ACI 패브릭의 한 부분으로 동작하며, 이 장에 서 넥서스 9000 스위치는 주로 ACI 모드를 기반으로 다뤄질 것입니다.

> **Note**
>
> ACI 모드용으로 사용되고 있는 시스코 NX-OS는 시스코 넥서스 9000 스위치를 Standalone 모드로 사 용하기 위한 소프트웨어와는 다른 것입니다. 일반적인 L3 스위치로 사용중인 넥서스 9300 스위치를 ACI 모드로 사용하고자 한다면, ACI 모드용 시스코 NX-OS를 설치해야만 합니다.

시스코 ACI는 Spine과 Leaf 토톨로지(spine-and-leaf topology)로 구성되어 있습니다. 모든 Leaf 스위치는 모든 Spine 스위치에 연결되지만, Full Mesh 형태의 연결이 꼭 필수적인 것은 아니며, Spine 스위치 간의 연결이나 Leaf 스위치 간의 연결은 허용되지 않습니다. [그림 7-12]를 보면, 넥서스 9336PQ 스위치 2대로 구성된 Spine 스위치와 각 Spine 스위치에 이중(Daul)으로 연결된 Leaf 스위치 모두로 구성된 단순한 ACI 토폴로지를 확인 할 수 있습니다. 서버들은 2대의 Leaf 스위치로 연결될 수 있으며, Port Channel이나 vPC(virtual Port Channel) 등을 이용하여 연결될 수 있습니다. 모든 Leaf 스위치는 외부 네트워크를 연결하기 위한 보더 border leaf가 될 수 있으며, Spine과 Leaf 스위치를 포함한 모든 ACI 패브릭의 스위치는 mgmt0 포트를 사용하여, OOB(Out Of Band) 관리용 네트워크로 연결될 수 있습니다. 그리고, 이러한 OOB 관리용 네트워크를 통해 시스코 APIC의 REST API 호출을 전달할 수 있습니다.

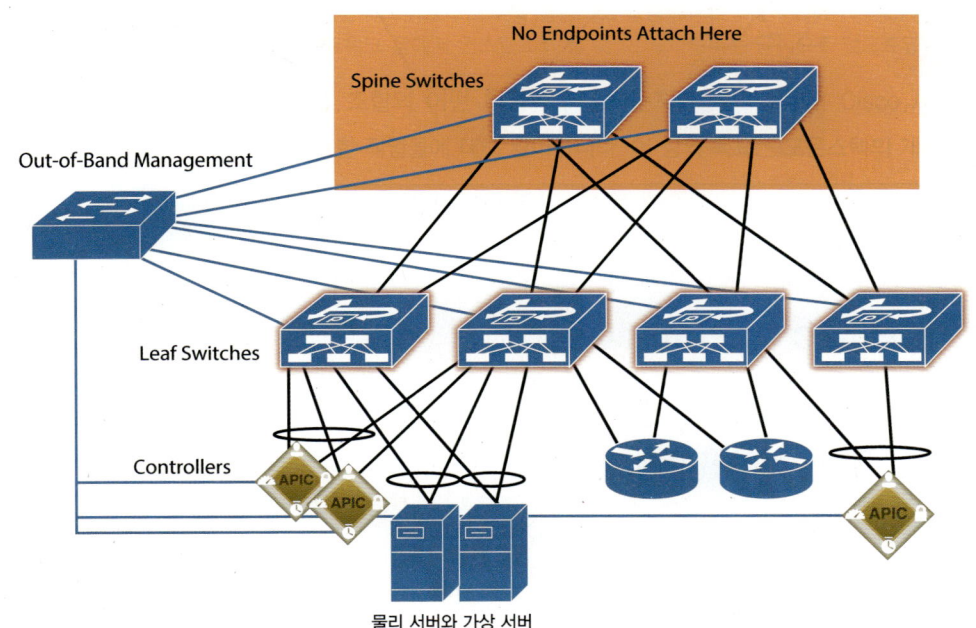

[그림 7-12] 기본 물리적 ACI 구성도

기본적으로 Spine과 Leaf 스위치는 Full Mesh 구조로 케이블이 연결되지만, 필수 사항은 아닙니다. Leaf 스위치는 물리적으로 분리된 다른 지역의 ACI 패브릭을 연결하기 위한 경로로 설정될 수 있으며, 이 경우 [그림 7-13]에서처럼 Spine 스위치는 다른 지역에 있는 모든 Leaf 스위치를 연결해야 하는 것은 아닙니다. 최적의 경로 구성은 아니지만, 다른 지역이나 가까운 빌딩 간에 나뉜 패브릭을 연결하기 위해 유용한 방법일 수 있습니다.

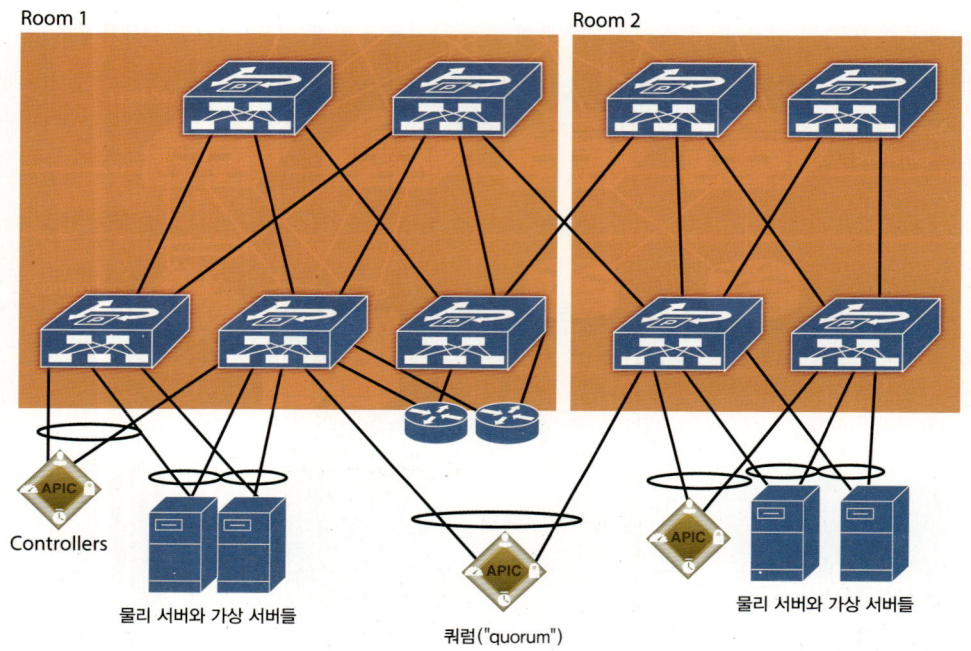

[그림 7-13] 분리된 지역의 ACI 패브릭 구성도

∷ 시스코 APIC 디자인 고려 사항

시스코 APIC은 패브릭에 적용된 정책들에 대한 데이터베이스를 관리합니다. APIC이 자동적으로 저장하는 데이터는 아래와 같습니다:

- 정책(직접 생성하거나 다른 APIC에서 생성되어 복제된)
- 통계
- 엔드포인트(Endpoint) 데이터베이스(직접 생성하거나 다른 APIC에서 생성되어 복제된)

이러한 설계 사상으로 인해, 시스코 APIC 데이터베이스는 아래와 같은 원칙에 의거하여 관리됩니다:

- 모든 APIC이 운영 상태인, 고성능 컴퓨팅(High-performance computing) 타입의 클러스터링(Clustering)
- 고 가용성(High Availability): 1대의 컨트롤러만으로도 패브릭 관리가 가능하지만, 기본적으로 3대의 컨트

롤러 구성을 권고

- 저 지연(Low Latency) 구조의 패브릭
- 점진적 확장성(Incremental Scalability)
- 일관성(Consistency)
- 패브릭 분할 허용(Partition Tolerance)

패브릭은 모든 컨트롤러에서 장애가 발생하거나 연결이 끊어져도, 패브릭의 트래픽은 지속적으로 전송되며, 새로운 서버나 VM가상머신이 추가되거나 VM가상머신 이동은 가능하지만, 정책을 변경하는 것만은 지원되지 않습니다.

시스코 APIC은 2대의 Leaf 스위치 양쪽으로 연결되어야만 하며, NIC Teaming 같은 추가 설정이 필요 없이, 시스코 APIC 10G 이더넷 포트에 사전에 정의된 설정을 통해 바로 사용 가능합니다.

패브릭은 스위치 Bootup, 정책 관리, 장애 및 통계 관리 등을 위해, 최소한 1대의 시스코 APIC이 필요하며, 1대의 APIC만으로도 운영이 가능하지만, 장애 상황을 대비해서 기본적으로 3대로 APIC을 구성할 것을 권고하며, 이러한 구성은 장애나 소프트웨어 업그레이드 상황에서 최적의 장애 복구나 서비스 지원을 보장하게 됩니다. 4대 이상의 APIC 구성은 지역적으로 원거리의 이중화 구성이나 정책 설정이 빈번하고 모니터링 기능이 많이 설정되어 컨트롤러에 부담이 될 수 있을 때, 적용 가능합니다.

APIC 클러스터의 모든 멤버가 스위치 노드의 부팅이 끝나기 전에 모두 클러스터링 관계를 확립하고 있어야 하는 것은 아닙니다. 기본적으로 컨트롤러 클러스터는 서로 분리된 환경(Split Brain)에서도 운영될 수 있도록 설계되었으며, 리부팅이 발생하거나 장애로 인해 패브릭이 분리된 상황에서도 운영될 수 있습니다.

시스코 APIC 클러스터 간의 연결은 관리 포트나 Infrastructure VRF 기반의 관리 포트를 통해 가능하기 때문에, 클러스터 형성을 위해 OOB 관리 네트워크가 필수적으로 필요한 것은 아닙니다. 그리고, 한 대의 단일 클러스터 멤버 APIC이, 패브릭과 스위치들에 대한 초기 설정이 마무리 되기 전까지는 나머지 클러스터 멤버들이 패브릭에 연결되어 관계를 형성해서는 안됩니다.

시스코 APIC 클러스터를 정의할 때, APIC으로부터 제일 처음 받는 질의가 몇 대의 APIC을 클러스터로 묶을 것인가에 대한 것입니다. 이렇게 입력된 숫자는 각 컨트롤러들이 첫 번째 1대의 APIC만이 연결된 패브릭을 구성하는 부팅 과정이나 패브릭 분리 또는 총 APIC 수 대비 일부 APIC만이 정상적인 상황을 포함한, 다양한 케이스들에 대한 상황을 추적하는데 사용됩니다.

모든 APIC이 정상 작동하는 경우, APIC 클러스터는 분산형 관리 정보 트리(DMIT–Distributed Management Information Tree)를 구성하고, 각 클러스터 구성 멤버들이 균등하게 시스템과 정책을 나타내는 관리형 객체를 위한 컨테이너인 데이터베이스 샤드shard를 나눠 구성하고, 자신의 것을 원본primary하고, 복제본Copy을 다른 멤버들과 공유하게 됩니다. 예를 들면, 3대의 APIC이 클러스터를 구성한 경우, 각 3대의 APIC은 전체 분산형 관리 정보 트리(DMIT)를 1/3로 나눠 데이터베이스 샤드를 구성하고 상호 교환하게 되며, 2대인 경우 1/2씩 나눠서 데이터베이스 샤드를 구성하고, 자신이 구성한 것에 대한 변경 권한을 갖는 원본primary으로 하여, 복제본Copy을 상호 교환하게 됩니다.

∷ Spine 디자인 고려 사항

Spine 스위치의 주요 기능은 Leaf 스위치가 다른 Leaf 스위치에 위치한 엔드포인트의 대해 확보하지 못한 맵핑 데이터베이스를 제공하는 것입니다.

맵핑 데이터베이스는 엔드포인트가 연결된 네트워크 식별자identifier 정보와 엔드포인트의 위치 정보가 되는 터널 엔드포인트 주소 정보를 맵핑한 정보를 제공하는 데이터베이스입니다. 엔드포인트 주소는 엔드포인트의 MAC과 IP 주소 및 엔드포인트가 위치한 VRF 또는 브리지 도메인과 같은 논리적 네트워크로 구성됩니다. Spine 내의 맵핑 데이터베이스는 이중화를 위하여 복제된 후, 다른 모든 Spine 스위치와 모두 동기화됩니다. 맵핑 데이터베이스의 정보들은 스스로 삭제되는 경우는 없으며, 처음 엔드포인트를 감지한 Leaf 스위치에서 관련 정보를 삭제하는 경우에만, Spine 스위치의 맵 데이터베이스에서 삭제 됩니다.

각 Spine 스위치는 이중화를 위해, 자신이 생성한 맵핑 데이터베이스를 복제하여 상호 교환하여 동기화하며, 이로 인해 하나의 Spine 스위치에 장애가 발생해도, 다른 Spine 스위치들이 지속적으로 트래픽을 처리할 수 있습니다.

모듈러 Spine 스위치는 고정형 폼팩터 Spine 스위치보다 훨씬 큰 맵핑 데이터베이스 용량을 제공합니다. 맵핑 데이터베이스는 패브릭 카드에 분산 저장shard되기 때문에, 패브릭 카드가 많을수록, 많은 양의 엔드포인트 맵핑 정보가 저장될 수 있으며, 각 모듈에 제공하는 스위칭 용량도 함께 향상됩니다.

맵핑 데이터베이스의 각 정보들은 최소한 2장 이상의 패브릭에 저장되며, 2장의 패브릭 카드는 트래픽이 한쪽으로 쏠리지 않도록 설정되어 있습니다. 그리고, 하나의 패브릭 카드에 장애가 발생하는 경우, 그 패브릭 카드를 향하던 트래픽은 다음 Spine 스위치로 보내지며, 이것을 스파인 체이닝(spine Chanining)이라고 합니다. 하나의 Spine 스위치가 다른 스파인 스위치의 백업처럼 작동하게 되는 스파인 체이닝은 ACI 패브릭 내에서 자동으로 구성되며, APIC에서 자동으로 관리되지만, 그리고, 이러한 체이닝을 위해, Spine 스위치 간에 직접적인 링크 연결이 필요한 것은 아닙니다.

:: Leaf 디자인 고려 사항

Leaf 스위치는 가상화 및 물리적 서버 등을 연결하고, 서버로부터 전달된 VLAN 태킹 또는 VxLAN 헤더 정보를 ACI 패브릭 내에 적합한 VxLAN 헤더로 인캡슐레이션하는 표준normalization 기능을 수행하며, APIC에서 설정된 정책이 이행되는 포인트이기도 합니다. 시스코 ACI 패브릭은 엔드포인트의 주소, 식별자identifier, VTEP(VxLAN Tunnel Endpoint) 주소로 인식되는 엔드포인트의 위치 정보 상관 관계를 분리 하였습니다. 많은 사용자들이 Leaf 스위치가 한 쌍의 스위치로 구성되어, vPC 모드로 Port Channel 구성하기를 원하기 때문에 ACI Leaf 스위치는 다른 넥서스 스위치와 마찬 가지로 vPC 인터페이스를 지원합니다. 다만, 기존의 다른 넥서스 스위치와 달리, Leaf 스위치 간에 vPC 구성을 위해 직접적으로 연결해야 하는 vPC Peer-Link는 필요 없으며, 스위치 프로파일 설정만으로 간단하게 구성이 가능합니다.

Leaf 스위치는 서버들을 연결하기 위한 서버 Leaf와 외부 네트워크 연결을 위한 보더border leaf 기능을 동시에 수행할 수 있으며, Leaf에 대한 정책 적용은 확장성scalability과 적용 시점immediacy에 따라 3가지 모드가 있습니다.

🖥 Leaf 스위치 정책 적용 모드

■ **Policy preconfiguration**
시스코 APIC의 모든 정책은 VMM 도메인내의 모든 leaf 스위치로 배포되고, 그 정책은 하드웨어 또는 소프트웨어 데이터 경로에 즉각적으로 적용됩니다(VMM 도메인은 다음 "Virtual Machine Mobility Domain"에서 자세히 다뤄질 예정입니다).

■ **No policy prepopulation**
새로운 엔드포인트가 감지될 때 시스코 APIC은 정책 적용을 요청 받으며, 정책 적용이 완료되기 전까지 패킷의 전송은 허용되지 않습니다.

■ **Policy prepopulation with on-demand configuration**(기본값)
시스코 APIC의 모든 정책은 VMM 도메인 내의 모든 leaf 스위치로 배포되지만, 정책과 관련된 엔드 포인트가 감지되거나 VMM이 등록되기 전까지는 정책이 실행되지 않습니다. 설정이 진행되는 단계에서, 패킷은 전송되며 egress leaf 스위치에 정책이 적용됩니다.

언노운 유니캐스트 및 브로드캐스트

시스코 ACI는 다음과 같은 방식으로 트래픽을 처리합니다.

- L3 라우팅: 트래픽의 목적지 MAC 주소가 ACI 패브릭의 SVI MAC 주소인 경우
- L2 브리징: 트래픽의 목적지 MAC 주소가 ACI 패브릭의 SVI MAC 주소가 아닌 경우

이 2가지 경우 모두, 트래픽의 목적지 엔트포인트가 위치한 Leaf 스위치의 VTEP IP 주소를 목적지로 VxLAN 인캡슐레이션Encapsulation합니다.

시스코 ACI는 플러딩을 허용하도록 설정할 수 있지만, 기본적으로 트래픽 플러딩flooding이 설정되어 있지는 않습니다. 이러한 운영 모드는, 하드웨어 프록시(*Hardware Proxy*)라고 불리는 ACI가 엔드포인트를 감지하여 생성한 맵핑 데이터베이스가 있기에 가능하며, ACI는 이런 운영 모드에서 언노운 유니캐스트 패킷을 플러딩하지 않고, ARP 요청request를 유니캐스트로 보냅니다. 그림 7-14에서 보는 바와 같이, 이러한 모든 옵션은 선택 가능하며, 브리지 도메인에서 IP 서브넷 같은L3 라우팅 인스턴스instance를 설정과 함께 언노운 유니캐스트나 멀티캐스트 트래픽을 전송 여부에 대한 필드 값들은 선택이 가능합니다.

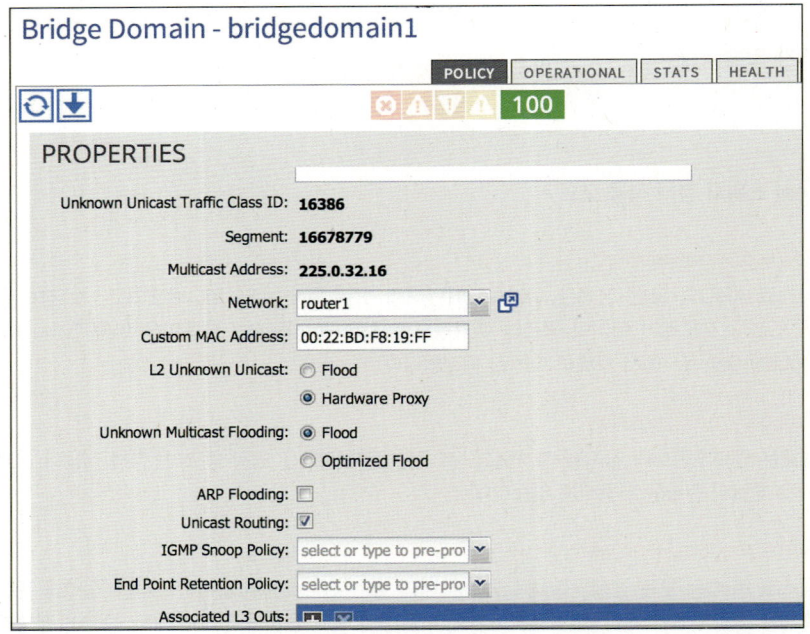

[그림 7-14] 전송 옵션(Forwarding Option)

L2 언노운^{Unknown} 유니캐스트 프레임을 처리하는 옵션은 아래와 같습니다:

 L2 언노운 유니캐스트 프레임 처리 옵션

- **Flood**

  브리지 도메인에 Flood 옵션이 설정되어 있으면, 브리지 도메인 범위 내에서 멀티캐스트 트래픽 전송을 담당하는 스파인 스위치의 멀티캐스트 루트(Root)를 중심으로 한 멀티캐스트 트리(Tree)를 통해 패킷이 플러딩됩니다.

- **No-flood**(기본 값)

  하드웨어 프록시(Hardware Proxy) 모드라고 불리는 이 모드에서는 패킷이 스파인 스위치에서 맵핑 데이터베이스를 참조하여, 언노운 유니캐스트에 대한 정보를 확인하는 작업을 진행하고, 그 결과를 찾을 수 없을 때 패킷을 폐기합니다.

언노운^{Unknown} 멀티캐스트에 대한 처리 옵션은 아래와 같습니다(ACI 패브릭이 IGMP Join 메시지를 받은 적이 없는 멀티캐스트 그룹을 향하는 멀티캐스트 트래픽):

 언노운 멀티캐스트 프레임 옵션

- **Flood**(기본 값)

  브리지 도메인 내로 멀티캐스트 트래픽을 플러딩합니다.

- **Optimized Flood**

  라우터 포트로만 프레임을 전송합니다.

ARP 플러딩을 위한 옵션은 아래와 같습니다:

 ARP 플러딩 처리 옵션

- **Flood**

  전통적인 ARP 플러딩 방식과 동일한 방식으로 플러딩합니다.

- **Unicast forwarding based on target IP**(기본 값)

  ACI 내 유니캐스트와 동일한 방식으로 ARP 패킷을 처리합니다.

'Unicast Routing' 필드는 브리지 도메인을 순수한 L2 도메인으로 설정할지, 아니면 분산형 디폴트 게이트웨이 설정할지 여부를 결정하는 옵션입니다.

- 'Unicast Routing' 옵션이 선택되어 있지 않으면, ACI는 MAC 주소만 관리합니다.
- 'Unicast Routing' 옵션이 선택되어 있으면, L2 트래픽을 위해 MAC 주소를 관리하며, L3 트래픽을 위해 MAC과 IP 주소를 관리합니다.

하드웨어 프록시(Hardware Proxy)에서는, 프루브(Probe)에 대한 디바이스 응답을 통해 디바이스의 IP와 MAC 주소를 확인하고, 그렇게 확인된 정보들을 맵핑 데이터베이스에 관리됩니다. 유니캐스트 라우팅이 설정되어 있고, 그 엔트리의 유효 기간이 종료된 경우, ACI는 그 엔트리에 대한 맵핑 데이터베이스 업데이트를 위해 ARP 요청 패킷을 전송하지만, 유니캐스트 라우팅이 설정되지 않은 레이어 2 포워딩 환경이라면, 일반적인 레이어2 스위치처럼 MAC 주소 엔트리를 삭제합니다.

맵핑 데이터베이스의 엔트리는 삭제될 수 있으며, 이 때 기본 타이머는 900초로 설정되어 있습니다. ACI는 이 타이머의 75%가 지난 시점부터, 엔드포인트의 존재 여부를 확인하기 위한 프루브(Probe)로, ARP 요청 유니캐스트 패킷을 3번에 걸쳐 점진적으로 시간을 늘려가는 방식으로 전송하며, 3번의 ARP 요청에 모두 응답하지 않는 경우, 엔드포인트는 로컬 테이블에서 삭제됩니다.

서버 유형 분류(EPG) 인자로서 VLAN 사용

시스코 ACI에서 VLAN은 서버와 Leaf 스위치 사이에서 중요한 의미를 갖는 인자이며, 각 서버들로부터 들어오는 트래픽들을 유형별로, 즉 EPG별로 분류하는데 사용되며, 시스코 ACI는 가상 서버들의 EPG별로 VLAN을 수동으로 설정하는 번거로움이 없도록, 가상 서버들을 위한 VLAN이 VMM 연동을 통해 자동으로 할당될 수 있도록 디자인되어 있습니다.

[그림 7-15]는 가상머신에서 VLAN 또는 VxLAN으로 태깅된 트래픽들이 Leaf 스위치에서 처리되는 과정을 나타내고 있으며, 여기서 사용된 VLAN 또는 VxLAN은 APIC에서 테넌트 설정 과정에서 EPG에 설정됩니다.

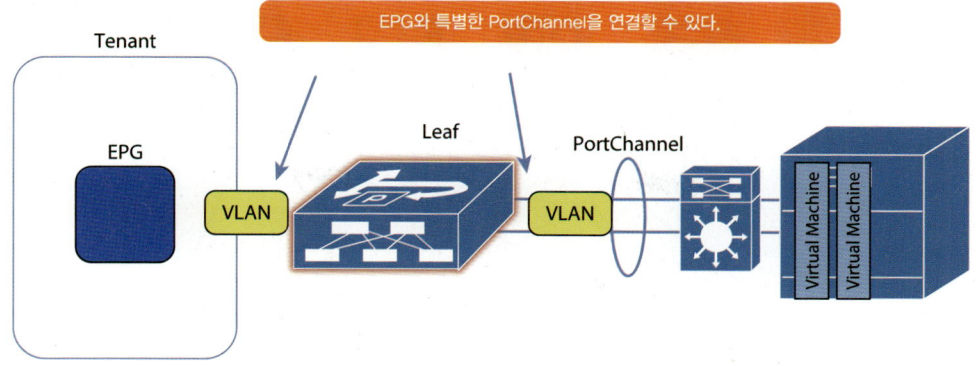

[그림 7-15] VLAN을 이용한 서버 유형(EPG) 분류

물리적 워크로드의 경우, 트렁크trunk 포트를 통해 들어오는 트래픽을 적절한 EPG에 맵핑하기 위해 VLAN을 사용하며, EPG는 테넌트 내에서 설정됩니다.

ACI 관리자의 역할을 테넌트 관리자와 인프라 관리자로 구분되며, 인프라 관리자는 각 테넌트 관리자가 네트워크를 관리하는 것을 테넌트 내로 제한하고, 자신의 테넌트 내의 EPG와 관련된 Leaf 스위치, 포트, VLAN 등만을 관리할 수 있도록 하며, 인프라 관리자가 허용한 VLAN 범위 내에서 Leaf 스위치와 포트에 설정할 수 있도록 합니다.

VLAN과 VxLAN 네임스페이스

단일 패브릭이라고 하더라도 최대 4,000개의 VLAN 또는 EPG를 수용하는 가상 서버 도메인을 여러개 설정할 수 있으며, 이러한 경우 VLAN을 수 차례 재사용해야 할 수도 있고, Leaf 스위치나 VMM 도메인이 다르기만 하면, 같은 VLAN Pool이 얼마든지 재사용될 수 있습니다. 이러한 VLAN 재사용을 피하고 싶다면, 가상 서버와 ACI 패브릭 간의 통신에 훨씬 많은 수의 ID를 지원하는 VxLAN을 사용하면 됩니다.

Spanning Tree 환경에서, 'switch trunk allowed vlan' 명령어를 통해, 어떤 포트가 어느 VLAN에 속할 지 정의하지만, 시스코 ACI에서 VLAN은 물리적 또는 가상 서버 도메인을 정의하고, 도메인과 관련된 포트의 범위를 지정합니다. 전통적인 시스코 스위치들과 달리, ACI는 가상 서버 포트 그룹을 위한 VLAN을 [그림 7-16]에서처럼 동적으로 할당할 수 있습니다.

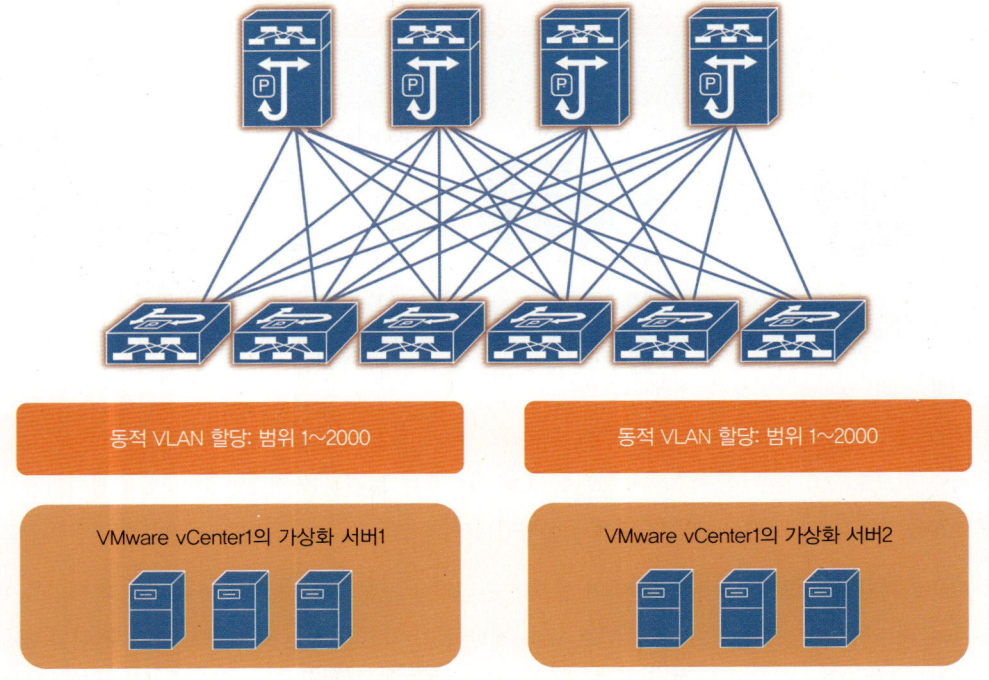

동적 VLAN 할당: 범위 1~2000

동적 VLAN 할당: 범위 1~2000

VMware vCenter1의 가상화 서버1

VMware vCenter1의 가상화 서버2

[그림 7-16] 동적 할당(Dynamic Negotiation)을 통한 VLAN 재사용

ACI 패브릭에는 두 종류의 VLAN Pool이 있습니다.

- **정적 VLAN Pool:** EPG와 특정 스위치 포트 및 VLAN을 연결하는 정적(Static) 설정인 정적 바인딩(Static Binding)에 사용되는 VLAN Pool입니다.
- **동적 VLAN Pool:** 패브릭과 VMM(Virtual Machine Manager: 가상 서버 관리자) 간에 동적으로 VLAN을 할당하는 사용되는 VLAN Pool입니다.

도메인의 개념

시스코 ACI에서는 연결되는 서버의 종류에 따라, 물리적 서버 도메인physical domain과 가상 서버 도메인(Virtual Domain)으로 구분하여 설정해야 합니다. 가상 서버 도메인(Virtual Domain)은 특정한 VMM(Virtual Machine Manager: 가상 서버 관리자)을 의미하며, 특정된 VLAN 또는 VxLAN Pool을 사용합니다. 물리적 서버 도메인physical domain은 VMM과 관련성이 없다는 점만 제외하면, 가상 서버 도메인(Virtual Domain)과 거의 같다고 할 수 있습니다.

VLAN 또는 VxLAN 관리는 인프라 관리자(Infrastructure Administrator)들이 담당하며, 테넌트 관리자들은 사전에 인프라 관리자에 의해 정의된 도메인을 사용합니다. 인프라 관리자는 AEP(Attach

Entity Profile) 설정을 통해 도메인에 가상 서버나 물리적 서버들이 연결될 것으로 예상되는 포트를 정의합니다. 그리고, 도메인을 인캡슐레이션한다는 측면을 제외하면 AEP를 굳이 이해할 필요까지는 없습니다. AEP는 가상 서버가 네트워크에서 인식될 수 있도록 부트 정책(Boot Policy)을 포함하고 있으며, 여러 종류의 가상 서버들을 관장하고 여러 도메인을 하나의 AEP에서 관리할 수 있습니다. [예제 7-1]을 보면, AEP는 시스코 ACI가 VMware vCenter 1이라는 VMM에 의해 관리되는 VMware ESX 서버가 Leaf 101의 1/3포트에 연결되도록 설정되어 있는 것을 확인할 수 있습니다.

| 예제 7-1 | 가상 서버 모빌리티(Mobility) 도메인을 패브릭에 맵핑하기 |

```xml
<infraInfra dn="uni/infra">
<!-- attachable entity, i.e. Domain information -->
   <infraAttEntityP name="Entity_vCenter1_Domain">
      <infraRsDomP tDn="uni/vmmp-VMware/dom-vCenter1" />
   </infraAttEntityP>
<!-- Policy Group, i.e. a bunch of configuration bundled together -->
   <infraFuncP>
      <infraAccPortGrp name="vCenter1_Domain_Connectivity">
         <infraRsAttEntP tDn="uni/infra/attentp-Entity_vCenter1_Domain" />
      </infraAccPortGrp>
   </infraFuncP>
   <infraAccPortP name=" Leaf101esxports ">
      <infraHPortS name="line1" type="range">
         <infraPortBlk name="block0" fromPort="3" toPort="3" />
         <infraRsAccBaseGrp tDn="uni/infra/funcprof/accportgrp-vCenter1_Domain_Connectivity" />
      </infraHPortS>
   </infraAccPortP>
   <infraNodeP name="Leaf101">
 <infraLeafS name="line1" type="range">
   <infraNodeBlk name="block0" from_="101" to_="101" />
 </infraLeafS>
      <infraRsAccPortP tDn="uni/infra/accportprof-Leaf101esxports " />
   </infraNodeP>
</infraInfra>
```

쉽게 포트를 설정에 추가하고, 인터페이스 프로파일(Interface Profile) 'infraAccPortP'를 수정하며, 〈infraHPortS name="line2" type="range"〉와 같은 구문을 통해 쉽게 새로운 인터페이스를 추가하기 위해서는 AEP를 사용해야 합니다.

AEP(Attach Entity Profile)의 개념

ACI 패브릭은 베어메탈(Bare Metal) 서버, 하이퍼바이저Hypervisor, L2 스위치, 시스코 UCS 패브릭 인터커넥트(Fabric Interconnect), 넥서스 7000 스위치 같은 L3 장비 등의 다양한 외부 개체(Entity)들을 Leaf 스위치 포트를 통해 연결할 수 있도록 접속 포인트(Attachment Point)를 제공하며, 이러한 접속 포인트는 Leaf 스위치의 물리적 포트, 포트 채널port channel 포트, vPC 포트 등이 될 수 있습니다.

AEP는 유사한 인프라 정책(Infrastructure Policy)이 요구되는 외부 개체들의 그룹을 나타내며, 그러한 인프라 정책들은 다음과 같은 물리적 인터페이스 정책으로 구성되어 있습니다:

- CDP(Cisco Discovery Protocol)
- LLDP(Link Layer Discovery Protocol)
- MTU(Maximum Transmission Unit)
- LACP(Link Aggregation Control Protocol)

다른 Leaf 스위치 간에는 VLAN Pool의 재사용이 가능하기 때문에, AEP는 Leaf 스위치 상에서 어떠한 VLAN도 설정이 가능합니다. 이는 AEP 정의에 명시적으로 표현되어 있지는 않지만, 암묵적으로 물리적 인프라에서 설정 가능한 VLAN Pool의 범위를 지정할 수 있다는 것을 의미합니다.

AEP는 Leaf에 VLAN Pool을 제공하지만, Leaf 스위치 포트에 EPG가 설정되지 않아 트래픽이 없다면, 실질적으로 포트에는 VLAN이 할당되지는 않으며, 이 때 AEP을 이용하여 VLAN Pool을 할당하지 않았다면, EPG가 설정되었다고 하더라도 각 Leaf 포트에는 어떠한 VLAN도 설정되지 않습니다. 그리고, Leaf 포트에 특정한 VLAN이 설정되기 위한 EPG 설정 방법으로는 Leaf 포트를 정적 바인딩(Static Binding)하거나, VMware vCenter와 같은 외부 컨트롤러를 통해 가상 서버들을 연동하는 방법이 있습니다.

 멀티 테넌시(Multi-Tenancy) 고려 사항

ACI는 다수의 테넌트를 지원하도록 기본적으로 설계되었으며, [예제 7-2]에서처럼 REST 호출call을 통해 테넌트를 쉽게 생성할 수 있습니다.

```
http://10.51.66.236/api/mo/uni.xml
<polUni>
  <!-- Tenant Customer1 -->
  <fvTenant dn="uni/tn-Customer1" name="Customer1">
    <fvCtx name="customer1-router"/>
    <!-- bridge domain -->
    <fvBD name="BD1">
      <fvRsCtx tnFvCtxName="customer1-router" />
      <fvSubnet ip="10.0.0.1/24" scope="public"/>
      <fvSubnet ip="20.0.0.1/24" scope="private"/>
      <fvSubnet ip="30.0.0.1/24" scope="private"/>
    </fvBD>
    <!-- Security -->
    <aaaDomainRef dn="uni/tn-Customer1/domain-customer1" name="customer1"/>
  </fvTenant>
</polUni>
```

[예제 7-2]는 Customer1 테넌트, cutomer1-router VRF Instance, BD1 브리지 도메인, 3개의 IP 서브넷(10.0.0.0/24, 20.0.0.0/24, 30.0.0.0/24) 등을 생성하기 위한 REST 호출을 보여주고 있으며, 그 호출 구문에는 앞의 3개 IP 서브넷을 생성을 위해 각 Leaf 스위치에 설정될 기본 게이트웨이 IP 10.0.0.1, 20.0.0.1, 30.0.0.1을 설정한 것을 확인할 수 있습니다.

테넌트 관리자는 패브릭 전체를 관리하거나 모니터링할 수 없지만, 물리적 포트, VLAN, 패브릭 외부와 통신을 위한 물리적 포트나 VLAN 같은 일부 패브릭 자원 사용할 수 있고, 가상화 서버에 대한 EPG 정의 범위를 확장할 수 있습니다.

인프라 관리자는 패브릭 전체를 관리하고 테넌트에 할당할 VLAN과 VxLAN 네임스페이스Namespace 범위를 정의할 수 있습니다.

패브릭 내 자원은 테넌트에 할당되는 자원을 제외하고, 나머지 자원들은 여러 테넌트에 공유될 수 있습니다. 예를 들면, 비 가상화 서버들은 테넌트에 할당된 자원이지만 가상화된 서버나 외부 네트워크 연결을 위한 포트는 공유 자원입니다.

이러한 패브릭 내 자원에 대한 할당 업무를 최소화하기 위해서, 시스코는 아래의 방법을 제안합니다 :

 ACI 자원 할당 업무 최소화 방안

■ 비 가상화 서버들을 위한 물리적 도메인(Physical Domain)을 테넌트 별로 생성
물리적 도메인은 VLAN 네임스페이스며, 이러한 VLAN 네임스페이스는 각 서버들을 각 EGP로 세분화하기 위해 사용됩니다. 그리고, 물리적 도메인은 테넌트의 포트들과 연계됩니다.

■ 외부 연결용 물리적 도메인을 테넌트 별로 생성
이러한 접근 방법은 가상 데이터센터를 외부 MPLS VPN 클라우드나 다른 데이터센터로 확장하기 위한 VLAN 정의를 위한 것입니다. 다수의 테넌트가 외부 네트워크를 연결하는 포트를 공유하기 위해, 다수의 물리적 도메인을 하나의 AEP로 통합할 수 있습니다.

테넌트 별로 VMM 도메인을 생성하는 것은 이론적으로 가능하지만 대부분의 관리자들은 VMM을 다수의 테넌트에서 공유하기를 원하기 때문에 좋은 방법은 아닙니다. VMM 도메인을 통합하기 위한 최적의 방법은 같은 모빌리티 도메인에 속한 가상 서버들이 연결될 수 있는 모든 Leaf 포트들을 단일 VMM 도메인에 할당하는 것입니다.

 ## 초기 설정 단계

인프라 관리자는 시스코 ACI의 초기 설정을 담당합니다. 패브릭은 시스코 APIC이 Leaf 스위치에 연결되는 순간 자동으로 인식되며, 관리자가 GUI나 스크립을 통해 노드의 적법성 여부를 확인합니다.

인프라를 설정하기 전에 다음과 같은 사항을 확인해 주어야 합니다:

• 시간 동기화 또는 NTP 서버. 스위치와 컨트롤러의 날짜와 시간 차이가 크게 발생하면, 스위치가 인식이 안될 수도 있습니다.
• 시스코 APIC을 Leaf 및 Spine 스위치의 mgmt0 포트를 통해 연결하기 위한 OOB(Out of Band) 관리 네트워크.

Note
시스코 APIC은 OOB가 아닌 In-Band로도 패브릭 관리가 가능합니다.

- 서버나 네트워크 장비들을 위한 DHCP 서버
- 서버나 네트워크 장비들을 위한 PXE(Preboot Execution Environmant) 서버

∷ Zero-Touch Provisioning

전통적인 네트워크 구축 과정과 달리, ACI 구축 과정에서는 다음과 같은 설정들이 요구되지 않습니다:

- 네트워크 장비에 대한 IP 주소 부여 및 서브넷팅(Subnetting)
- 인프라를 위한 라우팅 설정
- 라우팅 정보 교환을 위한 IP 서브넷 및 Loopback IP 주소
- 라우팅 타이머 조정
- 케이블 연결 상태 및 네이버 확인
- 트렁크 포트에서 VLAN 삭제

위의 설정들은 패브릭에 Leaf와 스파인이 연결되면, 자동을 설정되고 실행됩니다.
시스코 ACI 패브릭은 Zero-Touch 운영을 위해 아래와 같은 기능을 자동으로 제공합니다.

- 정책, 부트스트랩(Bootstrap), 이미지 관리 등에 대한 논리적 통합 컨트롤러(물리적으로는 분산형 구조)
- IS-IS, LLDP, DHCP 같은 업계 표준 프로토콜 기반의 장비 인식 자동화, 설정 자동화, 인프라 IP 주소 부여 체계 자동화 등의 초기 구성 자동화
- 단순하고 자동화된 정책 기반의 업그레이 절차와 소프트웨어 이미지 관리

시스코 APIC은 물리적으로 분산형 컨트롤러 구조이지만, 자동화된 스타트업(Startup)과 업그레이드를 위해, 패브릭에 DHCP, 부트스트랩(Bootstrap) 설정, 이미지 관리 기능에 대해 논리적으로는 중앙 집중형 컨트롤러(Centralized Controller)입니다. 장비에 대한 LLDP 디스커버리discovery가 끝나면, 시스코 APIC은 장비 간의 연결 관계를 동적으로 확인하며, 이런 연결 관계는 사용자가 제공한 REST 호출 또는 GUI를 통해 검증됩니다. 그리고, 그 룰의 불일치 또는 문제가 확인되면, 그 연결은 끊고, 연결에 확인이 필요하다는 알람을 생성합니다.

시스코 ACI 패브릭 운영자는 패브릭 내 스위치들의 명칭과 시리얼 정보를 문서 파일 형태로 입력(Import)하거나, 자동으로 시리얼을 확인할 수 있으며, 시스코 APIC GUI, CLI, API 등을 통해 스위치의 이름을 할당할 수 있습니다. 패브릭은 자동으로 활성화되지만, 관리자가 APIC을 통해 인식된 스위치의 ID를 입력해야 하며, 이 때 스파인 스위치의 ID는 최상위의 숫자나 낮은 숫자를 할당해야, 관리가 용이하도록 모든 Leaf 스위치들에게 일련의 ID번호로 할당할 수 있습니다.

스위치는 부팅이 끝나면, LLDP 패킷과 DHCP 요청^{request}을 보내며, 시스코 APIC은 그 스위치들을 위한 TFTP와 DHCP 서버로서 TEP IP 주소, 스위치 OS 이미지, 기본 설정 값 등을 제공합니다. 인프라 관리자는 APIC이 인식한 Leaf와 Spine 스위치를 확인하고, 일련 번호(Serial Number)를 검증한 후에 그 스위치들을 패브릭에 연동할 지 여부를 판단하게 됩니다.

:: 네트워크 관리

시스코 APIC은 스위치 관리에 사용될 인밴드^{in-band} 네트워크인 인프라 VRF 네트워크에 관련된 설정을 자동으로 진행합니다.

시스코 APIC은 패브릭에 대한 DHCP와 TFTP 서버로서의 역할을 담당하며, 각 스위치에 대한 TEP IP 주소를 할당하며, 시스코 APIC이 사설 IP 대역으로 할당하는 IP 주소의 3가지 타입은 아래와 같습니다.

- **스위치 TEP IP 주소:** 파드(pod) 내부의 스위치에 설정되는 IP 대역
- **시스코 APIC IP 주소:** 시스코 APIC 어플라이언스의 관리용 IP 대역
- **VTEP**(VXLAN 터널 엔드포인트) **IP 주소:** Leaf의 VTEP에 설정되는 IP 대역

추가적으로, 시스코 APIC은 패브릭 네트워크를 통해 패브릭 내의 장비들을 관리할 수 있는 "mgmt."라 불리는 테넌트상에서의 인밴드^{in-band} 관리가 가능합니다.

인밴드 관리 설정은 APIC 컨트롤러, Leaf 스위치와 스파인 스위치의 인밴드 관리용 IP 주소를 설정해 주면, 관리 목적을 위한 브리지 도메인을 통해 각 장비들을 인밴드로 관리할 수 있습니다. 이러한 설정에는 관리용 VLAN 설정도 가능하지만, 이 VLAN은 관리^{Mgmt} 테넌트에 설정되어 있어야 하고, 인프라 설정에서 컨트롤러에 연결된 포트에 설정되어 있어야 합니다. 관리^{Mgmt} 테넌트에 대한 설정 예는 [예제 7-3]에서 확인할 수 있습니다.

예제 7-3	인밴드 관리를 통한 관리(MGMT) 테넌트 설정

```xml
POST http://192.168.10.1/api/policymgr/mo/.xml
<!-- api/policymgr/mo/.xml -->
<polUni>
  <fvTenant name="mgmt">
    <!-- Addresses for APIC in-band management network -->
    <fvnsAddrInst name="apic1Inb" addr="192.168.1.254/24">
      <fvnsUcastAddrBlk from="192.168.1.1" to="192.168.1.1"/>
```

```
        </fvnsAddrInst>
    <!-- Addresses for switch in-band management network -->
    <fvnsAddrInst name="leaf101Inb" addr="192.168.1.254/24">
        <fvnsUcastAddrBlk from="192.168.1.101" to="192.168.1.101"/>
        </fvnsAddrInst>
    </fvTenant>
</polUni>
[...]
<!-- Management node group for APICs -->
    <mgmtNodeGrp name="apic1">
        <infraNodeBlk name="line1" from_="1" to_="1"/>
        <mgmtRsGrp tDn="uni/infra/funcprof/grp-apic1"/>
    </mgmtNodeGrp>
    <!-- Management node group for switches-->
    <mgmtNodeGrp name="leaf101">
        <infraNodeBlk name="line1" from_="101" to_="101"/>
        <mgmtRsGrp tDn="uni/infra/funcprof/grp-leaf101"/>
    </mgmtNodeGrp>
[...]
<infraFuncP>
    <!-- Management group for APICs -->
    <mgmtGrp name="apic1">
        <!-- In-band management zone -->
        <mgmtInBZone name="apic1">
        <mgmtRsInbEpg tDn="uni/tn-mgmt/mgmtp-default/inb-default"/>
            <mgmtRsAddrInst tDn="uni/tn-mgmt/addrinst-apic1Inb"/>
        </mgmtInBZone>
    </mgmtGrp>
[...]
<!-- Management group for switches -->
    <mgmtGrp name="leaf101">
        <!-- In-band management zone -->
        <mgmtInBZone name="leaf101">
            <mgmtRsInbEpg tDn="uni/tn-mgmt/mgmtp-default/inb-default"/>
            <mgmtRsAddrInst tDn="uni/tn-mgmt/addrinst-leaf101Inb"/>
        </mgmtInBZone>
        </mgmtGrp>
```

```
            </infraFuncP>
          </infraInfra>
      </polUni>
      [...]
      <!-- api/policymgr/mo/.xml -->
        <polUni>
          <fvTenant name="mgmt">
            <fvBD name="inb">
              <fvRsCtx tnFvCtxName="inb"/>
              <fvSubnet ip="192.168.111.254/24"/>
            </fvBD>
            <mgmtMgmtP name="default">
            <!-- Configure the encap on which APICs will communicate on the in-band network -->
            <mgmtInB name="default" encap="vlan-10">
              <fvRsProv tnVzBrCPName="default"/>
            </mgmtInB>
          </mgmtMgmtP>
        </fvTenant>
      </polUni>
```

인프라에 대한 설정은 다음과 같은 단계를 거치게 됩니다 :

1단계. VLAN Pool의 선택(예: VLAN 10)

2단계. 물리적 도메인^{physical domain} 정의(VLAN 풀을 가리키는)

2단계. 물리적 도메인physical domain 정의(VLAN 풀을 가리키는)

3단계. 정책 그룹policy group 연계된 AEP 정의

4단계. 물리적 도메인physical domain와 AEP 연계 설정

5단계. APIC이 연결된 포트에 대한 Node Selector와 Port Selector 연계

⠿ 정책 기반의 포트 설정

인프라 관리자는 ACI 패브릭 포트의 속도, LACP 모드, LLDP, CDP 등의 속성을 설정하고, 이것을 연결 속성에 기반하여 서버군별로 템플릿template으로 설정을 작성하여 이용하기만 하면 되기 때문에, 시스코 ACI에서 물리적 포트 설정은 그 규모에 상관 없이 모든 데이터센터에 적합하도록 매우 단순하게 디자인되어 있습니다. 예를 들면, 인프라 관리자는 서버 연결을 Active-Standby 티밍teaming, 포트 채널port channel, vPC 등의 속성으로 분류한 후 포트의 속성을 정의한 정책 그룹policy group을 생성할 수 있으며 인프라 관리자는 하나의 정책 그룹 설정을 공유하기 위한 스위치 포트 범위를 정의한 객체를 생성하여, 앞에서 적의한 정책 그룹과 연계하기만 하면 됩니다. [그림 7-17]은 패브릭에 서버 연결을 위한 설정의 예를 설명하고 있습니다.

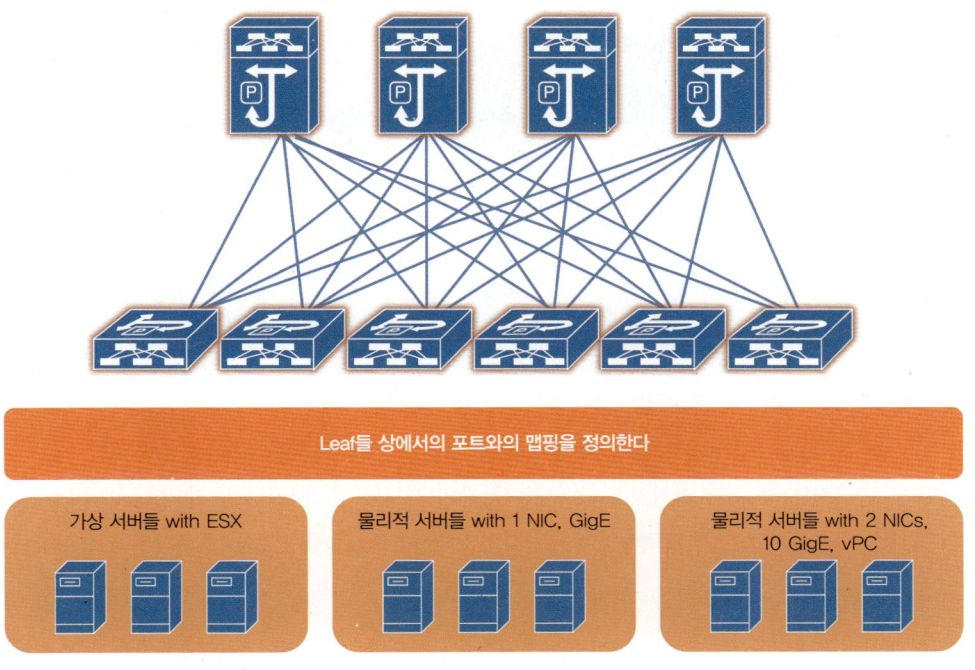

[그림 7-17] 패브릭에 서버 연결 속성 정의

다음 페이지의 설정 예를 보면, 원리가 더 쉽게 이해될 수 있습니다. 다음 페이지의 [그림 7-18]에서 보는 바와 같이 Leaf101, Leaf102 등과 같이 스위치 별로 하나의 스위치 프로파일을 패브릭 주소 정책에서 정의합니다.

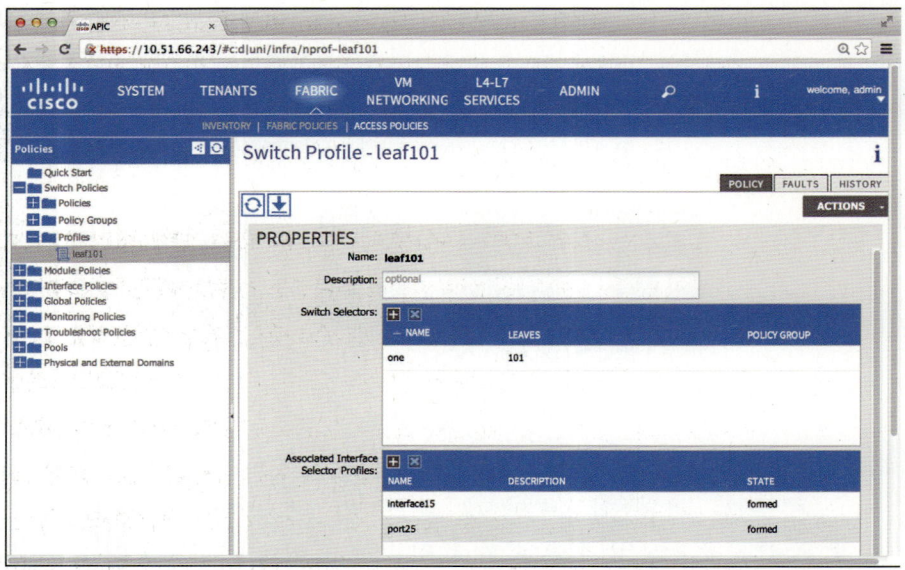

[그림 7-18] 스위치별 하나의 스위치 프로파일 정의

이렇게, 관리자는 각 Leaf 스위치를 나타내는 각각의 객체를 생성하거나 두 대의 Leaf 스위치를 하나의 객체로 생성하며 스위치 프로파일에 추가하기 위해 각 포트들을 분류한 프로파일을 생성합니다.

설정 대상의 Leaf 스위치 프로파일을 클릭하고, 인터페이스 선정(Interface Selector) 프로파일 항목에 인터페이스 프로파일(Interface Profile)을 추가할 수 있으며, 인터페이스 프로파일에서 포트의 범위를 지정할 수 있습니다.

인터페이스 프로파일은 유사한 속성을 가진 인터페이스 범위를 지정할 수 있으며, 이것을 예를 들어 설명하면 범위(range) **Kvmportsonleaf 1**은 포트 1에서 10까지의 범위를 선택할 것입니다.

[그림 7-19]에서 보는 바와 같이, 포트 그룹(Port Group)은 포트의 속성을 정의하기 위한 템플릿이며, 속도, CDP, LLDP STP^{Spanning Tree Protocol}, LACP 등의 포트 속성을 정의할 수 있습니다.

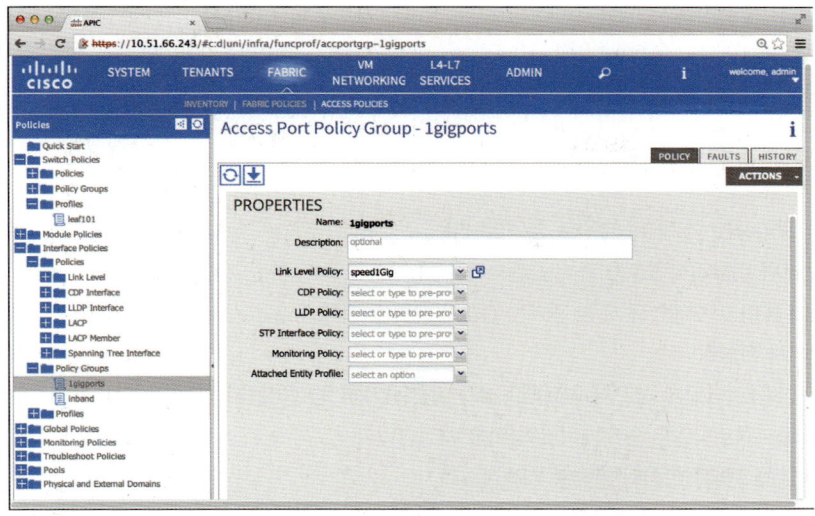

[그림 7-19] 정책 그룹(Policy Group)

Leaf 스위치의 포트 범위 지정을 위해서는, 앞에서 언급되었던 인터페이스 프로파일(Interface Profile)을 설정해야 합니다. 예를 들어, Leaf 스위치 101의 1/15 포트에 물리적인 서버를 연결한다고 했을 때, 'physicalserveronleaf101'로 정의한 인터페이스 프로파일(Interface Profile)을 생성하고, 그 프로파일에 포트 1/15를 추가합니다. 그리고, [그림 7-20]과 같은 설정 화면을 통해 물리적 서버 연결이 필요한 모든 포트들을 추후에 추가할 수 있습니다.

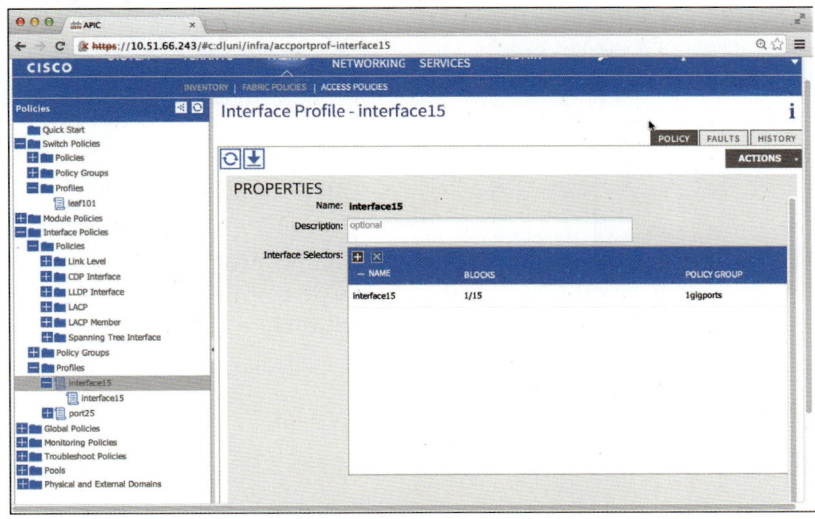

[그림 7-20] 인터페이스 프로파일(Interface Profile) 생성

이렇게 생성된 인터페이스 프로파일이 Leaf 101에 적용되기 위해서는, Leaf 101 스위치 프로파일에 추가되어야 합니다.

[그림 7-21]은 아래에서 설명된 Leaf 스위치, 포트, AEP, 도메인, VLAN Pool 등의 상관 관계를 나타내고 있습니다.

- 인프라 관리자는 VLAN의 범위를 정의합니다.
- VLAN 범위는 물리적 도메인과 연관됩니다.
- VLAN과 물리적 도메인의 연관 관계는 GUI의 글로벌 정책(Global Policy) 하단의 AEP(GUI의 글로벌 정책에 설정된)에서 형성됩니다.
- 그림의 좌측은 어떻게 AEP가 인터페이스와 상관 관계를 형성하는지 보여줍니다.
- 인터페이스 프로파일은 인터페이스 범위를 지정합니다.
- 스위치 프로파일은 스위치 범위를 지정합니다.
- 정책 그룹(Policy Group)은 기본적으로 AEP(그리고, 각종 연결의 결과로 VLAN 집합도 포함)와 연계되는 인터페이스 속성 설정입니다.

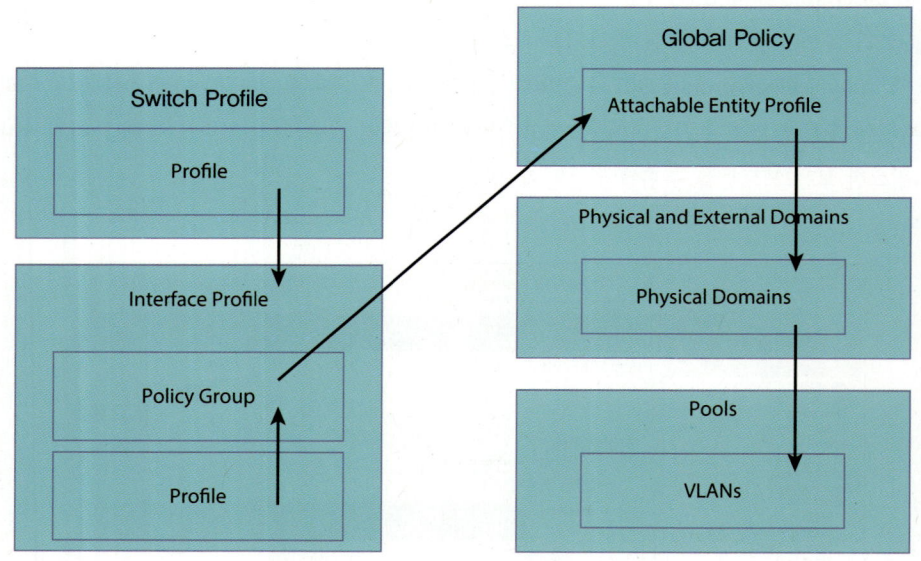

[그림 7-21] leaf 스위치, 포트, AEP, 도메인, VLAN Pool 간의 상호 관계도

이러한 설정은 단일 REST 호출로 한번에 적용될 수 있습니다.

이러한 접근 방법의 장점은 더욱 합리적인 방법으로 설정을 효과적으로 적용할 수 있다는 것입니다. 예를 들면, 한 세트의 물리적 서버들에 포트 하나를 추가해야 한다고 가정했을 때 관리자는 단순히 인터페이스 프로파일에 관련 인터페이스를 추가하기만 하면 되며, 물리적 포트 설정 변경을 위해서는 정책 그룹policy group에서 변경하기만 하면 됩니다. VLAN 추가를 위해서는 물리적 도메인physical domain 설정을 변경하기만 하면 되며, 이러한 설정 변경 또는 추가 작업이 스위치 한 대가 아닌 다수의 스위치에 적용되어 하는 경우, REST 호출을 이용한 접근 방법을 사용한다면 상당히 효과적이고 유용한 접근 방법이 될 것입니다.

Leaf 스위치별 스위치 프로파일 설정하기

패브릭 장비들에 대한 기본 설정이 끝나고 인식이 완료되면, 관리자는 스위치 프로파일(Switch Profile)을 생성할 수 있으며, 이 때 관리자는 아래의 예처럼, 단일 서버 포트나 Active-Standby 포트 서버 또는 vPC에 연결된 서버들을 위한 스위치 프로파일 등의, 두 유형에 대한 스위치 프로파일을 설정할 수 있습니다.

- 각 Leaf 스위치별 스위치 프로파일: 예를 들면 Leaf101, Leaf102, Leaf103 등의 리프 스위치에 대한 스위치 프로파일을 switch101, switch102, switch103과 같이 별도로 구성하는 것입니다.
- 한 쌍의 Leaf 스위치별 스위치 프로파일: 예를 들어, Leaf 101과 Leaf102에 대한 스위치 프로파일을 switch101 and 102, Leaf103과 Leaf104에 대한 스위치 프로파일을 switch103 and 104 등의 예처럼 복수의 리프 스위치를 하나 스위치 프로파일로 구성하는 것입니다.

Leaf 스위치에 특정 범위의 포트를 추가하고자 할 때, 이미 정의되어 있는 프로파일에 그 포트들을 간단하게 추가할 수 있으며, vPC 포트 추가도 마찬가지로, 설정 대상이 되는 쌍의 스위치에 인터페이스 프로파일을 추가해주면 됩니다.

인터페이스 정책 설정하기

인터페이스 정책(Interface Policy)은 LLDP, CDP같은 기능 설정을 관리하기 위한 정책이며, 이러한 접근 방법은 향후 인터페이스를 설정할 때, 이점을 가져갈 수 있습니다. 예를 들면, 하나는 LLDP가 설정된 객체를 생성하고, 다른 하나는 LLDP가 설정되지 않은 객체로 생성해 놓으며, 같은 방법으로 CDP에 대한 객체를 생성해 놓으면, 인터페이스 설정 시, 사전에 설정해 놓은 LLDP 또는 CDP관련 설정들을 선택만 하면 되기 때문입니다.

인터페이스 정책(Interface Policy)에서, 링크 레벨(Link Level)을 패스트 이더넷(Fast Ethernet)이나 기가비트 이더넷(Gigabit Ethernet) 링크로 사전에 정의해 놓을 수 있으며, CDP 인터페이스에 대해서는 CDP를 설정 여부를 정의할 수 있습니다.

LACP 설정에서는 LACP Active을 선언할지 여부를 선택할 수 있으며, 최대 또는 최소의 LACP 링크 수 같은 기타 다른 옵션을 설정할 수 있습니다.

:: 인터페이스 정책 그룹과 포트 채널

포트 채널^{port channel} 또는 vPC에 대한 설정은 정책 그룹^{policy group}에서 정의할 수 있습니다.

인터페이스 정책 그룹

정책 그룹^{policy group}은 아래와 같은 경우에 사용될 수 있습니다:

- 인터페이스 설정에 대한 템플릿(Template): 앞의 세션에서 설명했던 인터페이스 프로파일에 적용하기 위한 기능들을 모아 놓은 템플릿
- 채널 그룹의 템플릿(Template): 포트 채널이나 vPC 구성을 위한 템플릿

정책 그룹^{policy group}을 효과적으로 잘 정의하기 위해서는, 우선 ACI 패브릭에 연결하고자 하는 서버의 타입을 고려한 후, 아래의 예처럼 서버들을 분류하는 것입니다:

- 티밍(Teaming) 없이 1G 이더넷에 연결된 리눅스 KVM(Kernal-based Virtual Machine) 서버
- 1기가비트 이더넷 포트 채널(Port Channel)로 연결된 리눅스 KVM(Kernal-based Virtual Machine 서버
- 10기가비트 이더넷에 연결된 마이크로소프트 Hyper-V 서버
- 10기가비트 이더넷 포트 채널에 연결된 마이크로소프트 Hyper-V 서버

그리고, 이렇게 분류된 서버 종류에 따라 정책 그룹^{policy group}을 정의할 수 있습니다.

정책 그룹(Policy Group)은 또한 AEP를 지정할 수 있으며, 인터페이스 프로파일과 스위치 프로파일을 통해, 어떤 인터페이스를 지정할 지도 선택할 수 있습니다.

포트 채널

시스코 ACI에서 포트 채널^{port channel}은 기존의 일반적인 스위치에서 보다 더 빠르고 쉽게 생성할 수 있습니다. 그 이유는 ACI가 포트 범위를 지정한 후 동일 정책 그룹에 연계만 하면 포트 채널이 생성될 수 있는 정책 모델에 기반하고 있기 때문입니다.

LACP의 Acitve 또는 Passive 설정은 인터페이스 정책을 통해 관리되며, [그림 7-22]는 포트 채널 그룹이 생성되는 방법을 설명하고 있습니다.

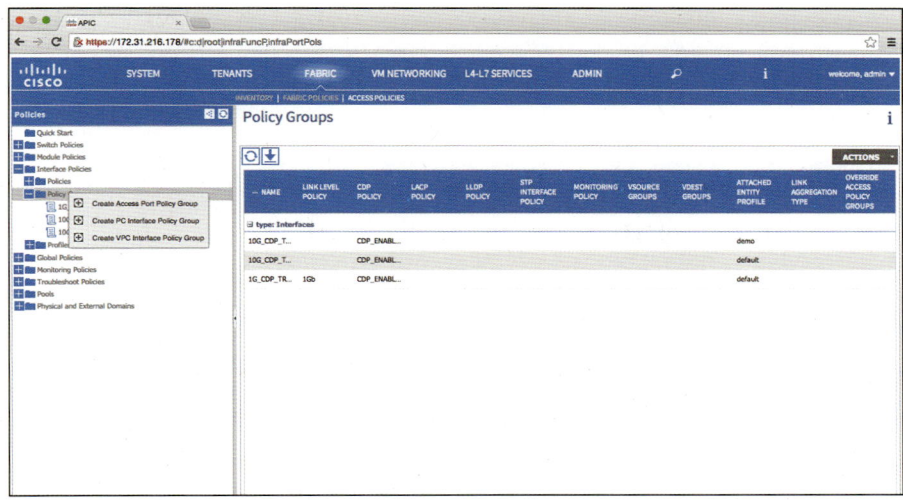

[그림 7-22] LACP 설정 화면

그리고, [예제 7-4]에서 보는 바와 같이, 모든 설정이 하나의 REST 호출로 정의될 수 있습니다.

예제 7-4 | 포트 채널 설정

```
http://10.51.66.236/api/mo/uni.xml
<infraInfra>

<infraNodeP name="leafs101">
  <infraLeafS name="leafsforpc" type="range">
    <infraNodeBlk name="line1" from_="101" to_="101" />
  </infraLeafS>
  <infraRsAccPortP tDn="uni/infra/accportprof-ports22and23" />
</infraNodeP>

<infraAccPortP name="ports22and23">
  <infraHPortS name="line1" type="range">
    <infraPortBlk name="blk"fromCard="1" toCard="1" fromPort="22" toPort="23" />
    <infraRsAccBaseGrp tDn="uni/infra/funcprof/accbundle-channel-group-1"/>
  </infraHPortS>
  </infraAccPortP>
<infraFuncP>
  <infraAccBndlGrp name="channel-group-1" lagT="link">
```

```
     </infraAccBndlGrp>
   </infraFuncP>

   </infraInfra>
```

vPC(virtual PortChanels)

ACI에서 vPC 설정은 기존의 전통적인 시스코 스위치에서의 설정보다 실수의 가능성을 줄여주며, 스위치 Seletor에서 여러 스위치에 대한 포트 설정을 동시에 진행할 수 있기 때문에, 다른 시스코 스위치보다 쉽게 vPC 생성할 수 있습니다.

시스코 ACI에서 vPC 설정은 단독형 NX-OS 기반의 시스코 스위치와 아래와 같은 다른 점이 있습니다:

- vPC Peer 링크가 필요 없음.
- vPC Peer Keepalive가 필요 없음.

한 쌍의 Leaf 스위치에서 vPC를 구성하기 위해서는, 스위치들을 하나의 vPC 도메인으로 선언하기 위한 vPC 보호 정책(Protection Policy)을 스위치 정책(Switch Policy)에 생성해야 하며, 같은 스위치들을 스위치 프로파일로 함께 정의해야 하지만, 하나의 vPC 도메인에 속한 Leaf 스위치는 다른 Leaf 스위치와 vPC 도메인을 생성할 수 없습니다.

그리고, 스위치 정책에서 vPC 관련 정책이 생성되면, 채널 그룹별로 vPC 타입 정책 그룹policy group을 생성하고, 앞에서 정의한 스위치 정책 내 스위치 프로파일에 등록할 인터페이스 범위를 정의한 프로파일을 생성하여, vPC 타입이 정의된 정책 그룹과 연계합니다.

단일 vPC 도메인으로 묶여 있는 한 쌍의 Leaf 스위치의 설정을, 한번에 관리할 수 있는 스위치 프로파일로 생성하기 위해 하나 또는 다수의 REST 호출을 이용할 수 있고, [예제 7-5]는 vPC 도메인을 생성하기 위한 REST 설정 예입니다.

```
POST to api/mo/uni/fabric.xml
<polUni>
<fabricInst>
  <fabricProtPol name="FabricPolicy">
  <fabricExplicitGEp name="VpcGrpPT" id="101">
    <fabricNodePEp id="103"/>
    <fabricNodePEp id="105/>
  </fabricExplicitGEp>
  </fabricProtPol>
</fabricInst>
</polUni>
```

[예제 7-6]은 vPC 채널 그룹 생성을 위한 설정이며, 'lagT="nod"'는 속성 값이 vPC를 의미합니다.

```
POST to api/mo/uni.xml
<polUni>
  <infraInfra dn="uni/infra">
    <infraFuncP>
      <infraAccBndlGrp name="vpcgroup1" lagT="node">
      </infraAccBndlGrp>
    </infraFuncP>
  </infraInfra>
</polUni>
```

[예제 7-7]은 포트와 스위치를 정책으로 연계하는 설정의 예입니다.

⠿ 가상 서버 관리자(VMM) 도메인

시스코 ACI는 가상화된 서버(Virtualized Server)에 대한 완벽한 가시성visibility과 가상머신(VM: Virtual Machine)에 대한 연결성을 보장할 수 있도록 설계되었습니다.

```
POST to api/mo/uni.xml
<polUni>
  <infraInfra dn="uni/infra">
    <infraAccPortP name="interface7">
      <infraHPortS name="ports-selection" type="range">
        <infraPortBlk name="line1"
fromCard="1" toCard="1" fromPort="7" toPort="7">
        </infraPortBlk>
        <infraRsAccBaseGrp tDn="uni/infra/funcprof/accbundle-vpcgroup1" />
      </infraHPortS>
    </infraAccPortP>
<infraNodeP name="leaf103andleaf105">
    <infraLeafS name="leafs103and105" type="range">
        <infraNodeBlk name="line1" from_="103" to_="103"/>
        <infraNodeBlk name="line2" from_="105" to_="105"/>
    </infraLeafS>
    <infraRsAccPortP tDn="uni/infra/accportprof-interface7" />
  </infraNodeP>
  </infraInfra>
</polUni>
```

다수의 테넌트tenant환경에서 같은 가상화 서버 세트 내의 VM들을 공유할 수 있으며, 이 때 VM들의 테넌트나 네트워크를 구분하기 위해, VLAN 태깅을 사용합니다. 여기서 사용되는 VLAN들은 VMM(Virtual Machine Manager: 가상 서버 관리자)과 APIC이 관련 정보를 주고 받으며 자동으로 결정됩니다.

VMM 도메인은 모빌리티 도메인(Mobility Domain)이며, 어느 특정 테넌트tenant에 한정되지 않지만, 하나의 AEP에 여러 VMM로 도메인을 할당하여, 여러 VMM을 하나의 모빌리티 도메인으로 설정할 수 있습니다. 예를 들면, 하나의 모빌리티 도메인이 Leaf 101에서 Leaf 110까지 확장될 수 있다고 할 때, VMware vCenter, 리눅스 KVM, 마이크로소프트 SVMM(System Center Virtual machine Manager) 등을 묶어 하나의 AEP로 정의한 후, Leaf 101부터 Leaf 110까지의 전 포트를 AEP에 연계할 수 있습니다.

VMM 도메인을 위한 AEP는 반드시 가상화된 서버(Virtualized Server)들이 연결된 포트와 연계되어 있어야 하며, 이러한 AEP와 Leaf 스위치 포트와의 연계는 앞에서 설명했던 정책 그룹, 인터페이스 프로파일, 스위치 프로파일의 설정을 통해 구성됩니다.

VMM 도메인

VMM 도메인은 가상머신 관리자(VMM-Virtual Machine Manager)와 가상머신 관리자가 Leaf 스위치로 트래픽을 보내기 위한 용도로 사용할 VLAN 풀pool 및 VxLAN으로 정의한 것이며, VM의 이동성이 보장 될 수 있도록 정의된 인터페이스 및 정책 그룹과 AEP를 연계한 것입니다.

가상머신 네트워킹 측면에서는 VMM 도메인이 사용할 수 있는 시스코 APIC 인터페이스와 VLAN 풀pool이 설정된 가상머신 관리자(Virtual Machine Manager)와 데이터센터를 정의한 다수의 가상머신 프로바이더 도메인(Virtual Machine Provider Domain)을 생성할 수 있습니다.

이 때, VLAN Pool은 'Dynamic' 모드로 설정되어 있어야 VMM과 시스코 APIC은 필요한 포트 그룹에 VLAN들을 자동으로 할당할 수 있습니다.

시스코 APIC은 하이퍼바이저에 각 VMM 도메인에 대한 가상 스위치를 생성합니다. 예를 들면, 하나의 VMware vCenter에서 두 개의 다른 Data Center를 생성하여, APIC과 연동하는 방식으로 두 개의 다른 VMM 도메인을 생성한다면, [그림 7-23]에서처럼 시스코 APIC은 두 개의 VDS(Virtual Distributed Switch: 가상 분산형 스위치)를 하이퍼바이저Hypervisor에 생성합니다.

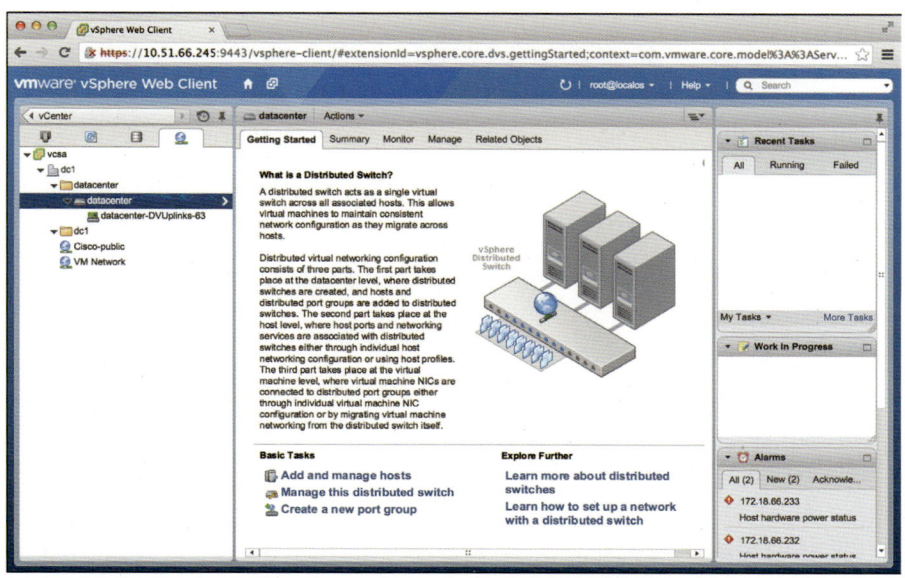

[그림 7-23] 시스코 APIC이 VMM 도메인별로 생성한 하이퍼바이저 상의 가상 스위치(Virtual Switch)

가상화된 서버 연결을 위한 AEP

리눅스 KVM, 마이크로소프트 Hyper-V, VMware vCenter 등과 같은 다양한 가상화 솔루션 서버들이 혼재된 애플리케이션의 예처럼, 필요나 현실적인 이유에 따라 다른 형태의 여러 VMM 도메인들이 하나의 AEP에 연계될 필요가 있을 수도 있습니다. 각각의 솔루션들은 다른 VMM 도메인으로 정의되지만 같은 Leaf 스위치에 함께 위치하게 되며, 이러한 이유로 인해 아래의 도메인들을 수용하는 VMMdomain으로 명명된 AEP 생성이 필요할 수도 있습니다.

여기서, 우리는 아래와 같이 6개의 VMM 도메인이 있다고 가정할 수 있습니다.

- VMM Domain vCenter1 Datacenter1
- VMM Domain Hyper-V
- VMM Domain KVM

이들 도메인의 VLAN들은 중첩되어서는 안되며, 이러한 이유로 인해 아래와 같이 VLAN Pool을 분리하여 생성해야 할 수도 있습니다.

- vlan-pool-HyperV1
- vlan-pool-KVM1
- vlan-pool-vCenter1
- vlan-pool-HyperV2
- vlan-pool-KVM2
- vlan-pool-vCenter2

다시 한번 강조하지만, vlan-pool-HyperV1, vlan-pool-KVM1, vlan-pool-vCenter1 등의 VLAN Pool의 VLAN 범위는 상호 간에 중첩되어서는 안됩니다. 그리고 각각의 가상머신 관리자에 대해 아래와 같이 3개의 개별 VMM 도메인이 있습니다. 3가지 서로 다른 타입의 하이퍼바이저들이 하나의 AEP로 통합되어야 하는 경우, 아래와 같은 예로 설정될 수 있습니다.

- VMM도메인1(HyperV1, vCenter1, KVM1 등으로 구성)
- VMM도메인2(HyperV2, vCenter2, KVM2 등으로 구성)

AEP는 VMM과 물리적 도메인에 할당되어 있는 VLAN Pool을 Leaf 스위치의 포트에 설정이 가능하도록, 도메인과 물리적 인프라를 연결하기 위한 정보 제공 역할을 담당하지만, 여기서 주의해야 할 것은 AEP는 단순히 적용 가능한 VLAN 범위를 Leaf 스위치에 제공해 주는 역할을 할 뿐이지 실제 VLAN을 Leaf 스위치 포트에 할당한 것은 아니라는 점입니다. 그로 인해, 포트에 EPG가 설정되기 전까지는 실제 트래픽이 흐를 수 없으며, 실제적인 VLAN할당은 물리적 도메인 서버의 정적 EPG 바인딩이나 VMM 도메인 가상 서버의 LLDP 인식^{discovery} 같은 EPG 이벤트(event)에 기반하여 Leaf 포트에 VLAN이 할당됩니다.

Leaf 포트에 설정 가능한 VLAN 범위를 지정해주는 역할 이외에 AEP는 다음과 기능을 담당합니다: AEP는 자신과 연계된 인터페이스 정책 그룹에서 정의된 MTU, LLDP, CDP, LACP 같은 물리적 인터페이스의 설정 정책을, VMM 도메인에 자동으로 상속하여 적용하며, 이로 인해, VMM에 연결된 가상 서버들은 별도의 설정 변경 없이 Leaf 스위치와 자동으로 연결됩니다.

 가상 네트워크 구성 설정

[그림 7-24]는 ACI 가상 네트워크 구성도입니다.

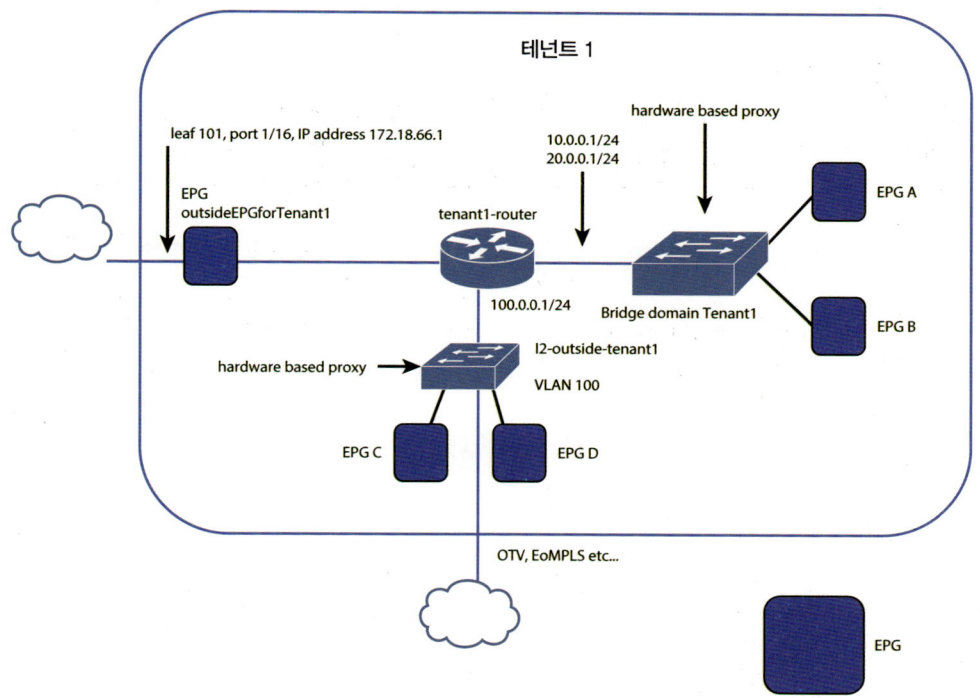

[그림 7-24] 가상 네트워크 구성도

[그림 7-24]의 구성도는, 하나의 브리지 도메인bridge domain에서 EPG A와 EPG B로 분리 구성된 내부 네트워크, 원격의 외부 네트워크와 L2로 연결된 EPG C, EPG D로 구성된 L2 확장 네트워크 그리고 외부 네트워크와 연결하기 위한 L3 인터페이스 등으로 구성되어 있습니다.

[그림 7-25]는 네트워크 스위칭(Switching)과 라우팅routing 기능 간의 관계에 대한 예를 나타내고 있으며, 네트워크, 브리지 도메인, EPG, 애플리케이션 프로파일(Application Profile) 등이 EPG를 통해 어떻게 상관 관계를 가지는 지에 대해 설명하고 있습니다.

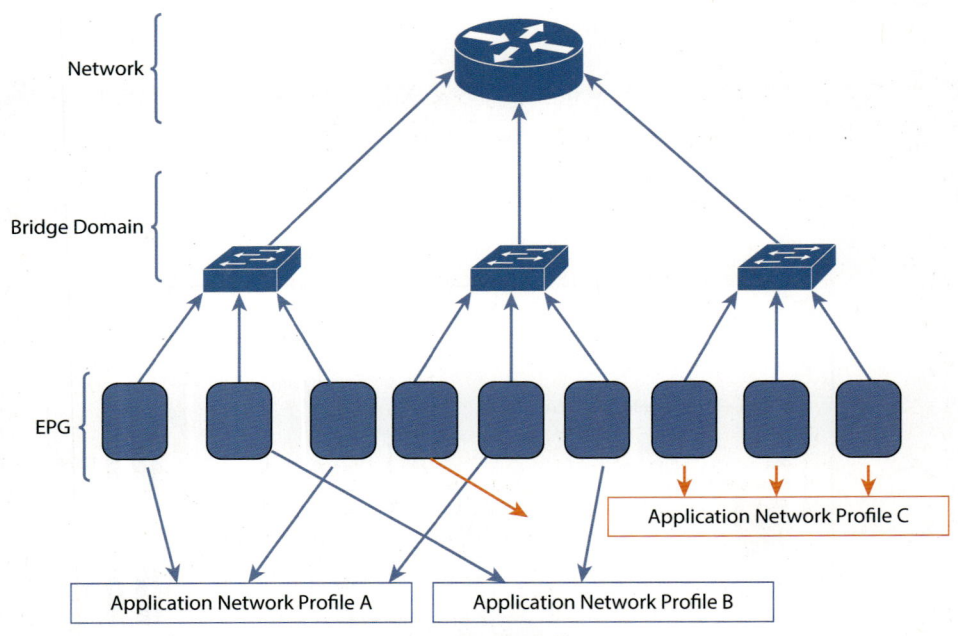

[그림 7-25] 네트워크 요소(Component)와 ACI 패브릭 용어 간의 상호 관계

∷ 브리지 도메인(Bridge Domain)

브리지 도메인bridge domain은 커다란 분산형 스위치(Giant Distributed Switch)에 비유할 수 있으며, 패브릭상에서 실제 트래픽은 라우팅되고 있지만, 레이어 2의 기본 원리는 시스코 ACI에서 유지되고 있습니다. 레이어 2 트래픽에 대한 TTL 감소는 발생하지 않으며, 엔드포인트의 출발지와 목적지 MAC 주소는 변경되지 않습니다.

브리지 도메인 생성을 위한 XML은 ⟨fvBD name="Tenant1=BD"/⟩입니다.

하드웨어 프록시(Hardware Proxy)

ACI 패브릭에서, L2 언노운Unknown 트래픽은 기본적으로 플러딩flooding되지 않으며, Spine 스위치로 보내지며 이러한 기능은 브리지 도메인의 하드웨어 프록시 옵션과 관련 있습니다. 이 때 언노운 트래픽을 받은 스파인 스위치가 그 경로를 모르는 경우에는 그 트래픽은 자동으로 폐기됩니다.

```
<fvBD arpFlood="no" name="tenant1-BD" unicastRoute="yes" unkMacUcastAct="proxy" unkMcastFlood=
"yes"/>
```

하드웨어 프록시 모드의 장점은 패브릭 내에서 플러딩flooding이 일어나지 않는다는 점이지만, 잠재적으로 패브릭 내에 모든 엔드포인트를 인식해야 한다는 단점도 존재합니다. 시스코 ACI는 가상과 물리적 서버를 패브릭의 일부로 인식하고, 수백만 개 이상의 엔트포인트를 인식하고 관리할 수 있도록 데이터베이스를 구축할 수 있기 때문에, 확장성에 대한 우려 사항은 없지만, 인터넷이나 외부 네트워크로 부터 유입되는 IP 주소들도 관리해야하기 때문에 패브릭의 확장성이 그다지 크다고 말할 수는 없을 것 같습니다.

플러딩 모드

앞의 프록시 모드와 반대로, 플러딩 모드를 선택할 수 있으며, 목적지를 알 수 없는 트래픽이 발생한 경우, 그 트래픽은 브리지 도메인 내에서 플러딩flooding됩니다. 이런 경우에도, ARP 트래픽은 기본적으로 플러딩되지 않으며, 목적지(Desination) 엔드포인트에게만 보내집니다. 물론, ARP 플러딩을 설정한 경우에는, ARP 트래픽도 플러딩됩니다.

```
<fvBD arpFlodd="yes" name="VLAN100" unicastRoute="no" unkMacUcastAct="flood" unkMcastFlodd="yes">
```

이 모드에서는, ACI가 L2 트래픽에 대해, L3 트래픽 처럼 L2 다중 경로multipath를 지원하고, 빠른 링크 장애 복구(Fast Convergence)를 지원하는 이점을 빼면, 기존의 일반적인 L2 스위치와 차이점이 없습니다.

하드웨어 프록시, 언노운 유니캐스트 및 ARP 플러딩은 운영에서 반대로 설정되는 특성이 있으며, 하드웨어 프록시가 설정되어 있지 않은 상태에서, 유니캐스트와 ARP 플러딩 마저 설정을 하지 않는다면, ACI 패브릭 내에서 L2 스위칭은 작동하지 않습니다.

그리고, 하드웨어 프록시 기능이 많은 장점을 갖고 있지만, 그렇다고 그 기능을 사용하지 않는 것이 단점만 있는 것은 아닙니다. 하드웨어 프록시를 쓰지 않으면서, 언노운 유니캐스트와 ARP 플러딩을 한다는 것은, 굳이 패브릭이 수백만 이상의 엔트포인트 IP 주소를 관리하지 않아도 된다는 의미이기에, ACI 패브릭의 부담을 줄여줄 수 있다는 측면에서 장점이 있습니다.

fvCtx

브리지 도메인과 마찬가지로, 테넌트는 라우팅을 위한 VRF 네트워크를 기본적으로 설정합니다. ACI에서 이러한 VRF를 Private Network(또는 Tenant Network)이라고 하며, 네트워크 별로 IP 주소를 중복하여 사용하거나, 가상화하여 완벽하게 상호간에 분리하고자 할 때, Private Network를 설정합니다.

```
<fvCtx name="Tenant1-router"/>
```

엔드포인트 연결

가상 네트워크에 엔드포인트endpoint를 연결한다는 것은, EPG에 브리지 도메인을 선언하고, EPG와 관련된 VMM 도메인 또는 물리적 도메인(정적 바인딩)을 연계하는 것입니다.

EPG 설정을 위해서는 아래와 같은 일련의 설정을 해야 합니다:

- 브리지 도메인에 EPG 연계
- 테넌트에 라우터 생성
- 라우터에 브리지 도메인 연계
- 유니캐스트(Unicast) 라우팅 설정(ACI의 분산형 IP 게이트웨이를 통해, 트래픽을 라우팅하고자 할 때)

물리적 서버 연결

앞에서 다뤘던 것처럼, 〈fvCtx name="Tenant1-router"/〉 설정은 물리적 서버를 EPG에 연결하기 위한 것이며, EPG는 항상 애플리케이션 프로파일의 일부로서 정의됩니다. [예제 7-8]의 설정을 보면, 애플리케이션 프로파일 〈fvAp〉은 "test"라는 값으로 설정되어 있고, fvRsPathArt는 Leaf 101의 1/33 포트에 연결된 물리적 서버로부터 태그되지 않는 트래픽(mode="native")을 수신하지만, 스위치 내부적으로 그 트래픽을 처리하기 위해, vlan-10으로 태깅하도록 정의되어 있으며, 이렇게 서버로부터 수신되는 트래픽은 브리지 도메인 "Tenant1-BD"와 연계되어 있습니다.

```
Method: POST
http://10.51.66.243/api/mo/uni.xml
<polUni>
  <fvTenant dn="uni/tn-Tenant1" name="Tenant1">
    <fvAp name="test">
      <fvAEPg name="EPG-A">
        <fvRsBd tnFvBDName="Tenant1-BD" />
        <fvRsPathAtt tDn="topology/pod-1/paths-101/pathep-[eth1/33]"
encap="vlan-10" mode="native"/>
      </fvAEPg>
    </fvAp>
  </fvTenant>
</polUni>
```

만약, 하드웨어 프록시(hardware proxy)가 설정되어 있다면, 엔드포인트가 처음 프레임(frame)을 보낼 때, 패브릭에서 인지되며, APIC GUI의 클라이언트 엔드포인트(Client Endpoint) 화면에서 그 상태 정보를 확인할 수 있습니다.

가상 서버 연결

[예제 7-9]를 보면, EPG에서 가상 서버 연결을 위한 설정을 확인할 수 있습니다. "EPG-A"로 정의된 EPG는 VMM상에서 "Tenant1|test|EPG-A"라는 명칭의 포트 그룹(Port Group)으로 정의되며, VMM 관리자는 별도의 포트 그룹에 대한 정의 없이, ACI에서 정의된 이 포트 그룹을 관련 가상 서버에 설정하기만 하면 됩니다.

예제 7-9   가상 서버 연결 설정

```
Method: POST
http://10.51.66.243/api/mo/uni.xml
<polUni>
  <fvTenant dn="uni/tn-Tenant1" name="Tenant1">
    <fvAp name="test">
      <fvAEPg name="EPG-A">
```

```
            <fvRsBd tnFvBDName="Tenant1-BD" />
            <fvRsDomAtt tDn="uni/vmmp-VMware/dom-vCenter1"/>
        </fvAEPg>
    </fvAp>
  </fvTenant>
</polUni>
```

예제 **7-10**   외부 네트워크 연결

```
<fvTenant name="Tenant1">
  <l3extOut name="Internet-access-configuration">
    <l3extInstP name="outsideEPGforTenant1">
      <fvRsCons tnVzBrCPName="ALL"/>
      <l3extSubnet ip="0.0.0.0" />
    </l3extInstP>
      <l3extLNodeP name="BorderLeafConfig">
<l3extRsNodeL3OutAtt tDn="topology/pod-1/node-101">
      <ipRouteP ip="0.0.0.0">
        <ipNexthopP nhAddr="172.18.255.254"/>
      </ipRouteP>
    </l3extRsNodeL3OutAtt>
      <l3extLIfP name="L3If">
        <l3extRsPathL3OutAtt tDn="topology/pod-1/paths-101/pathep-[eth1/16]"
        ifInstT="l3-port" addr="172.18.66.1/16"/>
      </l3extLIfP>
      </l3extLNodeP>
    <l3extRsEctx tnFvCtxName="Tenant1-router"/>
  </l3extOut>
</fvTenant>
```

EPG와 연계된 가상 서버 VM들도 물리적 서버와 마찬가지로 APIC GUI 클라이언트 엔트포인(Client Endpoint) 항목에서 운영 상태를 확인할 수 있으며, 하이퍼바이저의 위치 또한 확인할 수 있습니다.

⠿ 외부 네트워크 연결(External Connectivity)

시스코 ACI 패브릭은 패브릭 내부와 외부 경로를 구분합니다. 패브릭 내부에 위치한 모든 엔드포인트는 엔드포인트 내부 확인 discovery 절차를 거쳐 인지하고 관리하지만, 외부 네트워크 경로에 대한 확인은 외부 네트워크 장비와 OSPF(Open Shortest Path First)나 BGP(Border Gaterray Protocol)로 연동하거나, 정적 라우트(static route) 설정을 통해 진행됩니다.

L3 연결에 대한 설정은 특정 테넌트에 대한 보더 리프 border leaf와 사용할 포트, IP 주소, 라우팅 정책 등에 대한 정의가 필요하며, 아래 [예제 7-10]에서는 이러한 내용을 XML 형태로 정의하고 있습니다.

[예제 7-10]에서 정의된 용어들은 아래와 같은 의미를 가집니다.

- l3InstP는 외부 네트워크에서 트래픽이 유입되기 위한 EPG입니다.
- l3extSubnet은 여러 EPG로 향하는 트래픽을 분류하기 위한 필터(filter)입니다.
- fvRsCons는 내부 EPG를 연결하기 위한 Consumed Contract입니다.
- l3extLNodeP는 보더 leaf 설정을 정의할 위치입니다(예를 들면 정적 라우트용).
- L3extRsNodeL3OutAtt는 테넌트에 대한 보더 leaf로서 leaf를 정의하기 위한 설정 값입니다.
- L3extLIfP는 IP주소를 가진 보더 leaf의 포트 및 서브인터페이스(subinterface) 위치입니다.
- L3extRsEctx는 테넌트에 대한 라우팅 설정이 정의된 위치입니다.

 요약

이 장에서는, ACI 패브릭의 구성과 어떻게 인프라 관리자와 테넌트 관리자로서 그것을 설정하는지에 대해 다뤘으며, 물리적 인터페이스, 포트 채널, vPC, VLAN 범위 설정 등은 인프라 관리자의 권한 영역이라는 것도 알아봤습니다. 또한, 네트워크 분할 segmentation, 멀티테넌시 Tenancy, 물리적 서버 및 가상 서버에 대한 연결, 외부 네트워크 연결 등의 테넌트 설정도 함께 확인했습니다.

Chapter 8

ACI 서비스 통합

Cisco ACI

시스코 ACI는 '서비스 그래프*(Service Graph)*'라는 기능을 통해, L4-L7 서비스를 ACI에 통합하여 관리할 수 있습니다. 일반적으로, 관련 업계에서는 엔드포인트 간의 경로에 L4-L7 장비를 추가하는 것을 서비스 인서션*(Service insertion)*이라고 하며, 시스코 ACI 서비스 그래프*(Service Graph)* 기술은 이러한 서비스 인서션 보다 상위의 개념입니다. 이 장에서는 서비스 그래프*(Service Graph)* 기술을 설명하고, 디자인 측면에서 어떻게 서비스 그래프를 이용하여, L4-L7 서비스를 ACI에 통합할 수 있는지에 대해 설명할 것입니다.

[그림 8-1]은 L4-L7서비스가 물리적으로 ACI 패브릭 Leaf 스위치 어느 곳에서나 위치 가능하며, 물리적 또는 가상 어플라이언스 모두 지원가능하다는 것을 설명하고 있습니다.

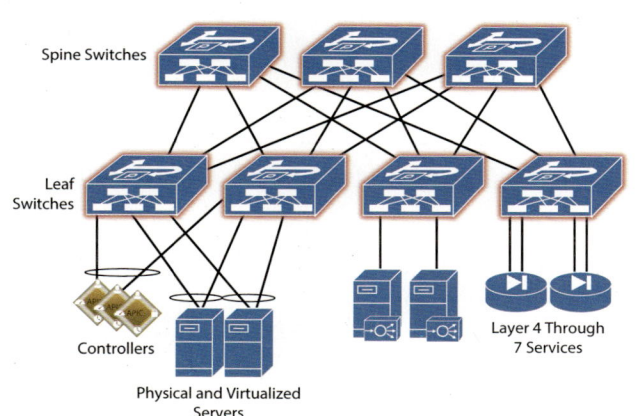

[그림 8-1] ACI 패브릭과 L4-L7 서비스

307

L4-L7 서비스와 ACI 디자인 개요

데이터센터 패브릭의 주요 목적은 물리적 또는 가상 서버의 트래픽을 받아 목적지로 전송하면서, 필요한 경우 L4-L7 서비스를 적용하는 것이며, 이 때 적용될 수 있는 주요한 L4-L7 서비스는 아래와 같습니다:

- 트래픽 인서션(traffic insertion)
- SSL 오프로딩(offloading)
- 애플리케이션 가속(application acceleration)
- 로드밸런싱(load balancing)

∷ 장점

L4-L7 서비스를 ACI 패브릭에 통합하여, 제공하는 것은, 다음과 같은 장점이 있습니다:

- GUI, REST(Representational State Transfer) API, 파이썬을 통한 단일 포인트 관리 및 설정
- 파이썬 SDK(Software Developmnet Kit)를 통한 스크립팅(Scripting) 및 프로그래밍(Programming) 환경
- 복잡한 구성 설정을 빠르게 적용
- 자동화된 로드밸런서(Load Balancer) 및 방화벽 설정 추가 및 삭제
- 단순한 L4-L7 장비 순서 나열이 아닌, 실질적인 서비스의 논리적 흐름도 파악
- L4-L7 장비와 패브릭의 멀티테넌시(Multitenancy)
- 재사용이 용이한 설정 테플릿 생성

시스코 ACI는 L4-L7 서비스 장비들을 단순히 연결하는 것이 아니라, 장비 간의 서비스 연계성을 구축할 수 있습니다.

이 때, L4-L7 어플라이언스는 특정 위치에 구애 받지 않기 때문에, 물리적 어플라이언스는 Leaf 스위치의 어느 포트에나 연결될 수 있고, 가상 어플라이언스는 어느 가상화 서버에나 설치될 수 있으며, 물리적 어플라이언스는 여러 가상 네트워크(Virtual Context)를 동시에 지원할 수 있습니다. 이러한 L4-L7 서비스 적용은 기존의 시스코 ACI 내의 정책 적용 과정과 같은 방법으로 적용 가능합니다.

서비스 그래프와 엔드포인트 연결

서비스 그래프는 컨트랙트contract 개념을 기본으로 약간 변형한 것입니다. 시스코 ACI 정책 모델에서, 컨트랙트contract는 EPG들을 서로 연결하며, 트래픽 필터링filtering, 로드밸런싱load balancing, SSL 오프로딩offloading 등의 기능을 제공하고, 시스코 ACI는 서비스 그래프 정책에 정의된 대로 장비를 논리적으로 경로상에 위치 시켜 서비스가 가능하도록 설정합니다. [그림 8-2]에서는, 두 EPG가 L4-L7 서비스를 통해 연결된 것을 확이할 수 있으며, 여기서 서비스 컨트랙트(Contact)는 다른 EPG를 향하던 트래픽의 방향 전환하여, 트래픽을 서비스 그래프(Service Graph)로 전송Redirect하는 역할을 담당합니다.

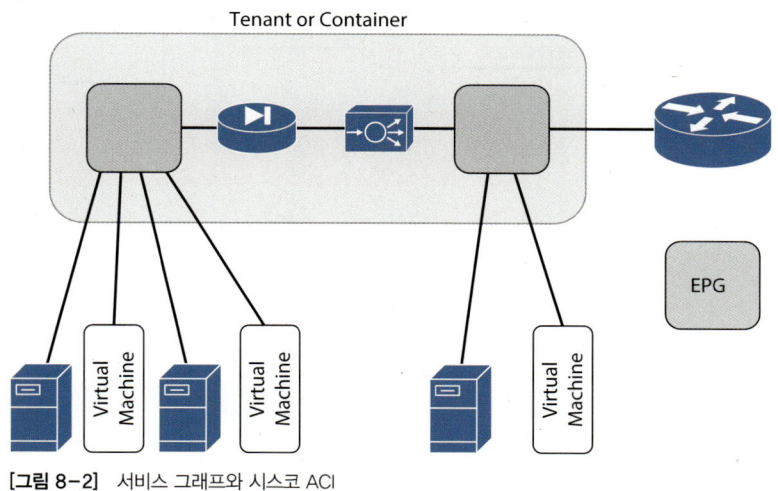

[그림 8-2] 서비스 그래프와 시스코 ACI

가상화 서버로의 확장

가상 어플라이언스는 시스코 APIC에 의해 자동으로 ACI 패브릭에 연결되며, 시스코 ACI는 가상 방화벽과 가상 로드밸런서의 vNIC을 위치를 확인하고, 자동으로 EPG와 연결합니다.

관리 모델

[그림 8-3]에서처럼 사용자는 다양한 방법으로 시스코 APIC 설정을 정의할 수 있으며, 이 설정에는 서비스 그래프에 대한 정의가 포함될 수 있습니다. 시스코 APIC은 서비스에 필요한 네트워크 경로인 서비스 그래프 경로를 생성하기 위해, 로드밸런서load balancer나 방화벽과 관련 정보를 교환합니다.

서비스 경로에 대한 설정을 위해 다음과 같은 옵션들을 선택할 수 있습니다:

- 컨트롤러(APIC)에서 제공하는 GUI 화면
- POSTMAN이나 파이썬 스크립 툴을 이용하여, 시스코 APIC에 보내는 XML 또는 JSON 포맷의 REST 호출
- REST 호출을 보낼 수 있는 사용자 정의 GUI
- 시스코 APIC에서의 CLI(Command-Line Interface)
- 시스코 ACI 라이브러리를 활용한 파이썬 스크립트

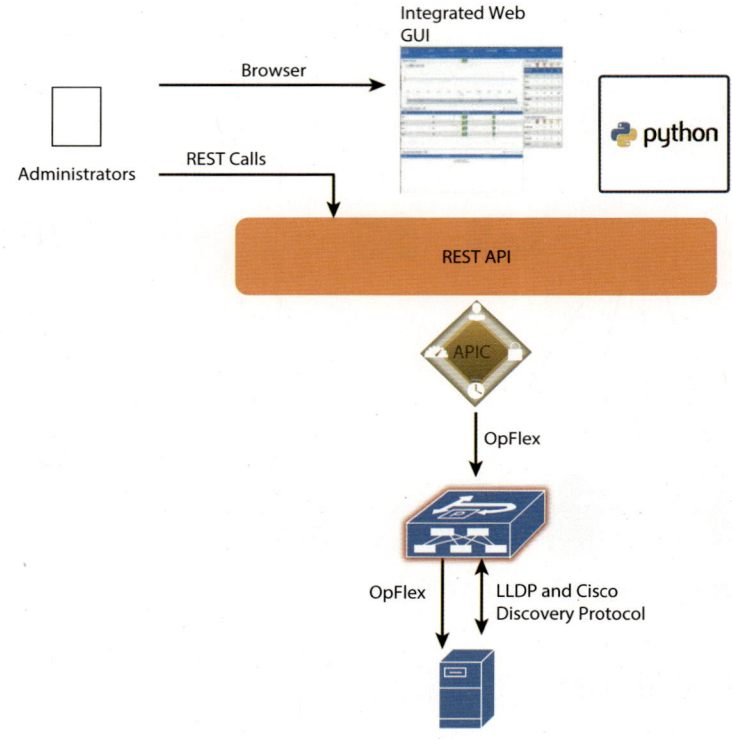

[그림 8-3] 시스코 APIC의 REST, 스크립트, GUI 등을 활용한 서비스 설정

서비스 그래프, 함수, 렌더링

서비스 그래프의 개념은 단순한 서비스 인서션service insertion과는 다른 개념입니다. 서비스 그래프는 네트워크 장비 연결이 아닌 기능 중심의 연결이며, 그것은 EPG와 EPG 간에서 통과해야만 하는 기능 중심의 경로를 설정하는 것을 의미합니다. 시스코 APIC은 방화벽과 로드밸런서load balancer에 대한 서비스 그래프 정의 이해하고 자원을 할당할 수 있으며, 이것을 렌더링rendering이라고 합니다.

[그림 8-4]는 시스코 APIC이 로드밸런서^{load balancer}와 방화벽 등의 콘크리트 디바이스^{concrete device} 풀^{pool}을 인지하고, 가용한 서비스 자원 풀^{pool}을 사용하는 방식으로, 서비스 그래프에 표현된 사용자 의도를 이해하고 적용하는 것을 나타내고 있습니다.

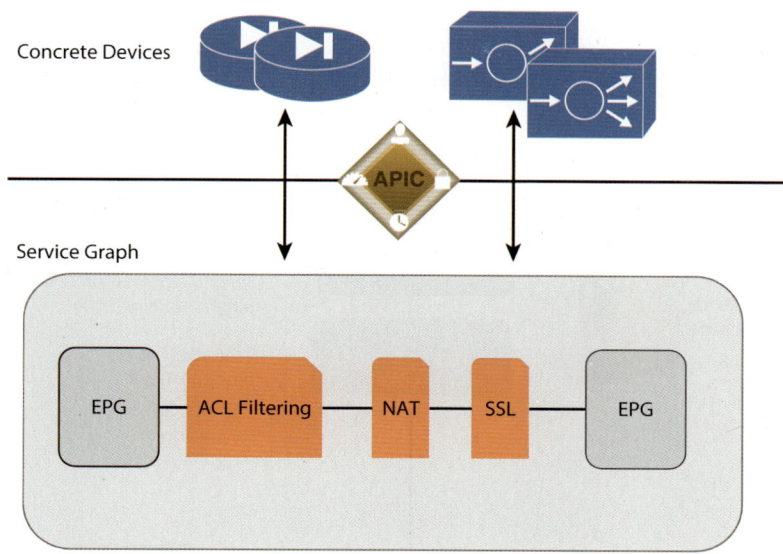

[그림 8-4] 서비스 그래프 개념

다른 데이터센터에서 재사용 가능하고 가용한 자원을 반복하여 할당할 수 있어야 하기 때문에, 서비스 그래프와 템플릿은 그 형태가 매우 유사하며, 렌더링^{rendering}은 다음과 같은 기능을 포함하고 있습니다:

- 필요한 브리지 도메인의 할당
- 방화벽과 로드밸런서 인터페이스의 IP 주소 설정
- 서비스 경로를 생성을 위한, 장비상에서 VLAN 생성
- 서비스 그래프에 정의된 EPG 간의 경로를 생성하기 위한 모든 작업 수행

 하드웨어 및 소프트웨어 지원

시스코 APIC은 사용자가 정의한 서비스 그래프를 이해하고 적용하기 위해 방화벽이나 로드밸런서와 관련 정보를 교환합니다. 시스코 APIC은 방화벽이나 로드밸런서에게 명령을 내리고, 특정 기

능 설정이나 임무 수행을 요구할 수 있기 때문에, 상호 호환 가능한 API가 필요합니다. 그렇기 때문에, 관리자는 시스코 APIC에 디바이스 패키지(*device pakage*)라고 불리는 플러그인(plug-in)을 APIC에 설치해야 하며, 방화벽과 로드밸런서 제조 업체는 APIC에 설치 가능한 플러그인(디바이스 패키지)을 제공해야만 합니다.

[그림 8-5]를 보면, 디바이스 패키지는 장비에 대한 설명과 시스코 APIC 설정 화면에서 입력해야만 하는 입력 항목^{parameter} 및 시스코 ACI가 서비스 장비와 통신하기 필요한 스크립트^{script}로 구성되어 있음을 알 수 있습니다.

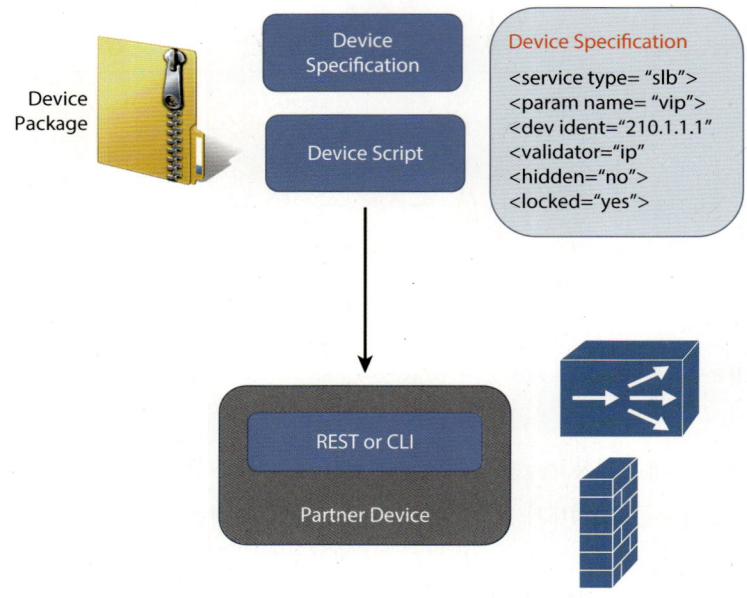

[그림 8-5] 디바이스 패키지(*Device Pakage*)

서비스 그래프를 통해 설정하기 전에, 시스코 APIC과 서비스 장비들이 통신할 수 있도록 플러그인을 설치해야만 합니다.

[그림 8-6]은 시스코 APIC에서 디바이스 패키지 파일을 설치(Import)하는 방법을 설명하고 있습니다.

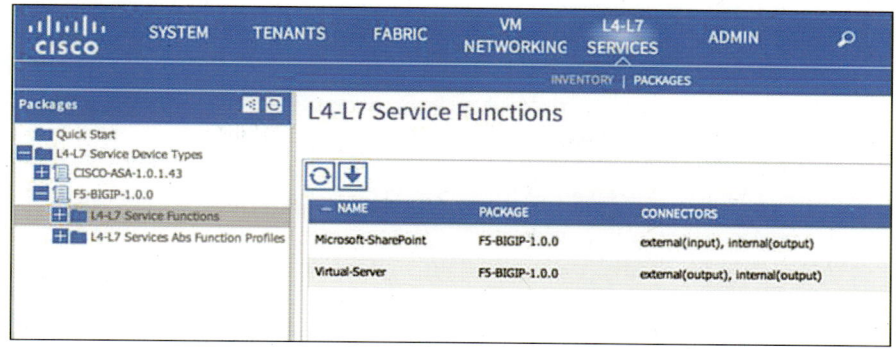

[그림 8-6] APIC GUI를 통해 디바이스 패키지를 설치하는 모습

 ## 서비스 인서션의 시스코 ACI 모델화

이번 섹션에서 시스코 ACI가 서비스 간의 경로를 정의하는 방법에 대해 설명할 것입니다. 서비스 그래프의 개념을 이해하기 위해서는 시스코 ACI의 전체적인 목표를 이해해야 합니다. ACI의 목표는 네트워크 설정을 여러 패브릭 또는 데이터센터에 쉽게 적용될 수 있도록 템플릿으로 생성하고, 그 템플릿을 계속해서 재사용하여 네트워크 담당자가 설정을 반복할 수 있도록 하는 것입니다. 그리고, 그 템플릿을 통해 패브릭에 필요한 IP 주소나 VLAN 등을 쉽고 빠르게 반복해서 정의하도록 하는 것이며, 서비스 그래프는 이러한 ACI 목표를 수행하기 위한 주요한 일부분입니다.

연계되어야 하는 방화벽이나 로드밸런서를 정확하게 정의하기 보다는, 서비스 그래프는 메타디바이스metadevice로부터 기능의 순서를 정의합니다. 예를 들면, 서비스 그래프는 a.b.c.d의 IP 주소를 가진 ASA 방화벽이 a.b.c.e의 IP 주소를 가진 시트릭스 로드밸런서에 연결되어야 한다고 정의하지 않는 대신에, 주어진 소프트웨어 버전의 시스코 ASA(Adaptive Security Appliance) 방화벽에서 트래픽이 필터링filtering된 후, 특정 버전의 시트릭스 타입의 로드밸런서로 연결되어야 한다고 정의합니다. 그런 후에 서비스 그래프 정의는 "패브릭에 연결된 장비를 의미하는 콘크리트 디바이스concrete device"의 순서 및 콘크리트 디바이스가 연결된 브리지 도메인과 VLAN으로 해석되고 설정되어야 합니다. 이러한 해석을, APIC 컨트롤러에 의해 설정되고 확인된 네트워크 장비에 대한 서비스 그래프의 렌더링rendering이라고 합니다.

∷ 서비스 그래프 정의

서비스 그래프(Service Graph)는 연속적인 기능의 정의이며, XML 포맷이나 GUI를 통해 이러한 기능들을 정의할 수 있습니다. 그리고 GUI를 통해 설치된 디바이스 패키지의 기능을 선택하고, 그 기능들을 연계하며, 사용자는 [그림 8-7]에서처럼 GUI를 통해 각 각의 기능을 선택하고, 그 기능 간의 상관 관계를 연결할 수 있습니다. 그러나, 여기서 주의해야 할 것은 연결된 기능 또는 장비들은 실제 기능이나 장비가 아닌 메타디바이스metadevice로서, 특정한 로드밸런서나 방화벽을 지칭하는 것이 아니라 단순히 특정 타입의 로드밸런서나 방화벽을 지칭하는 것입니다. 실제 패브릭에 연결되어 있는 시트릭스 또는 F5같은 로드밸런서나 시스코 ASA 타입의 방화벽의 기능 같은 메타디바이스 연계는 렌더링 단계에서 이뤄집니다.

[그림 8-7]   서비스 그래프 생성을 위한 로드밸런서 기능

서비스 그래프는 또한 시스코 ACI를 통해 설정하고자 하는 로드밸런서나 방화벽의 가상 서비스와 서버 풀pool을 정의할 수 있습니다. [그림 8-8]은 로드밸런서에 추가할 수 있는 선택 값들을 예시하고 있습니다.

[그림 8-8]   렌더링을 통한 서비스 장비상에서 적용될 수 있는 설정 값

모든 설정 값들이 IP 주소에 종속되는 것은 아니며, 특정한 EPG에서 새로운 엔드포인트가 나타났을 때, 적용되도록 설정 값들을 정의할 수 있고, 그렇게 정의된 설정 값들은 서비스 그래프에서 장비가 이해할 수 있도록 해석된 후(렌더링)에 장비에 실제 적용되며, 서비스 그래프의 일부인 장비의 설정에서 그것을 확인할 수 있습니다. 예를 들면, F5 Big-IP 로드밸런서의 경우 인터페이스에서 Self IP와 서버 풀pool이 설정된 것을 확인할 수 있을 것입니다.

콘크리트 디바이스와 로지컬 디바이스

서비스 그래프는 메타디바이스인 앱스트랙트 노드(abstract node: 추상 노드)들로 구성되어 있으며, 시스코 APIC은 앱스트랙트 그래프(abstract graph: 추상 그래프)상에 구현된 사용자의 의도를 해석하여, 패브릭의 실제적인 연결을 위한 콘크리트 디바이스concrete device의 순서를 정의합니다.

방화벽과 로드밸런서는 한 대의 단독 장비로 정의되기 보다는 액티브active-스탠바이standby 구조의 클러스터(cluster)로 설정되는 것이 일반적이며, 시스코 ACI는 이러한 클러스터를 추상화Abstraction할 수 있도록 디바이스 클러스터device cluster 또는 로지컬 디바이스logical device를 설정합니다. 시스코 ACI는 서비스 그래프와 방화벽 및 로드밸런서 클러스터를 맵핑해야 하며, 이를 위해, 클러스터의 콘크리트 디바이스 쌍(Pair)을 시스코 ACI에 설정할 필요가 있습니다.

그리고 추가적으로 로지컬 인터페이스를 설정해야 하는데, 로지컬 인터페이스의 설정은 클러스터의 구성을 위한 로지컬 인터페이스 이름을 정의하고, 메타디바이스와 콘크리트 디바이스를 연계하는 설정입니다. 예를 들면, F5 로드밸런서의 메타디바이스는 외부(external)와 내부(internal) 인터페이스를 정의하고 있으며, 시스코 ACI의 클러스터 모델에서는 메타디바이스 외부와 내부 인터페이스를 위한 로지컬 인터페이스와 이름을 정의합니다. 그리고, 그렇게 정의한 로지컬 인터페이스와 콘크리트 또는 물리적 디바이스의 인터페이스와 연계함으로써, 시스코 ACI의 그래프 설정이 장비에 적용될 수 있게 합니다.

이러한 로지컬 인터페이스와 콘크리트 디바이스의 명칭 설정 및 연계 절차는 처음에 다소 복잡해 보일 수 있으나, 쉽게 구성할 수 있도록 시스코 ACI는 콘크리트 디바이스를 디바이스의 클러스터 형태로 구성하고, 그 클러스터를 서비스 그래프에서 선택할 수 있도록, 각 서비스 장비마다 다른 인터페이스 명칭 규칙을 표준화하였습니다. 예를 들면, F5 인터페이스는 1.1, 1.2같은 형식으로 표기되며, 시스코 ASA의 경우 Gig0/0, Gig0/1같은 형식으로 표기되는 문제가 있는데, 이러한 문제를 해결하기 위해, 시스코 ACI에서는 "/"와 "."을 대신하여 "_"을 사용하게 하였고, 위의 표기 형식 대신하여 F5에서 1_1, 1_2, ASA에서 Gig0_0, Gig0_1 등으로 표기하게 하였습니다.

로지컬 디바이스 실렉터(또는 컨텍스트)

시스코 ACI가 서비스 그래프를 원할하게 서비스 장비에 적용하기 위해서는 목적에 맞는 디바이스 클러스터(또는 로지컬 디바이스)를 설정해야 하며, 이러한 설정을 로지컬 디바이스 컨텍스트(logical device context) 또는 클러스터 디바이스 실렉터(cluster device selector)라고 합니다. 디바이스 클러스터 실렉터는 어떤 인터페이스와 브리지 도메인이 연결되고, 그래프상의 로지컬 인터페이스가 어떻게 연결되는지를 정의합니다.

브리지 도메인 분리

트래픽이 우리가 목적한대로 서비스 장비를 원활하게 통과하기 위해서는, 브리지 도메인bridge domain과 VRFVirtual Routing and Forwarding를 올바르게 정의해야 합니다.

시스코 ACI는 두 종류로 서비스 장비를 분류합니다.

🖥 서비스 장비 분류

■ **GoThrough 디바이스**
브리지 도메인 내에서 transparent 모드로 운영되는 장비

■ **GoTo 디바이스**
routed 모드로 운영되는 장비

서비스 장비가 GoThrough(Layer 2 디바이스)인 경우, 아래와 같은 설정이 필요합니다:

- 브리지 도메인 분리 및 EPG Shadow 생성
- 브리지 도메인에서 IP 기반의 전송 기능을 제거하고, MAC 주소 기반의 전송 기능 설정: "Unicast Routing" 설정 제거(Disable)
- "flood and learn"에 기반한 설정 : "L2 Unknown Unicast Flooding" 및 "ARP Flooding" 설정

서비스 체인(Service Chain)상의 두 엔드포인트에 L3라우팅 장비(Routed Fabric, GoTo 서비스, GoTo IP, L3 External 연결 도메인 라우터)가 있다면, 다음과 같은 설정이 필요합니다:

- VRF와 브리지 도메인 분리
- Shadow EPG 생성
- 다음 브리지 도메인이 "GoThrough" 서비스가 포함하고 있지 않다면, IP 기반의 전송 설정

시스코 ACI는 서비스 장비나 ACI 패브릭의 VRF 네트워크에 정적 경로(static route)를 추가합니다.

 ## 설정 단계

서비스 인서션service insertion을 설정하는 것은 ACI가 패브릭에 연결된 장비들에게 설정을 적용할 수 있도록 서비스 그래프를 정의하고, ACI 패브릭에 그 설정을 적용하는 과정과 동일합니다.

서비스 그래프를 이용해서 서비스 장비 설정을 위해서는 다음과 같은 단계를 거쳐야 합니다:

1단계. 로드밸런서나 방화벽용 관리용 IP 설정

2단계. 서비스 장비의 관리용 인터페이스를 관리용 EPG에 연결

3단계. 서비스 장비를 acitve-standby 또는 active-active 모드 설정

4단계. 서비스 장비를 Leaf 스위치에 연결

5단계. 서비스 장비가 가상화 어플라이언스appliance인 경우, 가상화 서버에 설치하고, 관리용 NIC이 네트워크를 통해 시스코 APIC에 연결될 수 있는지 확인

6단계. 시스코 APIC에 디바이스 패키지가 설치되어 있는지 확인

그리고 나서, 아래와 같은 단계로, ACI 정책 모델을 이용하여 장비를 설정합니다:

1단계. 로지컬 디바이스logical device **vnsLDevVip**를 설정하며, 이것은 active와 standby 장비의 클러스터를 구현

2단계. **vnsLDevVip** 아래 콘크리트 디바이스concrete device **vnsCDev**를 설정하며, 이것은 디바이스 클러스터를 구성하고 있는 각 각의 장비들에 대한 정보를 설정

3단계. 로지컬 인터페이스(logical interface) **vnsLIf vnsLDevVip**를 설정

서비스 장비가 특정 테넌트tenant에 할당되어 있는 경우, 테넌트 내에서 설정을 진행하면 되지만, 서비스 장비가 여러 테넌트에서 공유되어야 한다면, 관리Mgmt 테넌트에 서비스 장비를 설정하여, 다른 여러 테넌트에서 가져다 쓸 수 있도록 설정해야 합니다.

콘크리트 디바이스concrete device가 가상 어플라이언스appliance이면, 가상 서버VM와 vNIC의 명칭을 시스코 APIC에 정의된대로 정확하게 정의해야 하며, 장비가 GoTo 또는 GoThrough 모드 여부에 따라, IP 서브넷을 기준으로 브리지 도메인을 분리해야 합니다.

테넌트 내에서, 아래와 같은 단계를 수행해야 합니다:

1단계. 서비스 그래프(vnsAbsGraph) 생성

2단계. 선택 범주(Logical Device Context, vnsLDevCtx) 생성

3단계. 컨트랙트와 서비스 그래프 연계

이러한 설정은 XML 모델에 기반한 REST 호출(콜)을 통해 정의할 수도 있습니다.

∷ 서비스 그래프의 정의

어떻게 서비스 그래프를 설정할 것인가를 이해하는 핵심은 어떤 인터페이스들이 서로 어떻게 바라보고 있는가를 이해하는 것입니다.

서비스 그래프의 경계 정의

다음은 서비스 그래프 설정에 대한 XML 형식의 예제입니다.

- 서비스 그래프는 앱스트랙트 컨테이너(Abstract Container) 내에 포함되어 있습니다.
- 서비스 그래프 컨테이너는 "AbsTermNodeProv-〈name-of-your-choice〉/AbsTConn"으로 시작합니다.
- 서비스 그래프 컨테이너는 "AbsTermNodeCon-〈name-of-your-choice〉/AbsTConn"으로 끝납니다.

[예제 8-1]은 앱스트랙트 컨테이너(Abstract Container)의 경계(Boundary)에 대한 이름을 정의한 것을 보여주는 예제입니다.

예제 8-1	서비스 그래프의 경계 정의

```
<vnsAbsGraph name = "WebGraph">
[...]
<vnsAbsTermNodeCon name = "Consumer">
  <vnsAbsTermConn name = "consumerside">
  </vnsAbsTermConn>
</vnsAbsTermNodeCon>

<vnsAbsTermNodeProv name = "Provider">
  <vnsAbsTermConn name = "providerside" >
  </vnsAbsTermConn>
</vnsAbsTermNodeProv>
[...]
</vnsAbsGraph>
```

이러한 명칭들은 방화벽이나 로드밸런서 같은 서비스들의 순서가 어떻게 서로 연결되고, 앱스트랙트 컨테이너에 연결되는가를 상세하게 정의하기 위해 필요합니다. EPG에 대한 그래프의 방향성은 EPG가 컨트랙트^{contract}의 프로바이더^{Provioder}인지 컨슈머^{consumer}인지에 의해서 결정되며, EPG 를 vnsAbsTermNodeProv에 연결할지, vnsAbsTermNodeCon에 연결할지가 결정된다는 것입니다. [예제 8-2]는 어떻게 서비스 그래프가 컨트랙트와 연계되는 지를 나타내고 있으며, [그림 8-9]는 두 EPG가 서비스 그래프를 사이에 두고, 어떻게 데이터 경로가 형성되는지를 나타내고 있습니다.

예제 8-2   사용할 서비스 그래프를 지정한 컨트랙트(Contract)

```
<polUni>
<fvTenant name="Customer1">
  <vzBrCP name="webCtrct">
    <vzSubj name="http">
      <vzRsSubjGraphAtt graphName="WebGraph"/>
    </vzSubj>
  </vzBrCP>
</fvTenant>
</polUni>
```

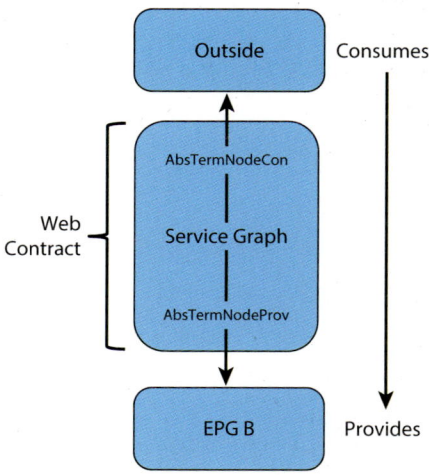

[그림 8-9] 서비스 그래프와 컨트랙트의 연계

메타디바이스

메타디바이스^{metadevice}는 디바이스 패키지(device pakage)에 의해 정의된 장비나 기능을 말하며, 디바이스 패키지를 설치할 때 GUI를 통해 어떤 인터페이스가 서비스 어플라이언스(service appliance) 상에서 정의되어 있는지 확인할 수 있습니다. [그림 8-10]은 로드밸런싱 기능을 제공하는 메타디바이스를 나타내고 있습니다. 서비스 그래프를 구성하는 목적은, 어떤 레이블^{label}이 메타디바이스를 연결하는데 사용하는지 확인하기 위한 것이며, 이 예제에서는 "external"과 "internal"이라는 두 레이블을 사용하고 있습니다.

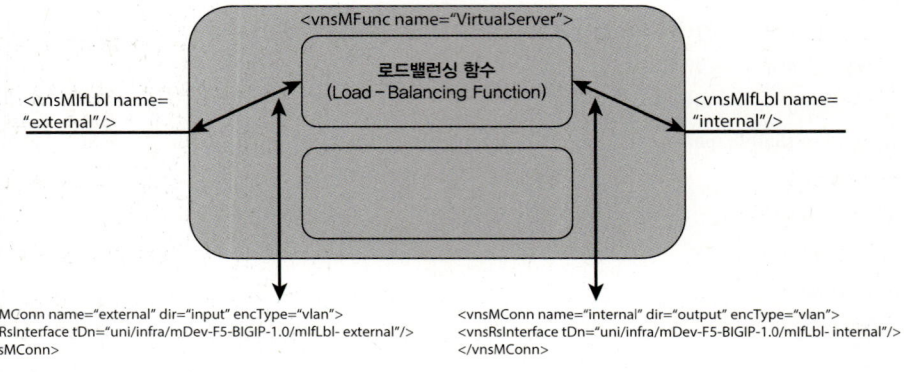

[그림 8-10] 메타디바이스(Metadevice)

메타디바이스는 시스코 ASA같은 방화벽 기능을 제공하거나 Citrix나 F5같은 로드밸런싱 기능을 제공합니다.

앱스트랙트 노드의 기능 정의

서비스 그래프는 일련의 앱스트랙트 노드(vnsAbsNode)로 구성되어 있으며, 앱스트랙트 노드는 메타디바이스에서 정의된 함수를 제공합니다. 예를 들면, 앱스트랙트 노드가 시스코ASA 방화벽일 때, 그 앱스트랙트 노드의 기능의 지원 범위는 주어진 소프트웨어 버전과 일치하는 ASA 타입의 메타디바이스에 정의된 기능에 의해 결정됩니다.

각 앱스트랙트 노드는 구성이 "Routed" 모드 구성인지, 또는 "Brigdged" 모드 구성인지에 따라, "GoTo" 모드와 "GoThrough" 모드를 선택해야 하며, 각 앱스트랙트 노드는 "Virtual Server" 또는 "Firewalling"같은 앱스트랙트 기능(Abstract Fuction)을 제공하고 있는데, 이러한 기능 제공은 ABC 메타디바이스에 정의된 방화벽 기능을 제공하는 특정 앱스트랙 노드를 의미하는, ⟨vnsRsNodeToMfunc tDn="uni/infra/mDev-ABC-1.0/mFunc-Firewall"/⟩ 같은 "관계^{relation}" 설정(Configuration)에 의해 정의됩니다. [그림 8-11]에 이러한 예제가 설명되어 있습니다.

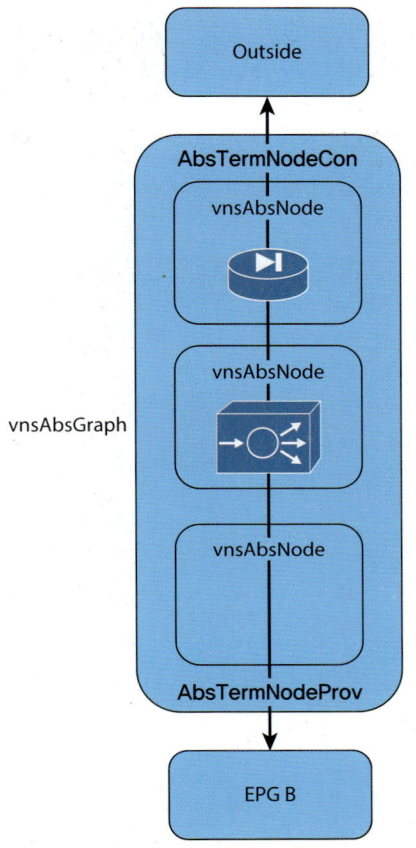

[그림 8-11] 일련의 앱스트랙트 노드로 구성된 서비스 그래프

    각 앱스트랙트 노드는 앞에서 언급된 "관계relation"에 의해 정의된 기능function을 제공하며, 또한 각 장비에 적용될 설정을 제공합니다. 이러한 설정은 XML 태그 〈vnsAbsDevCfg〉와 〈vnsAbsFuncCfg〉 에 의해, 설정의 범위가 결정되며, 이러한 범주내에서 방화벽이나 로드밸런서 인터페이스의 IP 주소, 로드밸런싱 설정, ACLAccess Control List 등과 같은 설정 요소들을 찾을 수 있습니다.

```
<vnsAbsFuncCfg>
  <vnsAbsFolder key="Listener" name="webListener">
    <vnsAbsParam key="DestinationIPAddress" name="destIP1"
                 value="10.0.0.10"/>
      <vnsAbsParam key="DestinationPort" name="port1"
                 value="80"/>
      <vnsAbsParam key="DestinationNetmask" name="Netmask1"
                 value="255.255.255.255"/>
      <vnsAbsParam key="Protocol" name="protoTCP"
                 value="TCP"/>
  </vnsAbsFolder>
</vnsAbsFuncCfg>
```

앱스트랙트 노드의 커넥터 정의

서비스 그래프의 각 앱스트랙트 노드에는 [그림 8-12]에서처럼 커넥터가 있습니다.

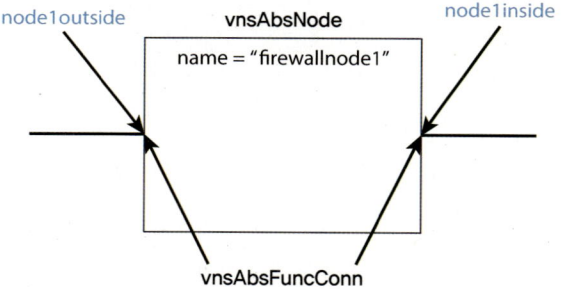

[그림 8-12]   앱스트랙트 노드 커넥터(*Abstract Node Connector*)

[예제 8-4]는 앱스트랙트 노드 커넥터(Abstract Node Connector)에 어떻게 명칭을 설정하는가를 보여주고 있습니다.

예제 8-4 앱스트렉트 노드 커넥터의 정의

```
<vnsAbsNode name = "firewallnode1" funcType="GoThrough" >
  <vnsAbsFuncConn name = "node1outside">
  </vnsAbsFuncConn>
  <vnsAbsFuncConn name = "node1outside">
  </vnsAbsFuncConn>
</vnsAbsNode >
```

이러한 커넥터들은 설정이 적용되어야 하는 장비들에 정확하게 연계되어 있어야 하며, 그러기 위해서는, 디바이스 패키지에 정의된 인터페이스들을 상속받은 메타디바이스의 인터페이스들과 연계되어야 합니다. [예제 8-5]를 보면, "node1inside" 커넥터는 메타디바이스의 "internal" 인터페이스에 연계되어 있으며, "node1outside" 커넥터는 "external" 인터페이스에 연결되어 있는 것을 확인할 수 있습니다.

예제 8-5 앱스트랙트 노드 커넥터의 다른 정의

```
<vnsAbsFuncConn name = "node1inside">
  <vnsRsMConnAtt
    tDn="uni/infra/mDev-ABC-1.0/mFunc-Firewall/mConn-internal" />
</vnsAbsFuncConn>

<vnsAbsFuncConn name = "node1outside">
  <vnsRsMConnAtt
    tDn="uni/infra/mDev-ABC-1.0/mFunc-Firewall/mConn-external" />
</vnsAbsFuncConn>
```

앱스트랙트 노드 요소 요약

앱스트랙트 노드는 아래와 같은 요소들로 구성되어 있습니다.

- 사용자가 정의한 임의의 명칭
- "GoTo" 모드, 또는 "GoThrough" 모드(funcType)
- 앱스트랙트 노드가 수행할 기능(vnsRSNodeToMFunc)

- 서비스 장비에 적용될 설정(vnsAbsDevCfg, vnsAbsDevCfg)
- 앱스트랙트 노드 커넥터의 명칭(vnsAbsFuncConn)
- 앱스트랙트 노드 커넥터(vnsAbsFuncConn)와 메타디바이스 인터페이스(vnsRsMConnAtt) 연계

앱스트랙트 노드를 서비스 그래프에 연결하기

서비스 그래프의 목표는 방화벽, 로드밸러싱, SSL 오프로딩offloading과 같은 앱스트랙트 노드들을 상호연결하고, 일련의 함수function들을 정의하는 것입니다. [그림 8-13]은 어떻게 서비스 그래프를 생성하는가에 대해 설명하고 있습니다.

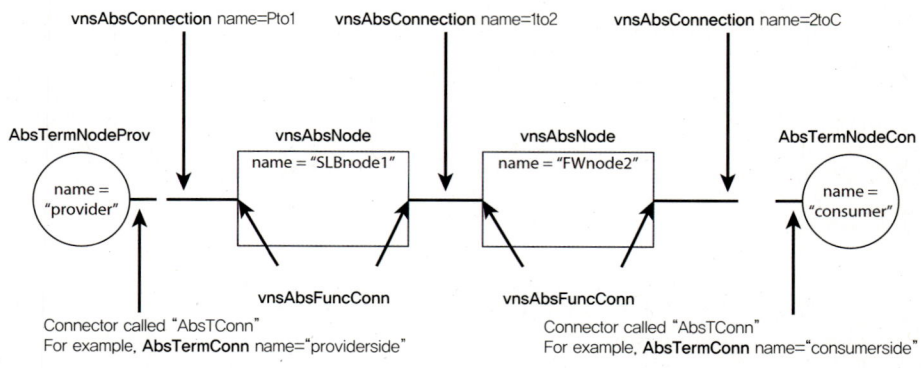

[그림 8-13] 서비스 그래프 예제

각 vnsAbsNode(앱스트랙트 노드)를 정의 하기 위해서는 [예제 8-4]와 [예제 8-5]에 정의 된 두 vnsAbsFuncConn(앱스트랙트 노드 커넥터) 요소를 정의해야 하며, 각 vnsAbsNode의 vnsAbsFuncConn들을 연결하기 위한 객체를 *vnsAbsConnection*이라고 합니다.

vnsAbsConnection 설정은 사용자가 임의로 정의한 명칭의 객체로 생성되며, 이 객체는 [예제 8-6]에서처럼, 연결을 위해 설정이 필요한 두 개체로 구성되어 있습니다.

예제 8-6	두 vnsAbsNode 연결하기

```
<vnsAbsConnection name = "1to2" adjType="L3">
  <vnsRsAbsConnectionConns tDn="uni/tn-<name-of-tenant>/AbsGraph-<name-of-graph>/AbsNode-
      <name-of-node>/AbsFConn-<name-of-connector>" />
  <vnsRsAbsConnectionConns tDn="uni/tn-<name-of-tenant>/AbsGraph-<name-ofgraph>/AbsNode-
      <name-of-node>/AbsFConn-<name-of-connector>" />
</vnsAbsConnection>
```

[예제 8-7]에서처럼, 서비스 그래프 양 단의 프로바이더 provider 나 컨슈머 consumer 에 앱스트랙트 노드를 링크를 연결하는 것이, vnsAbsConnection의 대표적인 사례입니다.

예제 8-7   서비스 그래프의 경계(Boundary)에 앱스트랙트 노드 연결하기

```
<vnsAbsConnection name = "Pto1"
<vnsRsAbsConnectionConns tDn="uni/tn-<name-of-tenant>/AbsGraph-<name-ofgraph>/
    AbsTermNodeProv-<name-of-boundary>/AbsTConn" />
<vnsRsAbsConnectionConns tDn="uni/tn-<name-of-tenant>/AbsGraph-<name-ofgraph>/AbsNode-
    <name-of-node>/AbsFConn-<name-of-connector>" />
</vnsAbsConnection>
```

[예제 8-8]은 단일 서비스 장비에 대한 서비스 그래프 구성을 완료한 예제입니다.

예제 8-8   서비스 그래프 예제

```
<polUni>
  <fvTenant name="Sales">
    <vnsAbsGraph name = "WebGraph">

    <vnsAbsTermNodeCon name = "Consumer">
      <vnsAbsTermConn name = "consumerside">
      </vnsAbsTermConn>
    </vnsAbsTermNodeCon>

    <!-- Node1 Provides Virtual-Server functionality -->
    <vnsAbsNode name = "firewallnode1" funcType="GoTo">
      <vnsAbsFuncConn name = "node1inside">
          <vnsRsMConnAtt tDn="uni/infra/mDev-ABC-1.0/mFunc-Firewall/mConn-internal" />
      </vnsAbsFuncConn>

      <vnsAbsFuncConn name = "node1outside">
          <vnsRsMConnAtt tDn="uni/infra/mDev-ABC-1.0/mFunc-Firewall/mConn-external" />
      </vnsAbsFuncConn>
```

```
                <vnsRsNodeToMFunc tDn="uni/infra/mDev-ABC-1.0/mFunc-Firewall "/>
                <vnsAbsDevCfg>

          </vnsAbsNode>

            <vnsAbsTermNodeProv name = "Provider">
            <vnsAbsTermConn name = "providerside" >
            </vnsAbsTermConn>
          </vnsAbsTermNodeProv>

          <vnsAbsConnection name = "Cto1" adjType="L3">
              <vnsRsAbsConnectionConns tDn="uni/tn-Sales/AbsGraph-WebGraph/AbsTermNodeCon-
                  Consumer/AbsTConn" />
              <vnsRsAbsConnectionConns tDn="uni/tn-Sales/AbsGraph-WebGraph/AbsNode-firewallnode1/
                  AbsFConn-node1outside" />
          </vnsAbsConnection>

            <vnsAbsConnection name = "1toP">
              <vnsRsAbsConnectionConns tDn="uni/tn-Sales/AbsGraph-WebGraph/AbsNode-firewallnode1/
                  AbsFConn-node1inside" />
              <vnsRsAbsConnectionConns tDn="uni/tn-Sales/AbsGraph-WebGraph/AbsTermNodeProv-
                  Provider/AbsTConn" />
            </vnsAbsConnection>

          </vnsAbsGraph>
        </fvTenant>
    </polUni>
```

콘크리트 디바이스와 콘크리트 디바이스 클러스터 정의

앞에 섹션에서는 일련의 방화벽이나 로드밸런싱 기능을 어떻게 서비스 그래프에서 정의하는가를 설명하였으며, 이렇게 추상화된 그래프를 패브릭에 연결될 서비스 자원에 맞게 설정으로 변환할 필요가 있습니다. 이 섹션에서는 패브릭에 연결된 가상 또는 물리적 어플라이언스가 컨트랙트contract에 연계되었을 때, 어떻게 추상화된 그래프를 각 어플라이언스에 맞게 변환해서 적용할 수 있도록 모델화할 것인지에 대해 설명할 것입니다.

[그림 8-14]는 서비스 인서션 설정을 설명한 것입니다. 그림의 상단은 서비스 그래프를 표현한 것이고, 하단은 서비스 그래프를 변환하기 위해 사용될 수 있는 요소들을 나타내고 있습니다.

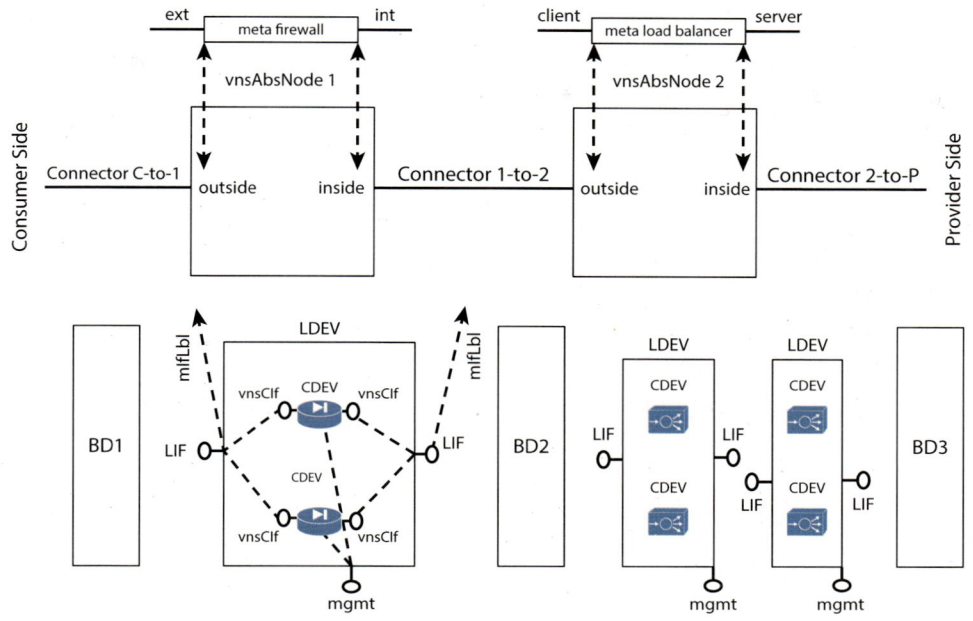

[그림 8-14] 패브릭 서비스 장비에 연계된 서비스 그래프

[그림 8-14]의 상단을 보면 vnsAbsNode1과 vnsAbsNode2 등의 vnsAbsNode 순서를 확인할 수 있으며 각 노드들은 메타디바이스metadevice를 나타내고 있습니다. 즉, vnsAbsNode1은 메타 방화벽, vnsAbsNode2는 메타 로드밸런서를 가리키고 있습니다.

[그림 8-14]의 하단은, 패브릭에서 가용한 자원을 나타내고 있으며 브리지 도메인 BD1, BD2, BD3가 있고, Active/Standby 구조의 서비스 장비 클러스터Cluster인 로지컬 디바이스logical device들이 있습니다. 하나의 로지컬 디바이스는 방화벽 클러스터이고, 나머지 두 로지컬 디바이스들은 로드밸런서의 클러스터이며, 이것이 의미하는 것은 vnsAbsNode2를 적용하기 위해, ACI는 두 가지 선택옵션을 갖고 있다는 것을 의미합니다.

[그림 8-14]는 LDev 내부를 표현한 것입니다(: LIF(LDev Interface)에 연결된 인터페이스(vnsCIf)를 가진 두 콘크리트 디바이스). 각 LIf는 또한 메타디바이스 정의(mIfLbl)에 따라 인터페이스를 정의하고 있습니다.

로지컬 디바이스와 콘크리트 디바이스 설정

[예제 8-9]는 Firewall1은 Active, Firewall2은 Standby로 구성된 두 방화벽의 클러스터를 가정한 것입니다. firewallcluster1이라는 명칭을 가진 로지컬 디바이스^{logical device}는 가상 어플라이언스의 클러스터이며, Sales라는 테넌트 내에 속해 있습니다.

예제 8-9	로지컬 디바이스의 정의

```
<polUni>
  <fvTenant dn="uni/tn-Sales" name="Sales">
      <vnsLDevVip name="firewallcluster1" devtype="VIRTUAL">
      <vnsRsMDevAtt tDn="uni/infra/mDev-ABC-1.0"/>
      <vnsRsALDevToDomP tDn="uni/vmmp-VMware/dom-datacenter"/>
      <vnsCMgmt name="devMgmt" host="172.18.66.149" port="443"/>
      <vnsCCred name="username" value="admin"/>
      <vnsCCredSecret name="password" value="password"/>

      <vnsLIf name="fwclstr1inside">
      <vnsRsMetaIf tDn="uni/infra/mDev-ABC-1.0/mIfLbl-internal"/>
      <vnsRsCIfAtt tDn="uni/tn-Sales/lDevVip-F5Virtual/cDev-FW-1/cIf-1_2"/>
      </vnsLIf>

      <vnsLIf name="fwclstr1outside">
      <vnsRsMetaIf tDn="uni/infra/mDev-ABC-1.0/mIfLbl-external"/>
      <vnsRsCIfAtt tDn="uni/tn-Sales/lDevVip-firewallcluster1/cDev-FW-1/cIf-1_1"/>
      </vnsLIf>

      </vnsLDevVip>
  </fvTenant>
</polUni>
```

관리를 위한 IP 주소(vnsCMgmt)는 어떻게 로지컬 디바이스에 연결되어 있는지를 나타냅니다. Active/Standby로 구성된 방화벽 클러스터의 IP는 유동 IP(Floating IP)이며, Acitive인 장비의 IP가 관리용 IP로 등록됩니다.

LDevVip 아래 **vnsLIF** 설정은 각 콘크리트 디바이스의 인터페이스와 클러스터 인터페이스의 연관 관계를 정의한 것이며, 또한 디바이스 패키지에 따른 인터페이스 유형을 정의한 것이기도 합니다.

로지컬 인터페이스 정의(vnsLIf)는 [예제 8-9]에서 *fwclstr1inside*와 *fwclstr1outside*로 명명한 두 인터페이스를 정의하고 있으며, Active/Standby에 상관없이 1_1과 1_2로 설정된 콘크리트 디바이스 인터페이스에 연계되어 있습니다. 이것이 의미하는 것은 현재 방화벽의 상태가 Active이든 Standby이든지에 상관 없이, 두 대 모두의 콘크리트 디바이스 *1_1*과 *1_2*와 같은 명칭의 인터페이스가 있어야 한다는 것을 의미합니다.

여기서 주의해야 할 것은, 서비스 그래프에서 정의된 인터페이스와 로지컬 디바이스 정의 부분에는 방향성에 대한 정의는 없습니다. 다만, 메타디바이스에 정의된 인터페이스에 대한 연계성을 갖게 됩니다.

[예제 8-10](가상 어플라이언스)과 [예제 8-11](물리적 어플라이언스)은 콘크리트 디바이스concrete device 정의를 나타낸 것으로, 두 예제 모두에서 두 vnsCDev 디바이스가 로지컬 디바이스를 만들고, 각 vnsCDev에는 관리용 IP 주소와 인증 정보를 설정하도록 되어 있습니다.

그리고, 그 설정에는 또한 콘크리트 디바이스에서 정의한 인터페이스가 실제 장비의 어떤 인터페이스인지를 나타내는 정의가 포함되며, **vnsRsCIfPathAtt** 설정의 경우, 패브릭의 특정 포트나 vNIC의 명칭의 정의되어 있음을 확인할 수 있습니다. 예를 들면, vnsCIF 1_1은 가상 어플라이언스의 경우 특정 vNIC에 연계되어 있으며, 물리적 어플라이언스의 경우 패브릭의 특정 물리적 포트에 연계되어 있다는 의미입니다. 이런 방법을 통해, 로지컬 디바이스를 실제 장비의 설정으로 변환할 때, 인터페이스 1_1을 어떻게 장비에 맞게 콘크리트 디바이스의 설정으로 변환을 할 지 결정하게 됩니다.

예제 8-10 가상 어플라이언스의 콘크리트 디바이스 설정

```
<polUni>
  <fvTenant dn="uni/tn-Sales" name="Sales">
   <vnsLDevVip name="firewallcluster1" devtype="VIRTUAL">

   <vnsCDev name="ASA-1" vcenterName="vcsa" vmName="vASA-1">
        <vnsCIf name="1_1" vnicName="Network adapter 2"/>
        <vnsCIf name="1_2" vnicName="Network adapter 3"/>

   <vnsCMgmt name="devMgmt" host=<mgmtIP> port="443"/>
   [...]
```

```
      <vnsCDev name="ASA-2" vcenterName="vcsa" vmName="vASA-1">
        <vnsCIf name="1_1" vnicName="Network adapter 2"/>
        <vnsCIf name="1_2" vnicName="Network adapter 3"/>

        <vnsCMgmt name="FW-2" host=<mgmt. IP> port="443"/>
        [...]

      </vnsCDev>

    </vnsLDevVip>
  </fvTenant>
</polUni>
```

예제 8-11 물리적 어플라이언스의 콘크리트 디바이스 설정

```
<polUni>
  <fvTenant dn="uni/tn-Sales" name="Sales">
    <vnsLDevVip name="firewallcluster1" devtype="PHYSICAL">

      <vnsCDev name="ASA-1">
        <vnsCIf name="1_1">
          <vnsRsCIfPathAtt tDn="topology/pod-1/paths-103/pathep-[eth1/19]"/>
        </vnsCIf>
        <vnsCIf name="1_2">
          <vnsRsCIfPathAtt tDn="topology/pod-1/paths-103/pathep-[eth1/20]"/>
        </vnsCIf>

        <vnsCMgmt name="devMgmt" host=<mgmtIP> port="443"/>
        [...]

      <vnsCDev name="ASA-2">
        <vnsCIf name="1_1">
        <vnsRsCIfPathAtt tDn="topology/pod-1/paths-103/pathep-[eth1/21]"/>
        </vnsCIf>
        <vnsCIf name="1_2">
          <vnsRsCIfPathAtt tDn="topology/pod-1/paths-103/pathep-[eth1/22]"/>
```

```
        </vnsCIf>
        <vnsCMgmt name="FW-2" host=<mgmt. IP> port="443"/>
        [...]


        </vnsCDev>


      </vnsLDevVip>
    </fvTenant>
  </polUni>
```

로지컬 디바이스 컨텍스트(클러스터 디바이스 실렉터) 설정

서비스 그래프에서 vnsAbsNode(앱스트랙트 노드)를 장비의 설정으로 변환할 때, 어떤 로지컬 디바이스를 선택할 지에 대한 결정은 서비스 그래프의 논리적 정의와 콘크리트 렌더링^{rendering}을 연계하는데 사용되는 메타태그^{metatag}들의 집합인 컨텍스트^{context} 정의에 기반하며, 메타태그는 컨트랙트 명칭^{contract name}, 그래프 명칭^{graph name}, 노드 레이블^{node label} 등으로 구성되어 있습니다. 로지컬 디바이스 컨텍스트는 어떤 로지컬 디바이스를 서비스 그래프 렌더링에 사용할 것인가에 대한 정의뿐만 아니라, 로지컬 디바이스의 인터페이스가 어느 브리지 도메인에 연결되어야 하는 지까지 함께 정의되어 있습니다. [예제 8-12]는 어떻게 이러한 연계 설정이 정의되는 지를 설명하고 있습니다.

예제 8-12	로지컬 디바이스 컨텍스트 기본 설정

```
<vnsLDevCtx
ctrctNameOrLbl=<name of the contract>
  graphNameOrLbl=<name of the graph>
  nodeNameOrLbl=<name of the node in the graph, e.g. N1>
/>
```

[예제 8-13]은 firewallcluster1이라고 설정된 방화벽 클러스터가 webCtrct 컨트랙트에 연계된 WebGraph라는 서비스 그래프의 firewallnode1 노드를 변환^{rendering}하는 설정을 나타내고 있습니다. 이 예제의 설정은 또한 서비스 그래프에서 1toP라는 레이블을 가진 커넥터^{Connector}가 fwclstr1inside라는 명칭을 가진 firewallcluter1에 의해 변환될 수 있다는 내용도 포함되어 있습니다.

```
<vnsLDevCtx ctrctNameOrLbl="webCtrct" graphNameOrLbl="WebGraph"
nodeNameOrLbl="firewallnode1">
    <vnsRsLDevCtxToLDev tDn="uni/tn-Sales/lDevVip-firewallcluster1"/>
    <vnsLIfCtx connNameOrLbl="1toP">
        <vnsRsLIfCtxToLIf tDn="uni/tn-Sales/lDevVip-firewallcluster1/lIf-fwclstr1inside"/>
        <vnsRsLIfCtxToBD tDn="uni/tn-Sales/BD-SalesBDApp"/>
    </vnsLIfCtx>
    <vnsLIfCtx connNameOrLbl="Cto1">
        <vnsRsLIfCtxToLIf tDn="uni/tn-Sales/lDevVip-firewallcluster1/lIf-fwclstr1outside"/>
        <vnsRsLIfCtxToBD tDn="uni/tn-Sales/BD-SalesBDWeb"/>
    </vnsLIfCtx>
</vnsLDevCtx>
```

명칭 설정(Naming) 요약

이 섹션에선는 서비스 그래프를 성공적으로 설정하기 위해, 꼭 이해가 필요한 핵심 용어들을 정리하였습니다.

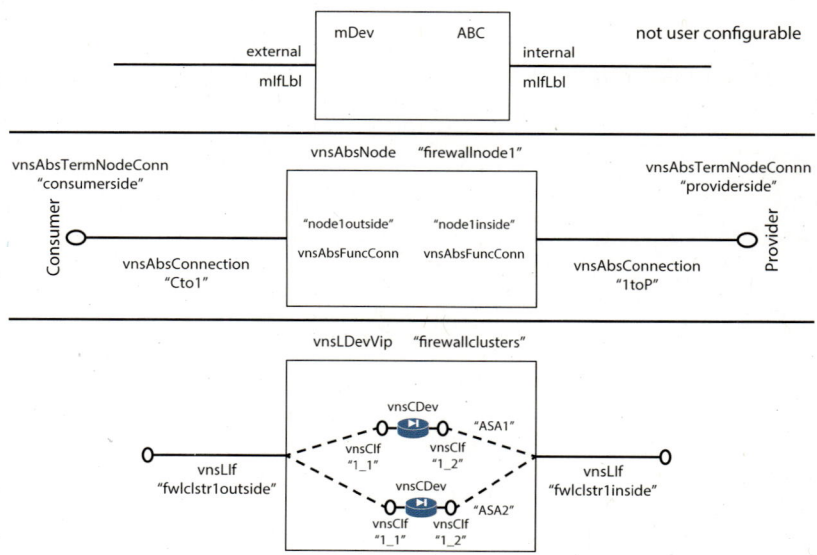

[그림 8-15] 서비스 그래프 구성 요소의 명칭 설정(Naming)

[그림 8-15]는 각 설정 객체object를 정의한 XML 태그(Tag)의 명칭을 나타내고 있으며, 관리자들에 의해 정의된 그 명칭들은 부호로 표기되고 있습니다.

위의 내용을 이해하기 위해, 아래 [표 8-1]을 참조하십시요.

[표 8-1] 서비스 그래프 구성 요소에서 사용되는 있는 명칭 규칙

메타디바이스	콘크리트 디바이스	디바이스 자체	디바이스의 클러스터: LDev	추상화 노드	로지컬 디바이스 컨텍스트
mFunc용 mConn 디바이스를 위한 mIfLb1	vNIC 또는 물리적 인터페이스 경로에 맵핑될 vnsCIF	예를 들어, 1.1은 시스코 APIC을 1_1로, gig0/0은 Gig0_0을 참조할 수 있다.	vnsLIf는 mDev의 mIfLb1과 vnsCIf에 대한 참조를 포함한다.	vnsAbs FuncConn	connName OrLb1

 요약

시스코 ACI는 애플리케이션 구축 과정에 네트워크 구축을 형상화한 추상 네트워킹abstract networking이라는 향상된 네트워크 구성 방법론을 제공하고 있으며, 아울러 원격 측정telemetry, 보안, L4–L7 서비스의 자동화 기능을 함께 제공합니다.

서비스 그래프는 로드밸런싱, 트래픽 필터링filtering처럼 서비스들의 구체적인 기능이 아닌 그 서비스를 추상화(abstract)하는 방식으로 정의하기 위한 개념입니다.

시스코 APIC은 패브릭 내에 가용 가능한 자원 사용하기 위해, 서비스 그래프를 설정 값으로 변환하여 서비스 장비에게 전달합니다. 이러한 기능들은 APIC GUI, 파이썬 프로그래밍, REST API 등을 통해 수행될 수 있습니다.

TENANT

HEALTH SCORE
78%

LATENCY
5 Microsecond(s)

DROP COUNT
25 Packets Dropped

VISIBILITY
16 VMs ☑ Application Delivery Controller
8 Physical ☑ Firewall

APPLICATIO

HEALTH SCORE
96%

LATENCY
2 Microsecond(s)

DROP COUNT
0 Packets Dropped

VISIBILITY
16 VMs ☑ Application Delivery Controller
8 Physical ☑ Firewall

Enabled by Physical and Virtual Integration

향상된 텔레메트리 (원격 측정)

패브릭의 네트워크 장비가 증가함에 따라 장애 처리에 대한 어려움과 관련 이벤트 또한 함께 증가하고 있으며, 설상가상으로 분산되고 모바일화 된 서버 및 네트워크 트래픽들로 인해 그 복잡성은 더해가고 있습니다. 이와 함께, 공유 자원 환경에서 SLA(service level aggreement) 모니터링에 대한 기대는 점점 높아지고 있으며, ACI는 이렇게 변화된 새로운 요구 사항을 반영할 수 있도록, 새로운 모니터링 기술들을 추가하였습니다.

- 아토믹 카운터(atomic counter)
- 레이턴시 매트릭(latency metric)
- 헬스 스코어(health score: 건전성 점수) 및 헬스 모니터링(health monitoring: 건전성 모니터링)

새로운 원격 측정(telemetry) 툴은 네트워크 관리자가 빠르게 네트워크의 문제를 정의할 수 있도록, 효율적인 문제 해결 방법을 제공하고 있습니다.

이 섹션에서는, 아토믹 카운터(atomic counter)의 원리를 설명하고, 시스코 APIC에 어떻게 통합할 것인지에 대한 예를 설명할 것입니다.

⠿ 원리

ACI 패브릭 아토믹 카운터(atomic counter)는 세밀하게 계측한 패킷과 바이트(byte)의 양을 가리키며, 여기서 아토믹(atomic: 원자)은 패브릭에서의 위치에 상관없이 서버 간에 존재하는 지연 또는 거리에 대한 총량에 대해 일관된 값을 제공한다는 것을 의미합니다.

예를 들면, 특정 호스트에서 전송되는 FTP 패킷의 수를 셀 수 있도록 아토믹 카운터가 설정되어 있고, 호스트가 L1 Leaf 스위치에서 스파인 스위치를 거쳐 L2 Leaf 스위치로 10,005개의 FTP 패킷을 보냈다고 가정해 보겠습니다. 이 때 L1 Leaf 스위치에서 산정된 값과 L2 Leaf 스위치에서의 값이 정확하게 일치한다면 문제가 없는 것으로 판단합니다. 심지어는 그 트래픽이 무엇인지에 상관없이 값이 같기만 하면 됩니다. 예를 들면 그 값이 0에서 10,005 사이이면, 그 시점이 언제인지에 상관없이 L1과 L2 스위치에서 같은 값만 확인되면 된다는 뜻입니다. 이것은 단순히 세세하게 아토믹 카운터를 산정하려고 하는 것이 아니라 시간에 상관없이 패킷 수와 함께 패킷의 크기, 즉 바이트(byte)를 함께 계산하여, 업데이트하기 때문에 가능한 것입니다. 즉, 다시 말해 네트워크의 모든 트래픽에 대한 아토믹 카운터에 대한 계산이 완료되기 전에, 패킷 업데이트를 통해 그것에 대한 보정 절차를 거친다는 것을 의미합니다. 그리고 모든 아토믹 카운터에 대한 업데이트가 끝나면 ACI 패브릭은 새로운 패킷에 대한 모든 계측이 끝날 때까지 아토믹 카운터에 대한 보정 작업을 중단합니다.

카운트(업데이트)의 누락을 방지하기 위해 두 세트의 카운터가 유지됩니다. 하나의 세트가 읽혀지고 있는 동안, 나머지 하나는 업데이트되고 있으며, 이러한 세트들을 짝수(even) 세트와 홀수(odd) 세트라고 하고, 이 두 세트는 하나의 카운터 쌍(Pair)을 이룹니다. 패킷의 헤더에는 마커 비트 세트(marker bit set) 필드가 있는데, 이 필드의 값 설정 유무에 따라, 업데이트 유무가 결정됩니다. 예를 들면, 마커 비트에 아무런 값이 설정되어 있지 않으면, 홀수 카운터가 업데이트되고, 비트에 값이 설정되어 있으면, 짝수 카운터가 업데이트됩니다. 그리고, 이러한 기능을 더욱 효율적으로 활용하기 위해, 필터를 적용하여 N 카운터를 업데이트 여부를 결정할 수 있습니다. 두 세트의 카운터 중에, 어떤 카운터를 업데이트할 것인가는 TCAM(Ternary content-addressable memory: 단일 클록 싸이클 내에서 전체 컨텐트(Content)를 검색할 수 있도록 특화된 고속의 메모리)에서 결정되며, 이 때 패킷의 마커 비트 값을 통해 시스템에게 업데이트해야 할 카운터를 알려주게 됩니다. 이러한 기능의 장점은 시스템이 동시에 여러 종류의 트래픽을 카운트할 수 있도록 한다는 점이며, FTP 트래픽과 웹 트래픽을 동시에 카운트하는 것과 같이 모니터링이 가능하게 됩니다.

:: 상세 설명과 예제

마커 비트는 VxLAN 헤더의 M 비트에 설정되며, M 비트는 패킷이 카운트될 아토믹 카운터 뱅크^{bank}를 가리키며 [그림 9-1]에서와 같이, 0은 홀수 세트를, 1은 짝수 세트를 의미합니다.

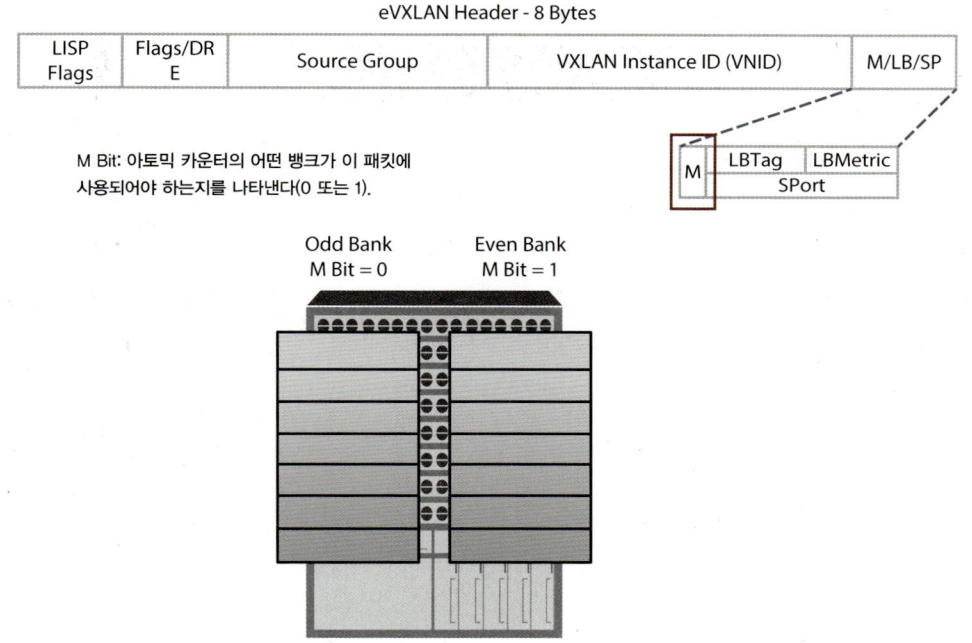

[그림 9-1] VxLAN 헤더의 아토믹 카운터

앞의 섹션에서 설명했듯이, 물리학적으로 이동중인 패킷을 다수의 노드에서 동시에 카운터하는 것은 불가능하며, 일부 수치는 누락될 수 있습니다. 그러한 이유로, 카운팅의 일관성 유지를 위해, 홀수 뱅크와 짝수 뱅크를 구분하고, 교대로 업데이트하는 것이며, 카운터는 시간과 상관없이 패킷만을 카운트하게 됩니다.

[그림 9-2]의 예제에서는, 트랙픽이 두 가상 서버^{VM} 간에 트래픽 흐름을 나타내고 있습니다. 한 대의 가상 서버는 Leaf2에 연결되어 있고, 나머지 한 대는 Leaf5에 연결되어 있습니다. 패킷들은 Leaf2와 Leaf5사이의 4대의 Spine 스위치 모두 이용해서, 4개의 경로로 전송되고 있습니다. 여기

서, 주의해야할 것은 경로1에서 Leaf 5가 받은 패킷이 Leaf 2가 보낸 것 보다 2개가 적다는 점이며, 이것은 2개의 패킷이 아직도 패브릭 내에서 처리 중에 있다는 것을 의미합니다. 아토믹 카운터의 장점은, 패브릭 내에서 패킷에 대한 손실 여부와 같은 이슈를 빠르게 정의하고, 어디에서 문제가 되고 있는 지를 확인할 수 있다는 것입니다.

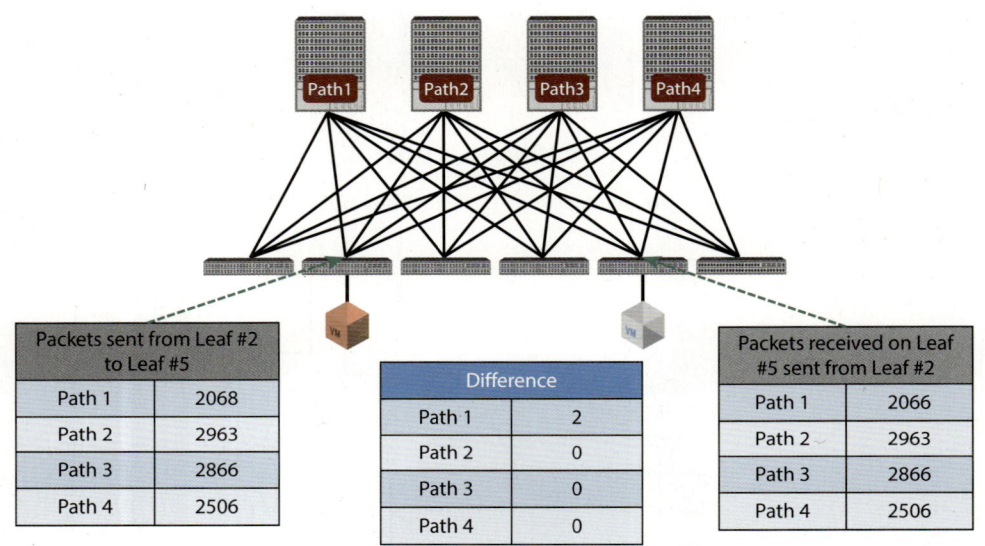

[그림 9-2] 아토믹 카운터 계측 과정의 예

:: 아토믹 카운터와 APIC

장애 처리를 위해 유용하게 사용될 수 있도록 APIC에서 아토믹 카운터를 선별하여 정의할 수 있으며, 사용자가 정의한 트래픽 모니터링을 위해, 카운터의 두 번째 뱅크가 사용됩니다. 사용자 정의 기반의 카운터는 패킷이 TCAM에 설정된 엔트리와 일치하고, 홀수나 짝수 비트가 설정되어 있는 경우에만 증가하며, 이 때 TCAM에 설정된 엔트리는 APIC의 정책에 의해 정의되고, 모든 노드에 적용됩니다. 매칭 엔트리에 사용되는 항목은 EPG, IP 주소, TCP/UDP 포트 넘버, 테넌트, VRF, 브릿지 도메인 등이며, 이 항목들을 적용하여 APIC은 카운터들을 추출하고 연관 관계를 지을 수 있습니다. 이러한 내용은 [그림 9-3]에서 설명되고 있습니다.

이런 장점으로 인해 사용자는 무엇을 모니터링할지에 대한 결정의 유연성을 확보할 수 있습니다. 예를 들면, 사용자는 두 엔드포인트 간의 아토믹 카운터를 모니터링할 수 있도록 설정할 수 있으며, 또한 애플리케이션 네트워크 프로파일Application Network Profile 내의 장비나 EPG 또는 테넌트tenant 내의

EP 간의 트래픽 모니터링도 설정이 가능합니다. 시스코 ACI는 아토믹 카운터를 통해 사용자에게 높은 수준의 가시성과 호스트 별로 세밀한 모니터링 기능을 제공할 수 있습니다.

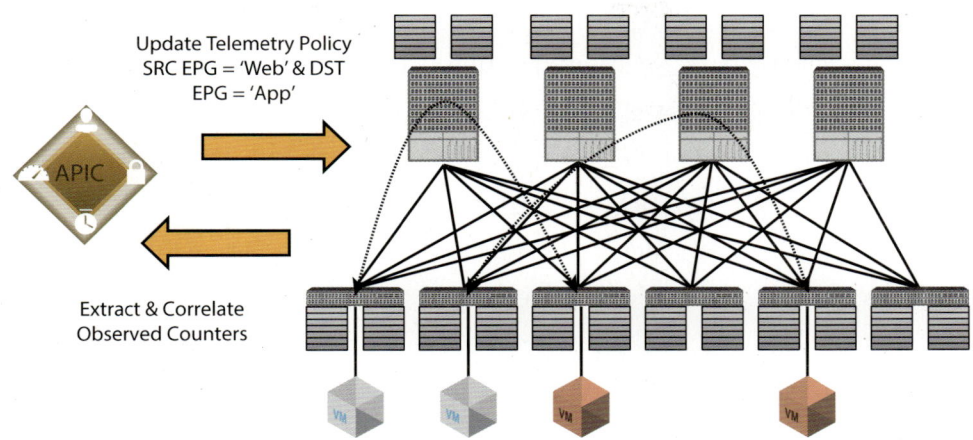

[그림 9-3] 브리지 도메인, 테넌트, EPG, 호스트에 대한 아토믹 카운터의 설정하기 위한 APIC의 역할.

레이턴시 메트릭

ACI 패브릭은 전송 지연이나 leaf 또는 스파인 단위의 장애 처리를 위해 패브릭상의 지연을 1초 미만으로 측정할 수 있는 기능을 제공하고 있습니다. ACI 패브릭 스위치는 PPS(Pulse Per Second) 하드웨어 입력 포트를 갖고 있으며 이 포트를 통해 나노^{nano} 단위의 정확성을 보장하는 외부 시간 장치$^{clock\ source}$와 연결하여, 그 장치의 시간과 동기화할 수 있습니다. [그림 9-4]는 PPS 포트를 그림과 사진으로 설명하고 있습니다.

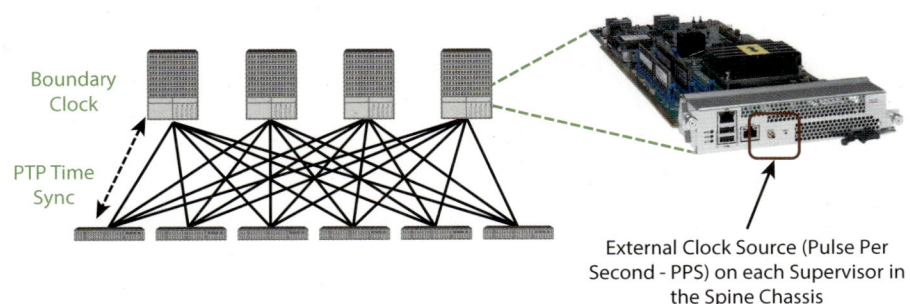

[그림 9-4] ACI 패브릭 PTP 지원

PPS 포트 동기화가 PTP(Precision Time Protocol)를 지원하기 위해 필수적인 것은 아니지만 IEEE 1588 프로토콜이 여러 장비를 거쳐 전달되지 않기 때문에 패브릭 시간 동기화가 더욱 정확해 질 수 있습니다. IEEE 1588에 정의된 PTP를 통해 외부의 기준 서버(source)와 시간이 동기화된 스위치는, 다른 ACI 패브릭 스위치들의 시간을 동기화하기 위한 PTP 기준 서버가 될 수 있습니다. 그리고, 이렇게 시간이 동기화된 각 leaf 스위치들은 다시 서버나 어플라이언스들의 PTP 기준 서버가 될 수 있지만, 그 서버나 어플라이언스들의 지연 측정을 위한 ACI 패브릭의 특화된 기능의 범주에 포함되지는 않습니다. PTP를 이용하여 각 스위치들은 시간을 동기화되고, 모든 패킷들은 PTP 타임스탬프 timestamp를 가지며, 이 타이스탬프는 모든 패브릭 스위치에서 기록됩니다. 각 스위치들은 타임스탬프를 읽고 기록함으로써, 하드웨어 수준의 지연 성능을 모니터링하고, ACI 패브릭을 통과하는 트래픽들의 종단간(end to end) 하드웨어 지연에 대한 실시간 데이터를 제공하게 됩니다. 그리고, 이렇게 누적된 데이터는 종단간 지연 성능을 분석하는 유용한 정보를 제공하며, 버퍼링 buffering 처럼 패브릭 내에서 지연요소가 발생하는 지점을 파악하는데 도움을 주게 되며 ACI API 모델 기반으로 실시간 모니터링 툴(tool)을 구축하면, ACI 패브릭 어느 구간에서 발생하는 지연도 모니터링이 가능해집니다.

ACI 패브릭에서 모니터링하는 지연 측정 요소에는 다음과 같은 3가지가 있습니다 :

• 최대 576대의 스위치의 포트 별 평균, 최대, 누적 지연 및 지터(jitter)
• 최대 576대의 스위치의 포트 별 모든 패킷의 99%까지 지연 기록
• 최대 576대의 스위치에 대한 48 버킷 막대형 그래프 지연 분산(dispersion)을 나타내는 버킷 막대 그래프 (bucket histogram)

 ACI 헬스(건전성) 모니터링

시스코 ACI 헬스 모니터링(health monitoring)은 [그림 9-5]에서 설명하는 것처럼, ACI 패브릭을 모니터링하기 위해, 4가지의 주요 기능들이 있습니다.

• 통계 수집(Collecting)
• 장애 및 이벤트 수집
• 로그 및 진단 분석 내용 수집
• 헬스 스코어(health score: 건전성 점수) 결과 계산

ACI 헬스 모니터링은 패브릭 전체에 적용 가능하며, 이것은 스위치뿐만 아니라 컨트롤러도 포함하

는 개념입니다. ACI는 또한 로드밸런서나 방화벽 같은 서비스 장비뿐만 아니라, 하이퍼바이저나 가상 서버의 정보도 입력 받을 수 있습니다.

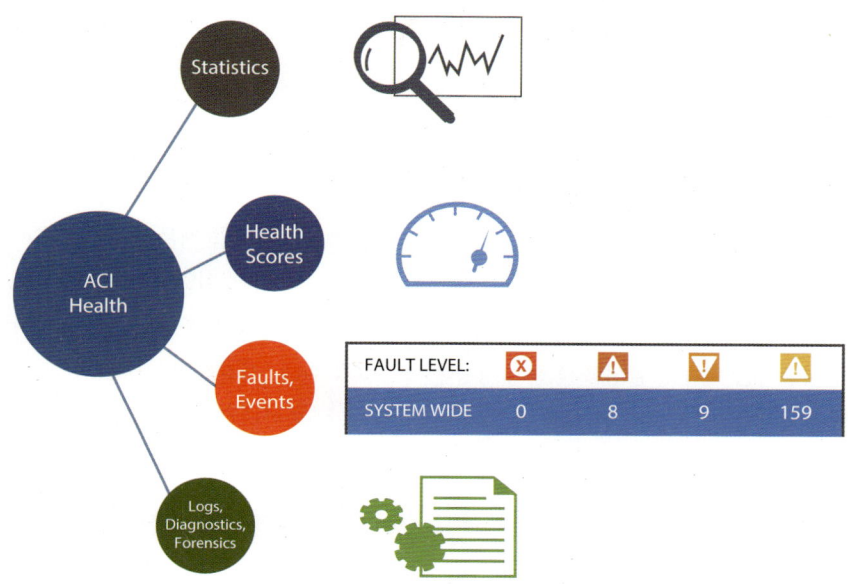

[그림 9-5] ACI의 헬스 모니터링 항목

통계(Statistics)

ACI 헬스 모니터링 에이전트(agent)는 아래와 같은 다양한 통계 값들을 모니터링합니다:

- **물리적 포트의 정보:** 패킷 통계, 인터페이스 통계, 대역폭 사용율(bandwidth utilization), 패킷 손실(drop), 에러(error)
- **컨트롤 플레인 자원(control plane pesource):** 메모리 가용성, CPU 사용율, 지연, 디스크 크기 등
- **환경 정보:** 온도, 팬 속도(fan speed), 전원
- **네트워크 자원:** 테이블 사용율
- **EPG 모니터링:** 수신 또는 전송, 보안 규칙 위배 등에 대한 유니캐스트와 멀티캐스트에 대한 엔드포인트 패킷 통계 등

그리고, ACI 헬스 모니터링 에이전트(agent)는 통계 값들을 3가지의 범주로 분류합니다:

- **인프라 통계(infrastructure statistics):** 스위치 번호, 라인 카드 번호, 포트 번호 같은 물리적 통계를 위한 대상 범위(target group)을 선정하고, 그것들로부터 통계 수집.

- **테넌트 통계**(tenant statistics)**:** 각 테넌트의 애플리케이션 네트워크 프로파일, EPG, 엔드포인트 등의 데이터에 대한 정보를 수집.
- **경로 통계**(path statistics)**:** 패킷의 출발지(source)에서 목적지(destination) 간의 경로가 되는 Spine과 Leaf 스위치 정보를 포함한 상세한 EPG 정보 제공.

이러한 다차원적 통계 기법은 ACI 사용자가 별도의 툴을 사용하여 통계를 수집하고 문제를 정의할 필요 없이, 많은 시스템으로부터 동시에 실시간으로 정보를 제공받아, 문제가 있는 것으로 판단되는 특정 사용자나 노드를 정의하고, 애플리케이션이나 패브릭 인프라스트럭처의 이슈에 대한 범위를 매우 빠르게 정의하도록 모니터링할 수 있습니다. 그리고, 이러한 패브릭 통계는 계속해서 누적되며, 애플리케이션과 패브릭에 대한 정보 중에서 문제가 되거나 관심이 될 만한 정보로 그 범위를 매우 빠르게 좁힐 수 있도록 합니다. 그리고, 패브릭 전체에 대한 통계 정보는 계속해서 기록되기 때문에 사용자는 이슈가 발생하기 전의 상황을 파악하기 위해, 시간대 별, 날짜 별, 주간 별로 데이터를 쉽게 검색할 수 있으며, 이러한 ACI의 통계적 기능은 데이터간 상관 관계를 분석하고, 문제점을 빠르게 찾아 내는데 유용합니다.

아래 섹션에서 설명된 모든 절차들은 GUI 또는 APIC의 API를 통해 확인할 수 있습니다.

ACI의 패브릭 장애 해결(troubleshooting) 절차에는 [그림 9-6]에서와 같이 4단계로 구분되며, 앞의 2단계는 ongoing이며, 나머지 두 단계는 좀 더 세밀한 분석을 위한 단계인 on demand입니다.

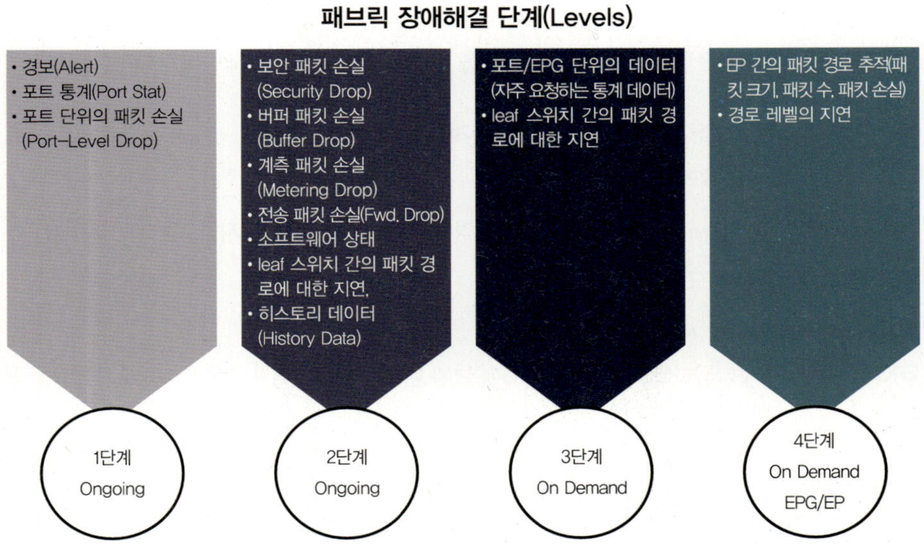

패브릭 장애해결 단계(Levels)

1단계 Ongoing
- 경보(Alert)
- 포트 통계(Port Stat)
- 포트 단위의 패킷 손실 (Port-Level Drop)

2단계 Ongoing
- 보안 패킷 손실 (Security Drop)
- 버퍼 패킷 손실 (Buffer Drop)
- 계측 패킷 손실 (Metering Drop)
- 전송 패킷 손실(Fwd. Drop)
- 소프트웨어 상태
- leaf 스위치 간의 패킷 경로에 대한 지연,
- 히스토리 데이터 (History Data)

3단계 On Demand
- 포트/EPG 단위의 데이터 (자주 요청하는 통계 데이터)
- leaf 스위치 간의 패킷 경로에 대한 지연

4단계 On Demand EPG/EP
- EP 간의 패킷 경로 추적(패킷 크기, 패킷 수, 패킷 손실)
- 경로 레벨의 지연

[그림 9-6] ACI 패브릭 장애 해결(Troubleshooting) 단계

:: 장애 관리

ACI에서 발생하는 장애는, 장애 에이전트(fault agent)에서 확인되며, 정책 및 포트와 같은 관리형 객체(managed object)로 명시적 표현되고, 장애 등급^severity, ID, description 등과 같은 속성을 갖고 있습니다. 또한, 장애는 추적이 가능하고 변경도 가능하며, 그 생존 주기^lifecycle는 시스템에 의해 결정되며, 다른 ACI 모니터링 기능과 마찬가지로 표준 API로 쿼리^query가 가능합니다.

장애는 스위치 운영 체제(switch operating system: NX-OS)에 의해 감지되며, NX-OS 프로세스는 감지된 사항을 스위치의 장애 관리자^fault manager에게 알리고, 장애 관리자^fault manager는 ACI 객체 정보 모델(object information model)에 장애 인스턴스^fault instance를 생성하고, 장애 정책에 따라 생존주기(lifecycle)을 관리합니다. 최종적으로, 장애 관리자는 상태 변화 사실을 컨트롤러에게 알리고, 필요한 경우 로그 메시지(syslog message) 같은 추가 조치^action를 취할 수 있으며, [그림 9-7]은 장애와 이벤트 관리 절차를 설명하고 있습니다.

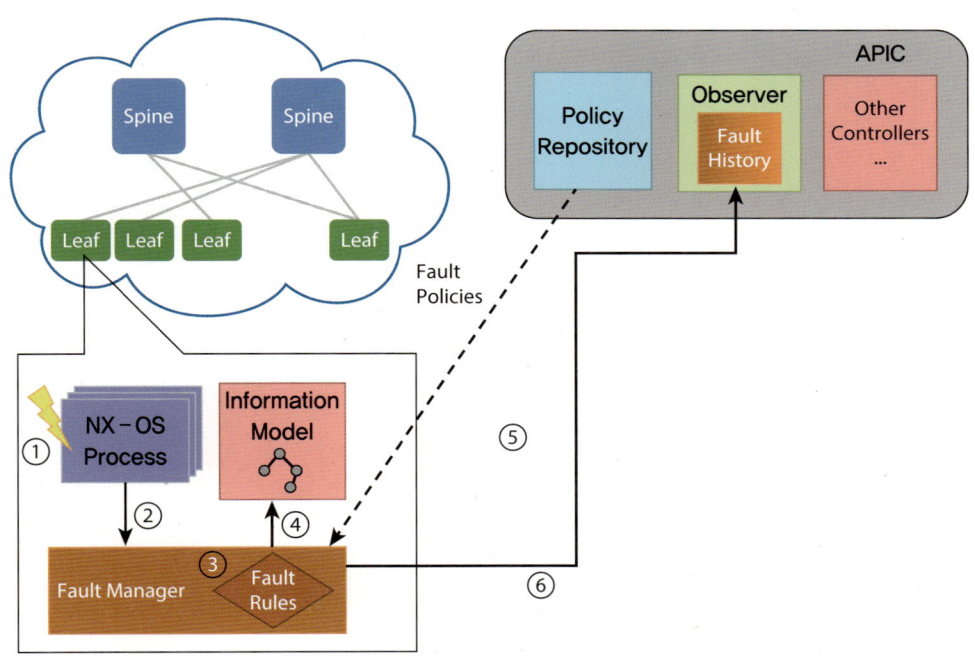

[그림 9-7] 장애 관리 흐름도

APIC은 관리형 객체(MO: managed object)의 집합체인 ACI 패브릭 시스템에 대한 관리 및 상태 정보에 대한 포괄적이고 최신의, 실시간 정보를 관리합니다. 이러한 모델은 장애를 변경^mutable,

유지stable, 지속persistence MO로 구분합니다. 컴포넌트 장애나 알람 같은 특정 조건의 이벤트가 발생하면, 시스템은 장애fault와 연관된 MO 하위 차일드 객체(child object)로서 MO를 생성합니다.

장애 객체 클래스(fault object class)에서, 장애 조건은 상위 객체 클래스(parent object class)의 장애 규정 규칙(fault rule)에 의해 정의되며 대부분의 경우, 장애 관리형 객체(MO: managed object)는 특정한 장애 조건과 일치할 때, 시스템의 의해 자동으로 생성되고, 보고되고, 소멸됩니다. 그리고, 이미 생성된 장애 관리형 객체(fault MO)와 동일한 상황이나 장애가 지속적으로 발생한다면, 추가적인 관리 객체의 인스턴스instance를 별도로 생성하지는 않지만, 장애 상황이 계속되는 동안 장애 관리형 객체는 계속해서 시스템에 남아 있게 됩니다. 장애 관리형 객체(MO)는 장애 수집collection과 유지retention 정책에 정의된 설정에 따라 제거됩니다.

장애 관리형 객체(fault MO)는 상황이 종료되기 전에는 읽기 전용(read-only) 상태를 유지하지만, 사용자가 확인acknowlege한 후에는 삭제도 가능합니다. 장애 관리형 객체(fault MO)의 생성은 FSM(finite state machine: 유한 상태 머신)의 변화, 컴포넌트 장애 감지, 다양한 장애 정책에 의해 정의된 조건과 같은 내부 프로세스internal process에 의해 시작되며, 일부 장애 정책은 사용자가 직접 정의할 수도 있고 헬스 스코어, 데이터 트래픽, 온도 같은 통계적 측정 값에 대한 임계값threshold을 사용자가 정의할 수 있습니다.

관리 정보 모델(management information model)의 패키지는 관련된 클래스와 객체들을 모아 놓은 것으로, 시스코 APIC 관리 정보 모델 레퍼런스(*APIC Management Model Reference*)의, 장애 패키지는 장애 관련된 객체 클래스들을 관리하며, 각 패키지는 장애 객체fault object, 장애 기록fault record, 장애 로그fault log 등으로 구성되어 있습니다.

장애 객체들은 다음과 같은 두 클래스로 표현됩니다:

 장애 객체(fault object) 클래스

- **fault:inst**
  MO에서 장애가 발생하면, 장애가 발생한 MO 밑에 장애 인스턴스 MO가 생성됨

- **fault:Delegate**
  확인 절차를 거치지 않고 그냥 넘어갈 수 있는 장애에 대한 가시성을 높이기 위해, 일부 장애는 논리적 MO에 장애 위임 MO(fault delegate MO)를 생성하며, 장애가 발생한 MO의 식별자(identity)를 장애 위임 MO의 fault:Delegate:affected 속성에 저장.

시스템이 여러 스위치에 연결된 EPG에 설정을 시도하던 중에, 하나의 스위치에 문제가 발생했다고 가정했을 때, 시스템은 그 이슈에 영향을 받는 그 스위치의 노드 객체(node object)에 대한 장애(Fault – fault:Inst) 객체를 생성하고, 장애 객체와 상응하는 장애 위임(fault delegate – fault:Delegate) 객체를 EPG에 생성합니다. 장애 위임 객체는 장애가 발생한 위치에 상관없이, EPG와 관련된 모든 장애를 한 곳에서 확인 할 수 있습니다.

모든 장애에 대해 장애 레코드 객체(fault record object, fault:Record)가 장애 로그fault log에 생성되며, 장애 인스턴스 객체(fault instance object)의 상태 변화를 기록한 객체이며, 수정은 불가능합니다. 기록 생성은 장애 인스턴스 MO 생성creation 및 삭제delete 또는 장애 인스턴스 객체의 장애 등급, 생명주기lifecycle, 확인acknowledge과 같은 핵심 속성 수정modification에 의해 트리거trigger 됩니다. 장애 인스턴스 객체가 수정이 가능하지만, 장애 기록 객체는 수정이 불가능하며, 레코드의 모든 요소에는 레코드 객체가 생성된 시간이 설정되어 있습니다.

레코드 객체는 장애 인스턴스 객체의 전체 스냅샷snapshot을 관리하며, 논리적으로 단일 컨테이너container에서 플랫 리스트(flat list)로 구성되어 있습니다. 레코드 객체는 장애 인스턴스의 스냅샷에서 상속된 속성 뿐만 아니라, 장애등급(severity – original, highest, previous), 확인acknowledgment, 반복occurrence, 생명주기lifecycle 등과 같은 인스턴스 객체(fault:Inst)에 상응하는 속성들로 구성되어 있습니다. 레코드는 시간 기반의 필터 또는 장애 등급, 영향 받은 DN 같은 속성 필터를 이용하여 질의query가 가능합니다.

장애 레코드 객체가 생성되면 장애 로그에 추가되며, 레코드 객체 생성은 시스로그syslog, SNMP 트랩trap 및 기타 다른 도구로 외부 서버로 레코드를 전송export할 때, 트리거trigger 됩니다.

마지막으로, 장애 로그는 장애 레코드를 유지하고 관리하며, 새로운 장애 레코드 저장할 공간이 부족할 때만, 장애 레코드를 삭제합니다. 로그 공간의 가용여부availability에 따라, 장애 레코드는 장애 로그에 유지 되거나 삭제됩니다. 유지와 삭제는 장애 레코드 유지 정책(fault record retention policy, fault:ARetP) 객체에 정의되어 있습니다.

다음 페이지의 [표 9-1]은 장애 유형과 그것에 대한 설명을 나타내고 있습니다.

[표 9-1] 장애 유형

유형	설명
Generic(포괄)	포괄적인 이슈
Equipment(장비)	물리적인 요소에 작동하지 않거나 다른 기능적인 이슈
Configuration(설정)	장비에 설정이 불가능한 이슈
Connectivity(연결)	어댑터 이슈 같은 연결 문제
Environmental(환경)	전원, 발열, 전압, CMOS 상실 등의 이슈
Management(관리)	중요 서비스가 시작되지 않거나, 펌웨어(Firmware) 버전의 호환선 이슈
Network(네트워크)	링크 다운과 같은 네트워크 이슈
Operational(운영)	로그 용량 초과나 문제된 장비 발견과 같은 운영상의 이슈

장애 모니터링에는 생명 주기lifecycle이 있으며, 그 생명 주기 동안 상태 단계state에 변화가 발생할 때마다, APIC 장애 관리형 객체MO가 생성됩니다. 정해진 시간을 넘어 지속되는 장애의 등급은 변경될 수 있듯이, 상태 단계의 변경modification은 장애 등급의 변경을 야기할 수 있습니다. 상태 단계의 각 변화는 단계에 따라 장애 레코드를 생성하고, 설정에 따라 시스 로그 또는 외부 리포트를 생성할 수 있습니다. 각 페어런트parent MO에는 하나의 장애 MO 인스턴스만 존재할 수 있으며, 장애 MO가 존재하는 상황에서 동일한 장애가 발생하면, APIC은 새로운 MO를 생성하지 않고, 장애 횟수occurrence만을 증가시킵니다. [그림 9-8]에서는 생명 주기lifecycle를 설명하고 있습니다.

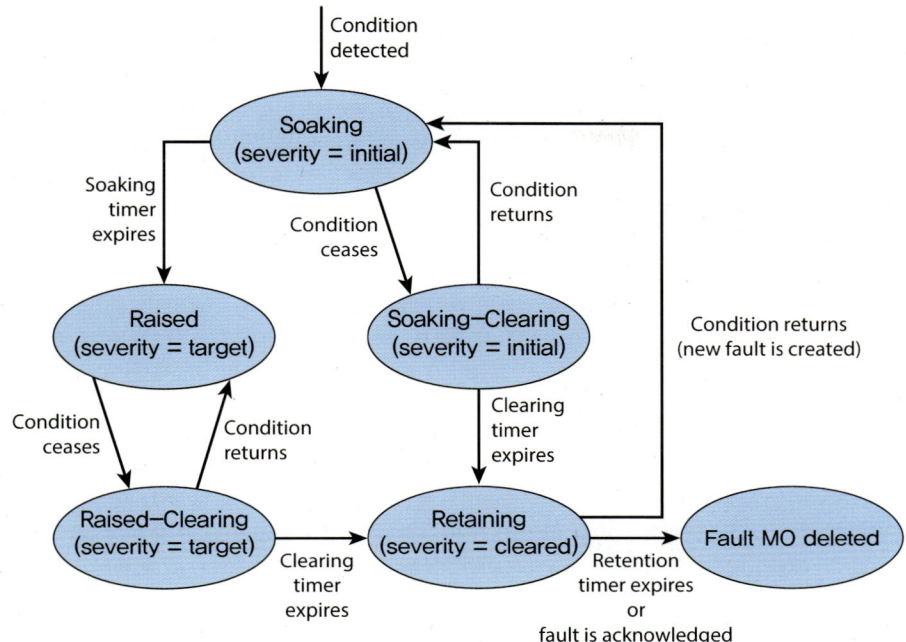

[그림 9-8] 장애 생명 주기(fault lifecycle)

각 상태^{state}의 특징은 아래와 같습니다:

 상태 단계별 특징

■ **쏘킹**(Soaking)

장애 조건과 일치하는 상황이 발생했을 때 장애 관리형 객체(MO)는 생성되며, 생성 후 최초 단계를 'Soaking'이라고 하며, 최초의 장애 등급은 장애 클래스에 정의된 장애 정책에 의해 결정됩니다. 일부 장애는 특정 주기 이상 유지되는 경우에만 의미가 있을 수 있어, 장애 정책에 규정된 대로 쏘킹 인터벌(soaking interval)을 시작합니다. 쏘킹 인터벌 동안, 시스템은 장애 상황이 지속되는지 여부와 완화와 재발생 여부를 관측하게 되며 쏘킹 인터벌이 종료가 되면, 다음 단계는 장애 상황의 지속 여부에 따라 결정됩니다.

■ **쏘킹 클리어링**(soaking-clearing)

장애 상황이 쏘킹 인터벌 동안 완화되었다면, 장애 관리 객체는 최초 장애 등급을 유지하며, 쏘킹 클리어링 상태로 들어가게 되고, 쏘킹 클리어링 인터벌(Soaking Clearing interval)을 시작합니다. 그리고, 쏘킹 클리어링 인터벌 기간 내에 기존 장애 동일한 상황이 발생한다면, 장애 관리 객체는 쏘킹 상태로 회기합니다. 반대로, 장애 상황이 재현되지 않으면, 장애 관리 객체는 유지(Retaining) 상태로 들어갑니다.

■ **레이즈드**(Raised)

쏘킹 인터벌이 종료되었음에도 불구하고, 장애가 지속된다면, 장애 관리 객체는 레이즈드(Raised) 상태에 들어 갑니다. 지속적인 장애의 발생은 일회성의 장애보다 심각한 상황을 연출할 수 있기에, 장애 관리형 객체에는 장애 클래스에 대한 장애 정책에 정의된 새로운 장애 등급이 부여됩니다. 장애 관리형 객체는 장애 상황이 완화될 때까지 새로 부여된 장애 등급을 유지하며, 레이즈드 상태에 머물게 됩니다.

■ **레이즈드 클리어링**(Raised Clearing)

레이즈드 상태에서 장애 관리 객체의 상태가 호전되면, 장애 관리 객체는 레이즈트 클리어링(Raised Clearing) 상태에 진입하지만, 레이즈드 상태에서 부여 받은 장애 등급은 유지됩니다. 이 때, 클리어링 인터벌(Clearing Interval)이 시작되며, 그 시간내에 장애 상황이 재현되면, 다시 레이즈드(Raised) 상태로 복귀하게 됩니다.

■ **유지**(Retaining)

레이즈드 클리어링이나 쏘키 클리어링 상태에서 클리어링 인터벌이 종료 때 까지 장애 상황이 재현되지 않으면, 장애 관리형 객체(MO)는 유지(Retaining) 상태에 진입하게 되며, 장애 등급은 삭제됩니다. 이 때, 리텐션 인터벌(retention interval)이 시작되고, 장애 관리형 객체는 장애 정책에 정의된 기간 동안 유지됩니다. 이렇게 인터벌 기간을 유지하는 이유는, 장애상황이 종료되었다고 하더라도 한 동안 관리자의 주의를 유지시키고, 장애 관리 객체가 영원히 삭제되지 않게, 일정 시간을 보장하기 위함입니다. 리텐션 인터벌동안 장애 상황이 재현된다면, 쏘킹 상태의 새로운 장애 관리 객체가 생성되지만, 리텐션 인터벌내에 장애가 재현되지 않거나, 관리자에 의해 확인(acknowledgement)되면, 장애 관리형 객체는 삭제됩니다.

쏘킹, 클리어링, 리텐션 인터벌은 장애 생명주기 프로파일(fault lifecycle profile – fault:LcP) 객체에 정의되어 있습니다.

이벤트, 로그, 진단

ACI 패브릭에서 발생하는 이벤트들은 에이전트들에 의해 관측되며, 장애 객체들은 정책, 포트 같은 관리형 객체로 명시적으로 표현되며, 장애 등급, ID, 설명 같은 속성을 갖고 있습니다. 그리고, 이러한 장애 객체들은 추적이 가능하며, 변경될 수 있고, 시스템에 의해 생명 주기가 관리되며, 다른 헬스 모니터링 기능들처럼, 표준 API를 통해 관리할 수 있습니다.

APIC은 관리형 객체들의 집합체인 ACI 패브릭 시스템의 관리 및 운영 상태에 대한 포괄적이며, 최신의, 실시간 정보를 유지하고 관리합니다. 관리형 객체에 대한 어떠한 설정 변경 또는 상태 변화도 이벤트로 간주되며, 대부분의 이벤트는 정상적인 작업 절차이기 때문에, 아래와 같은 조건과 일치하지 않는 경우 기록되지 않으며 사용자의 주의도 필요없습니다.

• 알림이나 경고를 요하는 것으로 정의된 이벤트

• 기록을 요하는 사용자 행위에 대한 이벤트

시스코 APIC 관리 정보 모델 레퍼런스(*Management Information Model Reference*)에서, 일부 이벤트는 다른 패키지에서도 확인되지만, 기본적으로 이벤트 패키지가 일반적인 이벤트 관련 객체 클래스(general event-related object class)들을 관리합니다.

이벤트 레코드 객체에 의해 관리되는, 로그 가능한loggable 이벤트는 수정이 불가능immutable하며, 추적이 불가능stateless하고, 지속적인persistent 관리형 객체MO이며, 정해진 시간 동안 주어진 지점에서 특정 조건과 일치하는 이벤트가 발생한 것을 기록한 것입니다. 일반적으로 이벤트 레코드 관리형 객체MO는 다른 MO의 상태에 의해 트리거trigger 되지만, 그렇다고 트리거를 유발한 관리형 객체MO에 속하지 않고, 이벤트 로그에 속해 있습니다.

이벤트 레코드 관리형 객체는 발생한 이벤트 원인에 따라, 아래 3개의 이벤트 로그 중에 하나에 추가됩니다:

 이벤트 로그 유형

■ **감사 로그**(Audit log)
접속 및 접속 종료(Login, Logout - aaa:SessionLR), 설정 변경(aaa:ModLR)처럼 감사를 요할 수 있는 사용자 초기화 이벤트(User-Initialized Event)를 기록한 객체

■ **헬스 스코어 로그**(Health score log)
시스템이나 컴포넌트의 헬스 스코어(Health Score) 변화에 대한 기록

■ **이벤트 로그**(Event log)
링크 상태 변화 처럼 다른 시스템에 의해 생성된 이벤트(System-Generated Event) 기록

로그는 이벤트 기록을 유지하고 관리하며, 이벤트 관리형 객체는 새로운 로그를 저장하기 위한 공간이 부족할 때까지 로그에 유지됩니다. 로그에 대한 유지와 삭제는 각 로그와 연관된 기록 유지 정책(record retention policy - event:ARetP) 객체에 정의되어 있습니다.
이벤트 관리 객체의 생성 또한 시스로그syslog, SNMP 트랩trap이나 다른 방법을 통해 외부 서버로 상세한 기록을 전송할 수 있습니다.

APIC 이벤트 관리형 객체는 추적이 불가능stateless하며, 한번 APIC에 의해 이벤트 관리형 객체가 생성되면, 수정이나 삭제가 불가능하며, 오직 새로운 로그를 위해 추가적인 공간이 필요할 때만 삭제될 수 있습니다.

∷ 헬스 스코어(건전성 점수)

헬스 스코어(Health Score)는 아래와 같은 사항들을 반영하여 산정하여 평가한, 0에서 100까지의 점수입니다:

- 시스템 상태에 대한 가중치 정보(weighted information)
- 패킷 손실(drop)
- 여유 자원(remaining capacity)
- 지연(latency)
- ACI 패브릭 헬스 통계에 종속된 객체

헬스 스코어는 패브릭, 스위치, EPG, 로드밸런서나 방화벽같은 ACI 패브릭에 통합된 서비스 등의 상태를 평가하는 점수입니다. 이러한 기능은 관리자가 패브릭의 전체적인 헬스 스코어를 관측하고, 문제가 확인되면, 쉽게 문제의 범위를 좁혀갈 수 있도록 합니다. 여기서 중요하게 인식해야할 것은, ACI에 통합된 서비스의 경우, 서비스 어플라이언스의 소프트웨어에 의해 헬스 스코어는 직접 제공되며, ACI 패브릭은 서비스 헬스 스코어에 대한 어떠한 계산도 진행하지 않습니다. [그림 9-9]

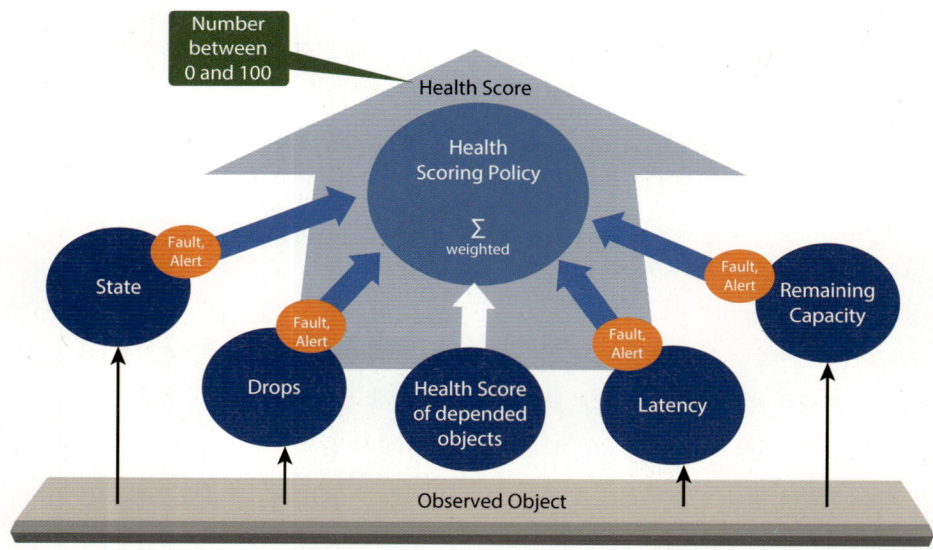

[그림 9-9] 헬스 스코어 개념

는 헬스 스코의 개념을 설명하고 있습니다.

헬스 스코어는 계층적 관계를 유지하며, 이러한 관계는 헬스 스코어 점수를 계산하는데 사용됩니다. 예를 들면, 패브릭 전체의 점수는 테넌트의 상태에 종속되며, 다시 테넌트는 테넌트에 속한 EPG의 상태에 영향을 받습니다. 또한, EPG의 헬스 스코어는 EPG가 설정된 스위치, 포트의 점수와 각 시스템상의 EPG 스코어에 영향을 받습니다. 이러한 계층적 관계는 사용자가 빠르게 패브릭의 이슈를 시각적으로 확인하고, 문제의 범위를 빠르게 좁혀갈 수 있도록 합니다. 마지막으로, 헬스 스코어는 장애에 대해 사용자가 확인하도록 영향을 미칠 수 있습니다. 예를 들면, 팬이 고장났을 때, 사용자가 팬 장애를 확인acknowledgement해 준다면, 헬스 스코어 점수는 향상될 수 있습니다. 그러나 팬이 교체되기 전에는 원래의 점수로 원상 복구되지는 않습니다.

중앙 집중형 Show Tech-Support ACI 접근법

ACI 패브릭은 모든 패브릭에 대한 포괄적 Show-Tech 정보를 얻기 위해, 중앙 집중형 처리 방법 (Centralized Approach)을 제공하고 있습니다.

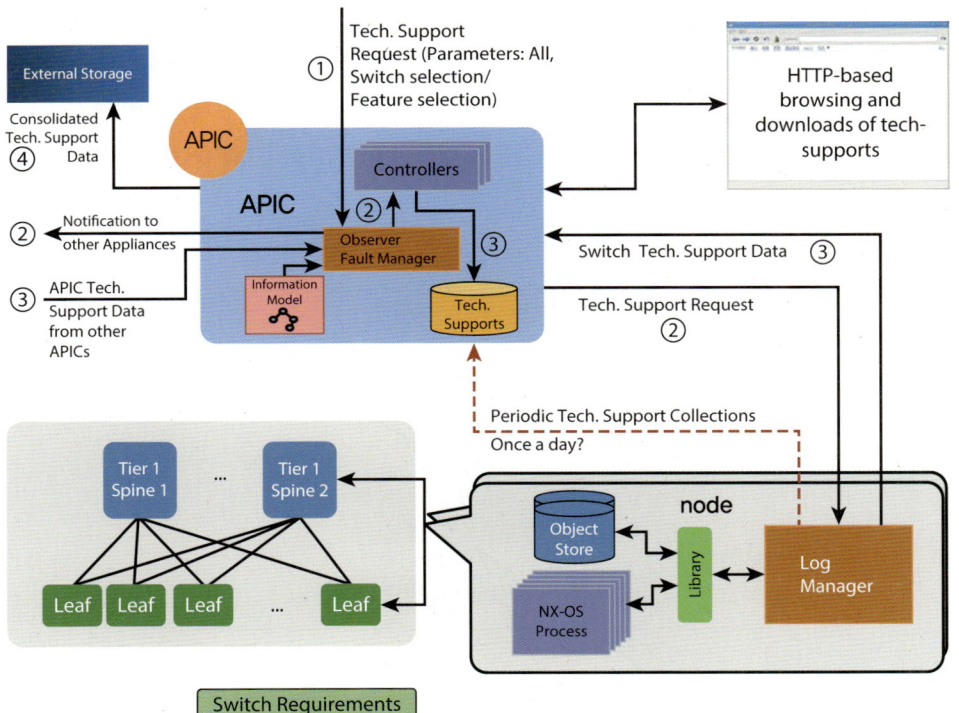

[그림 9-10] Show Tech 중앙 집중형 처리 절차

Show—Tech의 산출물^{output}은 시스코 TAC에서 장애 처리에 사용될 중요한 정보를 포함하고 있으며, Show—Tech 정보 수집은 모든 스위치의 Show—Tech 산출물과 그것과 관련된 APIC의 정보 모델 데이터 점수, 장애 관리자, 헬스 스코어, 데이터 등에 대해 주기적인 수집 처리 절차를 통해 중앙 집중형으로 관리됩니다.

그리고 앞 페이지의 [그림 9—10]처럼, 수집된 데이터와 정보들은 APIC에서 통합되며, 외부 저장 장치에 저장될 수 있습니다. ACI는 빠르게 문제를 정의하고, 네트워크 문제의 근본 원인을 파악할 수 있도록, 장애처리 단계와 데이터 수집을 간소화 하였습니다.

 요약

시스코 ACI와 정책 모델은 문제 진단에 대한 중앙 집중형 처리 방법을 제공하고, 아토믹 카운터, 지연 모니터링, 장애 및 진단 정보와 같은 각 장비들의 모니터링 기술을 극대화하여, 시스템의 헬스 정보에 대한 통합 매트릭을 제공합니다. ACI 패브릭의 장애 처리를 위해서는, 모든 패브릭 장비에 대한 전체 통계, 장애, 진단 등의 패브릭 전체에 대한 접근 방법이 필요합니다. 임계값^{threshold}에 도달하면, 헬스 스코어와 장애 객체는 상황의 변화를 반영하고, 관리자에게 전체적인 상황의 변화를 알립니다. 이 때, 특정 노드를 멈추고 장애 범위를 좁히고, 아토믹 카운터를 확인하거나 Show Tech—Support같은 사용자 정의에 의한 진단을 시행하게 되면 다음 [그림 9—11]에서 설명한 정보들을 운영자에게 제공합니다.

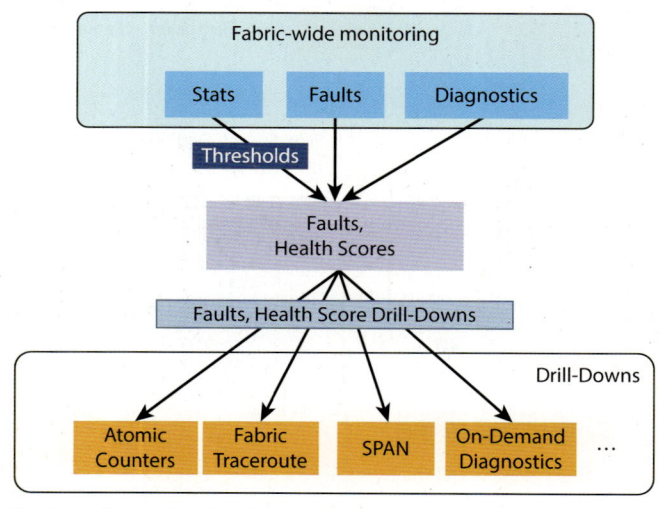

[그림 9—11] ACI 패브릭 장애에 대한 처리 절차

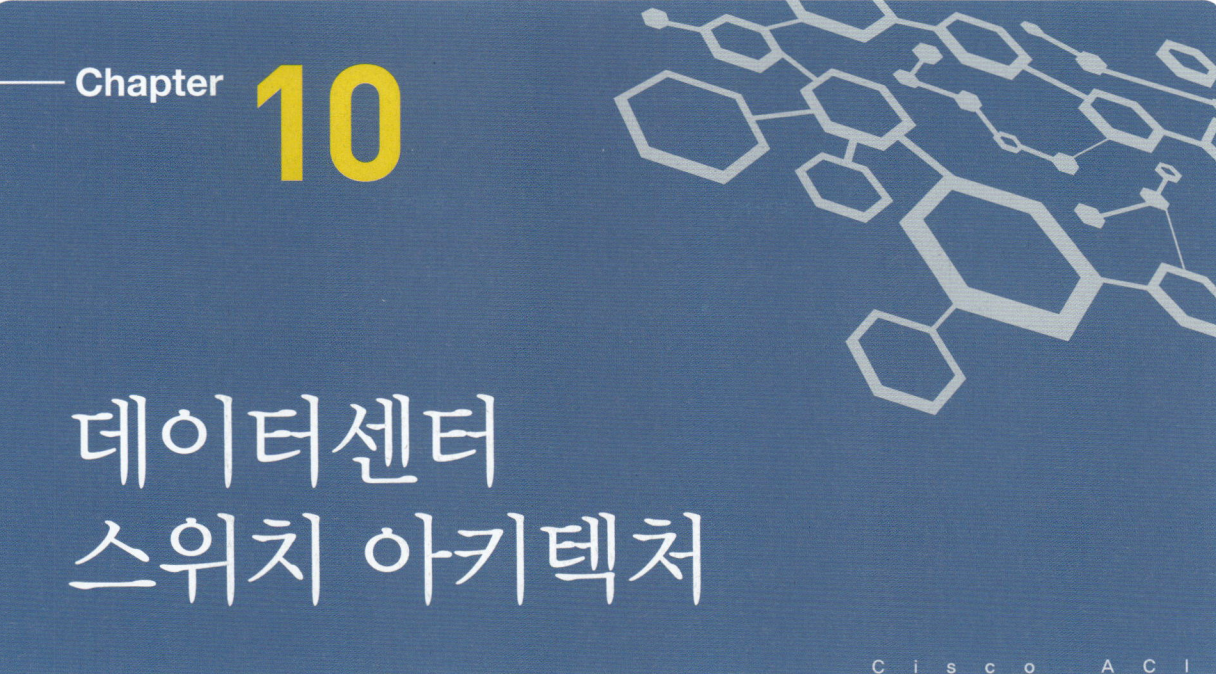

Chapter 10

데이터센터
스위치 아키텍처

Cisco ACI

이 장에서는 데이터센터에서 사용중인 스위치들의 구조적인 특징을 아래 3부분으로 나눠서 설명할 것입니다.

- 소프트웨어 업그레이드 동안에도 데이터센터 운영에 영향받지 않도록 설계된 하드웨어 스위치 아키텍처
  를 매니지먼트 플레인(management plane: 관리부), 컨트롤 플레인(control plane: 제어부), 포워딩 플레인(forwarding
  plane: 전송부)로 구분하여 설명
- 스위치 하드웨어 아키텍처에 기반한 스위칭 기본 원리
- 데이터센터에서의 QoS

 데이터, 컨트롤, 매니지먼트 플레인

이 섹션에서는 분리된 역할을 유지하면서도, 데이터, 컨트롤, 매니지먼트 플레인이 어떻게 상호작용하는
지에 대해 설명할 것입니다. 이러한 요소들의 분리는 시스코 ISSU(In-Service Software Upgrade: 무중단 소프
트웨어 업그레이드)같은 기능을 지원하기 위해 필요하며, 데이터 플레인이나 컨트롤 플레인에 장애가 발생하
여 시스템이 중단되더라도, 트래픽 전송이 중단(traffic black holing)되는 것을 최소화 할 수 있습니다. 그리
고 컨트롤 플레인은 외부의 공격이나 특정 프로토콜로 인해 CPU 사용율이 높아지는 것을 방지하기 위해
CoPP(Control Plane Policing)의 보호를 받습니다.

:: 데이터, 컨트롤, 매니지먼트 플레인의 분리

데이터, 컨트롤, 매니지먼트 플레인 등의 다른 세 개의 요소가 조화를 이루면서 네트워크 장비는 운영됩니다. 우선, 컨트롤 플레인은 인접한 장비neighbor들과 어떻게 연동할 것인가에 초점을 맞춘 스위치 요소입니다. 이것은 데이터를 처리하기 위한 기능이라기 보다는, 스위치 자신과 관련된 것으로서 STP 메시지(spanning tree message: 브릿지 프로토콜 데이터 유니트)를 주고받거나, 라우팅 프로토콜을 연동하는 것처럼, 패킷이 들어왔을 때 스위치가 무엇을 할 지 결정할 수 있도록 하는 요소입니다. 그리고, LACP(Link Aggregation Control Protocol)이나 BFD(Bidirectional Forwarding Detection) 같은 일부 컨트롤 플레인의 기능은 스위치의 성능 유지를 위해, 데이터 플레인에서 일부 담당하기도 합니다.

네트워크 장비의 매니지먼트 플레인(Management Plane)은 SSH(Secure Shell), Telnet, SNMP(Simple Network Management Protocol), Syslog 등과 같이, 장비 자신을 관리하기 모든 기능들을 포함하고 있습니다. 수퍼바이저 모듈supervisor module이라고 불리는 전용 CPU 모듈은 컨트롤과 매니지먼트 플레인의 기능을 관장하며, 컨트롤 플레인과 매니지먼트 플레인이 동시에 수퍼바이저에 위치하지만, 두 플레인은 구분된 별도의 개체입니다.

네트워크 장비의 데이터 플레인은 스위칭switching, 라우팅routing, 보안security, NAT 등과 같은 패킷 전송 작업, 즉, 스위치 포트로 인입된 패킷을 스위치 외부로 나가기 위한 포트로 이동시켜 전송하는 역할을 담당합니다. 데이터 플레인의 기능은 이러한 기능들을 담당하도록 특별히 제작된 ASIC(application-specific integrated circuits)라고 불리는 실리콘 칩에 의해 하드웨어 기반으로 작동합니다.

[그림 10-1]에서처럼 세 개의 플레인으로 나누는 것은 아래와 같은 장점이 있습니다:

- 데이터, 컨트롤, 매니지먼트 플레인 간의 상호 간섭으로 보호
- 높은 CPU 사용율 상태와 같은, 컨트롤 플레인과 매니지먼트 플레인에 대한 악조건 상황에 영향받지 않고, 최고의 성능(line-Rate)을 유지할 수 있는 데이터 플레인
- 소프트웨어 업그레이드를 위해 CPU가 리부팅하는 동안 패킷을 지속적으로 전송할 수 있는 무중단 (nondisruptive) 스위치 소프트웨어 업그레이드 기능. 이 기능을 통해, CPU는 시작과 동시에 업그레이드 이전 버전에서 운영중이던 상태와 동일한 수준으로 새로운 버전으로 시작하는 것이 가능하며, 이런 기능을 ISSU(In-Service Software Upgrade)라고 함.

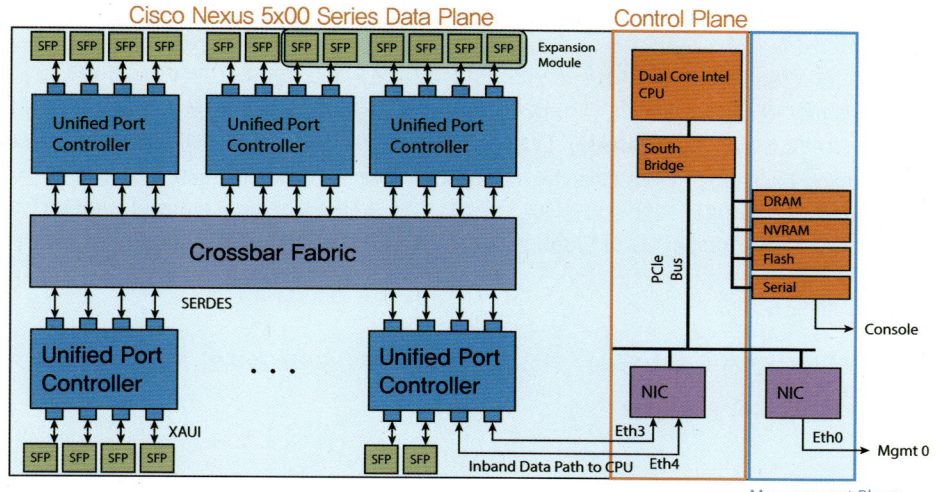

[그림 10-1] 넥서스 5000 스위치에 대한 스위치 구조도

컨트롤, 데이터, 매니지먼트 플레인 간의 상호 작용

이 섹션에서는 컨트롤과 매니지먼트 인터페이스와 기능을 설명할 것입니다. 컨트롤 플레인은 데이터 플레인과 상호작용하며, 넥서스 스위치 모델에 따라 하나 또는 여러 인터페이스가 ASIC에 연결되어 있습니다.

시스코 넥서스 9000, 6000, 5000, 3000 시리즈 스위치들은 컨트롤과 매니지먼트 플레인의 기능을 담당하는 3가지 타입의 이더넷 인터페이스를 갖고 있습니다.

컨트롤 플레인과 매니지먼트 플레인용 내부 인터페이스

■ Eth0

스위치의 mgmt0포트입니다. 이 포트는 OOB(Out-Of-Band) 관리 네트워크에 연결하기 위한 포트이며, 컨트롤 플레인의 직접적으로 연결되어 있습니다.

■ Eth3

컨트롤 플레인의 in-band 인터페이스이며, 스위치의 데이터 포트에서 들어온 패킷들을 위한 포트입니다. CPU를 향하지만 IGMP(Internet Group Management Protocol), TCP, UDP(User Datagram Protocol), IP, ARP(Address Resolution Protocol) 트래픽처럼 주로 우선 순위(Priority)가 낮은 패킷들이 처리됩니다.

또 다른 컨트롤플레인의 in-band 인터페이스로서, 스위치의 데이터 포트에서 들어온 패킷들을 처리한다는 점에서 Eth3와 유사하지만, 낮은 우선 순위의 트래픽을 주로 처리하는 Eth3와 달리, STP(Spanning Tree Protocol), LACP, CDP(Cisco Discovery Protocol), DCBX(Data Center Bridging Exchange), Fibre Channel, FCoE(Fibre Channel over Ethernet) 등의 높은 우선 순위를 가지는 트래픽을 위한 포트입니다. 그리고, 가장 우선 순위가 높은 데이터를 처리하기 위한 inbound-hi로서 함께 정의되어 있습니다.

시스코 넥서스 7000시리즈 스위치는 컨트롤 플레인과 매니지먼트 플레인 트래픽을 전달하기 위해, 두 종류의 내부 이더넷 인터페이스를 갖고 있습니다.

 넥서스 7000 컨트롤 플레인과 매니지먼트 플레인용 내부 인터페이스

■ Eth1
스위치의 mgmt0포트입니다. 이 포트는 OOB(out-of-band) 관리 네트워크에 연결하기 위한 포트이며, 컨트롤 플레인의 직접적으로 연결되어 있습니다.

■ Eth0
스위치의 데이터 포트에서 들어오는 트래픽들을 처리하기 위한 in-band 인터페이스입니다. 우선 순위에 상관 없이 IGMP, TCP, UDP, IP, ARP, STP, LACP, CDP, DCBX, Fibre Channel, FCoE 등의, CPU를 향하는 모든 트래픽을 관리합니다.

시스코 넥서스 9500 시리즈는 컨트롤 플레인의 부담을 덜어 주기 위해, 전원부나 팬 트레이를 관리하기 위한 시스템 컨트롤러라는 별도의 하드웨어 모듈이 장착되어 있습니다. 이 모듈은 수퍼바이저를 대신하여, 라인 카드나 패브릭 간의 내부 시스템 통신을 담당합니다.

∷ CPU 보호를 위해 CoPP가 지원되는 컨트롤 플레인

CoPP(Control Plane Policing)는 CPU가 한 종류의 트래픽에 의해 CPU 주기cycle가 독점당하고, 다른 트래픽이 제한되는 것을 방지하는 기능입니다. 예를 들면 브로드캐스트 스톰(broadcast storm) 공격을 스위치가 받는 경우, 다른 유형의 트래픽들은 손실drop없이 CPU에 도달할 수 있지만, 브로드캐스트의 한 종류인 ARP의 경우 CoPP에 의해 CPU로 들어오는 초당 패킷의 수가 제한합니다. 이러한 기능은 데이터센터만을 위한 특별한 것은 아니며, 이미 많은 시스코 네트워크 장비에 적용되어 있습니다. CoPP는 컨트롤 플레인의 중요한 기능이며, 데이터센터에 특화된 CoPP 설명은 이 섹션후반부에서 다루도록 하겠습니다.

CoPP는 in-band 인터페이스(플랫폼에 따라 inband-hi, inband-low)에 적용되며, 모든 컨트롤 플레인 트래픽에 대해 적용할 수 있습니다.

> **Note**
>
> CoPP는 컨트롤 플레인과 연결된 OOB(out-of-band)상의 매니지먼트 트래픽에 대해서는 적용할 수 없으며, 매니지먼트 인터페이스의 트래픽을 제한하기 위해서는, 인터페이스에 직접 ACL을 적용해야 합니다.

컨트롤 플레인 패킷 유형

컨트롤 플레인상 트래픽은 크게 네 가지 유형으로 분류할 수 있습니다:

 컨트롤 플레인 트래픽 유형

■ **Receive Packet**(수신 패킷)

라우터의 레이어2 주소(라우터의 MAC 주소)나 레이어 3 주소(라우터 인터페이스의 IP 주소)를 목적지로 하는 패킷들이며, 주로 라우터 업데이트나 keepalive인 경우가 많습니다. 라우터 주소를 직접적으로 쓰지 않은 패킷도 이 범주에 속할 수 있는데, 224.0.0.X 대역처럼 라우터에서 많이 사용되는 멀티캐스트 주소를 사용하는 경우가 해당됩니다.

■ **Exception Packet**(예외 패킷)

CPU 모듈에서 조치가 필요한 예외 상황의 패킷입니다. 예를 들면, 목적지 주소가 FIB(Forwarding Information Base)에 존재하지 않아 결과적으로 전송에 실패 했을 때, 수퍼바이저는 송신자(sender)에게 ICMP unreachable 패킷을 보내게 됩니다. 이 때, 목적지가 FIB에 존재하지 않거나 IP 옵션이 설정된 패킷의 예처럼, CPU가 어떤 특정의 조치를 취해야 하는 패킷들을 Exception Packet이라고 합니다.

■ **Redirected Packet**(리다이렉티드 패킷)

특정 기능 설정으로 인해, CPU 모듈의 확인이 필요하여 리다이렉트된 패킷들을 지칭합니다. 예를 들면, DHCP Snooping이나 Dynamic ARP Inspection 기능이 설정되어, 해당 패킷들이 CPU 모듈로 리다이렉트된 패킷들입니다.

■ **Glean Packet**(글린 패킷)

다른 네트워크를 향하는 트래픽, 즉 레이어 3 라우팅이 필요한 패킷의 경우, 일반적으로 스위치에서 레이어 2의 주소가 수정(rewrite)되며, 이 때 스위치의 ARP 테이블 같은 레이어2와 레이어 3 맵핑 테이블을 참조합니다. 그러나, 때때로 이와 같은 테이블에 IP주소에 해당하는 MAC 주소가 없을 수 있고, 이 때 CPU 모듈은 그 패킷을 받아 목적지 호스트로 ARP 요청(request)를 요청합니다. 그리고, 이 때 받은 패킷을 Glean Packet이라고 합니다.

위에서 언급된 모든 종류의 패킷은 컨트롤 플레인을 비정상적으로 공격하고, 시스코 NX-OS 장비를 무력화하는데 사용될 수 있습니다. CoPP 프로세스는 그러한 패킷들을 다른 클래스로 재분류하고, CPU 모듈이 패킷을 받는 비율을 개별적으로 제어합니다.

CPU는 매니지먼트 플레인과 컨트롤 플레인 모두를 갖고 있으며, 네트워크 운영에 중대한 영향을 미칠 수 있어, CPU에 대한 어떠한 중단이나 공격도 네트워크 장비에 심각한 문제를 야기할 수 있습니다. 예를 들면, 다양한 DoS 공격을 통해 CPU모듈을 공격할 수 있으며, 이러한 공격이 오랫동안 컨트롤 플레인을 점유하게 되면, 정상적인 트래픽 처리가 지연되어, 시스코 NX-OS 스위치 전체 성능을 저하 시킬 수 있습니다.

이러한 DoS 공격 유형에는 다음과 같은 방법이 있습니다:

- ICMP(Internet Control Message Protocol) echo request
- IP fragment
- TCP SYN flooding
- TTL(Time To Live) expiry behavior attack

그리고, 위의 DoS 공격들은 장비의 성능 저하나 운영에 다음과 같은 부정적인 영향을 미칠 수 있습니다:

- 음성, 비디오, 중요한 애플리케이션 등의 서비스 품질의 저하
- 높은 CPU 프로세서 사용율
- 라우팅 프로토콜 업데이트나 keepalive 유실로 인한 route flaps
- 불안정한 L2 토폴로지 CLI에 대한 느린 응답
- 메모리나 버퍼 같은 프로세서 자원 고갈
- 유입된 패킷의 무차별적인 유실(drop)

위의 공격 유형에서, TTL 공격은 TTL = 0인 패킷을 받은 스위치는 RFC 5082에 의해 TTL이 0인 패킷을 폐기drop해야 한다는 점을 노리고, 대량의 TTL = 0인 패킷을 스위치로 보내 스위치의 높은 CPU 프로세서 사용율을 유발하는 공격 방법입니다. 이 때, CoPP는 CPU 사용율이 높아지는 것을 방지하기 위해서 2가지의 다른 행위를 취하게 됩니다. 첫번째 행위로, TTL = 0인 패킷을 받았을 때, 초당 20개의 패킷까지는 ICMP 응답 메시지를 보내지만 20개 이상의 패킷에 대해서는 CPU를 보호하기 위해 별도의 응답없이 폐기합니다.

CoPP 분류

효과적인 장비 보호를 위해 시스코 NX-OS 장비는 CPU 모듈을 향하는 패킷들을 분류하고, 관

리자가 패킷의 유형에 따라 다른 비율(rate-controlling)의 정책을 적용할 수 있게 합니다. 예를 들면, Hello 메시지 같은 프로토콜 패킷은 느슨한 정책을 적용 하지만, IP 옵션이 설정된 이유로 CPU를 향하는 패킷은 엄격한 제한을 두게 됩니다. 그리고, CoPP에 대한 패킷 분류와 제한 비율에 대한 정책을 정의하기 위해 MQC(Modular QoS CLI)의 class map과 policy map을 사용합니다.

CoPP 비율 제한 기법

패킷의 분류가 끝나면, 시스코 NX-OS 장비는 CPU 모듈로 보낼 패킷의 양을 두 가지의 기법으로 제어할 수 있습니다. 하나는 *policing*이며, 나머지 하나는 *rate-limiting* 또는 *shaping*입니다. 그리고, polcing은 아래의 설정 값을 기준으로 시스코 넥서스 스위치에서 적용될 수 있습니다.

 시스코 Nexus 스위치의 적용 Policing

- **PPS**(packet per second): 특정 패킷 타입에 대해 CPU에서 처리될 수 있게 허용된 초당 패킷 수

- **CIR와 BC:**
  - **CIR**(committed information rate): 비트(bit) 단위로 산정된 바람직한 대역폭(bandwidth)
  - **BC**(committed burst): 기준 시간 내에서 스케줄링에 영향을 주지 않으면서 CIR을 초과할 수 있는 트래픽 버스트(traffic burst)

데이터센터 스위치의 종류에 따라, CoPP는 PPS나 CIR과 BC의 조합을 통해 정의될 수 있습니다.

예를 들면, 시스코 넥서스 7000, 6000, 5000 스위치는 CIR과 BC 설정 기법을 사용하는 반면, 넥서스 3000 시리즈 스위치는 PPS 개념을 사용합니다. 양쪽의 방법 모두 같은 결과를 나타내지만, PPS로 설정하는 것이 수행하기에 좀 더 쉽습니다.

권고되는 CoPP 적용 방안은 CoPP의 기본 설정을 유지하고, 스위치를 처음 설정할 때, 적절한 설정 프롬프트(Setup Prompt)를 따라가는 것입니다. CoPP 설정은 레이어 2, 레이어 3, 레이어 2와 3처럼 사용 용도에 따라, 자동으로 적용됩니다.

CoPP의 모니터링 또한 지속적으로 권고됩니다. 패킷의 폐기drop이 발생한다면, 그것이 의도하지 않았거나 오작동인지, 공격에 의한 것인지를 확인하고 판단해야하며, 상황을 평가하고 다른 CoPP 정책 적용이나 수정의 필요성을 검토해야 합니다.

데이터센터 스위치 구조

이 섹션에서는 데이터센터 스위칭에서 사용되고 있는 cut-through, crossbar, SoC 스위치 아키텍처 같은 주요 스위치 구조를 설명할 것입니다. 그리고, HOLB(head of line blocking)과 VoQ(Virtual Output Queuing) 등의 주요 개념에서, superframing, overspeed, queuing model 같은 핵심 개선 사항들을 설명할 것입니다. 스위칭 아키텍처 결정 과정을 이해하기 위해서는, 다음과 같은 데이터센터의 핵심 요구 사항을 이해하는 것이 중요합니다.

- 혼잡을 유발하는 입력 포트(Input Port)에 혼잡 제어(Flow Control)를 통해, 패킷 손실 없는(No-Drop) 패브릭 인프라 제공
- 최고 스피드의 100 퍼센트 처리 성능
- 저 지연(Low Latency)에서 초저 지연(Ultra-Low Latency)의 패킷 처리 제공
- HoLB(Head of Line Blocking) 방지

대표적인 스위치 아키텍처로는 버스, 메시, 2-Tie, crossbar, SoC라고 불리는 중앙 공유형 메모리(Centrailized Shared Memory) 등이 있습니다. 시스템 온칩(system on chip) 또는 스위치 온칩(switch on chip)이라고도 불리는 SoC는 여러 ASIC이 가진 다양한 기능(feature-rich)을 하나로 통합(All-In-One)한 스위치 ASIC입니다. 데이터센터에서, 핵심적인 두 아키텍처로는 crossbar와 SoC가 있으며, 두 요소를 적절하게 혼용할 수 있습니다. 예를 들면, 크로스바Crossbar를 내재한 SoC, SoC 패브릭을 탑재한 SoC 등이 그것입니다. 크로스바Crossbar에 대한 큐잉queuing 기법은 인풋input과 아웃풋output이 될 수 있지만, [그림 10-2]에서 설명한 것처럼, SoC의 경우, 공유 메모리를 사용합니다.

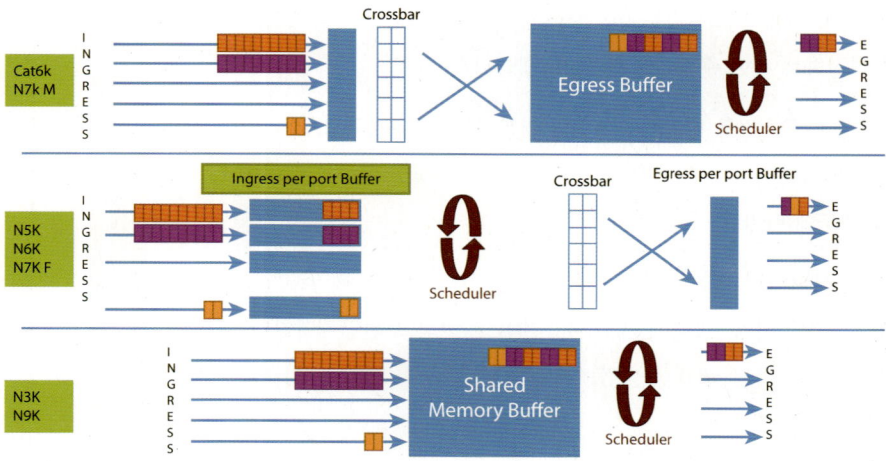

[그림 10-2] 스위치 구조 요약

컷쓰루 스위칭: 데이터센터를 위한 성능 향상

　스위치는 전송받은 프레임의 목적지 주소^{destination}에 기반하여, 목적지를 확인하고 전송에 필요한 결정을 합니다. 이더넷 프레임에서는, 프레임 시작을 나타내는 SoF(start of frame) 구분자^{delimeter} 뒤에 바로 목적지 주소가 위치하기 때문에, 프레임의 앞부분만으로도, 그 목적지가 위치한 egress 포트를 확인할 수 있습니다. 이러한 이유로, egress 포트를 결정하기 위해, 프레임 전체가 도착하기를 기다릴 필요가 없으며, 프레임 헤더 앞부분의 확인만으로도 전송이 가능합니다. 이러한 전송 기법을 컷쓰루(cut-through) 방식이라고 하며, 프레임 처리를 위해 전체 프레임을 기다리는 store-and-forward 방식에 비해 지연을 줄이고, 성능을 향상 시킬 수 있는 방식입니다. 그림 10-3을 보면, cut-though 스치는 패킷 크기에 상관 없이 일관되게 ULL^{Ultra-Low Latency}을 유지하는 반면, store-and-forward 스위치는 패킷 크기가 증가함에 따라 지연히 함께 증가하는 것을 확인할 수 있습니다.

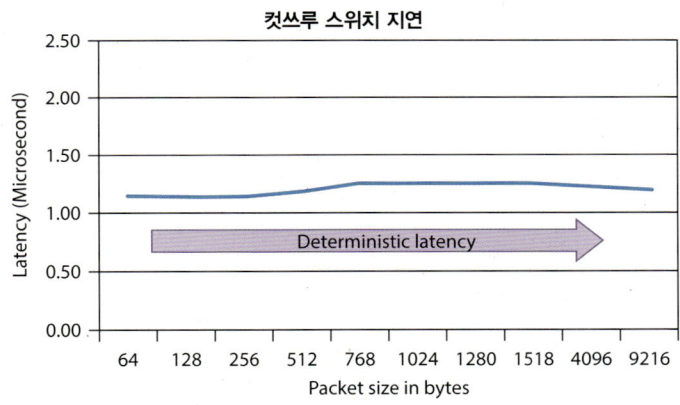

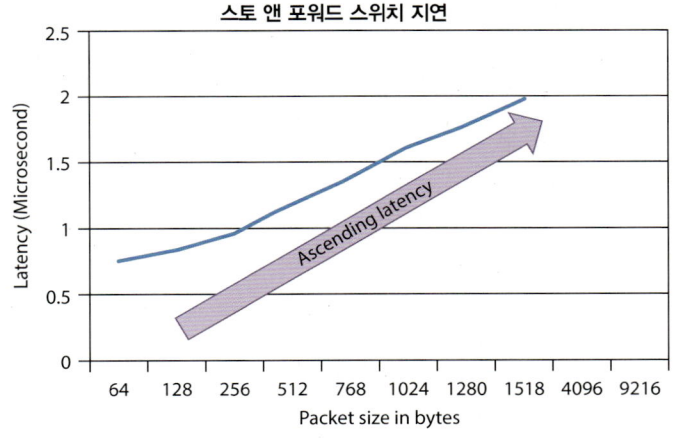

[그림 10-3] 스위치 유형에 따른 네트워크 지연 테스트 결과

cut-through 스위치를 처음 개발하여 시장에 출시했던 Kalpana 사 뿐만 아니라, 그들의 경쟁사이던 Grand Junction 사 또한 시스코에 합병되어 시스코 스위치에 store-and-forward의 핵심 기술 제공하였습니다. store-and-forward의 핵심 사상은 전송하기 전에, 다음과 같은 기능을 보장하기 위해 전체 프레임을 검사하겠다는 것입니다:

 store-and-forward 스위칭 장점

- **충돌 감지**(Collision Detection)
  패킷이 완전하게 저장되면, 충돌(collision)을 경험한 패킷이 있는지 여부를 확인 가능

- **손상된 패킷의 전송 제한**
  전송 전에 CRC checksum을 확인

store and forward 스위치가 아직까지 대세를 이루고 있지만, 지난 5년간 시스코의 주도와 이를 따르는 일부 스위치 제조사들에 의해 cut-through 스위치가 데이터센터 환경에서 성장을 거듭하고 있습니다. 이러한 배경에는 지연감소와 패브릭 사용율의 최적화라는 시대적 요구 및 향상된 물리적 장비의 안정성과 유선 네트워크에서 적어진 CRC 에러 등이 있습니다. 이와 함께, cut-through 스위치는 앞에서 확인된 store and forward 스위칭의 장점을 차용하여, 아래와 같은 기능을 cut-through 스위칭에 접목하였습니다.

- CRC 에러를 가진 손실 패킷의 마지막 부분에 CRC stomp 추가하는 기법. 이 방법은 CRC를 확인하기 전에 이미 패킷의 시작 부분이 전송을 시작하는 cut-through 스위칭에서 취할 수 있는 유일한 방법입니다.
- fragment-free 기법. 충돌(collision)로 인해, 분리된 패킷(fragment)들을 전송하지 않기 위해 약간의 지연(Delay)을 허용하는 방법으로, 패킷의 처음 64 바이트까지 기다리며, 패킷의 크기가 최소 64 바이트가 되는 것을 확인하고 전송을 시작하는 것으로, 일반적으로 이정도의 지연은 테이블 참조 과정에서 흔히 발생할 수 있는 것으로 문제될 것이 없습니다.

cut-through 스위치는 초저(Ultra Low)의 예측 가능한 지연 기능을 제공한다는 장점이 있지만, 이로 인해 상대적으로 작은 버퍼와 멀티캐스트 트래픽에 대해 최적화된 패브릭이 필요합니다. 그리고, cut-through 스위칭 아키텍처는 데이터를 가능하면 빠르게 전송하여, 애플리케이션과 스토리지 성능을 개선해야 환경에서 아키텍처적인 장점을 가져갈 수 있으며, 이러한 점들 때문에, cut-through 스위치는 원칙적으로 데이터센터 네트워크에 적합할 수 있습니다.

cut-through나 store-and-forward 스위치 모두에서, 크로스바 패브릭(crossbar fabric), 멀티스테이지 크로스바 패브릭(multistage crossbar fabric), SoC, 멀티스테이지 SoC 중에 하나를 각각의 크로스바 또는 SoC 패브릭으로 사용할 수 있습니다. 그리고, 이러한 아키텍처에 대한 자세한 설명은, 다음 데이터센터 스위치 아키텍처 섹션에서 다루게 될 것입니다. [표 10-1]은, 각 데이터센터 스위치 제품 별로, cut-through와 store-and-forward의 전송 모드를 정리한 것입니다.

[표 10-1] 스위치 모델 별 전송 유형(Fowarding Type)

스위치 모델	전송 유형(포워딩 타입)
Cisco Nexus 9000 시리즈	Cut-through
Cisco Nexus 7700 시리즈	Store-and-forward
Cisco Nexus 7000 시리즈	Store-and-forward
Cisco Nexus 6000 시리즈	Cut-through
Cisco Nexus 5500 시리즈	Cut-through
Cisco Nexus 5000 시리즈	Cut-through
Cisco Nexus 3500 시리즈	Cut-through
Cisco Nexus 3100 시리즈	Cut-through
Cisco Nexus 3000 시리즈	Cut-through
Cisco Nexus 2000 시리즈	Cut-through
Cisco Catalyst 시리즈	Store-and-forward

Cut-Through 스위치 기법이 스위치에서 작동하기 위한 전제 조건으로, 패킷을 전송 받은 인그레스ingress 포트나 패브릭의 속도가 이그레스egress의 포트나 패브릭 속도보다 같거나 빨라야 한다는 것이 있습니다. [표 10-2]에서는, 시스코 넥서스 6000과 5000의 작동 방식을 예를 들어 설명하고 있으며, 테이블에는 나와 있지 않지만, 위의 전제 조건과 별도로 1G에서 1G는 store and forward 로 작동합니다. 이런 테이블의 결과는, 10GE에서 40GE까지 포트별로 다르게 할당되어 있는 크로스바 패브릭과 1GE부터 다양한 포트의 속도 차이로 인해 부득이하게 발생하는 사항입니다.

[표 10-2]   넥서스 6000과 5000 시리즈 스위치의 Cut-Through 전송 모드

출발 속도	목적지 속도	스위칭 모드
40 GE	40 GE	Cut-through
40 GE	10 GE	Cut-through
10 GE	40 GE	Store-and-forward
10 GE	10 GE	Cut-through
10 GE	1 GE	Cut-through
1 GE	10 GE	Store-and-forward

:: 크로스바 스위치 패브릭 구조

크로스바 스위치는 스위칭 패브릭에 대한 구성 요소이며, 크로스바 스위치 패브릭 아키텍처는 패킷 간 충돌 없는 다중 경로(multiple conflict-free path), 고 대역폭의 스위칭 용량(high bandwidth capacity), 논블록킹 아키텍처(non blocking architecture), 집적도 높은 포트 수 등의 기능을 제공합니다.

크로스바 스위치에서, 모든 인풋input 포트는 모든 아웃풋output 포트에, 크로스포인트crosspoint를 통해 독립적으로 연결되어 있습니다. 크로스포인트crosspoint는 트랜지스터transister, AND 게이트, 포토 다이오드 같은 다양한 전기적 소자로 구성되어 있으며, 스위칭 기능을 담당하는 구성품 중에 가장 작은 부품입니다. [그림 10-4]에서는 크로스바 그리드(grid: 격자무늬) 구조 기법(structure mechanism)을 설명하고 있습니다.

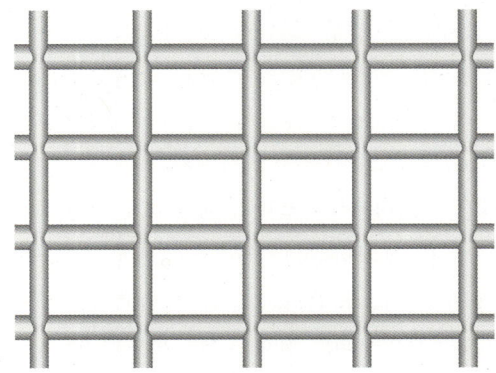

[그림 10-4]   크로스바 그리드(Crossbar Grid)

모든 포트 간의 연결을 위해, 독립적 연결을 보장하는 크로스포인트가 사용되고 있기 때문에, 스위치의 크로스바 패브릭은 논 블록킹 구조로 일반적으로 인식되며, 블록킹은 오직 많은 양의 패킷이 동일 아웃풋으로 동시에 전송되는 극히 제한적으로 경우에서만 발생합니다. 크로스바 스위치의 복잡성은 크로스포인트 수에 비례하여 증가합니다. 예를 들면, n × n의 크로스바(n input, n output)가 있다고 가정했을 때, 크로스포인트 또한 n × n개가 필요하며, n² 만큼의 복잡성이 증가하게 됩니다. 그리고, 크로스바 패브릭에서는 이러한 복잡성으로 인해 발생할 수 있는 블록킹 시나리오를 회피하기 위해, 스케줄링scheduling과 중재arbitration 기법을 사용합니다.

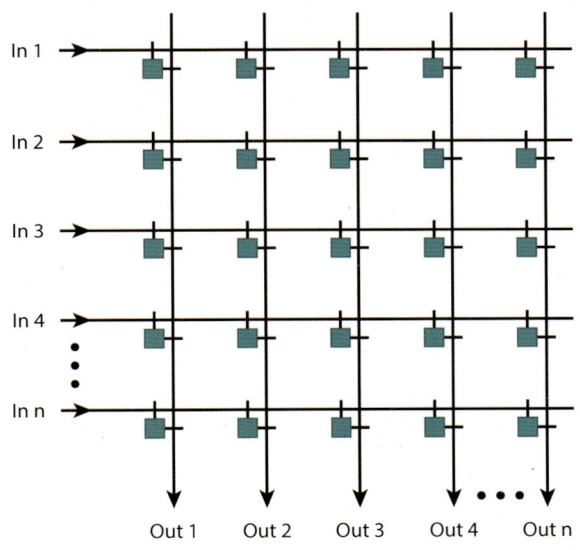

[그림 10-5] 크로스바와 크로스포인트

크로스바 아키텍처의 장점은 다음과 같습니다:

· 단일 물리적 장비에서 높은 포트 밀도(port density)와 포트 스피드를 제공할 수 있는 높은 확장성

· 성능을 보장할 수 있는 네트워크 디자인이 가능한 논블록킹 아키텍처(nonblocking architecture)

· 파이버채널 프레임(firbe channel frame)처럼 패킷 손실에 민감한(loss-sensitive) 트래픽들에 대해, 네트워크 상에서 손실 없도록 전송(lossless transport)할 수 있는 기능. 이렇게, 손실 없는 전송이 가능한 것은 플로 컨트롤 모델 기법(flow control model mechanism)이 있기 때문에 가능한 것이며, 이러한 기법은 혼잡이 인그레스에서 발생한 경우에 적용이 더욱 용이함.

크로스바 패브릭을 통한 유니캐스트 스위칭

크로스바 패브릭에서 트래픽은 균등하게 분배되며, 이를 위해 각 포트들은 모든 다른 포트들과 연결됩니다. 유니캐스트 트래픽 스트림의 경우, 트래픽이 인그레스ingress 포트에 도착하면, 그 트래픽의 이그레스egress 포트에 연결된 크로스포인트crosspoint 경로상의 크로스바 패브릭을 통해 처리되며, 다수의 트래픽 스트림 또한 동시에 패브릭에서 처리될 수 있습니다. [그림 10-6]은 별개의 포트들 간의 유니캐스트에 대한 병렬 처리를 나타내는 그림입니다.

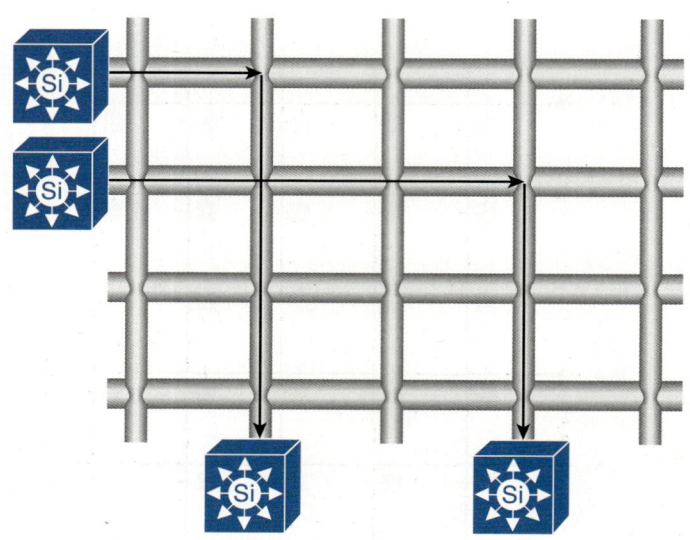

[그림 10-6] 크로스바를 통한 유니캐스트 스위칭

크로스바 패브릭을 통한 멀티캐스트 스위칭

크로스바 패브릭을 통해 멀티캐스트 트래픽이 처리되는 경우, 그 멀티캐스트에 대한 복제replication는 패브릭에서 진행됩니다. 수 많은 멀티캐스트 스트림이 크로스포인트에서 생성되지만, 결과적으로 라인 카드나 포트 ASIC에서 다른 라인 카드나 포트 ASIC을 향하는 패킷에 대한 복제가 필요 없다는 장점이 있습니다.

크로스바 패브릭에서의 오버스피드

크로스바 패브릭은 물리적 인터페이스보다 패브릭 속도가 몇 배 빠르도록 설정되어 있습니다. 이 것을 오버스피드overspeed라고 하는데, 오버스피드가 필요한 이유는 라인 레이트line rate의 100 퍼센트 패킷 처리 성능throughput을 위한 것입니다. 다수의 ingress 포트로부터 동시에 트래픽을 받아야 하는 egress 포트가 있다고 했을 때, 스케줄러는 각 패킷들이 포트 밖으로 전송되기 위한 순서를 중재해야 합니다. 이것은, 시간이 소요되고 느려지는 문제를 유발하는 작업이며, 이로 인해 패킷들이 기다려야 하는 대기 시간이 발생하고, 도착하는 패킷간의 시간 차를 발생시킵니다. 여기서 의미하는 대기 시간^{idle time}은 패킷이 패브릭을 통과하기 위해, 스케줄러로부터 허락^{grant}를 획득할 때까지 걸리는 시간을 의미합니다. 중재^{aribitration} 프로세스가 이러한 대기 시간을 통한 지연을 유발하는 것은 불가피한 것으로, 이로 인해 라인 레이트^{line rate}의 트래픽 처리는 사실상 불가능합니다. 그래서, 크로스바 패브릭은 이러한 지연 문제를 해소하고, 라인 레이트의 트래픽을 처리하기 위해 오버스피드^{overspeed}를 사용합니다. [그림 10-7]은 크로스바 패브릭에서 오버스피드의 개념을 설명하며, [그림 10-8]은 크로스바 스위치에 대한 오버스피드 원리를 설명하고 있습니다.

[그림 10-8] cut-through 크로스바 스위치에서의 오버스피드^{overspeed}의 원리를 설명하고 있습니다.

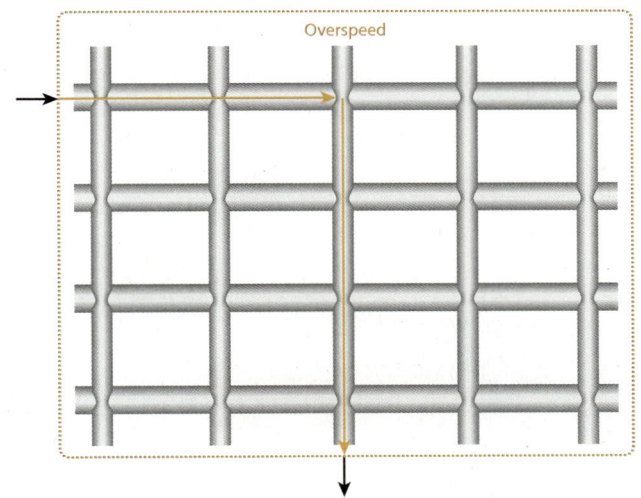

[그림 10-7] 크로스바에서의 오버스피드(overspeed) 개념

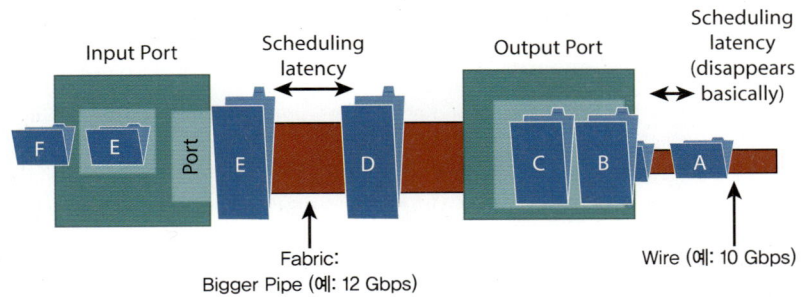

[그림 10-8] cut-through 크로스바 스위치에서의 오버스피드(overspeed)

크로스바 수퍼프레이밍

수퍼프레이밍superframing은 크로스바 패브릭으로 패킷들을 보내기 전에, 그 패킷들을 큰 단위의 프레임으로 묶는 것을 의미합니다. 이것은 트랜잭션transaction 또는 그랜트grant 단위로 프레임을 구성하며, superframe은 크로스바에서 프레임을 전송할 때만 사용되고, 크로스바를 벗어나 outgoing 인터페이스에 도달하는 시점에는 원래의 패킷으로 복원되어 전달되어, 트래픽은 변경없이 스위치를 통과하게 됩니다.

프레임이 크로스바 패브릭을 통과할 때, 스케줄링에 의한 패킷 간의 시간 차 및 신호 목적의 패브릭 전송 구간에서 추가된 별도의 오버헤드 헤더(extra overhead header) 등의 두 가지 지연이 발생합니다. 그리고, 여기서 발생하는 오버헤드는 일정한 크기로 패킷마다 추가되며 특히 작은 크기의 패킷 전송에서 심각한 부담과 패킷간 시간 차를 발생 시키기 때문에 이것은 작은 크기의 패킷 처리 능력을 전체적으로 감소시킵니다. 수퍼프레이밍은 패킷들을 서로 묶어, 패킷 크기에 영향받지 않고 패킷 처리 용량을 유지할 수 있도록 합니다. [그림 10-9]는 수퍼프레이밍의 개념을 설명하고 있습니다.

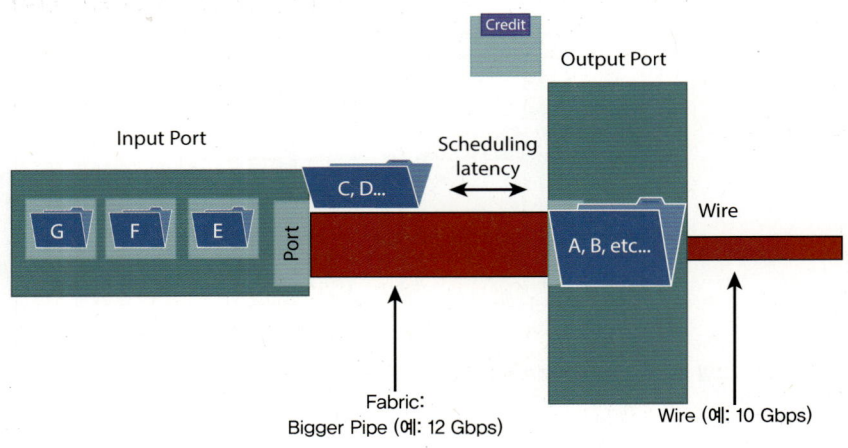

[그림 10-9] 수퍼프레이밍(Superframing)

수퍼프레이밍은 크로스바 패브릭에서 기본적으로 지원하는 기능이며, 설정은 불가능합니다. 그리고, 수퍼프레임superframe의 크기는 정해진 바가 없으며, 수퍼프레임을 채우기 위해 기다리는 과정이 없기 때문에, 스위치에 지연을 유발하지는 않습니다. 예를 들면, 큐queue에 64바이트 패킷이 한 개만 있고, outgoing 포트가 여유가 있으면, 스케줄러는 바로 이 패킷이 패브릭에 통과하도록 허가grant합니다.

[그림 10-10]은 수퍼프레이밍 기능을 적용하지 않고, 측정한 성능 테스트 자료입니다. 이 그림은, 크로스바 패브릭 아키텍처에서 수퍼 프레이밍이 라인 레이트line rate를 보장하는 주요 요소라는 것을 확인하는 자료로서, 패킷의 크기가 4,096 바이트 또는 그 이상이 되어야만 라인 레이트에 도달할 수 있다는 것을 증명하고 있습니다. 이와는 반대로, [그림 10-11]은 넥서스 5000 스위치에서 수퍼 프레임을 설정한 상태에서 테스트한 결과로서, 수퍼프레이밍을 설정한 경우 패킷 크기에 상관없이 가장 작은 패킷(64바이트)에서도 라이 레이트를 보장할 수 있다는 것을 보여주고 있습니다.

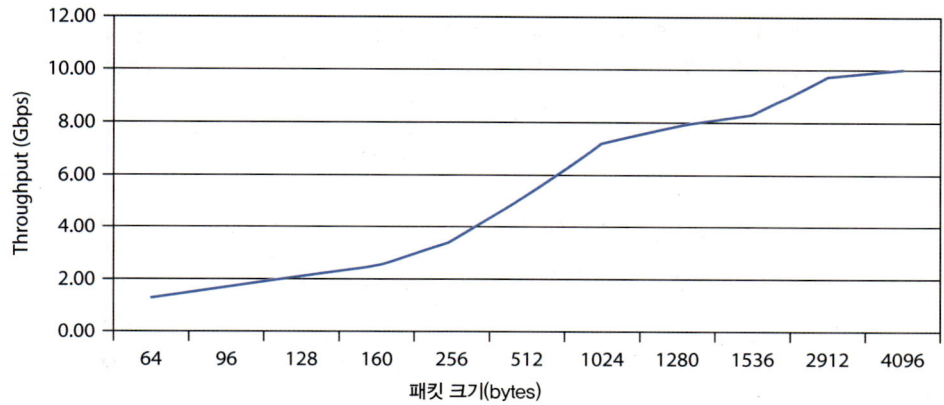

[**그림 10-10**] Cut-through 스위치에 수퍼프레이밍(Superframing)을 설정하지 않은 상태에서의 성능 테스트 결과

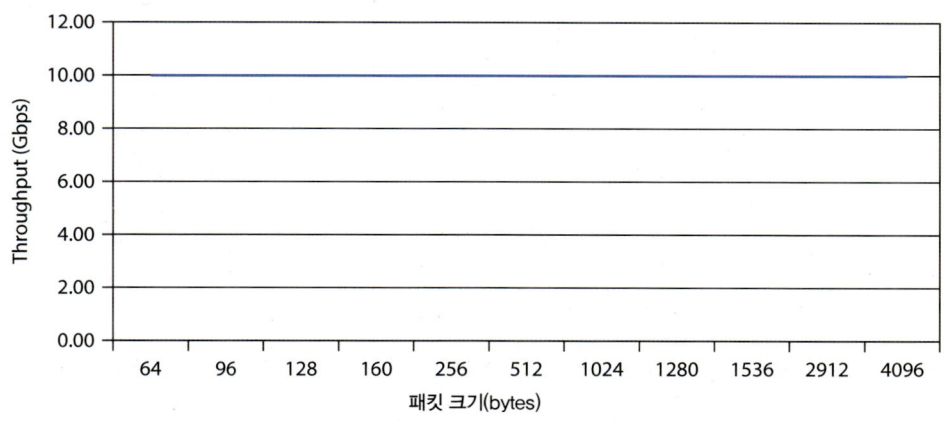

[**그림 10-11**] Cut-through 스위치에 수퍼프레이밍을 설정한 상태에서의 성능 테스트 결과

스케줄러

'*Arbiter*'^{결정권자}라고도 불리는 스케줄러^{scheduler}의 역할은, 패브릭 전반에 걸쳐 프레임^{frame}이 원활하게 처리될 수 있도록 하는 것입니다. 스케줄러는 스위치 패브릭의 핵심 요소이며, 그 역할이 단순히 HOLB(head of line blocking) 문제를 해결하는데 그치지 않고, 버퍼의 효율성을 높이고, 혼잡^{congestion}이 발생하는 포트들을 격리 시키기도 합니다. 트래픽의 우선 순위를 보장하고, 패킷들의 누락이 없도록 가중치^{weight}를 적용하는 스케줄러는 벌크^{bulk} 트래픽이 발생하기 전에 작동되며, 트래픽이 처리되는 동안 스케줄러는 스위치가 성능을 최대한 발휘할 수 있도록 합니다.

패브릭과 포트 사이에서 트래픽 처리를 조절하기 위해, 시스코 넥서스 시리즈에서는 두 개 모델이 사용됩니다.

 스케줄러 모델

- **크레디트 모델**(Credit model)
  토큰 크레디트(token credit) 교환에 기반한 모델이며, 스케줄러는 스위치를 통과하고자 하는 트래픽에 크레디트를 제공합니다. 사용한 크레디트는 스케줄러에게 반환되며, 프레임들은 크레디트를 받을 때까지 큐(queue)에서 대기해야 합니다. 큐잉(queuing) 기법에 따라 프레임의 대기 위치는 인풋(input), 아웃풋(output), 중앙형(centralized) 등으로 다를 수 있으며, 크레디드 모델은 시스코 넥서스 9000, 7000, 5000, 3000, 2000 등에서 사용되는, 가장 일반적인 스케줄러 모델입니다.

- **콜리전 모델**(Collision model)
  포트와 패브릭 사이에서는 ACK와 NACK의 두 가지 메시지가 교환되며, 트래픽을 전송하기 위해 크레디트를 기다릴 필요가 없습니다. 이 모델은, 하나 또는 다수의 포트가 하나의 아웃풋(output) 포트를 대상으로 경쟁 모델이며, 인풋(input) 포트는 스케줄러로부터 ACK를 받으면, 크로스바 패브릭에 트래픽을 전송하지만, NACK 메시지를 받은 경우, 인풋(input) 포트는 패브릭 사용을 거부당한 것으로, ACK를 받을 때까지 새로운 패브릭 경로로 패킷 전송을 재시도하게 됩니다. 이러한 모델은 시스코 넥서스 6000 스위치에서 사용되며, 크레디트 기반의 넥서스 5000 스위치에 비해, 패브릭을 통과하는데 소요되는 구조적 지연 시간을 줄일 수 있습니다.

라인 레이트^{line rate}의 성능을 내기 위해서는, 패브릭 오버스피드^{overspeed}, 수퍼프레이밍, 효율적인 스케줄러 등을 함께 사용해야 합니다. 좋은 스케줄러는 트래픽이 많은 환경에서도 라인 레이트를 보장할 수 있어야 하며, 트래픽이 적은 환경에서는 매우 낮은 지연도 라인 레이트와 함께 보장되어야 합니다. 일반적으로, 라인 레이트에서 프레임 처리를 위해, 스케줄러에서 추가되는 지연은 전체 스위치 지연의 10%까지 차지합니다.

크로스바 Cut-through 아키텍처 요약

크로스바 스위치 아키텍처는 Cut-through 스위칭과 함께 패킷 크기에 상관없이 일관되게 저 지연(low latency)에서 초저 지연(ultra low latency)의 라인 레이트 성능을 보장합니다. 이로 인해, 스토리지 네트워킹을 위한 손실 없는 이더넷(lossless ethernet)이 가능하며, 빅 데이터와 수퍼 컴퓨팅 환경을 위한 예측 가능하며 초저 지연(ultra low latency)의 네트워크가 가능해졌습니다. 패브릭은 최소한으로 필요한 크로스포인트보다 많은 수의 크로스포인트를 사용하며, VoQ(virtual output queue), 오버스피드, 수퍼프레이밍 기술을 함께 사용합니다. Cut-Through 스위칭은 모든 패킷 크기에 상관없이 예측 가능한 성능을 제공하며, 이 기술은 현재 넥서스 9000, 6000, 5000, 3000, 2000 시리즈 스위치에서 사용되고 있습니다. 넥서스 6000과 5000은 크로스바와 Cut-through 기술을 채택하고 있으며, 넥서스 9000과 3000은 중앙형 메모리(centralized memory) 기반의 기술을 채택하고 있습니다. 넥서스 7000은 Cut-through 방식 대신 store-and-forward 스위칭 방식을 채택하고 있으며, 오버스피드, 수퍼프레이밍 등의 기술도 함께 채택하고 있습니다. 다음 섹션에서는 크로스바의 큐잉 모델에 대해 설명하며, 중앙형 메모리(SoC에 적용 가능한)는 이 장의 뒷 부분 "중앙 공유형 메모리(SoC)" 섹션에서 설명할 것입니다.

아웃풋 큐잉(전통적인 크로스바)

고 대역폭high bandwidth의 스위치를 디자인할 때, 중요한 고려사항 중에 하나는 제한된 메모리를 어떻게 효율적으로 관리할 것인가 입니다. 스위치 큐잉 기법queuing mechanism의 핵심 구성 요소이기도 한 메모리는, 그 메모리가 얼마나 빠르게 작동할 수 있는 지에 따라, 그 스위치의 성능도 달라질 수 있습니다. 즉, 스위치가 메모리를 효율적으로 관리할 수 있다면, 다른 스위치들 보다 빠르게 작동할 수 있다는 의미입니다. 스위치는 그 구조에 따라, 큐잉의 위치가 인풋input이나 아웃풋output, 또는 양쪽 모두에 위치할 수 있으며, 그렇지 않은 경우 인풋과 아웃풋 사이 중앙에 위치할 수도 있습니다. 이런 구조를 반영하여, 큐잉queuing에는 아웃풋 큐잉, 인풋 큐잉, 중앙 공유형 메모리(centrailized shared memory) 등의 세 가지 기술이 있습니다. 아웃풋과 인풋 큐잉은 크로스바 스위치 구조에서 주로 사용되며, 이 섹션은 [그림 10-12]에서 아웃풋 큐잉 모델을 설명하고 있습니다.

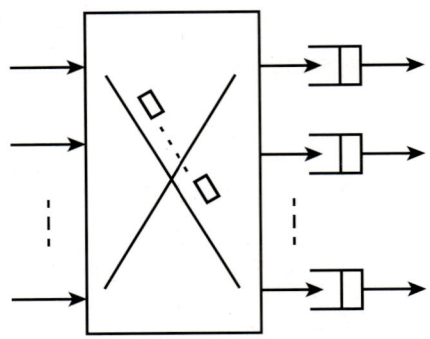

[그림 10-12] 아웃풋 큐잉(Output Queuing)

아웃풋 큐잉 스위치에서, 모든 큐는 스위치의 아웃풋 부분에 위치합니다. 아웃풋 큐잉 스위치는 보장형 QoS(guaranteed quality of service) 기능과 고성능의 패킷 처리 능력을 제공합니다. 인그레스ingress에서 큐queue가 작다는 것은 도착하는 모든 프레임을 도착하는 즉시, 아웃풋output 포트로 전송되어야 한다는 것을 의미합니다. QoS와 처리 성능의 측면에서, 아웃풋 포트에서 바로 프레임을 보고 QoS를 보장할 수 있기 때문에, 이러한 큐잉 기법이 장점이 될 수 있지만, 동시에 너무 많은 프레임이 들어올 경우, 더 많은 아웃풋 포트의 내부 대역폭bandwidth과 메모리 대역폭을 필요로 하는 단점도 있습니다. 예를 들며, 동시에 X개의 프레임을 받을 수 있다고 했을 때, 아웃풋 큐잉 메모리는 메모리에 도착한 프레임 수 만큼, 매 당 X번의 쓰기 접근Write Access를 지원해야 합니다. 그리고 이 시나리오를 원활하게 지원하기 위해서, 스위치는 X+1배 만큼의 메모리 증속speedup을 지원해야 합니다.

시스코 데이터센터 제품들 중에 카탈리스트 6500과 M계열의 모듈이 장착된 넥서스 7000 두 종류의 스위치는 아웃풋 큐잉을 사용하고 있으며, 이들 두 스위치는 커다란 아웃풋 큐잉 메모리나 이그레스 버퍼egress buffer와 store-and-forward 구조를 갖고 있습니다. 이들 스위치는 커다란 메모리를 갖고 있어, MAC 러닝learning, 라우팅routing, ACLAccess Control List에 대해서도 역시 커다란 크기의 테이블 제공할 수 있지만, 역으로 지원할 수 있는 포트 밀도port density나 속도가 다른 스위치들에 비해 작을 수밖에 없습니다.

인풋 큐잉(Ingress Crossbar)

아웃풋 큐잉output queuing과 달리, 인풋 큐잉input queuing은 메모리에 대한 증속speedup이 필요 없습니다. 큐queue는 인풋 포트에 위치하며, 동시에 여러 개의 프레임을 보내거나 받을 필요가 없습니다. 인풋 큐잉은 운영을 위해서 라인 레이트line rate의 딱 두 배만큼만의 메모리만 필요하며, 이로 인해 인풋 큐잉은 고 대역 스위치(high bandwidth switch)를 구성하는데 핵심 요소가 되었습니다. 그러나, 인풋 큐잉은 근본적으로 HOLB(Head-Of-Line Blocking) 이슈에 취약한 문제가 있는데, 이 문제는 VoQ(Virtual Output Queuing)에 통해 간단하게 해결될 수 있습니다. HOLB는 다음 섹션에서 설명하기로 하고, [그림 10-13]은 인풋 큐잉을 설명하고 있습니다.

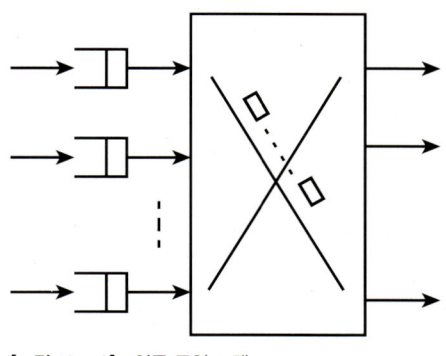

[그림 10-13] 인풋 큐잉 모델

인그레스 큐잉ingress queuing 또는 인그레스 버퍼링(ingress buffering)이라고도 언급되는 인풋 큐잉 모델은, 시스코 넥서스 7000 F 시리즈 라인 카드와 넥서스 5500, 넥서스 5000 스위치에서 사용되며, 이들 스위치들은 다음과 같은 향상된 제공합니다.

- 20%의 속도가 향상된 결합(coupled) 스케줄러와 크로스포인트
- 유니캐스트 및 멀티캐스트 전용 스케줄러(dedicated scheduler)
- HOLB를 예방하기 위한 VoQ
- 3배의 패브릭 Overspeed
- 다 대 일(many-to-one) 혼잡(congestion) 상황과 수퍼프레이밍을 위해 필요한 것보다 3배 이상 많은 크로스포인트

이러한 기능이 조합되어 적용된 스위치들은 트래픽 사용량이나, 패킷 크기, 기능 설정(ACL 같은) 적용에 상관 없이, 같은 지연과 성능을 제공합니다.

HOLB 이해하기

각각 다른 아웃풋 포트를 향하는 프레임이 같은 인그레스ingress 포트에 도착했을 때, 여유가 있는 아웃풋 포트를 향하는 프레임도, 혼잡이 발생한 바로 앞의 프레임에 의해 전송이 중단될 수 있습니다. 그리고, 혼잡이 발생한 앞 프레임의 아웃풋 포트에서의 문제가 해결될 때까지, 자신이 향하는 포트가 여유가 있음에도 불구하고, 큐에 처리를 위해 대기해야하는 상황이 발생할 수 있습니다. 이렇게 영향을 받아서는 안될 트래픽들의 처리에 불필요한 악영향을 미치는 역압(backpressure)의 상황

을 HOLB(head of line blocking)라고 하며, 최근 연구 결과에서 HOLB는 패킷 처리 성능에도 영향을 미치는 것으로 확인되었습니다. 이 연구 결과에 의하면 특정 상황에서 HOLB는 최대 패킷 처리 성능 대비 58.6%까지 떨어뜨리는 것으로 확인되었습니다. [그림 10-14]는 HOLB 상황을 설명한 그림입니다.

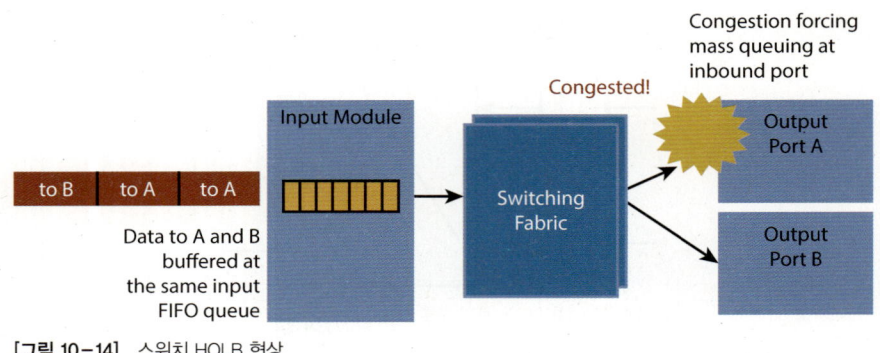

[그림 10-14] 스위치 HOLB 현상

HOLB 문제 해결을 위한 VoQ

인풋 큐잉Input Queuing은 스위치 업계에서 HOLB 이슈로 인해 오랜 동안 기피되어 왔지만, 최근에 이 이슈가 VoQ를 통해 해결될 수 있다는 것이 확인되었습니다. VoQ 스위치는 각 아웃풋 포트별로 하나씩 FIFO(first-in first-out) 큐를 할당하여, 큐 구조가 다 수의 FIFO 큐만으로 구성되도록 단순화하였으며, 이러한 구성을 통해 같은 FIFO 큐에 대기중인 모든 프레임은 같은 아웃풋 큐를 향하도록 구조를 구성하였고, 이로 인해 다른 아웃풋 포트를 향함에도 불구하고 앞에서 대기중인 트래픽이 아무런 상관 없는 다음 순서의 트래픽 전송에 차질을 주는 HOLB 이슈를 해결하였습니다. 이러한 VoQ 구조로 인해 메모리 사용량이 다소 많은 것처럼 보이지만 하나의 프레임은 하나의 인풋 포트에만 도착하고 출발할 수 있기 때문에, 실제로 VoQ에 대한 메모리 사용량은 하나의 FIFO 인그레스 큐잉ingress queuing 구조에서 사용되는 메모리의 양과 동일하며, 이 때 사용되는 인풋 포트input port의 모든 큐는 동일한 물리적 메모리를 공유합니다. 그리고, 단일 FIFO 인풋 큐잉 구조보다 많은 큐를 관리해야 하기 때문에, VoQ는 더욱 고도화된 스케줄러를 사용해야하며, 여기서 주의해야 할 점은, VoQ나 버퍼링 기능은 크로스바 패브릭crossbar fabric이 아닌 스케줄러에 위치하든지 인풋 스위치 ASIC에서 수행된다는 점입니다. [그림 10-15]는 VoQ를 설명하고 있습니다.

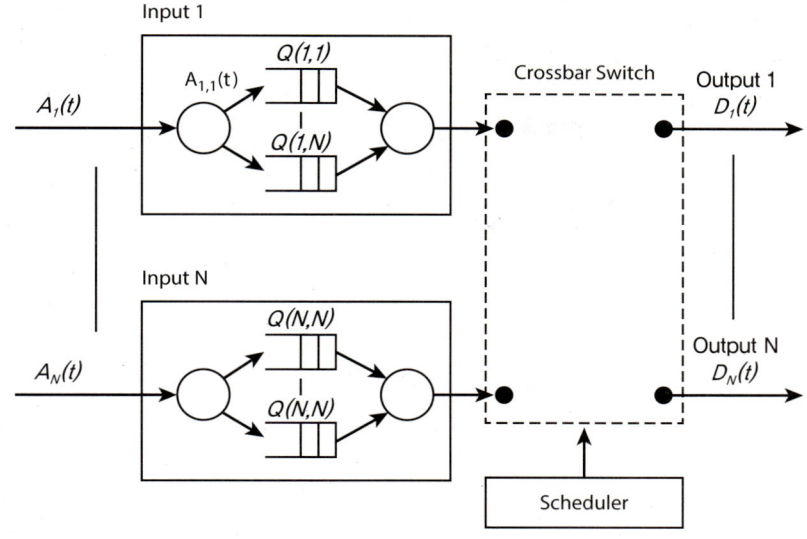

Input 1

Crossbar Switch

Output 1
$D_1(t)$

$A_1(t)$

$A_{1,1}(t)$

$Q(1,1)$

$Q(1,N)$

Input N

Output N
$D_N(t)$

$A_N(t)$

$Q(N,N)$

$Q(N,N)$

Scheduler

[그림 10 −15] VoQ(Virtual Output Queuing) 설명

다단계 크로스바

특정 스위치 구조는 더욱 큰 용량의 패브릭을 구현하기 위해, 다단계multiple–stage 크로스바 패브릭을 사용하고 있습니다. 예를 들면, 넥서스 7000 스위치는 3 단계 패프픽 크로스바를 사용하며, 첫 번째와 3번째 단계의 패브릭은 I/O 모듈에서 수행되지만, 두 번째 단계는 패브릭 모듈에서 수행됩니다. 이런 접근 방법은, 패브릭의 성능을 오버서브스크립션oversubscription에서 라인 레이트line rate 전송까지 사용자가 2단계 패브릭 수를 조절하는 방식으로 그 비율을 결정할 수 있게 하며, 넥서스 7000 스위치의 경우 1개에서 5개까지 패브릭 수를 조절할 수 있습니다. 앞에서 설명했던 모든 크로스바 개념에 다단계(멀티 스테이지) 크로스바 패브릭의 적용이 가능하며, 이러한 다단계 크로스바 패브릭은 데이터센터 Spine-Leaf 패브릭 네트워크 구조처럼 단일 스위치보다 더 많은 처리 용량을 지원할 수 있는 스케일링 아웃scaling out의 원리가 적용 가능합니다. 다만, 플로(flow) 기반인 Spine-Leaf 구조와 달리, 단 단계 크로스바 구조는 패킷 기반이라는 점이 다릅니다. [그림 10−16]은 다단계 크로스바 패브릭의 예를 설명한 것입니다.

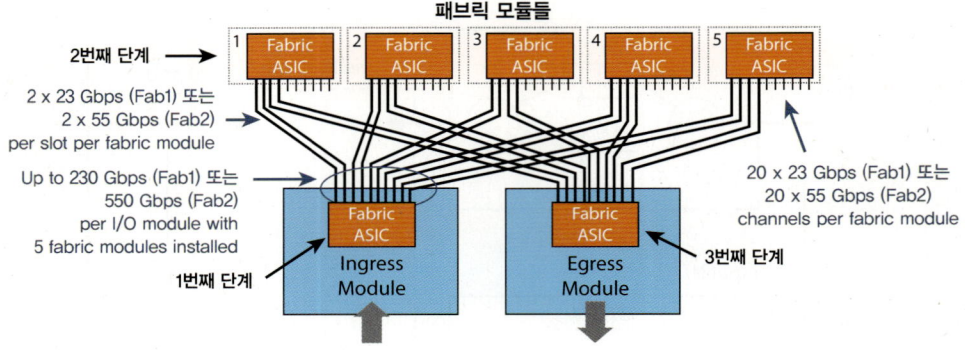

패브릭 모듈들

2번째 단계

2 x 23 Gbps (Fab1) 또는
2 x 55 Gbps (Fab2)
per slot per fabric module

Up to 230 Gbps (Fab1) 또는
550 Gbps (Fab2)
per I/O module with
5 fabric modules installed

20 x 23 Gbps (Fab1) 또는
20 x 55 Gbps (Fab2)
channels per fabric module

1번째 단계

3번째 단계

[그림 10-16] 다단계 크로스바 패브릭

크로스바 스위치 구조에서, 패브릭은 멀티캐스트 트래픽에 대한 복제 replication 를 담당하며, 스케줄링은 인풋이나 아웃풋 큐잉 때문에 패브릭 모듈 전이나 후에서 진행됩니다. 크로스바 패브릭은 넥서스 7000 스위치의 예처럼 다단계 구조를 가질 수 있습니다.

중앙 공유형 메모리(SoC)

중앙 공유형 메모리 centralized shared memory 는 일반적으로 낮은 용량의 데이터센터 스위치에서 사용되는 아키텍처입니다. 메모리는 모든 인풋과 아웃풋 포트에 의해 공유되며, 각 인풋과 아웃풋 포트는 한번에 하나씩 스위치 메모리를 사용 access 할 수 있습니다. 스위치 메모리는 여러 큐로 나뉘어 있으며, 각 큐는 아웃풋 포트당 하나씩의 배정되어 있습니다. 그리고, 이런 큐에 대한 메모리 관리는 정적 static 또는 동적 dynamic 으로 할 수 있습니다. 이러한 큐잉 기술은 프레임을 아웃풋 큐잉과 같은 방식으로 처리하며, 논리적으로 중앙형 메모리 구조는 모든 큐가 중앙 메모리 영역에 위치하는 아웃풋 큐잉 기법처럼 보여집니다. 중앙 공유형 메모리의 또다른 장점은 사용하지 않는 버퍼 공간을 트래픽이 많은 포트에 할당할 수 있어 프레임 손실이 적거나 가능성이 낮다는 것입니다. 공유 메모리 구조의 한 가지 약점은 메모리에 대한 증속 speedup 이 필요하며, 라인 레이트의 포트 보다 2배수 빠른 기능 수행이 필요하다는 것입니다. [그림 10-17]에서는 SoC 큐잉 모델을 설명하고 있습니다.

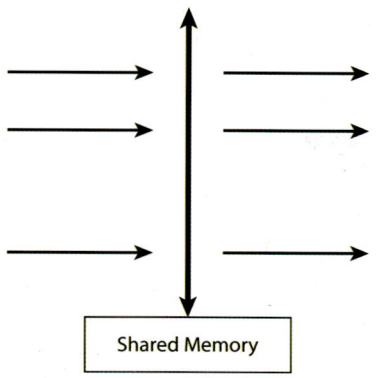

[그림 10-17] 중앙 메모리 : SoC

모든 스위칭 이더넷 포트를 하나의 SoC에 구현할 수 있도록, 작은 소자에 수 많은 트랜지스터를 집적할 수 있는 나노 기술과 클로킹^{clocking} 속도의 발전으로 인해, SoC는 지난 몇 년간 매우 일반화되었습니다. 이러한 발전은, 포트 집적도를 높이기 위해 필요했던 크로스바 솔루션에 대한 필요성을 줄이고, 특히, 48에서 128 10GE 포트를 크로스바 패브릭 없이, 하나의 칩에서 구현할 수 있게 되었습니다. 물론, 대규모 용량의 스위치를 구현할 수 있는 크로스바 패브릭이 구현할 수 있는 규모에 비하면 아직은 작은 것입니다.

SoC는 ToR^{Top of Rack} 넥서스 3000, 3100, 3500, 9000 시리즈 스위치 같은 스위치온칩^{Switch-on-chip} 단일 ASIC 스위치들도 포함합니다. ToR에 사용되는 시스코 넥서스 SoC는 패킷 크기, 패킷 처리량, 기능 설정에 상관 없이 일정한 지연^{latency}을 제공하는 cut-through 방식을 채택하고 있습니다.

최근에, 시스코는 3가지 큐잉 방법론을 융합한 기법을 개발하였으며, 그 기법은 넥서스 6000에 적용되었습니다. 시스코 넥서스 6000 스위치는 유니캐스트를 위해 인그레스 큐잉^{ingress queuing}을 사용하며, 패브릭 복제의 양을 줄이기 위해 멀티캐스트 트래픽은 아웃풋 큐잉을 사용하고, 3개의 물리적 40GE 포트당 하나씩의 중앙 메모리를 배치하여, 인그레스^{ingress}와 이그레스^{egress} 큐가 공유하도록 하였습니다. 이러한 하이브리드 접근 방법은 넥서스 6000 Cut-Through 크로스바 스위치의 전포트에서, 패킷 크기, 트래픽 양, L2/L3 기능에 상관 없이 동일한 1마이크로초 지연 (1-microsecond Latency)을 지원하는 ULL^{Ultra-Low Latency} 기능을 지원하며, 40G 3포트 당 최대 25MB의 대용량 큐잉 메모리 공간을 공급받을 수 있게 합니다.

⠿ 다단계 SoC

SoC 형태의 스위치 구조에서 더 큰 용량을 위해, 여러 SoC를 조합하는 것이 가능하며, 여기에는 Crossbar fabric with SoC와 SoC fabric with SoC 등의 두 가지 기법이 있습니다.

Crossbar fabric with SoC

Crossbar fabric with SoC는 모든 스위칭과 큐잉 운영을 수행하기 위한 SoC의 기능과 여러 SoC 들을 상호연결하기 위한 패브릭의 기능으로 구성되어 있습니다. SoC 모델은 크로스바의 인그레 스ingress나 이그레스egress의 위치에 따라 다르게 설정되며, 이 때 구조는 인풋이나 아웃풋 큐잉 크로 스바 구조와 유사합니다.

예를 들면, 넥서스 7000 시리즈 라인 카드는 SoC를 사용하며, 모든 SoC를 연결하기 위해 크로 스바 패브릭을 사용합니다. 이러한 모델은 [그림 10-18]과 [그림 10-19]에서 설명하고 있는 것처럼 인그레스ingress의 SoC에 포워딩 엔진(forwarding engine)이 있고 VoQ와 함께 인그레스ingress 큐잉을 거쳐 크로스바 패브릭으로 트래픽을 전송하는 인풋 큐잉 크로스바 모델과 동일한 구조입니다. 여기 서 주목해야 할 것은 아웃풋 큐잉(egress buffer)의 존재입니다. 아웃풋 큐는 프레임들이 인풋 큐잉 단 계를 지나 크로스바 패브릭을 통과하고 있는 동안, 이그레스egress 포트에서 혼잡이 발생한 경우, 그 프레임들이 대기할 수 있도록 패브릭에서 손실되지 않도록 잠시 대기할 수 있도록 하는 버퍼입니다. [그림 10-18]과 [그림 10-19]는 시스코 넥서스 F 시리즈 라인 카드의 크로스바 및 SoC 구조와 SoC 내 기능을 설명하고 있습니다.

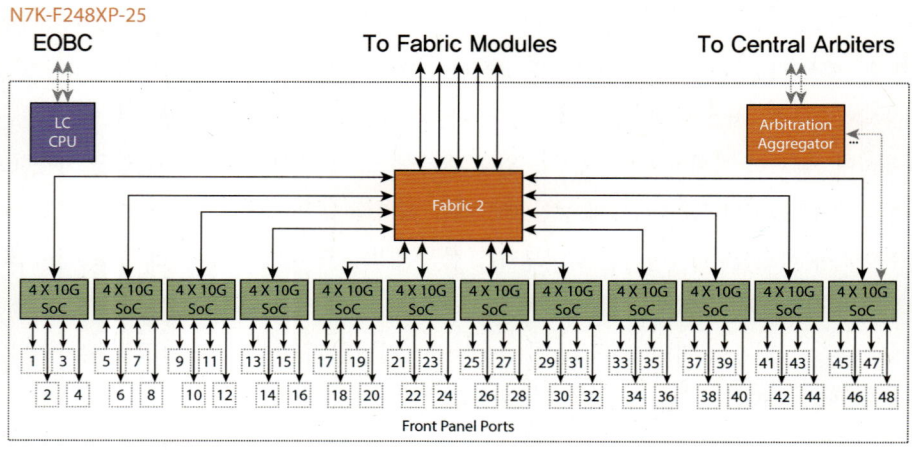

[그림 10-18] 시스코 넥서스 F2 시리즈 라인 카드의 SoC와 크로스바 구조

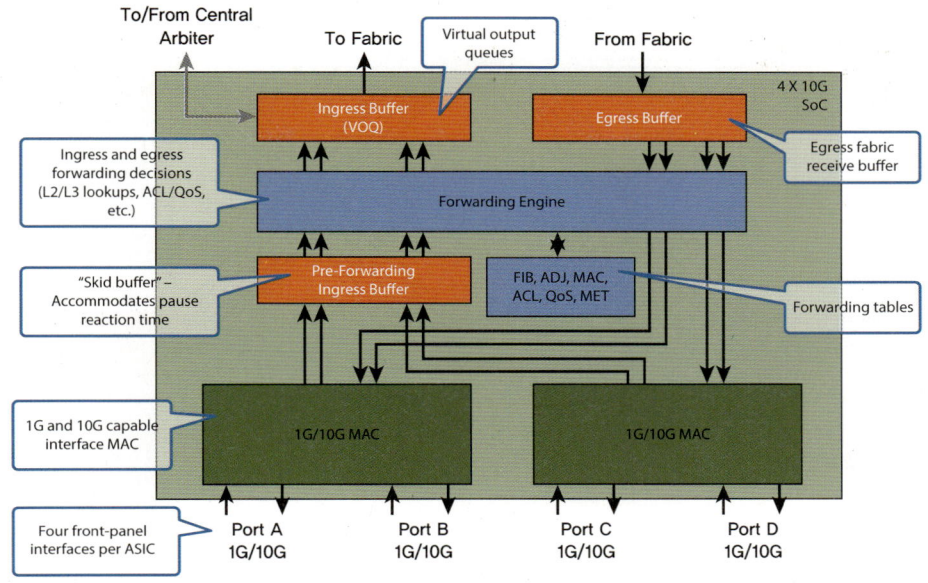

[그림 10-19] 시스코 넥서스 F2 시리즈 라인 카드의 SoC 기능

SoC 패브릭

SoC를 상호연결하는 크로스바 패브릭이 여러 종류의 ASIC을 사용하지 않도록, SoC 패브릭은 동일한 형태의 SoC를 가진 논블록킹(nonblocking) 스위치 구조로 구성되어 있습니다. 그러나, 이러한 점은 잠재적으로 SoC 간의 통신을 더욱 복잡하게 할 수 있으며, 스위치를 구성하는데 필요한 SoC가 더 많이 필요하게 만들 수 있습니다.

예를 들면, 모든 SoC끼리의 모든 스위칭과 라우팅 엔트리 테이블은 동기화 되어야 하며, 그렇지 않은 경우, 플러딩이나 MAC 러닝을 하지 못하는 이슈가 발생할 수 있습니다. 최신의 SoC는 더 빠르고 전용의 SoC 간의 통신 링크를 제공하며 이 링크를 *high-gig* 포트라고 합니다. 이 모델은 다음 페이지의 [그림 10-20]에서 설명된 문제점을 해결하기 위해, SoC 간의 통신과 제어 기법을 포함하고 있습니다. 포트 수 관점에서, 64 논블록킹 포트의 SoC를 갖고, 128 논블록킹 포트의 스위치를 구성 하기 위해서는 [그림 10-20]에서처럼 총 6개의 64포트 SoC가 소요되며, 4개의 SoC는 포트 쪽에서 사용되었고, 2개는 논블록킹 패브릭에서 사용되었습니다. 이러한 개념은 매우 높은 포트 집적도, 크로스바와의 호환성을 제공하며 일반적인 크로스바보다 높은 확장성을 제공합니다. 시스코 넥서스 9000 스위치는 이러한 SoC 패브릭 개념을 사용하며 현재 시점에서 가장 높은 포트 집적도를 가진 모듈러 스위치 플랫폼입니다.

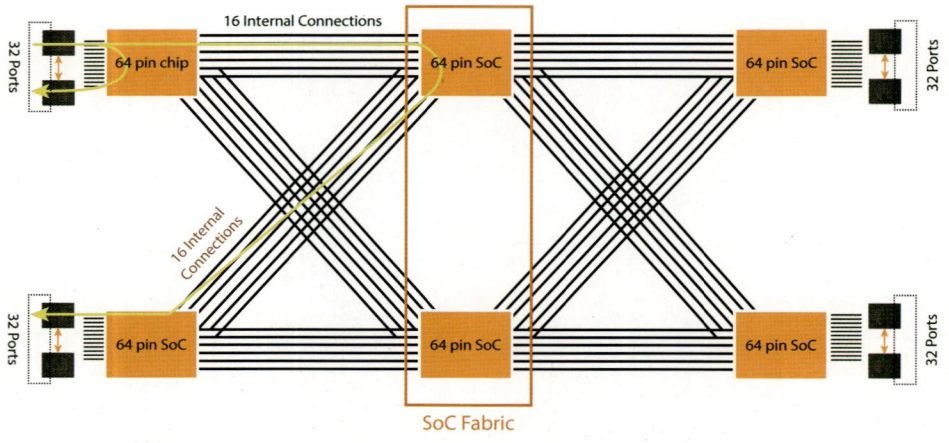

[그림 10-20] 패브릭 SoC 구조

 QoS 기초

데이터센터에서의 QoS에 대한 요구 사항은 캠퍼스 네트워크의 요구 사항과는 다른 점이 있습니다. 데이터센터에서의 QoS는 많은 트래픽 상에서 지연에 민감한 애플리케이션에 대해 우선 순위를 부여하고 스토리지 트래픽을 보호하며, 아래의 섹션에서 설명된 요구 사항들을 반영하는 것이 중요합니다.

데이터센터 QoS 요구 사항

QoS에 대한 요구사항을 이해하는 것은 음성, VoIP(Voice over IP), 비디오와 같은 트래픽, 애플리케이션, SLA 측면에서 시작할 수 있습니다. 신뢰도 높고, 고품질의 VoIP 및 비디오 스트리밍 서비스를 제공하는 네트워크를 구축하기 위해서는 네트워크에 대한 문서화와 이해가 필수적이며, 장비별(per hop), 종단간(end-to-end)에서 디지털 미디어상의 음성과 비디오가 어떻게 처리되는 지 이해하는 것은 매우 중요한 일입니다.

예를 들면, [그림 10-21]에서처럼 음성 트래픽의 경우 코덱^{codec}은 아날로그^{analog} 음성에서 20밀리 초(ms)의 이진 데이터^{binary data}를 생성하며 원활한 음성 서비스가 이뤄지기 위해서는 송신자와 수신자 사이의 지연이 인간의 청각 인지 차(Human ear perception gap)인 150밀리 초(ms)를 넘어서는 안되며 이런 요구사항을 보장하기 위해서는 네트워크 장비는 음성 트래픽을 위해 우선순위 큐^{priority} ^{queue}를 갖고 있어야 하고, 지속적인 네트워크 장비들의 지원을 받기 위해서 음성 트래픽이 목적지 네트워크 종단에 도착했을 때에도 떠날 때와 똑같은 형태를 띠고 있어야 합니다. 그러나, 비디오 트래픽의 경우 데이터의 양data rate이 일관되지 않다는 점이 음성 트래픽과 다르며, 스트리밍 형태의 비디오 트래픽이라면 버퍼링이 가능하겠지만, 생방송 비디오 트래픽은 버퍼링 될 수 없습니다. 음성과 비교하여 비디오는 패킷 손실에 대한 회복력이 부족하며, 데이터의 양은 더 많고, 33 밀리 초(ms)마다 코덱 샘플이 전송됩니다.

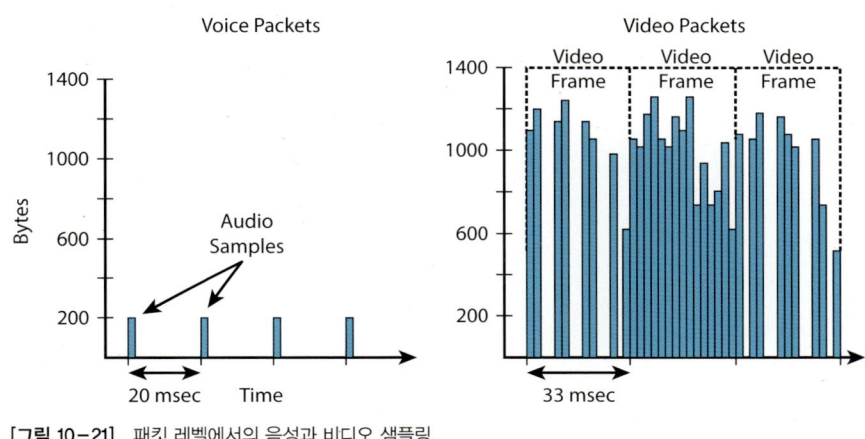

[그림 10-21] 패킷 레벨에서의 음성과 비디오 샘플링

하드웨어 네트워크 장비에 탑재된 음성과 비디오 기술을 기업과 캠퍼스의 애플리케이션들을 특성에 맞게 QoS 모델에 적용할 수 있도록 RFC는 가이드라인과 최적의 구성 모델을 정의하였습니다. 미디어넷medianet과도 관련된 [표 10-3]은 RFC4594의 내용을 일부 요약한 것으로 QoS에 대한 각 애플리케이션별 요구사항이 시스코 네트워크 장비에서 어떻게 구현되는지 이해하는데 도움이 될 것입니다.

[표 10-3] 미디어넷(Medianet) RFC 4594

애플리케이션 클래스	hop당 비헤이비어	승인 제어	큐잉과 드롭핑	애플리케이션 예
VoIP Telephony	EF	Required	Priority Queue (PQ)	Cisco IP Phones (G.711, G.729)
Broadcast Video	CS5	Required	(Optional) PQ	Cisco IP Video Surveillance/Cisco Enterprise TV
Real-time Interactive	CS4	Required	(Optional) PQ	Cisco TelePresence
Multimedia Conferencing	AF4	Required	BW Queue + DSCP WRED	Cisco Unified Personal Communicator, WebEx
Multimedia Streaming	AF3	Recommended	BW Queue + DSCP WRED	Cisco Digital Media System (VoDs)
Network Control	CS6	–	BW Queue	EIGRP, OSPF, BGP, HRSP, IKE
Call Signaling	CS3	–	BW Queue	SCCP, SIP, H.323
Ops/Admin/Mgmt(OAM)	CS2	–	BW Queue	SNMP, SSH, Syslog
Tramsactioanl Data	AF2	–	BW Queue + DSCP WRED	ERP Apps, CRM Apps, Database Apps
Bulk Data	AF1	–	BW Queue + DSCP WRED	Email, FTP, Backup Apps, Content Distribution
Best Effort	DF	–	Default Queue + RED	Default Class
Scavenger	CS1	–	Min BW Queue (Differential)	YouTube, iTunes, BitTorrent, Xbox Live

데이터센터 요구 사항

전통적인 캠퍼스에서와 마찬가지로, 데이터센터에서도 컴퓨트 스토리지 compute storage, 가상화 virtualization, 클라우드 컴퓨팅 cloud computing 등과 같은 분야에서 새롭게 등장하여 특화된 기술들이 있습니다. 그리고, FCoE, iSCSI, NFS처럼 스토리지에 특화된 기술들의 프로토콜들을 패브릭에서 어떻게 수용할 것이며, vMotion과 같은 프로세스와 컴퓨터 간의 통신communication을 지원할 것인가에 대한 이해가 필요합니다. 이러한 요구 사항은 음성과 비디오에 대한 QoS와 캠퍼스 기반의 QoS와는 다른 이야기 입니다. 데이터센터 디자인의 목적은 패브릭 종단간의 지연에 대한 균형을 유지하고, 어떠한 형태의 패킷 손실도 예방한다는 것입니다. 균형된 패브릭balanced fabric은 [그림 10-22]의 굿풋(goodput: 유효 처리량)이라고도 알려진, 최대의 패킷 처리 성능과 최소의 패킷 손실을 유지할 수 있는 기능입니다. 또한, 802.1Qbb, 802.1az, ECN과 같이 새롭게 고려해야 할 프로토콜과 기법들이 더 있으며, 그것들은 다음 섹션에서 다루도록 하겠습니다.

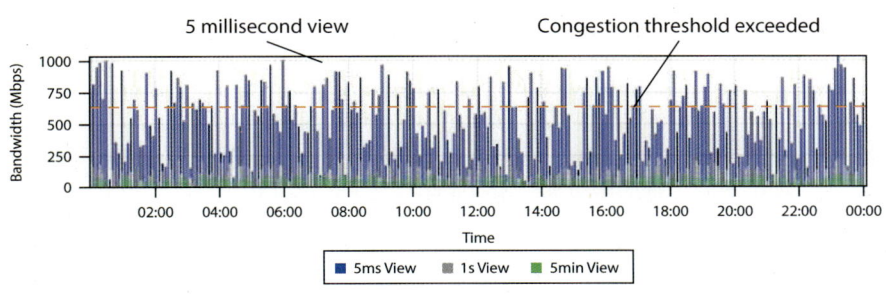

[그림 10-22] 굿풋(Goodput)

다른 데이터센터에서 사용된 QoS의 유형

데이터센터 디자인을 위해, 다음과 같이 다양한 트래픽 유형에 대해 분석하여야 합니다:

- 패킷 손실(no-drop) 스토리지 트래픽
- 고성능(high performance) 서버 작업(compute workload)
- 스토리지
- vMotion

QoS에 대한 요구사항 관점에서 달라진 트렌드는 다음과 같습니다:

 데이터센터 QoS 고려 사항

- 초저 지연 네트워킹(ultra-low latency networking)
  QoS 적용이 없는 네트워크이며, 애플리케이션 간의 지연을 최소화하기 위해, 큐잉의 사용을 최소화한 디자인

- **고성능의 서버**(high-performance compute)**와 빅데이터**(big data) **작업량**

  트래픽은 동-서 방향(east-west direction)을 중심으로 흐르며, Incast(다 대 일 통신: Many to One Conversation)와 속도 불일치(Speed Mismatch)에 의해 높은 패킷 처리 성능과 버퍼링이 요구되는 대용량의 트래픽

- **거대한 규모의 데이터센터**

  패킷 손실을 최소화하기 위해 TCP의 처리 성능에 최적화된 요구사항이며, ECN과 DCTP의 사용으로 해결될 수 있음

- **가상화 데이터센터**

  vMotion 트래픽과 같은 가상화 서버 트래픽 뿐만 아니라 비 가상화된 데이터센터에도 다양한 트래픽에 우선 순위를 부여할 수 있는 QoS

트러스트, 분류, 마킹, 경계(Boundary)

QoS에 대한 핵심 고려 사항은 트래픽을 어디에서 분류하고 마킹할 것인가를 결정하는 것입니다. 캠퍼스 환경에서 트러스트 경계trust boundary는 액세스 스위치(access network device)에 연결된 케이블에서 시작됩니다. [그림 10-23]에서 처럼, 기본적으로 네트워크 밖의 정의는 신뢰하지 않는다는 전제하에서 출발하지만 그러나, 데이터센터에서는 기본적으로 신뢰trust가 기본이며, 그래서 QoS 기본설정이 캠퍼스 네트워크와 데이터센터 네트워크는 다릅니다.

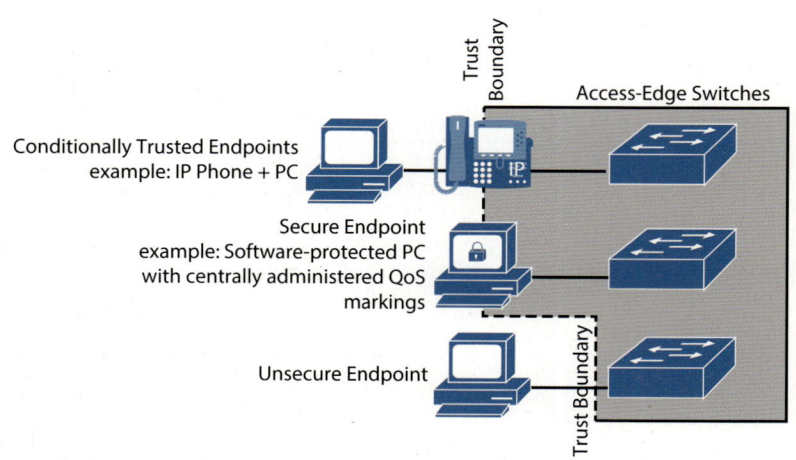

[**그림 10-23**] 트러스트 경계(Trust Boundary)

데이터센터에서, QoS 트러스트 경계는 가상 서버virtual machine가 가상 스위치virtual switch에 연결된 지점입니다. 액세스 경계access boundary가 서버 안으로 이동한 것이며, 기본적으로 QoS에 대한 설정

은 스위치에서 신뢰됩니다. 호스트에서 레이어 3 경계까지 CoS 기반의 레이어 2 QoS가 네트워크 장비에서 수행되며, 경계 밖의 네트워크 장비에서는 DSCP 기반의 레이어 ^{Layer} 3 QoS가 수행됩니다.

[그림 10-24]는 트러스트 경계^{trust boundary}와 분류 및 마킹 지점을 설명하고 있습니다. 데이터센터 넥서스 스위치에서 트러스트^{trust}에 대한 기본적인 처리 방식은 기본적으로 스위치로 들어오는 CoS 나 DSCP 같은 어떠한 종류의 마킹도 신뢰한다는 것이며, 필요하다면 신뢰하지 않게^{untrust} 설정도 가능합니다. 가상 서버^{VM}을 출발한 트래픽들은 일반적으로 마킹이 되어 있지 않아, 가상 스위치^{virtual switch}가 각 가상 서버에 대한 CoS 값을 설정할 필요가 있습니다.

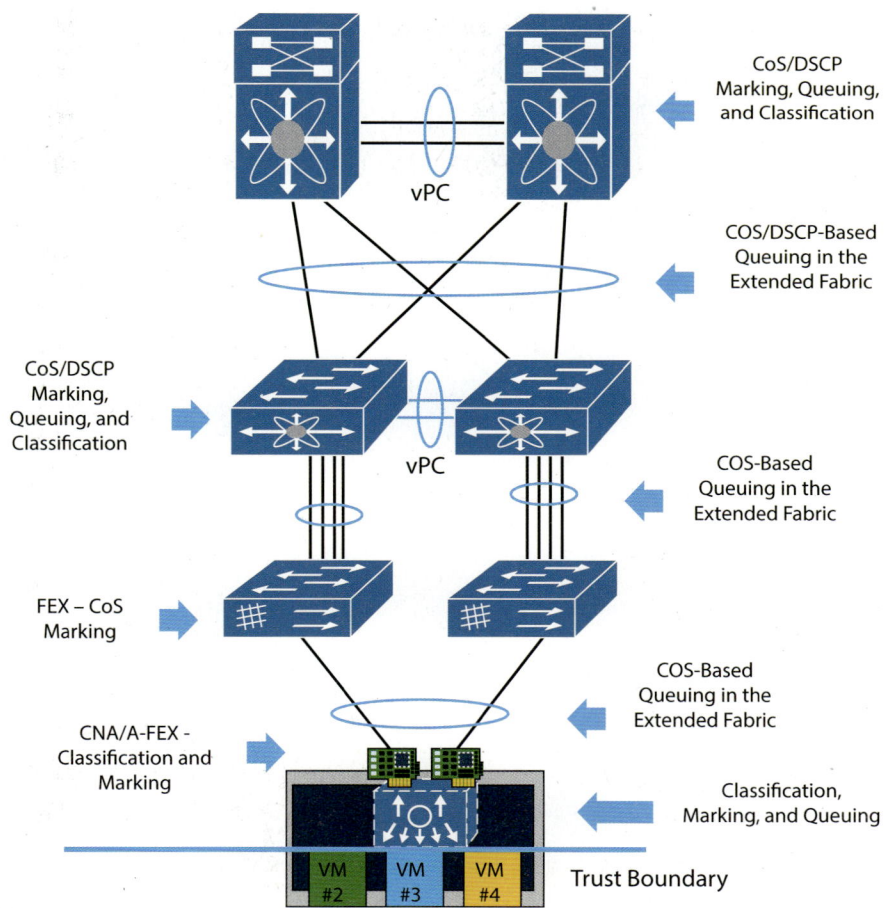

[그림 10-24] 데이터센터 네트워크에서 CoS와 DSCP의 경계

데이터센터 QoS 모델은 4-, 6-, 8 클래스 모델이 있으며, 그 클래스의 수는 설치된 하드웨어에 종속적입니다. 그리고, IP와 FCoE 같은 비 IP[non IP]가 혼재되어 있는 데이터센터에서는 레이어2 또는 CoS 기반의 QoS에 대한 필요성이 강하게 대두되어 여러 프로토콜들에게 일관된 QoS 정책 적용을 위한 CoS 기반의 QoS가 널리 사용됩니다.

멀티 테넌트 네트워크에서는, FCoE가 [표 10-4]에서 처럼 CoS 값으로 3을 사용하는 동시에, 음성 전달 제어 트래픽(voice bearer control traffic)이 [표 10-3]에서 처럼 Cos 3을 동시에 사용할 수 있어, 겹치거나 충돌이 발생할 잠재적 가능성이 높습니다. 이러한 경우, 상황(case per case)별로 전체적인 디자인과 충돌되는 클래스를 재정의할 CoS 값을 선정해야 합니다. 일반적으로, 음성과 FCoE가 같은 곳에서 사용되는 경우는 드물기에 CoS3을 함께 사용할 수 있지만 이러한 유형의 트래픽들이 함께 사용되는 경우 CoS 값에 대한 재정의가 필요합니다.

[표 10-4] 트래픽 유형에 따른 CoS 값 제안

트래픽 유형	네트워크 클래스	CoS	클래스, 속성, BW
Infrastructure	Control	6	Platinum, 10%
	vMotion	4	Silver, 20%
Tenant	Gold, Transactional	5	Gold, 30%
	Silver, Transactional	2	Bronze, 15%
	Bronze, Transactional	1	Best effort, 10%
Storage	FCoE	3	No drop, 15%
	NFS data store	5	Silver
Nonclassified	Data	1	Best effort

⁙ 데이터센터 QoS 기능

이 섹션에서는, 어떠한 플랫폼에도 적용 가능하며, 데이터센터 스위치에만 특정된 기술은 아니지만 널리 사용되고 있는 버퍼링[buffering]과 Buffer Bloat를 설명하는 것을 시작으로 QoS 기능에 대한 것을 다뤄 보도록 하겠습니다. 그런 다음에, 시스코 넥서스 제품들에서 데이터센터에 특화되어 지원되는 스토리지 트래픽 처리기법과 우선 순위가 높은 트래픽 처리 기법 및 데이터센터 TCP와 플로

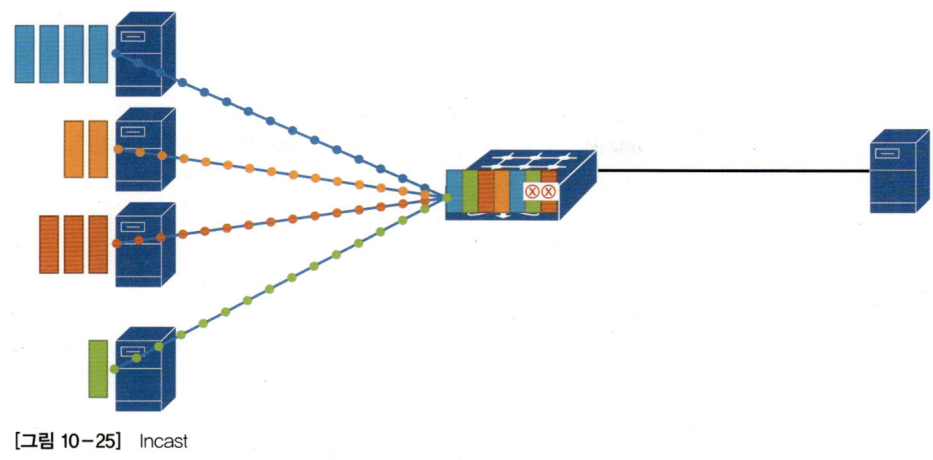

[그림 10-25] Incast

렛^{flowlet} 스위칭처럼 새롭게 지원되는 기능에 대해 설명하겠습니다.

버퍼 사용율의 이해

버퍼링을 이해하기 위해서는 QoS 기능과 스위치 구조를 이해하고, 어떻게 데이터센터 패브릭을 디자인할 지를 이해하는 것이 중요합니다. 이 섹션에서는 언제 버퍼링이 사용되고, Spine과 Leaf 스위치에 대한 버퍼 크기 선택에 따른 Spine-Leaf 데이터센터 디자인을 설명할 것입니다.

데이터센터 스위치의 버퍼는 아래와 같은 네 가지 상황에서 사용됩니다:

 데이터센터 스위치, 버퍼 사용 케이스

- **다 대 일**(Many to One) **통신에 의한 트래픽 한도 초과**(Oversubscription)
[그림 10-25]에서처럼, 인캐스트(*incast*) 또는 다대일(*many to one*) 통신이라고 불리는 이 상황은, 다수의 인풋 포트가 특정 아웃풋 포트로 트래픽을 동시에 전송하는 상황을 일컫습니다. 스케줄러가 VoQ(Virtual Output Queue)에서 프레임에서 처리하고 있는 동안 다른 프레임이 도착하고, 스케줄러가 바쁜 관계로 그 프레임은 자신의 순서까지 기다려야 합니다. 이러한 대기 지연(Waiting delay)은 나노 초(Nanosecond) 단위의 넥서스 스위치 스케줄러 지연에서 중요한 부분을 차지하며, 대기 시간 동안, 프레임은 처리가 될 때까지 인그레스(Ingress)에서 대기하게 됩니다. 데이터센터에서 이런 상황이 발생할 수 있는 일반적인 경우는, 서버가 스위치 업링크를 통해 인터넷으로 트래픽을 보내거나, 원격의 저장 장치에 데이터를 저장하는 경우가 있을 수 있습니다.

- **속도 불일치**(Speed Mismatch)
업링크 속도 불일치(Uplink Speed Mismatch)라고 불리는 이 상황은 [그림 10-26]에 그 상황이 설명되어 있습니다. 트래픽을 받는 포트와 보내는 포트 속도가 다를 때 발생하는 이 문제는, 속도가 느린 포트에서 더 빠른 포트로 전송하는 경우와 빠른 포트에서 더 느린 포트로 전송하는 두 가지 시나리오가 있을 수 있습니다. 느린 포트에서 더 빠른 포트로 전송하는 경우, 더 빠른 포트에서 프레임을 전송할 수 있도록 충분히 프레임이 모일 때까지 버퍼링 메모리에서 대기해야 하는 직렬화(serialization) 지연이 발생하며, 반대로 빠른 포트에서 더 느린 포트로 전송하는 경우에도 버퍼링은 발생합니다.

■ 버스트(Burst)

스위치가 처리할 수 있는 라인 레이트의 초당 패킷 처리 용량(Packets per second) 이상으로 패킷이 전송되는 경우에 발생합니다. 예를 들면, 10GE 포트에서 10GE 이상의 패킷을 보내는 경우 처리 용량을 초과한 버스트 패킷은 스위치 버퍼에서 임시 대기하는 경우가 발생할 수 있습니다. 이런 현상들은 특히, 이런 환경에서는 매우 짧은 시간 동안 멀티캐스트 버스트 트래픽이 주로 발생하는 HFT(High Frequency Trading) 환경에서 많이 발견됩니다.

이런 것을 마이크로버스트(microburst)라고도 하는데, 이런 현상은 데이터센터 벤치마킹(benchmarking)할 때, 스위치의 패킷 처리 성능(throughput)을 측정 과정에서 많이 관측됩니다. 테스터가 100퍼센트 패킷 처리용량(throughput)의 트래픽을 스위치로 전송하면, 그 트래픽을 받는 스위치가 같은 속도에서 처리할 수 있는 100 퍼센트의 트래픽보다 많을 수 있으며, 이럴 때 마이크 버스트가 발생합니다. 테스트 과정에서 이러한 문제를 줄이기 위해서는, 표준편차 규칙(standard deviation rule)로 테스트를 보정하여, 최대 99.98 퍼센트의 트래픽만 전송할 것을 권고합니다.

■ 스토리지(Storage)

이더넷 환경에서 패킷 손실 없는 스토리지 전송을 위해, buffer-to-buffer 크레디트(credit)는 데이터센터 스위치의 전용 버퍼(Carved Buffer)에서 처리됩니다. 할당된 버퍼는 두 스위치간 또는, 스위치와 target 또는 initiator 간의 파이버 채널 트래픽(fibre channel traffic)과 거리(distance)에 대한 전송 속도 조절 기능을 담당합니다.

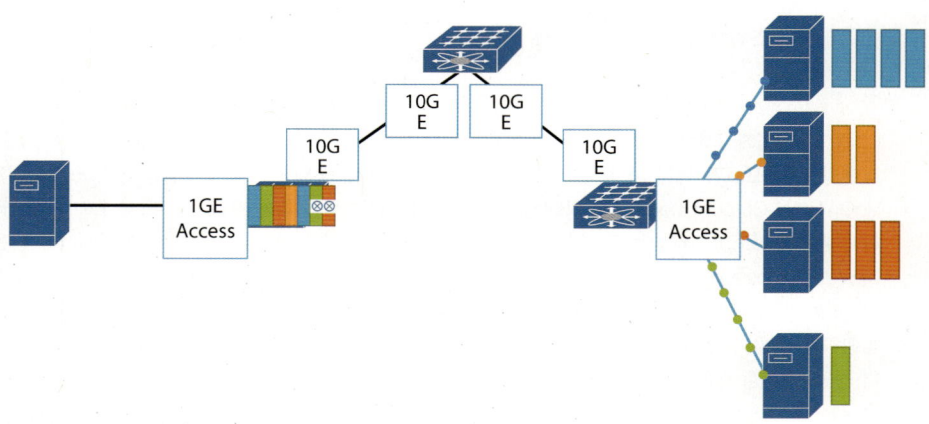

[그림 10-26] 속도 불일치(Speed Mismatch)

Buffer Bloat

하드웨어 스위칭은 성능, 확장성, 신뢰성 등을 제공합니다. 스위치 ASIC에는 오직 수 많은 로직^{logic}만이 내장되어 있으며, 그 로직들은 ASIC의 크기, 주파수^{frequency}, 게이트 수를 결정합니다. 그리고, ASIC이 커질수록, 실리콘의 장애 확률은 높아집니다.

하드웨어에서 다음과 같은 항목들은 로직^{logic}의 공간이 있습니다

- 버퍼 크기
- 테이블 크기(레이어 2, 레이어 3, 유니캐스트, 멀티캐스트)
- 하드웨어 기능의 수(전송, ACL, NAT 등)

시스코 넥서스 스위치는 데이터센터 네트워크 환경에 적합하도록 설계되었으며, 버퍼 크기는 그 목표에 맞게 최적화되어 있습니다. 주로 더 많은 버퍼링 용량이 요구되는 곳은 Spine 계층^{layer}보다는 Leaf 계층^{layer}이며, Spine과 Leaf 수에 비례해서 필요한 버퍼 용량이 증가합니다. 처리하는 속도가 더 빠르면 빠른(10GE, 40GE, 100GE) 스위치일수록, 같은 용량의 트래픽을 처리하는 저속의 스위치보다 더 적은 양의 버퍼링을 사용합니다.

[그림 10-27]은 동-서^{east-west} 네트워크간, 1TB 데이터 전송을 테스트하는 하둡^{Hadoop} terasort 작업을 네트워크 관점에서 보여주고 있습니다. 버퍼의 사용율은 같은 작업과 트래픽 양을 갖고 두 가지 측면의 시나리오로 측정되었습니다. 하나는 1GE NIC과 스위치 포트로 구성된 테스트이고, 나머지 하나는 10GE 속도로 구성되었습니다. 10GE NIC을 사용하는 경우가 작업이 더 빨리 끝나겠지만, 이 테스트의 중요한 포인트는 버퍼 사용율입니다.

10GE와 1GE를 사용할 때를 비교했을 때, 10GE를 사용하는 경우가 훨씬 버퍼를 적게 사용하여, 결과적으로 10GE가 동일한 애플리케이션에 대해, 더 빠른 속도와 함께 적은 버퍼 사용한다는 것을 확인할 수 있는 테스트 결과를 확인할 수 있습니다.

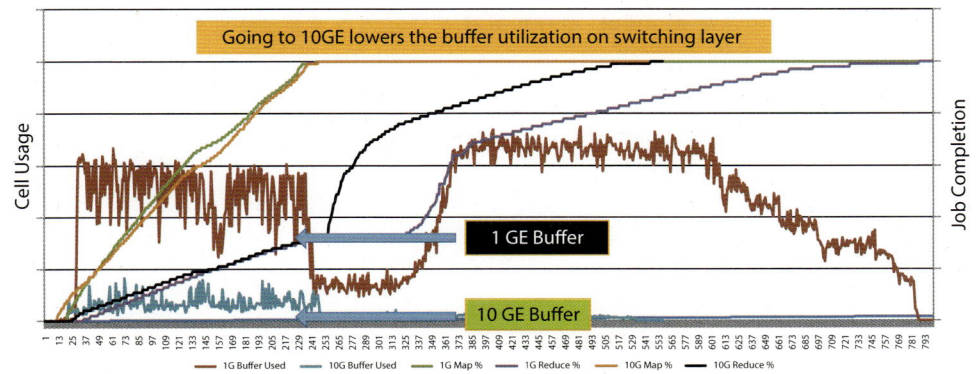

[그림 10-27] 동일한 애플리케이션에 대해, 10GE와 1GE를 사용했을 때의 SoC 스위치의 버퍼 사용율 비교 테스트

우선순위 흐름 제어(PFC)

PFC(priority flow control)는 스토리지 형태의 트래픽을 손실 없이 전송하기 위한 QoS 표준 기술입니다. PFC는 IEEE 802.1Qbb 문서에 정의되어 있으며, 이 기술의 핵심 아이디어는 정지 프레임 신호 메시지 방법론(PAUSE Frame Signal Message Methodology)을 이용하는 것입니다. 즉, 스위치와 다른 노드(스위치, Target, Initiator) 사이에서 IEEE 802.1p에 정의된 트래픽 클래스에 대한 CoS 필드 값을 설정하여, 정지 프레임을 보내는 기술입니다. 이 때, non-drop 클래스로 하나의 트래픽 클래스가 할당되며, 일반적으로 FCoE의 경우 CoS 3이 할당됩니다. 다른 CoS값이 설정된 다른 클래스의 트래픽들은 계속 전송되거나 상위 계층 프로토콜(upper layer protocol)에 의해 재전송됩니다. 이러한 PFC의 논드롭non-drop 클래스가 FCoE에서만 쓰이는 것을 의도한 것은 아니지만, 현재 일반적으로 FCoE에서 많이 사용됩니다. [그림 10-28]은 PCF에 대한 설명입니다.

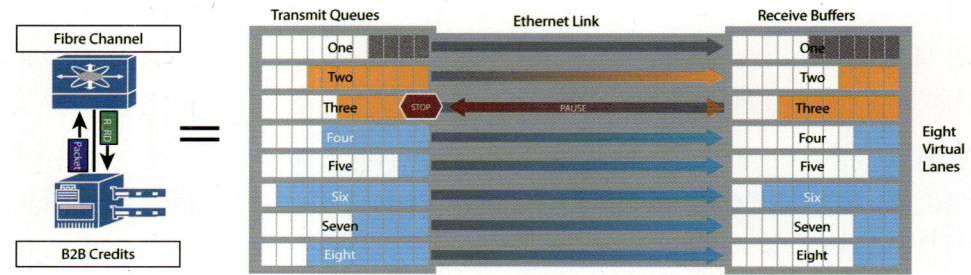

[그림 10-28] 우선순위 흐름 제어(Priority Flow Control)

스위치의 업링크에 혼잡congestion이 발생하면, 스위치는 특정 임계값threshold까지 버퍼링 하면서, 스위치는 트래픽 전송을 중단할 것을 요청하는 정지 프레임을 생성하여 송신자sender에게 전송합니다. 반대로, 넥서스 스위치도 정지 요청을 받으면, 트래픽 전송을 중단하고 버퍼에 저장하기 시작하며, 그 스위치 역시 정지 프레임을 생성하여 전송하게 됩니다. 하지만, 다른 CoS 값이 설정되어 있는 다른 트래픽들은 계속해서 전송되며, 재전송 과정은 상위 계층 프로토콜에 의해 진행됩니다.

> **Note**
> iSCSI 트래픽은 매우 주의해야 합니다. 멀티 홉(Multi-Hop) 구성에서 HOLB 문제를 유발할 수 있기 때문에, iSCSI에 대해서는 논드롭 큐(Non-Drop Queue)를 사용해서는 안됩니다. Target과 Initiator가 같은 스위치에 있는 매우 제한된 환경에서만 논드롭 큐가 유용하기 때문에, 기본적으로 iSCSI에 대해 논드롭 큐를 할당하는 것은 권고되지 않습니다.

ETS

ETS(Enhanced Transmission Selction)는 IEEE 802.1Qaz에 정의된 대역폭을 관리하기 위한 표준 QoS 기술입니다. ETS는 단일 클래스의 트래픽에 의해 모든 회선이 점유되어, 다른 클래스의 트래픽들이 처리되지 못하는 것을 방지하는 기술이며, 모든 넥서스 스위치에서 이 기능을 지원하고 있습니다.

특정 클래스의 트래픽들이 할당된 대역폭을 모두 사용하고 있지 못하는 경우, 그 만큼의 대역폭은 일시적으로 트래픽 양이 폭증한 다른 클래스를 위해 사용할 수 있습니다. ETS를 설명하는 또 다른 방법으로 스케줄러 관점에서 설명할 수 있습니다. ETS에서 클래스의 대역폭 비율(bandwidth percentage)을 설정하면, 스케줄러는 그것에 상응하는 클래스에 가중치를 부여할 수 있습니다. 다른 클래스의 프레임들은 크로스바 패브릭이나 SoC를 통과하기 위해 스케줄러의 통제를 받는데, 이 때, 각 클래스 트래픽들은 자신들의 클래스에 상응하는 가중치를 부여받고, 스케줄러는 그 가중치에 맞게 프레임 양을 조절하여 전송합니다. [그림 10-29]는 HPC, 스토리지storage, 랜LAN 등의 3개 클래스에 설정된 ETS가 어떻게 작동하는 지를 보여주고 있습니다.

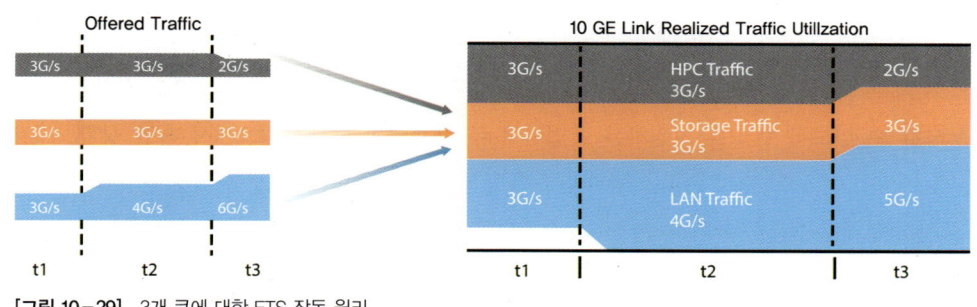

[그림 10-29] 3개 큐에 대한 ETS 작동 원리

데이터센터 브리징 익스체인지(DCBX)

DCBX(Data Center Bridging Exchange)는 IEEE 802.Qaz ETS의 확장판이며, 다음과 같은 이더넷 기술들을 인접한(peer) DCBX 장비와 협상negotiation하기 위한 프로토콜입니다.

- **PFC:** 특정 큐에 속한 트래픽 유형
- **ETS:** 각 큐에 할당된 대역폭 비율의 총합
- **CoS:** 인접한 DCBX 장비들간에 사용할 CoS 값

DCBX는 하나의 노드에서 다른 노드로 매개변수를 설정과 배포할 수 있도록 하여 관리를 매우 쉽게 하고, 이더넷과 파이버채널fibre channel의 논리적인 링크 업Up/다운Down도 관리합니다. DCBX는 새로운 TLV(Type-Length-Value)를 가진 LLDP로 볼 수 있으며, 정식 표준 이전Prestandard 단계에서는

CIN(Cisco, Intel, Nuova)이라고 불리기도 했으나, CIN에 일부 TLV를 새롭게 추가하면서 DCBX라고 불리게 되었습니다. 인접한 노드 간에 DCBX에 대한 협상이 결렬되면, 클래스 별로 사용될 CoS는 활성화되지 않고, FCoE에서 사용될 vFC(virtual Firbre Channel) 인터페이스가 올라오지 않을 수 있으며, DCBX를 지원하지 않는 인접한 노드들은, 직접 수동으로 설정할 수 있습니다. DCBX는 한마디로 데이터센터 QoS 설정을 상호 교환하고 동기화하기 위한 프로토콜로 정의할 수 있으며, 시스코의 모든 넥서스 스위치는 DCBX를 지원하도록, 기본적으로 설정되어 있습니다.

> **Note**
>
> TLV는 프로토콜 내부에 type−length−value 또는 TLV 요소로서 설정될 수 있는 선택적 정보입니다. TLV는 *tag−length value*로도 알려져 있으며, type과 length의 길이는 일반적으로 1에서 4바이트로 고정되어 있으며, value 필드의 길이는 다양합니다.

vFC는 FCoE에서 파이버 채널을 의미하며, vFC는 virtual Fibre Channel 인터페이스에서 설정됩니다.

ECN과 DCTCP

ECN(Early Congestion Notification)과 DCTCP(Data Center TCP)는 데이터센터 유효처리량goodput을 향상시킬 수 있도록 TCP를 지원하는 기법이며 두 프로토콜은 네트워크에서 혼잡 상황congestion event을 예방하고, TCP 패킷 손실을 회피할 수 있도록 도움을 줍니다. TCP는 패킷 손실이 발생하면, TCP 패킷에 대한 윈도우 크기window size는 절반으로 줄인 후에 패킷 처리 용량을 서서히 원상복구함에 따라 결과적으로 최적의 상황이 아닌 상태가 일정 기간 동안 지속됩니다. 그래서 ECN과 DCTCP는 이런 상황이 발생하지 않도록, 가능하면 TCP 패킷 손실을 예방하는 것을 표로 하고 있습니다.

ECN은 TCP의 확장판extention으로, 종단간end−to−end의 혼잡 상황을 사전에 알려 패킷 손실을 회피하고자 하는 기술이며, 양단 간의 모든 네트워크 인프라들은 ECN을 지원할 수 있어야 ECN이 제대로 작동할 수 있습니다. ECN은 IP 헤더의 DiffServ 필드의 8비트 중에 DSCP에서 사용되지 않는 최소 2개의 Least significant 비트를 이용하여 4개의 다른 값을 설정 가능하며, 혼잡이 발생하면 네트워크 장비는 패킷의 DiffServ 필드 끝의 2개의 Least Significant 비트에 혼잡을 의미하는 0x11을 설정하여, 패킷을 전송하고 있는 호스트에게 혼잡 상황을 알려주고, 그 호스트는 트래픽 전송양을 감소시킵니다. 모든 넥서스 스위치들은 ECN을 지원할 수 있기 때문에, ECN을 지원하는 호스트가 넥서스 스위치에 연결되면, 넥서스 스위치는 TCP 패킷 손실 상황을 회피할 수 있도록 적절하게 전송 속도를 조절할 수 있으며, 반대로 호스트도 혼잡 상황이 발생하면, 역으로 ECN을 마킹할 수 있습니다.

DCTCP는 ECN을 발전시킨 프로토콜로서 DCTCP의 목표는 단순히 혼잡 상황을 알리는 것이 아니라, 혼잡의 규모에 맞는 비율로 반응하도록 하여 전송 비율의 변화를 줄이고 큐잉의 필요성을 낮추는 것입니다. DCTCP 마킹은 즉각적으로 큐 길이를 반영하며 이것은 패킷 크기나 혼잡의 정도를 알 수 있도록 하여, 버스트가 발생하기 이전에 더 빠르게 피드백을 전달할 수 있게 합니다.

ECN은 50 퍼센트로 고정되어 있는 반면, DCTCP는 다양한 값으로 윈도우 사이즈window size를 감소시킵니다. 이러한 차이는 [표 10-5]에서 확인할 수 있습니다.

[표 10-5] TCP에 대한 DCTCP의 장점

ECN 마크	TCP	DCTCP
1 0 1 1 1 1 0 1 1 1	윈도우사이즈를 50%까지 줄인다	윈도우사이즈를 40%까지 줄인다
0 0 0 0 0 0 0 0 0 1	윈도우사이즈를 50%까지 줄인다	윈도우사이즈를 5%까지 줄인다

우선 순위 큐(Priority Queue)

넥서스 스위치에서의 우선 순위 큐는 카탈리스트 스위치의 우선 순위 큐와 개념이 다르며, 이러한 차이를 이해하는 것은 데이터센터를 디자인하는데 매우 중요합니다.

넥서스 스위치에서는 오직 하나의 우선 순위 큐만 존재하며, 셰이핑shaping이나 레이트 리미팅rate limiting은 불가능합니다. 우선 순위 큐에는 원칙적으로 어떠한 트래픽도 맵핑될 수 있으며, 이 큐에 할당된 버퍼를 제한할 수는 없습니다. 스케줄러는 다른 큐보다 최우선적으로 이 큐의 트래픽을 처리하며, 우선 순위 큐의 트래픽이 처리되는 동안 다른 큐의 트래픽들은 무시됩니다. 여기서 주의해야 할 것은, 모든 대역폭이 우선 순위 큐의 트래픽들로 인해 점유될 수 있다는 사실이며, 그로 인해 일반적으로는 음성 제어 트래픽이나 높은 우선순위를 가지는 특정한 작은 대역폭의 트래픽들이 이 큐를 주로 사용되고 넥서스 스위치의 또 다른 특징은 우선 순위 큐를 제외한 나머지 일반 큐에는 대역폭에 대한 비율을 설정할 수 있다는 것입니다. 우선 순위 큐에서 사용하고 남은 대역폭에 대한 비율이며, 혼잡 상황이 발생할 경우에만 이 비율이 적용되고, 만약 하나의 클래스 트래픽만이 스위치를 통과하고 있다면, 그 클래스의 트래픽은 필요한 만큼의 모든 대역폭을 사용할 수 있습니다.

예를 들어, Priority, Bulk, Scavenger 등의 3개 QoS 큐를 사용한다고 가정해 보겠습니다. Bulk는 약 60퍼센트의 대역폭을 할당 받았고, Scavenger는 40퍼센트를 받았다고 했을 때, Priority우선 순위는 설정상에서 어떠한 대역폭도 할당 받지 못하였고, 값이 0으로 표시될 것입니다. 그리고, 10GE 링크에서 Priority 큐가 20%(2GE)를 사용하면, 약 80%(8GE)가 남게되고, 이 8GE가 Bulk와 Scavenger에

할당됩니다. 이 때, Bulk는 8GE의 60%인 4.8GE를 가져가고, Scavenger는 8GE의 40%인 3.2GE를 가져갑니다.

넥서스 스위치에서 하나의 우선 순위 큐를 가지며, 그 큐는 셰이핑될 수 없다는 원칙에서 유일한 예외사항은 넥서스 7000 스위치의 M 시리즈 라인카드입니다. M 시리즈 라인 카드는 기업의 코어core나 집합aggregation 스위치를 위한 카탈리스트 시리즈 기능에 더 가까운 기능을 제공하는 카드이기 때문에, 데이터센터에서는 우선 순위 큐에 대해 세밀한 관리를 할 수 있는, F 시리즈 모듈이 채택이 점점 선호되고 있는 추세입니다.

플로렛 스위칭: 넥서스 9000 패브릭 로드밸런싱

시스코 넥서스 9000 제품군은 플로렛 스위칭flowlet switching이라고 불리는 새로운 패브릭 로드밸런싱 기능을 하드웨어서 수행합니다. 현존하는 최고의 로드밸런싱 기술은 레이어 3 패브릭에서 여러 업링크 경로를 5-튜플-결정 알고리즘(5-tuple-decesion algorithm)을 사용하는 ECMP(equal cost multipathing)이지만, ECMP는 하나의 플로인 버스트 트래픽을 여러 경로를 통해 동시에 전송하거나 패브릭의 사용율을 고려하여 트래픽을 분산시키기가 어려운 점이 있었습니다.

ACI에서는 혼잡 상황이 발생하는 것을 사전에 방지하고자 ECMP를 대신해서 플로렛 로드밸런싱 기술을 사용할 수 있습니다. 플로렛 스위칭은 스위치 간의 경로에서 사용 가능한 대역폭을 고려하여 좀더 균등하게 트래픽을 분산할 수 있으며 플로렛이라는 각각의 플로우 버스트를 로드밸런싱 하며, 패브릭 상의 혼잡도를 기반으로 로드밸런싱에 대한 가중치를 적용합니다.

플로렛 로드밸런싱으로, 패브릭은 데이터 플레인 하드웨어 측정치(data plane hardware measurements)로 인그레스ingress와 이그레스egress Leaf 스위치 간의 모든 경로에 대한 혼잡 상황을 추적할 수 있습니다. 그것은 스위치와 스위치 포트 또는 외부 링크 혼잡 상황, 내부 SoC와 SoC 또는 내부 링크 혼잡 상황을 감지하고, 혼잡이 심한 경로상의 플로를 혼잡이 덜한 경로로 플로를 자동으로 분산시킵니다. 플로렛 스위칭에는 패킷 순서를 정리(packet reordering)하는 과정은 없으며, 같은 경로를 경유하는 트래픽들에 비해 각 패킷 간의 시간 차는 좀더 벌어지게 됩니다. [그림 10-30]은 플로렛 로드밸런싱을 설명하는 그림입니다.

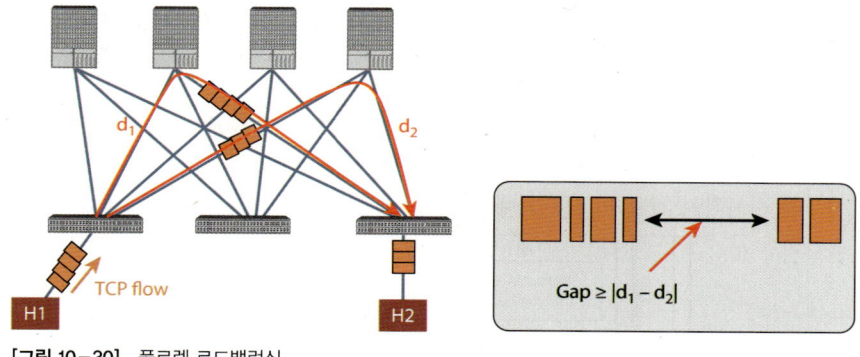

[그림 10-30] 플로렛 로드밸런싱

ACI는 또한 커다란 플로(elephant flow)에 비해 작은 플로에 우선순위를 부여하는, 동적 플로 우선순위 부여(dynamic flow prioritization) 기능을 제공합니다. 데이터센터에서 프레임 크기는 다양하게 혼재되어 있으며 실제 트래픽들은 크거나 작은 플로에 속할 수 있습니다. 동적 플로 우선순위 부여 (dynamic flow prioritization)는 커다란 플로보다 작은 플로에 우선순위를 부여하고, 우선순위 큐에서 그 플로들을 처리합니다. 이렇게 작은 플로를 우대하는 이유는, 큰 플로에게는 작은 플로를 우선 처리하는 시간이 커다란 비중을 차지하지 않지만, 작은 플로에게는 전송 완료 시간을 매우 단축할 수 있는 효과가 있기 때문입니다. [그림 10-31]은 작은 플로에게 우선순위를 부여하고 있는 것을 그림으로 표현한 것입니다.

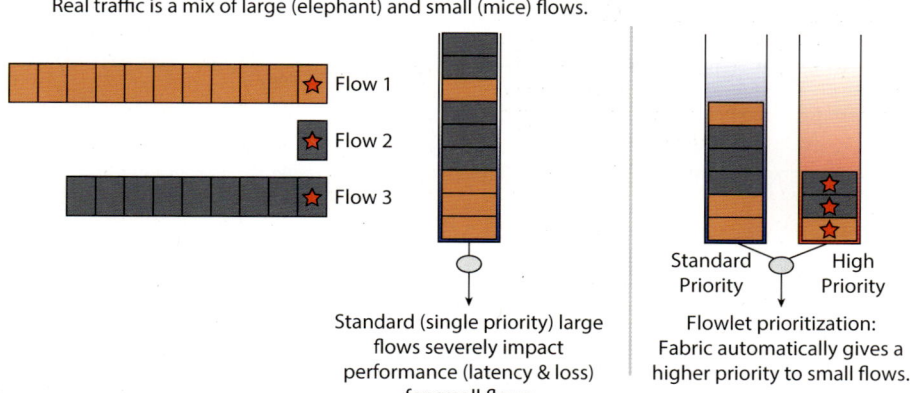

[그림 10-31] 큰 플로 대비 작은 플로에게 우선 순위를 부여하는 플로렛 우선 순위 적용(Flowlet Prioritization)

[그림 10-32]는 ECN/DCTCP와 비교한 시스코 넥서스 9000 시리즈 플로렛 스위칭의 애플리케이션 성능 개선 효과를 도식화한 것입니다. 이 그림은, 정상적인 상황과 링크에 장애가 발생한 상황을 가정하여, 트래픽의 양에 따른 플로 전송 완료 시간을 측정한 것입니다. 동적 플로 우선 순위 부여(dynamic flow prioritization)와 혼잡 감지(congestin detection) 기능의 플로렛 로드밸런싱을 사용하는 것과 DCTCP를 사용하는 것을 비교했을 때, 다음과 같은 장점이 있습니다: 호스트 스택 Host Stack 에 대한 변경이 필요 없으며, 프로토콜(TCP/UDP)에 독립적이고, 혼잡 상화에 대한 빠른 감지가 가능합니다.

Note

더 많은 정보를 위해 SIGCOMM 2014의 다음 자료를 참조하길 바랍니다: "CONGA: Distributed Congestion-Aware Load Balancing for Datacenters"(http://simula.stanfor.edu/~alizade/ppublication.html).

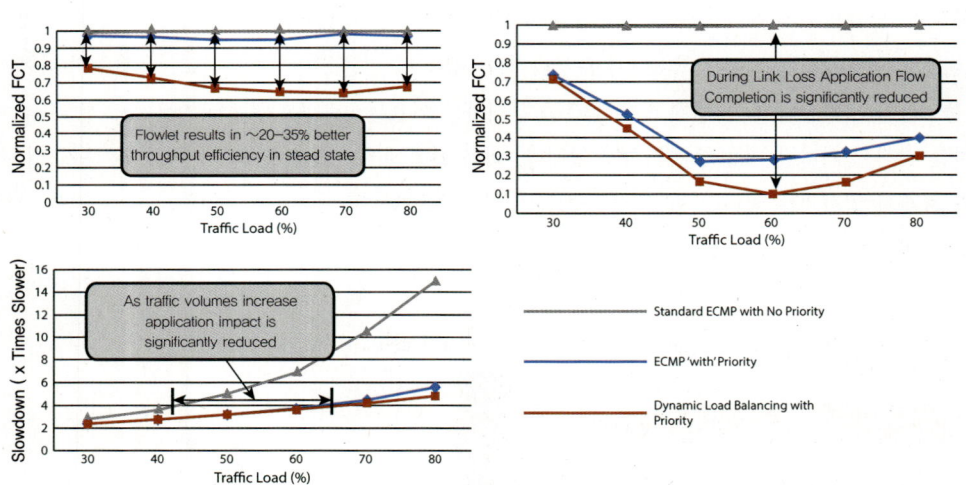

[그림 10-32] ECN/DCTCP와 비교한 플로렛 스위칭 애플리케이션 성능 개선 효과

:: 넥서스 QoS 기능: MQC 모델

넥서스 데이터센터 스위치에서 QoS 설정 모델은 전 제품에서 동일하며, 이들 제품들에서는 모듈러 QoS CLI(MQC: Modular QoS CLI) 클래스 기반 모델(class based model)을 채택하고 있습니다.

넥서스 스위치는 시스템 별로 클래스 기반의 트래픽 제어를 위해 설계된 다음과 같은 QoS 기능을 지원하고 있습니다:

- 패킷 손실 없는 이더넷(Lossless Ethernet): PFC(IEEE 802.1Qbb)
- 트래픽 보호(Traffic Protection): ETS(IEEE 802.1Qaz)
- 설정(Configuration): DCBX(IEEE 802.1Qaz)

이러한 기능들은 아래 3단계 설정 모델(3-step configuration model)에 의해 정의되면 일반적 시스코 MQC에서 추가되고 관리됩니다:

1단계. 클래스 맵을 통해 적용 범위 정의
2단계. 정책 맵을 통해 클래스별로 적용해야 할 정책 정의
3단계. 서비스 정책을 통해 인터페이스나 시스템에 정책 적용

넥서스 1000v/3000/5000/6000/7000/9000은 정책 설정 과정에서 [표 10-6]에서 상세하게 설명한것처럼 트래픽을 인식하고 정의하는데 MQC **qos-group** 기능을 사용하고 있습니다.

[표 10-6] QoS 설정 원리

	(1) QoS 유형	(2) 네트워트 QoS 유형	(3) 큐잉 유형
분류 (Classification)	ACL, CoS, DSCP, IP RTP, Precedence, Protocol	qos-group과 일치하는 시스템 클래스	qos-group과 일치하는 시스템 클래스
정책 (Policy)	트래픽 플로에 해당하는 시스템 클래스에 대한 qos-group 설정 DSCP설정 (7K/5500/3K)	MTU Queue-Limit(5K) CoS 설정(802.1p) ECN WRED(3K)	대역폭 관리: 보장형 스케줄링 DWRR (Deficit Weighted Round Robin) 퍼센티지 우선 순위와 no-drop 중단: 주어진 큐 정책에서 오직 한 클래스만 우선순위(priority)를 설정할 수 있는 엄격한 우선순위 스케줄링

QoS는 기본적으로 하나의 기본 클래스(NX-OS Default)가 설정되어 있습니다.

QoS 정책은 어떻게 시스템이 클래스를 분류하고, 사용자가 정의한 qos-group에 할당할 것인가를 정의하는 것입니다. qos-group 1은 첫 번째 하드웨어 큐를 정의하는 것과 같은 방식으로 qosgroup의 번호와 동일한 번호의 하드웨어 큐에 맵핑되어 있습니다. 시스코 넥서스 7000 스위치에서는 사전에 정의된 qos-group 이름을 쓰는 방식이라면, 넥서스 6000, 50000, 3000 스위치들에서는 qos-group 번호를 쓰는 방식을 사용하며, QoS 정책은 인터페이스나 시스템^{Global}에 적용될 수 있습니다.

네트워크 QoS 정책은 전체 포트에서 폐기^{drop} 여부 또는 프레임의 MTU 크기 결정 등에 사용될 CoS 값 같은 정책을 정의하며, 시스템 전체에 QoS를 적용하기 위해서는 network-qos 명령어를 사용해야 합니다.

인그레스 큐잉^{ingress queuing} 정책은 어떻게 인그레스 포트^{ingress port}가 패브릭을 향하는 인그레스 트래픽^{ingress traffic}을 버퍼링할 것인가를 정의하는 것이며, 이그레스 큐잉^{egress queuing}은 이그레스 포트^{Egress Port}가 유선으로 향하는 트래픽을 전송할 것인지를 정의하는 것입니다. 개념적으로, 스케줄러에게 가용한 대역폭 정보를 알리는 방식으로, 어떻게 모든 인그레스 포트가 패브릭 너머 이그레스 포트를 향하는 트래픽을 어떻게 처리할 것인가를 제어하는 것입니다. 큐잉 정책^{queuing policy}는 인터페이스나 시스템^{Global}에 적용될 수 있습니다.

network-qos 정책은 스위치 전체에 일관성 있는 QoS 정책을 적용하기 위해, [그림 10-33]에서처럼 중요한 역할을 담당합니다:

- 스위치 모든 인터페이스에 대한 시스템(global) 큐잉과 스케줄링 매개변수 정의.
- 클래스의 패킷 폐기 여부(drop 또는 no-drop), MTU 등
- 모든 포트에 적용될 수 있는 network-qos는 시스템 별로 하나만 허용
- 데이터센터 네트워크에서 network-qos 정책은 네트워크 전체에 일관성 있게 정책이 적용되는 것을 권고.

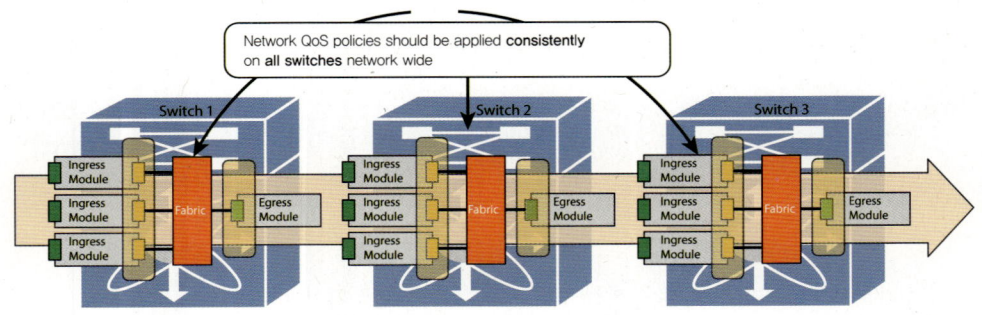

[그림 10-33] Network-QoS 정책 적용의 일관성

데이터센터 네트워크는 MTU 값이 1,500바이트일 것을 요구하는 트래픽이 있는 반면, 9,216바이트일 것을 요구하는 스토리지 트래픽도 있습니다. 데이터센터 네트워크 트래픽과 스토리지 트래픽 모두 같은 스파인 스위치를 통과하며, 일반적인 트래픽 유형을 갖는다고 했을 때, 전체 네트워크에 대한 MTU에는 점보^{Jumbo} 9,216바이트를 설정하는 것이 바람직하며, 이러한 설정을 일관성 있게 유지하기 위해, network-qos 정책을 통해 데이터센터 네트워크 QoS 정책을 관리하는 것이 바람직합니다.

[표 10-7] 모델별 스위치 구조

스위치 모델	스위치 유형	아키텍처*	큐잉
Cisco Nexus 9500	Cut-through	Multistage SoC	Centralized shared output
Cisco Nexus 9300	Cut-through	SoC	Centralized shared output
Cisco Nexus 7700/7000 F	Store-and-forward	Multistage crossbar with SoC	Input queuing
Cisco Nexus 7000 M Series	Store-and-forward	Multistage crossbar with PC	Output queuing
Cisco Nexus 6000	Cut-through	Crossbar with UPC	Input and output shared
Cisco Nexus 5500/5000	Cut-through	Crossbar with UPC	Input queuing
Cisco Nexus 3500	Cut-through	SoC	Centralized shared output
Cisco Nexus 3100	Cut-through	SoC	Centralized shared output
Cisco Nexus 3000	Cut-through	SoC	Centralized shared output
Cisco Nexus 2000	Cut-through	UPC	Centralized shared output

*PC는 port-controller ASIC과 FC/FCoE 가능한 단일화된(Unified) Port Controller ASIC인 UPC이다

요약

이 장에서는 크로스바에 기반한 스위치 구조와 SoC 패브릭에 기반한 스위치 구조의 차이점에 대해 설명하였습니다. 전통적인 목적의 스위칭과 다른점은 큐잉 기법queuing mechanism이며, 데이터센터에서는 더 좋은 성능을 위해 큐잉queuing을 이그레스egress 대신에 인그레스ingress에서 주로 수행합니다. 크로스바 스위치는 더 많은 포트 집적도를 제공하고 크로스바 스위치 구조가 Cut-Through 스위칭 기술과 조합을 이루게 되면서, 패킷 크기에 상관없이 일관되게 낮거나 초저Ultra-Low 지연의 라인 레이트line rate 스위칭 환경에서 제공합니다. 이러한 구조는 패킷 손실 없는 이더넷(Lossless Ethernet), 초저 지연Ultra-Low Latency의 스토리지 네트워크와 예측 가능한 지연의 빅 데이터 환경을 가능하게 합니다. Cut-Through 스위칭 기법과 크로스바 패브릭을 사용하는데 최적의 조건을 만들기 위해서는, 최소로 요구되는 수보다 많은 크로스포인트crosspoint, VoQ(Virtual Output Queue), 오버스피드, 수퍼프레이밍 같은 기술들이 함께 적용되어야 합니다. 새롭게 등장한 트렌드는 SoC 패브릭을 사용하는 다단계multistage SoC 구조로 스위치를 구축하는 것입니다. [표 10-7]은 스위치 모델별 구조를 요약한 것입니다.

데이터센터에서 스위치는 스토리지와 함께 다양한 애플리케이션을 지원해야 하는 요구사항이 있으며, ULL, HPC, Big Data, 가상화 데이터센터, MSDC(Massively scalable data center) 같은 환경에 따라, 다양한 애플리케이션이 존재하며, 스토리지는 파이버 채널fibre channel 또는 IP 기반이 될 수 있습니다. 그리고, 이런 다양한 요구사항들은, 최근 데이터 환경을 반영하여 개발된 PFC, ETS, DCBX 같은 QoS 기능들이 스위치 구조에 변형되도록 변화시키고 있으며, 이와 함께 40GE와 100GE 포트 집적도를 높이도록 하고 있습니다. 새롭게 출시되는 스위치들은 논블록킹 다단계(non-blocking multistage) SoC 패브릭 기반의 집적도 높은 패브릭 구조를 제공하고 있으며, 시스코 넥서스 9000 시리즈 스위치는 이러한 최신 스위치 구조를 기반으로 ULL Cut-through 스위칭에서 최대 백만 개의 경로(1 million routes)까지 관리가 가능한 시스템 확장성을 제공합니다. 이 장에서는 또한, 같은 코스트 업링크(Equal Cost Uplink)에서의 트래픽 분배(Traffic Distribution), 혼잡 상황 감지(Congestion Detection), 작은 규모의 플로에 대한 우선순위 부여 기능 등과 같이 최근에 개발된 기술들에 대해 알아봤습니다. 이러한 새로운 기술들은 유효처리량goodput의 향상된 기능을 제공하고, 혼잡 상황이 발생할 확률을 낮추며, 링크에 장애가 발생한 상황에서도 애플리케이션 전송 완료 시간을 개선할 수 있게 합니다.

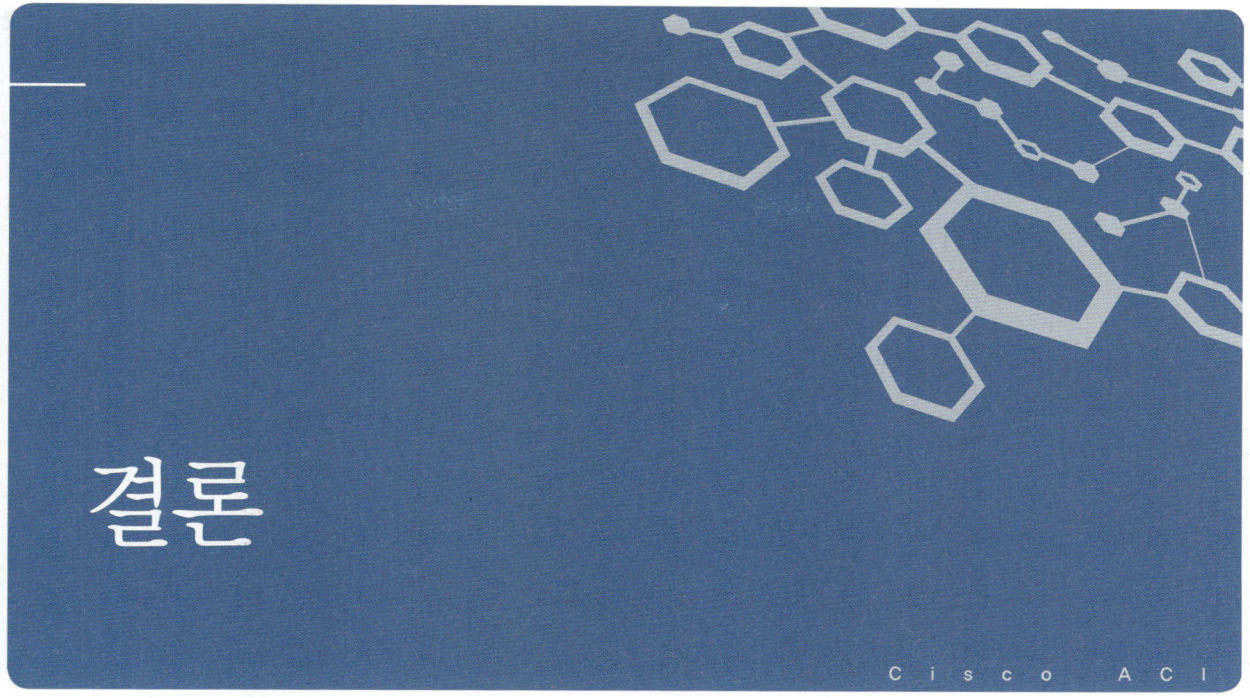

결론

Cisco ACI

이 책의 저자들로서, 우리는 데이터센터에서 일어나고 있는 변화들과 어떻게 시스코 ACI와 최신의 데이터센터를 구축할 것인가라는 문제에 대해, 좀 더 명확한 시각에서 철저하고 명확하게 설명되었기를 희망합니다. 우리는 네트워킹이 애플리케이션 적용에 대한 빠른 속도와 데이터센터 운영에 대한 비용 절감에 대한 요구들로 인해 중요한 변화가 일어나기 위한 그 끝에 와있다고 믿습니다.

네트워킹은 서버 관리 영역에서 이미 검증된 운영 모델을 적용하는 것입니다. 독자들도 이 책을 읽고 느꼈겠지만, 데이터센터의 미래는 아래와 같은 몇 가지 변화로 특성지을 수 있습니다.

- 서브넷(Subnet), VLAN, ACL과 같은 전통적인 사용법이 아닌 업무나 서버 간의 연결을 정의한 정책의 사용
- 엔드포인트에 대한 트래픽 경로 맵핑 데이터베이스를 이용한 호스트 기반의 라우팅으로의 이동
- 스크립팅과 가장 널리 쓰이는 프로그래밍 언어(language)인 파이썬(python)의 채택
- 개발자들이 자신들을 위한 네트워크 구성을 시작하고 중단할 수 있도록 지원할 수 있는 자동화 툴(automation tool)과 self−service 카탈로그의 채택
- 통합 엔트리 포인트(컨트롤러)에서 더욱 쉽게 크고 작은 인프라를 운영할 수 있도록 도움을 줄 수 있는 기술의 시급성(emergence)
- 네트워킹과 애플리케이션에 대한 잠재적 성능 문제의 상관관계를 쉽게 확인할 수 있는 새로운 장애관리 툴에 대한 시급성(emergence)

이 책은 다음과 같은 내용들에 대해 설명하였습니다:

- 정책 기반의 데이터센터 개념과 운영 모델
- 시스코 ACI를 이용해서, 정책 기반의 네트워크를 구축하기 위한 방법
- ACI 솔루션을 디자인하기 위한 방법론
- 서비스와 네트워크를 통합하기 위한 방법
- 하이퍼바이저(hypervisor)와 오픈스택(openStack)을 통합하기 위한 방법

이 책에서 우리의 목표는 새로운 데이터센터의 개념과 방법론을 설명하고, 시스코 ACI 아키텍처, 구축 디자인, 전체적인 기술에 대해 설명하는 것이었습니다.

Index

기호

*_add_router_id_*_apic.py, 242

*_cisco_apic_driver.py *_, 242

<vnsAbsDevCfg>, 321

<vnsAbsFuncCfg>, 321

숫자

3계층 구조(tree-tier-approach), 32

3단계 설정 모델(3-step configuration model), 397

5-튜플-결정 알고리즘(5-tuple-decesion algorithm), 394

42RU, 68

44RU, 68

57U, 68

5500/5000, 399

7700/7000 F, 399

영어: A

Access Credentials, 81

ACI: Application Centric Infrastructure, 99

ACI(Application Centric Infrastructure), 62

ACI 객체 정보 모델(object information model), 343

ACI 패브릭, 99

ACI 패브릭 헬스 통계에 종속된 객체, 350

ACI 패킷 전송 방식, 252

ACL(Access Control List), 234, 321

Active/Active, 70

Active/passive, 69

Active/Standby, 70

AEP, 296

All-in-one installation, 91

Amazon Machine Image (AMI), 81

ANP(Application Network Profile), 92, 105, 113

Apache Subversion, 150

APIC(Application Policy Infrastructure Controller), 78

apic_client.py, 242

apic_hosts, 244

apic_manager.py, 242

apic_model.py, 242

apic_name_mapping, 244

apic_password, 244

apic_system_id, 244

apic_username, 244

Appliance Element, 127

Application Director, 126

Application Policy Infrastructure Controller, 99

Arbiter(결정권자), 370

ARP(Address Resolution Protocol), 260

AS(Autonomous System), 258

Authentication, 132

Authorization, 132

Availability Zone, 81

AV(Appliance Vector), 125

AWS, 80

B

BC(committed burst), 359

BFD(Bidirectional Forwarding Detection), 354

BGP(Border Gaterray Protocol), 58, 305

Boot Director, 125

brctl, 194

Broadcast Video, 382

Bucket Name, 82

Buffer Bloat, 386, 389

Bulk Data, 382

BUM, 187

C

Call Signaling, 382

CIAC(Cisco Intelligent Automation for Cloud), 77, 95

Cidr_exposed, 245

CIFS, 31

CIN, 392

CIR(committed information rate), 359

cisco_apic_driver_update.py, 242

cisco-apic.filters, 242

Cisco Intelligent Automation for Cloud, 155

Cisco Nexus, 399

Cisco Nexus 1000V, 208

Cisco Nexus 2000, 399

Cisco Nexus 3000, 399

Cisco Nexus 3100, 399

Cisco Nexus 3500, 399

Cisco Nexus 6000, 399

Cisco Nexus 7000, 399

Cisco Nexus 9300, 399

Cisco Nexus 9500, 399

Click streams, 40

CLI(Command Line Interface), 77, 131

CLoS, 70

CMDB(Configuration management database), 37

Common Tenant(커먼 테넌트), 104

Conferencing, 382

CoPP(Control Plane Policing), 353, 356

crossbar, 360

cut-through, 360, 363

CVD(Cisco Validated Designs), 64

D

DCBX(Data Center Bridging Exchange), 391, 392

DCTCP, 58

DCTCP(Data Center TCP), 392

Declarative(선언적), 102

def function(abc), 142

dEPG(destination EPG), 109

Devstack, 91

dir, 142

DME(Data Management Engine), 123

E

east-to-west, 70

ECMP(Equal-Cost Multipathing), 58, 252

ECN(Early Congestion Notification), 392

egg, 147

egress leaf, 110

Eht4, 356

EIGRP, 58

Elastic IP address, 81

Elastic Services, 75

Encap, 245

endpoint, 79

EoR(End of Row), 65

EPG(End Point Group), 92, 105

Eth0, 355, 356

Eth1, 356

Eth3, 355

ETS(Enhanced Transmission Selction), 391

Event Manager, 127

Exception Packet(예외 패킷), 357

F

fault:ARetP, 345

fault:Delegate, 344

fault:inst, 344

fault:Inst, 345

fault:Record, 345

FC(Fiber Channel), 31, 38, 48

FCoE, 33

firewallcluster1, 331

firewallnode1, 331

FlexPod, 62

Flood, 275

FSM(finite state machine: 유한 상태 머신), 344

Full Mesh 구조, 269

fwclstr1inside, 331

G

Git, 136, 151

Glean Packet(글린 패킷), 357

goodput, 383

H

HFT(High Frequency Trading), 50, 388

HFT 구성 디자인, 55

HFT 토폴로지 디자인(Design Topologies), 53

high-gig 포트, 379

HOLB(head of line blocking), 360, 370

HPC (High Performance Compute), 31

HSRP(Hot Standby Router Protocol), 257

Hyper-V 스위치, 189

I

IaaS (Infrastructure as a Service), 76, 87, 223

ICMP(Internet Control Message Protocol), 358

identifier(식별자), 79

IEEE 802.1Qaz, 391

Imperative (명령형 제어 모델), 101, 102

import math, 142

inband-hi, 357

inband-low, 357

in-band 인터페이스, 357

Infrastructure VRF, 271

ingress Leaf, 110

Instance, 81

iSCSI, 31

iSCSI 트래픽, 390

ISSU(In-Service Software Upgrade), 72, 353, 354

iWarp, 48

J

JSON(JavaScript Object Notation), 77, 146

K

KVM, 195

L

l3_apic.py, 242

LACP(Link Aggregation Control Protocol), 354

LDAP(Lightweight Directory Access Protocol), 132

libvirt, 192

LIF(LDev Interface), 327

LND(Logical Network Definition), 191

Locater, 79

M

MAC-to-VTEP, 188

main(), 142

managed object, 155

Massive Scale 데이터센터, 31

mechanism_apic.py, 242

Mercurial, 151

MI(Management Infromation), 80

MIT(Managed Information Tree), 156

ml2_conf_cisco.ini, 242

ml2_conf.ini, 242

MO, 155

MoR(Middle of Row), 65, 67

MP-BGP(Multiprotocol BGP), 258

MSDC(Massively Scalable Data Center), 55

M Series, 399

Multi-Hypervisor, 90

Multimedia, 382

N

NAS, 31

NAT(Network Address Translation), 51

NETCONF(Network Configuration Protocol), 136

Network Control, 382

network-qos 정책, 398

Network Slicing, 251

Neutron, 223

neutron.conf, 242

Nexus 1000, 177

Nexus 1000V, 33

Nexus 9000, 32

Nexus 9300/9500, 60

Nexus 9504, 60

Nexus 9508, 60

Nexus 9516, 60

NFS, 31, 33

NFS(Network File System), 115

No-flood, 275

No policy prepopulation, 273

Northbound, 154

Northbound Interface, 93

north-to-south(종적 트래픽), 53

NoSQL, 40

NOX, 199

NVA NetApp Validated Architectures, 64

NVGRE(Network Virtualization Generic Routing Encapsulation), 189, 235, 256

O

ONF(Open Networking Foundataion), 199

OpenStack, 247

Open vSwitch(OVS), 193

Ops/Admin/Mgmt(OAM), 382

OSPF(Open Shortest Path First), 58, 258

overspeed, 360

oversubscribed, 59

OVS, 196

OVSDB(Open vSwitch Database), 195

ovsdb-server, 196

P

PaaS(Platform as a Service), 76

Pay-as-you-grow, 62, 67

PE(Policy Element), 123

PFC(priority flow control), 58, 390

pip, 147

PoC(Proof-Of-Concept), 90

POD, 62

POD 모델, 63

Policy Manage, 124

Policy preconfiguration, 273

Policy prepopulation with on-demand configuration, 273

Port, 245

Postman, 138

PPS(Pulse Per Second), 339

Profile, ANP Application Network, 80, 113

Promise Theory(약속 이론), 102

PTP(Precision Time Protocol), 340

Puppet, 86

PXE(Preboot eXecution Environment), 83

Q

qemu, 192

Quantum, 223

queuing model, 360

R

RBAC(Rolebased administrative control), 132

RDMA 네트워크 기반 표준 기술, 48

Real-time Interactive, 382

rebase, 153

Receive Packet(수신 패킷), 357

Redirected Packet(리다이렉티드 패킷), 357

Region, 81

Repository(저장소), 85

RESTful(Representational State Transfer), 99

RESTful 웹 API, 137

RESTful 웹 서비스, 137

REST(Representational state transfer), 80, 132, 135

Reverse 프록시, 36

RFC 3535, 137

RR(Route Reflector), 258

S

S3(Simple Storage Service), 82

SaaS(Software as a Service), 76

SAN, 31

scaling out, 375

Scavenger, 382, 393

SCVMM 서버 콘솔, 189

sEPG(source EPG), 109

SGT(Security Group Tag), 252

Sharding, 127

Single-Homed Server-Design, 69

SLA(Service Level Agreement), 36, 37

snippet, 201

SNMP(Simple Network Management Protocol), 135, 136, 354

SOAP, 131

SoC, 360

Southbound, 154

south-to-north (종적 트래픽), 53

Spine-and-leaf topology, 269

Spine/Leaf 구조, 49

Spine-Leaf 스위치, 32

Spine-Leaf 아키텍처, 71

SSH(Secure Shell), 208, 354

SSL 오프로딩, 308

Store-and-forward, 363

store-and-forward 스위칭 방식, 371

STP(Spanning Tree Protocol), 70

STP 메시지(spanning tree message), 354

Streaming, 382

superframing, 360

SVMM(System Center Virtual machine Manager), 296

SVN, 150

SVN(Apache Subversion), 135

switch, 245

T

TCAM(ternary content-addressable memory), 336

TCO(Total Cost Ownership), 67

Teaming, 38

TEP Tunnel Endpoint, 79

terasort, 389

TLV (Type-Length-Value), 391, 392

Top Of Rack Switch, 45

Topology Manager, 124

ToR(Top of Rack), 33, 45, 65, 67, 377

Tramsactioanl Data, 382

TTL(Time To Live), 358

Two-roles installation, 91

type-length-value, 392

type(n), 141

U

UCS Director, 77, 92, 155

UCS 블레이드, 33

UDP(User Datagram Protocol), 185

ULL (Ultra-Low Latency), 31, 43, 50

Unicast forwarding based on target IP, 275

usNIC(userspace NIC), 48

V

vApp 네트워크, 206

Vblock, 62

vCloud, 206

vCloud Director, 88

vDS(virtual Distributed Switch), 224, 297

vDS(vNetwork Distributed Switch), 202

VEM(Virtual Ethernet Module), 185, 188

vEthernet, 33

vFC(virtual Firbre Channel), 392

VIP, 36

VirtualBox, 195

Virtual IP Address(가상 IP 주소), 36

Virtual Supervisor Module(VSM), 188

VLAN, 36, 235

VMM(Virtual Machine Manager), 126, 296

VMM 도메인, 215, 296

vMotion, 383

VMware, 88

VMware ESX/ESXi, 201

VMware vCloud Director, 87

VM(가상머신), 33

VM 네트워크, 191

vNIC(virtual NIC), 33, 223

VNID VXLAN ID, 80

VoIP Telephony, 382

VoIP(Voice over IP), 380

VoQ(Virtual Output Queue), 360, 371, 387

vPC(virtual Port Channel), 70, 269, 294

vPC(Virtual Port Channel), 47, 70

VPC- Virtual Private Cloud, 77

VPC(Virtual Private Cloud), 80

vPC 보호 정책(Protection Policy), 294

VRF(Virtual Routing and Forwarding), 36, 80, 104, 316

VRRP(Virtual Router Redundancy Protocol), 257

VSID(Virtual Subnet Identifier), 189

vSphere, 206

vSwitch, 33

vswitchd, 196

VTEP(VXLAN Tunnel Endpoint), 186, 273

VXLAN(Virtual Extensible LAN), 36, 47, 186, 254

W

WDSL(Web Services Description Language), 131

WebGraph, 331

WMI(Windows Management Instrumentation), 189

X

XenServer, 195

XML(eXtensible Markup Language), 77, 136

Y

YAML, 145

한글: ㄱ

가상 네트워크 어댑터(Virtual Network Adapter), 182

가상 데이터센터(Virtual DataCenter), 95

가상데이터센터(Virtual private cloud), 77

가상머신(VM: Virtual Machine), 295

가상머신 관리자(VMM:Virtual Machine Manager), 215, 297

가상머신 프로바이더 도메인(Virtual Machine Provider Domain), 297

가상 수퍼바이저 모듈(VSM), 208

가상 스위칭 (Virtual Switching), 183

가상 이더넷(vEth), 211

가상 컴퓨터 관리 서비스(Virtual Machine Management Service 또는 VMMS), 189

가상 포트 채널(virtual PortChannel 또는 vPC), 246

가상화(virtualization), 382

가상화 데이터센터, 384

가상화된 서버(Virtualized Server), 295

가상화 서버 네트워킹(Virtualized Server Networking), 178

가시성(visibility), 295

감사 로그(Audit log), 349

같은 코스트 업링크(Equal Cost Uplink), 400

개방형 표준(Open standards), 223

거대한 규모의 데이터센터, 384

고 가용성(Highly available), 223

고 대역 스위치(high bandwidth switch), 372

고 대역폭(high bandwidth), 371

고성능 컴퓨팅(HPC: High-Performance Compute), 32, 47

관리 정보 모델(management information model), 344

관리 정보 모델 레퍼런스(Management Information Model Reference), 349

관리형 객체(MO: managed object), 343

구문 분석(Parsing), 145

균형된 패브릭balanced fabric, 383

그룹 기반 정책(Gropu Based Policy), 247

기가비트 이더넷(Gigabit Ethernet), 291

기록 유지 정책(record retention policy – event:ARetP), 349

기반의 액세스 제어(RBAC), 223

기본 게이트웨이(Default Gateway), 259, 260

ㄴ

내부 오거니제이션 네트워크(Internal organization network), 206

네이밍 규칙(naming conventions), 178

네트워크 분할(segmentation), 305

네트워크 스위칭(Switching), 300

논드롭non-drop, 390

논드롭 큐(Non-Drop Queue), 390

논블록킹 아키텍처(non blocking architecture), 364, 365

ㄷ

대규모 확장성 기반(Massively Scalable) 데이터센터, 32

대기 시간(idle time), 367

대역폭의 스위칭 용량(high bandwidth capacity), 364

데이터센터 브리징 익스체인지, 391

데이터센터 패브릭, 31

데이터 플레인(Data Plane), 195

데이터 플레인 하드웨어 측정치(data plane hardware measurements), 394

동적 VLAN Pool, 278

동적 플로 우선 순위 부여(dynamic flow prioritization), 395, 396

듀얼 홈드, 68

디바이스 클러스터(device cluster), 315

디바이스 패키지(device pakage), 312

ㄹ

라우팅 routing, 300

라인 레이트 line rate, 366

라임라이트 네트웍스, 56

랙마운트 서버, 33

랙스페이스 Rackspace, 221

레이즈드(Raised), 348

레이즈드 클리어링(Raised Clearing), 348

레이턴시 매트릭(latency metric), 335

레이트 리미팅(rate limiting), 393

레코드 유지 정책(fault record retention policy), 345

렌더링(rendering), 310

로드밸런서(ADC : Application Delivery Controller), 36

로드밸런싱(load balancing), 262, 308

로지컬 네트워크(Logical Network), 191

로지컬 디바이스(logical device), 315

로지컬 디바이스 컨텍스트(logical device context), 315, 331

로지컬 스위치(Logical switch), 191

로지컬 인터페이스(logical interface), 317

리눅스 커널 기반의 가상머신(Linux Kernel-based Virtual Machine 또는 KVM), 192

리베이스, 153

링크 레벨(Link Level), 291

ㅁ

마이크로버스트(microburst), 388

만물인터넷(IoE), 40

매니지먼트 플레인(Management Plane), 354

멀티스테이지 크로스바 패브릭(multistage crossbar fabric), 363

멀티캐스트(Multicast), 187

멀티캐스트 분산 트리(multicast distribution tree), 187

멀티테넌시(Multitenancy), 251, 308

멀티하이퍼바이저, 90

멀티 홉(Multi-Hop), 390

메인, 150

메인라인, 150

메타데이터, 56

모빌리티 도메인(Mobility Domain), 296

목적지 식별자 주소(Destination Indentifier Address), 260

무중단(nondisruptive), 354

물리 컴퓨팅 프로비저닝, 222

ㅂ

버스트(Burst), 388

번들 그룹(Bundle Group), 294

베어메탈(Baremetal), 90

베어메탈 서버(BareMetal), 66

병합(merge), 153

보더 리프(border leaf), 257

보장형 QoS(guaranteed quality of service), 372

복구성(Recoverable), 223

복제(clone), 152

복제(replication), 188

분리된 환경(Split Brain), 271

분산 SVI(Pervasive Switch Virtual Interface), 259

분산 가상 스위치(DVS: Distributed Virtual Switch), 202

분산 가상 업링크 프로파일(distributed virtual uplink port profile), 211

분산 가상 포트 그룹(distributed virtual port group), 209

분산 스위칭(Distributed Switching), 184

분산 스토리지 모델, 48

분할정복(Divide-and-conquer), 42

브로드캐스트Broadcast, 187

브로드캐스트 스톰(broadcast storm), 356

브리지 도메인bridge domain, 80, 259, 300, 316

비정형 데이터, 56

빅데이터(Big Data), 32, 38

빅데이터 엔터프라이즈 모델(Big Data Enterprise Model), 41

빠른 링크 장애 복구(Fast Convergence), 301

사물인터넷(IoT), 40

사용자 영역(user-space), 192

산형 관리 정보 트리(DMIT-Distributed Management
Information Tree), 272

상위 객체 클래스(parent object class), 344

상위 계층 프로토콜(upper layer protocol), 390

샤드(shard), 272

샤딩, 127

샤딩 기반의 데이터 관리, 127

서비스 관리, 37

서비스 그래프(Service Graph), 307

서비스 어플라이언스(service appliance), 320

서비스 인서션(Service insertion), 307, 310

서비스 체이닝 기능(Service-chaining capability), 235

서비스 카탈로그(Service Catalog), 37

서비스 포털, 37

셰이핑(shaping), 393

속도 불일치(Speed Mismatch), 387

손실 없는 이더넷(lossless ethernet), 371

손실 없도록 전송(lossless transport), 365

수퍼프레이밍(superframing), 368

스위치 온칩(switch on chip), 360

스위치 운영 체제(switch operating system, 343

스위치 정책(Switch Policy), 294

스위치 큐잉 기법(queuing mechanism), 371

스토리지(Storage), 388

시스로그(syslog), 349

시스코 ACI(Application Centric Infrastructure), 31, 78

시스코 ACI 패브릭, 103

시스코 ACI 패브릭 디자인 방법론, 251

시스코 APIC, 99

시스코 APIC 관리 정보 모델 레퍼런스(APIC Management
Model Reference), 344

시스코 ASA(Adaptive Security Appliance), 313

시스코 CIAC(Cisco Intelligent Automation for Cloud), 93

시스코 LISP(Locator/ID Separation Protocol), 252

시스코 Nexus 3548 스위치, 53, 54

시스코 Nexus 9396/9372, 60

시스코 NX-OS, 358

시스코 애플리케이션 중심 인프라스트럭처, 99

시스코의 Nexus 9000 ToR 스위치, 54

시스코의 QSFP 기반의 BiDi 광기술, 67

시스템 상태에 대한 가중치 정보(weighted information), 350

시스템 센터 가상머신 매니저(SCVMM), 189

시스템 온칩(system on chip), 360

싱글 홈드, 68

쏘킹(Soaking), 347

쏘킹 클리어링(soaking-clearing), 347

쏘킹 클리어링 인터벌(Soaking Clearing interval), 347

아웃풋 큐잉, 371

아웃풋 큐잉(output queuing), 372

아카마이, 56

아토믹 카운터(atomic counter), 335, 336

애니캐스트 게이트웨이(Anycast Gateway), 257, 259

애플리케이션 가속(application acceleration), 308

애플리케이션 가속기, 36

애플리케이션 네트워크 프로파일(Application Network Profile), 113, 338

애플리케이션 프로파일(Application Profile), 300

액세스 스위치(access network device), 384

앱스트랙트 그래프(abstract graph: 추상 그래프), 315

앱스트랙트 기능(Abstract Fuction), 320

앱스트랙트 노드(abstract node: 추상 노드), 315

앱스트랙트 노드 커넥터(Abstract Node Connector), 322

언노운 유니캐스트(Unknown Unicast), 254

업링크 속도 불일치(Uplink Speed Mismatch), 387

엔드포인트 그룹(Endpoint Group), 183

여유 자원(remaining capacity), 350

역압(backpressure), 373

오거니제이션(organizations), 206

오버레이(Overlay), 185

오버레이 노말라이제이션(Overlay Normalization), 214

오버스피드 overspeed, 367

오버헤드 헤더(extra overhead header), 368

오케스트레이션(Orchestration), 36

오토메이션, 222

오픈 vSwitch, 194

오픈스택, 221

오픈스택 지원 노드, 231

오픈스택 컨트롤 노드, 231

오픈플로(OpenFlow), 199

외부 오거니제이션 네트워크(External organization network), 206

용량 초과, 59

우선 순위 큐(Priority Queue), 393

워크스페이스(workspace), 151

워킹 세트(Working set), 150

원격 측정(telemetry), 335

위성 스위치 satellite switch, 211

윈도우즈 네트워크 가상화(Windows Network Virtualization 또는 WNV), 189

유동 IP(Floating IP), 328

유지(Retaining), 348

유효 처리량(goodput), 383

이그레스 버퍼 egress buffer, 372

이벤트 로그(Event log), 349

인그레스 버퍼링(ingress buffering), 373

인그레스 큐잉(ingress queuing), 373

인그레스 포트(ingress port), 255

인증(Authenticate), 161

인캡슐레이션(Encapsulation), 254

인터럽션(interruption), 33

인터페이스 선정(Interface Selector), 288

인터페이스 정책(Interface Policy), 291

인터페이스 프로파일(Interface Profile), 289

인풋 큐잉(input queuing), 371, 372

일반적인 이벤트 관련 객체 클래스(general event-related object class), 349

임계값(threshold), 352

입장 리프, 110

ㅈ

자원(Resource), 95

장애 객체(fault object), 344

장애 객체 클래스(fault object class), 344

장애 관리형 객체(fault MO), 344

장애 기록(fault record), 344

장애 등급(severity), 345

장애 레코드 객체(fault record object), 345

장애 로그(fault log), 344

장애 생명주기 프로파일(fault lifecycle profile – fault:LcP), 348

장애 에이전트(fault agent), 343

장애 위임(fault delegate - fault:Delegate), 345

장애 인스턴스(fault instance), 343

장애 회피(Fault-tolerant), 223

저장소(Repository 또는 repo), 150

저 지연(low latency), 371

정적 VLAN Pool, 278

정적 라우트(static route), 305

정지 프레임 신호 메시지 방법론(PAUSE Frame Signal Message Methodology), 390

정책(policy), 234

정책 그룹(Policy Group), 292

정책 기반 그룹(Group Based Policy), 249

정책 기반 데이터센터 방식, 101

정책 기반의 모델, 100

정책 적용의 신속성(policy resolution immediacy), 216

제어 트래픽(Control traffic), 208

중앙 공유형 메모리(Centrailized Shared Memory), 360, 371

중앙 집중형 처리 방법(Centralized Approach), 351

중앙형 메모리(centralized memory), 371

중재(aribitration), 367

지연(latency), 350

집선 스위치(Aggregation 스위치), 67

ㅊ

초저 지연(ultra low latency), 371

초저 지연 네트워킹(ultra-low latency networking), 383

초저지연 응답시간 기반 데이터센터(Ultra Low Latency), 32

추상 네트워킹(abstract networking), 333

출구 리프, 110

출발지 위치 주소(Source VTEP), 260

충돌 없는 다중 경로(multiple conflict-free path), 364

ㅋ

캐시 엔진, 36

캡슐화(Encapulstaton), 185

커다란 분산형 스위치(Giant Distributed Switch), 300

커다란 플로(elephant flow), 395

컨테이너(container), 77

컨텍스트(Context), 80

컨텐츠 딜리버리 업체, 56

컨트랙트(contract), 169

컨트롤링 브리지(Controlling Bridge), 212

컨트롤 플레인(Control Plan), 195

컴포넌트 기반의 아키텍처(Component-based architecture), 222

컴퓨트 스토리지(compute storage), 382

컷쓰루(cut-through), 361

콘크리트 디바이스(concrete device), 311, 317, 329

콜리전 모델(Collision model), 370

큐잉(queuing), 371

크레디트 모델(Credit model), 370

크로스바(Crossbar), 360

크로스바 패브릭(crossbar fabric), 363

클라우드 컴퓨팅(cloud computing), 75, 382

클래스 기반 모델(class based model), 396

클러스터 디바이스 실렉터(cluster device selector), 315

ㅌ

태깅 기법(Tagging Mechanism), 255

테넌트 ID, 189

테넌트(Tenants), 95

트래픽 분배(Traffic Distribution), 400

트래픽 인서션(traffic insertion), 308

트래픽 전송이 중단(traffic black holing), 353

트래픽 필터링(filtering), 333

트랜스페어런트 브리징(Transparent Bridging), 180

트랩(trap), 349

트러스트 경계(trust boundary), 384

트렁크(trunk), 150, 277

티밍(Teaming), 292

ㅍ

파이버채널 프레임(firbe channel frame), 365

패브릭 터널(Fabric Tunnels), 235

패스트 이더넷(Fast Ethernet), 291

패킷 손실(drop), 350

패킷 손실에 민감한(loss-sensitive), 365

패킷 순서를 정리(packet reordering), 394

패킷 트래픽(Packet traffic), 209

퍼베이시브 게이트웨이(pervasive gateway), 257, 260

퍼블릭 클라우드, 76

페타바이트(petabytes), 38

포워딩 익스텐션(forwarding extension), 189

포워딩 테이블(Forwarding Table), 260

포트 익스텐더(port extender), 211

포트 채널(port channel), 292

포트채널(PortChannel), 246

포트 확장(Port Extension), 211

표준화(normalization), 260

풀(pool), 311

프라이빗 클라우드, 76

플러딩(Flooding), 251, 301

플레인-바닐라(plain-vanilla), 172

플로렛 스위칭(flowlet switching), 394

플로 컨트롤 모델 기법(flow control model mechanism), 365

ㅎ

하둡(Hadoop), 40

하이브리드 클라우드, 76

하이퍼바이저(Hypervisor), 177, 259

핫 마이그레이션(Hot Migration), 184

핸들러(feed handlers), 53

허가(grant), 368

헬스 모니터링(health monitoring), 340

헬스 스코어(health score: 건전성 점수), 335

헬스 스코어 로그(Health score log), 349

호스트 스택(Host Stack), 396

혼잡congestion, 370

혼잡 감지(congestin detection), 396

혼잡 상황(congestion event), 392

혼잡 상황 감지(Congestion Detection), 400

정책 기반 시스코 ACI 데이터센터

2015. 11. 3. 1판 1쇄 인쇄
2015. 11. 10. 1판 1쇄 발행

지은이 │ Lucien Avramove, Maurizio Portolani
번역 │ 최우형, 조성덕, 문병철
감역 │ 성일용
펴낸이 │ 이종춘
펴낸곳 │ BM 성안당

주소 │ 121-838 서울시 마포구 양화로 127 첨단빌딩 5층(출판기획 R&D 센터)
      │ 413-120 경기도 파주시 문발로 112(제작 및 물류)

전화 │ 02) 3142-0036
      │ 031) 950-6300
팩스 │ 031) 955-0510
등록 │ 1973.2.1 제13-12호
출판사 홈페이지 │ www.cyber.co.kr
ISBN │ 978-89-315-5389-5 (13000)
정가 │ 30,000원

이 책을 만든 사람들
책임 │ 최옥현
기획 │ 진강훈
진행 │ 안혁
편집·교열 │ 조혜란
본문·표지 디자인 │ 앤미디어
홍보 │ 전지혜
국제부 │ 이선민, 조혜란, 신미성, 김필호
마케팅 │ 구본철, 차정욱, 나진호, 이동후, 강호묵
제작 │ 김유석